KUNISUE Norito
国末憲人

On ne naît pas terroriste: on le devient

テロリストの誕生

イスラム過激派テロの虚像と実像

草思社

はじめに

本書を手にする人のほとんどは、生涯一度もテロに遭遇しないだろう。文明社会に暮らす私たちにとって、テロはきわめて、非日常的な出来事である。

米オバマ政権で大統領経済諮問委員会（CEA）委員長を務めたプリンストン大学教授アラン・クルーガーのまとめによると、米国でテロに遭う確率は、落雷や航空機事故に遭う確率よりも低かった。(1)

一年間で起こりうる割合

▼交通事故　六千七百人に一人
▼自殺　九千二百人に一人
▼殺人　一万八千人に一人
▼落雷　三百万人に一人
▼航空機事故　三百十万人に一人
▼テロ　五百二十九万三千人に一人（二〇〇五年）

▼サメに襲われる　二億八千万人に一人

それなのに、どうして私たちは、テロを恐れるのだろうか。

世界を代表する観光都市パリでは、二〇一五年一月に「風刺週刊紙『シャルリー・エブド』襲撃事件」、同じ年の十一月に百三十人の犠牲者を出した「パリ同時多発テロ」と、イスラム過激派による大規模テロが相次いだ。(2) 翌二〇一六年、最初の八カ月にパリを訪れた観光客は、前年に比べ百八十万人の減となった。特に、日本人がこの年の最初の十カ月で前年比三十九パーセント減となるなどアジアからの観光客が落ち込み、テロへの恐怖が表れるかたちとなった。(3)

実際にテロが起きたのは、観光客が集まるシャンゼリゼ街やエッフェル塔から離れた下町であるにもかかわらず、不安が高まった何よりの理由は、テロのメカニズムとテロリストの論理が私たちの理解の範囲を超えていたからではないか。テロリストがどのようにして生まれるのか、彼らはなぜ私たちを標的にするのか。想像もつかないから、対策を立てようにも立てられない。

これが交通事故なら、スピードを抑え、信号を守り、左右を確認すればひとまず安心である。テロの場合そうはいかない。

フランスとその周辺では、二〇一五年の「『シャルリー・エブド』襲撃事件」と「パリ同時多発テロ」に続いて、翌一六年にも隣国ベルギーでの「ブリュッセル連続爆破テロ」、南仏ニースでの「トラック暴走テロ」と、大規模テロが続いた。これら計四つのテロは、世界各地で続くイスラム過激派テロの中でも、規模や衝撃の大きさから多くの人の記憶に残る。

その実行犯たちの多くは、イスラム社会の奥底から湧き出てきたわけではない。北アフリカ出身の移民を父母としながらも、欧州で生まれ育ち、一度は欧州社会の価値観になじんだ若者たちである。彼らと、彼らがみずからの命を犠牲にしてまで起こした事件には、多くの謎がつきまとう。

▼これら四つのテロが起きるまで、フランスは十五年あまりテロの脅威から免れていた。二十一世紀初頭から大規模テロに見舞われた米国や英国、スペインとは対照的である。この違いはなぜなのか。なぜフランスがあるときまで被害を免れ、その後被るようになったのか。

▼テロ集団はごく少人数なのに、なぜこれほど大規模なテロを準備できたのか。

▼武装組織「アルカイダ」を率いたオサマ・ビンラディンやアイマン・ザワヒリに典型的なように、かつてのテロリストの多くは知識人や富裕層出身者が占めていた。九・一一米同時多発テロで実行グループを率いたエジプト人モハメド・アタも、ドイツに留学したインテリだった。しかし、近年のイスラム過激派テロでは、街の犯罪集団のメンバーやチンピラがしばしば犯人となっている。この変化は何を意味しているのか。

▼「若者が過激化する」と簡単に言うが、「過激化」とはいったい何か。コーランさえ読んでいないのに、なぜ彼らはイスラム過激派になれるのか。

▼「『シャルリー・エブド』襲撃事件」のクアシ兄弟、「パリ同時多発テロ」のアブデスラム兄弟ら、テロリストは「兄弟」ばかりである。なぜなのか。

▼彼らの大部分は移民二世であり、一世や三世はあまり見当たらない。どうしてだろう。
▼テロリストの男たちの周囲には、妻や姉妹ら女たちの影がちらつく。彼女たちはどんな役割を果たしていたのか。女たちの多くは罪を問われていないが、男たちのすぐそばで行動をともにしつつ、本当に彼女たちは何も知らなかったのだろうか。むしろ、じつはすべてを知りつつ協力していたのではないのか。
▼単独で事件を引き起こす男はしばしば「ローンウルフ（一匹狼）」のテロリストと呼ばれる。しかし、政治的意図を持たない無差別殺人ならいざ知らず、テロは本当に一人で起こし得るものだろうか。

こうした疑問を踏まえつつ、テロリストが誕生した過程と背景を探り、彼らの意識と思考回路を明らかにするのが、本書の目的である。政治学、社会学、心理学、宗教学の新たな理論を参照しつつ、時代の中でテロが意味するもの、社会の中でテロリストが位置する場所についても、ここで読み解きたい。同時に、現在のテロ対策が抱える問題点も指摘できればと考える。

テロに関しては、これまで「貧困こそが過激派を生み出す」「テロの背景にはイスラム教徒への差別がある」といった俗説が広く信じられてきた。このような根拠に乏しい言説が流布される一方で、テロの根本的な原因である過激派ネットワークの実態はしばしば見過ごされた。本書が焦点をあてるのは、その実態である。

所得や教育の格差、マイノリティーに対する差別、アイデンティティーへの侵害など、社会に潜むさまざまな問題を、テロリストは口実として引き合いに出しつつ、みずからの行為を正当化する。社会がそのような問題を抱えているのはたしかであり、それがテロ行為に対する市民の支持につながる場合もないわけではない。

ただ、こうした社会の問題を解決しないとテロもなくならないと思うなら、テロリストの論理の術中にはまる。格差や差別を社会からなくすには千年も二千年もかかるだろうが、テロを防ぐためにそれほどの年月を待つ必要はない。テロリスト側の論理を把握し、しかるべき対策を取れば、暴力を封じ込めることは可能である。テロの根絶はさすがに難しいにしても、テロの起きにくい社会の実現は、決して夢ではない。

その道筋も、本書を閉じるまでには浮き彫りになると信じたい。

第2章 運命の邂逅 64

第3章　死火山の町で　89

第4章　イエメンへの旅　105

第5章 チーム・クリバリ 125

第6章 襲撃の朝 143

第11章 終わらない結末 262

第二部　ヨーロッパ戦場化作戦——パリ同時多発テロ、ブリュッセル連続爆破テロ　279

第3章　バタクランの地獄　329

第4章　モレンベークの闇　353

第5章　破綻したテロ対策　376

序章　人はテロリストに生まれない、テロリストになるのだ

相次いだ大規模テロ

人の命には軽重がある。その値段は、場所と状況と社会の意識で決まる。欧米や日本を含む先進国の世界で、人命は高価である。ただ一人の死も防ごうと、万全の措置が講ぜられる。脅威を除去し、ハプニングを減らし、市民意識を培う営みが功を奏した結果、私たちは穏やかな少子高齢化社会に到達した。

混乱と不確実性が支配する世界では、多数の人々が命を落としても、しばしば天命として受けとめられる。紛争や不慮の事故に巻き込まれる可能性にとどまらず、医療インフラの不備、災害への態勢欠如、不安定な収入や生活と、命にかかわる要素は少なくない。こうした社会で子どもが多いのも、その全員が無事成長して大人になるとは想定されないからである。

イスラム教のジハード（聖戦）を掲げるテロが恐怖を与える一因も、命の価値が安い戦乱の地にとどまらず、安全が確保されているはずの欧米成熟社会で起きるからだろう。とりわけ、二〇

一五年から二〇一六年にかけてフランスとベルギーというフランス語圏で相次いだ四つの事件は、大きな衝撃を残した。

わずか一年半あまりの間に二百六十余人を数えた犠牲者は、戦乱が絶えた欧州西部だと未曾有の規模である。旅行先としてなじみ深いパリやニースが舞台となったことに加え、言論活動を担うジャーナリスト、週末に憩う若者たち、バカンスを楽しむ家族連れが標的に選ばれたことも、ショックを招くに十分だった。

四つの事件とは、以下の大規模テロである。

▼『シャルリー・エブド』襲撃事件

二〇一五年一月七日、パリ市内にある風刺週刊紙『シャルリー・エブド』編集部が襲撃を受け、記者や風刺画家らが殺害された。その二日後、パリのユダヤ人スーパーで人質立てこもり事件が起きた。双方の犯人はいずれも射殺された。犠牲者は警察官らを含め十七人に達した。新聞社を標的にしたテロとして欧米では例のない規模で、「言論の自由」が脅威にさらされたと受けとめられた。

▼パリ同時多発テロ

その年の十一月十三日、フランスとドイツの親善サッカーの試合が催されていたパリ郊外のスタジアム場外で三人による自爆攻撃があった。続いて、パリ市内四カ所のカフェやレストランのテラスの客を、小銃で武装した男たちが次々と襲った。ロックコンサートが開催されていたパリ市内の劇場「バタクラン」にも三人の男が侵入し、聴衆を銃で殺害した。犠牲者は百三十人に達した。実行グループの中心は、隣国ベルギーの首都ブリュッセル西郊モレンベークに拠点を置くグループであり、多くが「イスラム国」で軍事行動に参加した経験を持っていた。首謀者と目されたアブデルアミド・アバウドは五日後、潜伏先のパリ北郊サンドニで、警官隊との銃撃戦の中で死亡した。

▼ブリュッセル連続爆破テロ

翌二〇一六年三月二十二日、ブリュッセルの空港ターミナルと地下鉄駅で連続爆発があり、市民三十二人が犠牲になった。パリ同時多発テロを起こした集団の残党らが、追いつめられた末に起こした自爆攻撃だと考えられた。大規模なイスラム過激派テロを免れてきたベルギーにとってはじめてかつ最大のものであり、欧州連合（EU）の首都が攻撃を受けた点も衝撃的だった。

▼ニース・トラック暴走テロ

フランス革命記念日にあたるこの年の七月十四日、南仏ニースの海岸遊歩道を大型トラックが暴走し、花火大会の見物に集まった市民や観光客を次々となぎ倒した。犠牲者八十六人、負傷者約四百五十人を出して「史上最悪の殺人事件」といわれた。トラックを運転していたチュニジア人モハメド・ラフウェジ＝ブフレルは警察官に射殺され、「イスラム国」が犯行声明を出した。

これらのテロを実行した人物の大部分は、欧州に生まれ育った人物である。同様の傾向は、フランス以外の欧米諸国で起きたテロにも共通しており、そこから、「ホームグロウン・テロ（自家栽培テロ）」という言葉も生まれた。欧米のテロはかつて、アフガニスタン紛争やアルジェリア内戦などで鍛えられたアラブ系のムジャヒディン（聖戦士）によって支えられていたが、もはや外部の手を借りなくても欧米の内部で人材を育成できるようになった、というのである。

彼らは、ディープなイスラム社会から生まれ出たわけでもなければ、テロの遺伝子を引き継いだわけでもない。テロリストに変貌するまで、彼らはごく普通の欧州市民だった。人はテロリストに生まれない。どこかの時点で、何かをきっかけに、何らかの過程を経て、テロリストになるのである。

その生い立ちから物語を説き起こし、個人の軌跡を追い、テロリストの視点を通じて世界を見てみよう。彼らはなぜ、イスラム過激派思想に目覚め、みずからの命を犠牲にすることさえいとわない意志を抱き、多くの人々の命を奪う行為に走ったのか。もともとは宗教とも政治とも縁が薄く、多くの場合たんなる小犯罪者だった彼らは、ジハード（聖戦）の道に誘われ、さまざまな関門を通り抜けてテロを実現させた。行動を支える思想と、その理念を伝える集団が、彼らの背後にいた。彼らの多くは、中東に拠点を持つグローバルなジハード組織とも連携していた。その本質と全体像に迫ることができれば、と考える。

二十年の雌伏

ただ、フランスは日本から遠い国である。そこで起きたテロも、私たちの日々の暮らしとは直接関係ない。なのに、その実像を見つめることに、どんな意味があるのだろうか。

結論から述べると、これらのテロは時代を象徴する動きであり、日本を含む文明の今後と決して無縁ではないからである。テロ自体は基本的に犯罪であり、歴史の流れの中に位置づける際、さほど大きな意味を持つ出来事だとはいいがたい。ただ、一つひとつの出来事を見つめることなくしては、全体の流れの方向性や速度、深度も見定められない。

その営みを始めるにあたって、フランスとその周辺で起きた四つの大規模テロを、「フランス国内」「欧州」「世界」「文明史」というそれぞれの文脈の中で考えておきたい。

しばしば忘れられがちだが、二十一世紀に入ってしばらく、イスラム過激派による大規模テロに見舞われたのはフランスでなく、他の国々だった。

二〇〇一年、まず米国で同時多発テロが起きた。航空機に突入されて崩壊するニューヨークの世界貿易センタービルの映像は、血塗られた世紀の幕開けを世界に印象づけた。

二〇〇四年、マドリードで列車連続爆破テロが起き、百九十一人が犠牲になった。

二〇〇五年にはロンドンで起きた地下鉄バス連続爆破テロで五十二人が亡くなった。

一方、フランスでは一九九六年を最後にテロが鳴りを潜めた。後述するように二〇一二年、仏南部トゥールーズ周辺でユダヤ人学校の生徒ら七人がイスラム過激派のモアメド・メラーに射殺される事件が起きるまで、フランスは十五年あまりにわたって、死者をともなうテロを封じ込めたのだった。

フランスの論者の一部はこれを、イスラム系移民の社会統合が成功した結果だと受けとめた。移民やその子孫がフランス共和国の理念の下に結集し、テロや過激思想が入り込む隙をつくらなかった、と自賛したのである。ただ、後から振り返ると、それはたんに、テロの周期の狭間に過ぎなかったのかもしれない。

「テロリスト」「移民」「イスラム教徒」は、それぞれまったく異なる概念である。テロリストがイスラム教徒を代表しているのでもなければ、移民の立場を代弁しているわけでもない。実際にパリやブリュッセルでテロを計画し実行してきたのは、移民やイスラム教徒の世論とは無縁の、独自の思考回路に従って行動する小さな集団だった。移民の統合が進もうが進むまいが、彼らは彼らの論理にもとづいて勝手に行動しただろう。

大規模なテロや事件の後、取り締まりが厳しくなると、彼らは散り散りになる。資金や武器の調達が滞り、活動は停滞する。しかし、理念と精神は脈々と引き継がれ、地下に潜ったまま復活の時を待つ。社会の気が緩み、当局が油断し、杜撰な対応が重なったとき、蓄えられた力が一気に噴出する。その瞬間が、本書で描く『シャルリー・エブド』襲撃事件やパリ同時多発テロにほかならない。

それは、偶然の産物ではない。一九九〇年代から二〇〇〇年代にかけてテロに勤しみ、その後拘束された人物や、殺害されたテロリストの後継者たちは、虎視眈々と復讐を狙っていたからである。

テロリストらの軌跡を追う途上で徐々に明らかになっていくだろうが、『シャルリー・エブド』襲撃事件の実行犯たちをジハード主義者として育成したのは、それから十五年ほど前にフランスでテロを計画したアルカイダの男だった。パリ同時多発テロを起こしたグループは、やはり十五年近く前にテロを実行して死亡した別のアルカイダの男の人脈に連なるグループである。[1] かつて、この二人の男はアフガニスタンの訓練キャンプでライバル関係にあり、テロリストとしての技と企画力を磨き合っていた。二つのテロの潮流は長い雌伏期間を経て、二〇一五年になって再びテロを競い、しかも互いに協力し合うようになったのである。

フランス社会にとって、テロはまだ、国家の存在を脅かすには至らず、治安面での脅威にとどまっている。それは、市民がテロリストの挑発に乗らず、冷静な反応を示しているからにほかならない。

ただ、人々の怒りがテロリストでなくイスラム教徒全体に向かうなら、社会の分断につながる恐れが拭えない。それこそテロリストの思うつぼである。したがって、「イスラム主義との戦い」を掲げる右翼ポピュリズム勢力や保守強硬派の言動には、細心の注意を払う必要があるだろう。彼らの一部はテロに過剰に反応し、イスラム教や移民への非難を強める。このような意識が世論に広がると、社会に亀裂を生じさせる。その隙間にテロリスト側もポピュリスト側もつけ込み、存在感を強めようとみずからの主張を増殖させる。

イスラム過激派と右翼ポピュリズムは、一見正反対の立場にいるようで、実際にはきわめて似た発想と戦略を持っている。実際、物事を善悪に二分すること、多様性を否定すること、伝統や道徳に固執すること、陰謀論を信じノスタルジーに浸ることなど、両者には共通点が少なくない。いずれもフランスの体内に寄生し、内部から社会を崩壊させようとする。両者はともに、フランス社会の内部に「イスラム社会」という仮想空間を創造することで、世論と意識の二分化を狙う。テロの場合、その「イスラム空間」を守ろうと呼びかけ、右翼ポピュリズムの場合には排除しようとする。その実態と対策については、本書の末尾に譲りたい。

欧州価値観への挑戦

イスラム過激派によるテロの脅威は、社会を分断するにとどまらない。「欧州」全体の文脈の中でテロを位置づける場合、それは民主主義、人権、国際法支配といった、長年欧州がみずからの指標とし、世界のスタンダードとして広めてきた理念に対する挑戦だといえる。

欧州連合（EU）は二〇一〇年代、複合的な危機に次々と見舞われた。二〇〇九年秋にギリシャで発覚した財政赤字の粉飾を機に持ち上がった欧州債務危機、二〇一四年ウクライナで起きた民主化運動「マイダン革命」に端を発するロシアの事実上の軍事介入とウクライナ東部での紛争の泥沼化、中東やアフリカ大陸から難民が大挙して訪れた危機に加え、二〇一六年には英国が国民投票でEU離脱を決める予想外の出来事も起きた。これに、各国で多発したテロが加わり、「欧州の衰退」「EU崩壊」といった言説が飛び交った。

それぞれの危機は、発展の陰で広がった弱点を狙われるかたちになった。

欧州は戦後、リベラルデモクラシーや人権擁護の原則を定め、社会の安定と繁栄を実現させた。市民一人ひとりの自由や権利を認め、欧州域内の移動を促進した。その裏返しとして、欧州のこうした価値観を破壊しかねない理念や集団にも自由と権利を許した。

ＥＵの下で各国の協調を重視したことは、ギリシャの財政上の問題を長年見過ごす遠因となった。ウクライナ紛争の背景には、武力行使と犠牲をためらうＥＵ各国の態度を見透かしたロシアの策略があった。難民たちが欧州を目指したのは、そこに豊かさとともに、人権擁護の制度と意識に守られた生活があったからでもある。英国民が国民投票でまさかのＥＵ離脱を選択したのは、言論の自由を逆手に取ってデマをまき散らした英国のポピュリズム勢力が一因だった。

テロが突いたのも、同様に欧州の脆弱さである。「イスラム国」で戦いの技術を鍛えたテロリストたちが欧州に舞い戻ったのは、難民に対する欧州の人道的な対応に乗じてのことだった。テロを準備できたのも、欧州内で保障された移動の自由を最大限に活用したからである。十五年前のテロリストたちがいったん拘束されたにもかかわらず次世代のテロリストを養成できたのは、欧州の人権擁護システムを最大限に利用したからだった。言論や信教の自由をうたう欧州社会の原則は、イスラム過激派に対する厳しい規制も妨げた。欧州は、みずからの自由の理念に縛られ、その理念を蝕もうとする勢力の好き勝手を許してしまったのである。

「自由」を保障してきた欧州の理念は、「自由を否定する自由」をどこまで認めるのか。テロは、文明国家に対してこのような普遍的な課題を投げかけている。それは、「民主主義は、民主主義を否定する勢力も許容するのか」といった課題を提起するポピュリズムと似た役割を担っている。

「欧州」の枠組みでみるかぎり、ポピュリズムとテロには共通する点が少なくない。同様に、「国際社会」の枠組みで物事をとらえると、権威主義とテロも似通った立場にある。

ロシアのプーチン政権は、ウクライナ紛争によって欧米諸国と対立を深める中で、言論の自由を逆手に取ってプロパガンダとフェイクニュースをばらまいた。欧米の右翼ポピュリスト政党と密接な関係を築き、欧州各国の選挙や米大統領選にも介入したとみられる。中国も、各国の開かれた制度を利用しつつ世論操作を試みる。いずれも、民主主義の弱点を突き、その信用を貶めることで自国を優位に立たせようとする意図が如実にうかがえる。

こうした中ロの戦略を、米国の研究者らは鋭利な短剣の穂先になぞらえて「シャープパワー」と呼んだ(2)。中ロの試みは、人権や環境への取り組み、労働基準などを欧米の高いレベルから中ロの低いレベルに引き下げようとするものである(3)。

テロもこれと同様に、民主主義を逆手に取ってこれを損なおうとする企てであり、民主国家での人命の価値を自分たちのレベルに切り下げる圧力でもある。テロリストは、あえて相手につかみかかることによってその理性や良識を奪い、暴力の世界に引きずり込む。

なぜ、テロリストはこのような試みを続けるのか。何がテロリストに存在の余地を与えているのか。

反グローバル主義としてのジハード

テロを支える思想「ジハード主義」の背景に浮かび上がるのは、進展するグローバル化の波である。ジハードは、グローバル化への反作用と位置づけられる。

文明の歴史を振り返ると、グローバル化は技術の発展と人の行動範囲の拡大にともなって、その速度を上げたり緩めたりしながらも、一貫して進んできた。これに対抗する動きも、時代によって強弱はあるとはいえ、常に存在した。ジハード主義の横行、イスラム主義の伸長も、グローバル化に対抗する動きの一つにほかならない。もちろん、その理念が直接テロという行為に結びつくわけではない。過激な思想と過激な行為との間にはいくつものハードルがある。とはいえ、思想が行動を支える重要な条件であるのはいうまでもない。

イスラム教社会では今、グローバル化の直撃を受け、みずからが保ってきたと信じる価値観や道徳観が揺らいでいる。だからこそ、それを「神の意思」として守る意識が逆に台頭する。物質主義、男女平等や同性愛といった「モラルの逸脱」は、彼らにとって「西欧的デカダンス」であり、これらに対する戦いのために立ち上がらなければならないのである(4)。

この点でも、テロは右翼ポピュリズムと同様の方向性を持っている。グローバル化が進むほど、それに乗り遅れた人々を吸収して、テロも、ポピュリズムも膨張する。

歴史が動くとき、テロは社会の不安の受け皿となり、不満を持つ若者たちを引きつけ、力を蓄える。一九八九年にベルリンの壁が崩壊し、冷戦構造が終結したのは、典型的な例である。これは国際政治上の変化にとどまらず、それまで西と東、右と左に分かれていた世界の人々に意識の変革を迫った。社会主義への希望を失った人々は新たな指針を求めてさまよい、社会に蓄積された矛盾や葛藤はその後噴出を繰り返すことになった。

一九九五年にフランスで連続テロが起き、同じ年に日本でオウム真理教によるテロ「地下鉄サリン事件」が発生したのも、この文脈で理解できる。それは、社会主義に向かっていたエネルギーが行き先を見失って宗教に向かうトレンドの始まりを示していた。別の言い方をすれば、暴力を行使するうえで社会主義が大義名分だった時代から、宗教が前面に掲げられる時代に移ったのである。

フランスのテロに話を戻すと、国内、欧州、国際社会、文明史といったいずれの段階においても鍵となるのは、テロと市民社会との間にある非対称性である。市民社会は、その構成員一人ひとりの命と暮らしを守ろうとする。自爆覚悟のテロリストは、みずからを守る必要性を感じない。市民はすべてのテロを防ぐ必要に迫られるが、テロリストはただ一つのテロを成功させればいい。テロリストはみずからの動機や理論を説明する必要がなく、市民社会側が推測しなければならない。そのアンバランスが、テロの存在感を実態以上に高めることにつながっている。

したがって、テロ一つひとつに大騒ぎをするのは、それをことさら大きく見せようとするアルカイダや「イスラム国」の思うつぼだろう。フランスの一連のテロは、安定した暮らしや豊かな市民生活を脅かす治安上の大きな危機であるものの、対応を見誤らないかぎり、国家の存亡にかかわったり民主主義の価値観を脅かしたりする破滅的な性格のものとはいえない。テロは、国家と社会の連携によって防ぐことが可能である。もし起きてしまったら、被害者への対応と容疑者への捜査を急ぐとともに、再発防止策を考えるべきものである。その点で、もし歯止めが外れたら人類の破滅につながる核兵器の使用禁止への取り組みなどとは、次元が異なる話である。

『シャルリー・エブド』襲撃事件からパリ同時多発テロ、ブリュッセル連続爆破テロ、ニース・トラック暴走テロへと向かう流れはまた、テロリストたちが標的を見失い、『シャルリー・エブド』事件の際に喝采を送った一部の市民の支持を失っていく過程でもある。

アルカイダ時代、テロは残虐であっても、筋が通っているとしばしばみなされた。彼らは、多数の子どもたちを巻き込むようなテロを通常は避け、あるいはそのようなテロを非難することもあった。米中央情報局（CIA）の工作員としてイスラム過激派テロリストと向き合ったマーク・セージマンは、これを「クールなテロ」と呼んだ(5)。

しかし、二〇一〇年代の「イスラム国」時代になって、テロの標的はもはや、見境がない。より残酷で、よりおぞましい光景が、ウェブを通じてしきりに発信されるようになった。それには、いかに「虐げられている」と感じる人でも、ついていけない。ジハード主義やイスラム過激派は、みずからが持つ力を見せつけるあまり、その限界も露呈させたのだった。

二〇一九年現在、「イスラム国」は壊滅状態に追い込まれ、欧州でのテロもやや沈静化の傾向をみせている。大規模テロの恐れが遠のいたという意識から、数年間にわたって欧米社会を覆った恐怖感も和らぎ、薄れつつある。テロは、その程度の力しか持ちえないものなのだろう。あるいは、テロが次の波を呼び起こすまで、十年後か二十年後かの雌伏の時期に入ったことを意味するのかもしれない。

本書は、テロが持つ力の大きさを測る試みでもある。テロがいかに重大な問題であるかとともに、いかに重大な問題でないかも検証したい。過大にも過小にもとらえることなく、等身大のテロを見つめてこそ、対策も見いだせるに違いない。

クアシ兄弟（右・兄サイード、左・弟シェリフ）

アメディ・クリバリ（右）と
アヤト・ブメディエンヌ（左）

第一部 テロリストの誕生

―『シャルリー・エブド』襲撃事件

【主要人物】

●サイード・クアシ　Saïd Kouachi

風刺週刊紙『シャルリー・エブド』襲撃事件実行犯。アルジェリア移民二世としてパリに生まれ、弟シェリフとフランス中部の孤児院で育ち、パリでファリド・ベニエトゥーからイスラム過激派への道を指南される。弟とともに2015年1月7日、『シャルリー・エブド』を襲撃し、逃走後射殺された。

●シェリフ・クアシ　Chérif Kouachi

サイードの弟で、ともに『シャルリー・エブド』を襲撃し、その後射殺された。兄とともにベニエトゥーと交流を深めた後、イラク渡航を試みて逮捕され、刑務所内で出会ったジャメル・ベガルの影響を受ける。イエメンの「アラビア半島のアルカイダ」の下で軍事訓練も受けた。

●アメディ・クリバリ　Amedy Coulibaly

『シャルリー・エブド』襲撃と連動したユダヤ教徒のスーパー「イペール・カシェール」立てこもり事件の実行犯。マリ移民二世としてパリ郊外に生まれる。若いころから強盗などの犯罪を繰り返し、刑務所で出会ったジャメル・ベガルに魅了されて過激派への道を歩む。アヤト・ブメディエンヌと結婚。事件後射殺された。

●アヤト・ブメディエンヌ　Hayat Boumeddiene

クリバリの妻。夫の行動を思想面で支え、扇動さえしたと考えられる。アルジェリア移民二世。

アルカイダのテロリストの妻マリカ・エル＝アルードの著書に感化されてジハード主義に接し、ジャメル・ベガルの薫陶も受けた。事件直前にフランスから逃亡し、「イスラム国」支配地域に入る。

◉ジャメル・ベガル　Djamel Beghal

シェリフ・クアシやクリバリの指導者と目されるアルカイダの元主要人物で、「フランスのビンラディン」と呼ばれる。アルジェリアで生まれ渡仏。アフガニスタンのアルカイダ訓練キャンプで暮らした。2001年にパリの米大使館爆破を企てた容疑で拘束され、獄中で出会ったシェリフやクリバリに出所後指導を重ねる。

◉ファリド・ベニエトゥー　Farid Benyettou

パリの過激派集団「ビュット＝ショーモン筋」の主宰者。アルジェリア移民二世で、クアシ兄弟ら若者たちを勧誘してジハード主義を指導する。2005年にシェリフ・クアシらとともに拘束された後、しだいに改悛し、反カルトの運動家らとともに脱過激派を目指す活動に取り組むようになる。

◉モアメド・ベルシヌ　Mohamed Belhoucine

クリバリの協力者。アルジェリア移民二世としてパリ郊外に生まれ、エリート校に入学するも勉学に挫折し、過激派運動にかかわる。獄中で知り合ったクリバリと交遊を深める。事件直前にアヤト・ブメディエンヌらとともに「イスラム国」に逃亡した。現地での死亡が伝えられる。

第1章　孤児兄弟の原風景

狙われた新聞社

パリに本拠を置くNGO「国境なき記者団」は、世界で起きたジャーナリストの殺害事件を集計している。(1)通常、被害者の大部分を占めるのは、内戦が長引く中東で取材する戦場記者か、犯罪組織が根を張る中南米で活動する記者たちである。二〇一七年の場合、世界で殺された計五十五人のうちメキシコが十一人、シリアが九人、イラクが八人を占めた。近年は、これらの国々の名が常連となっている。

しかし、二〇一五年だけ傾向に異変が生じた。最多は十人のイラクだが、続いて二位の八人にシリア、メキシコと並んでフランスが入ったのである。いうまでもなく、この年に起きた風刺週刊紙『シャルリー・エブド』編集部襲撃事件のためだった。死者八人の全員が、この事件で命を落とした記者や風刺画家、編集担当者たちである。(2)

『シャルリー・エブド』は、一九六〇年代から七〇年代にかけて流行った左翼アナーキズムの伝統を引き継ぎ、反権威、反権力の立場と過激な主張、挑発的な風刺画で知られていた。政治家や文化人だけでなく、ローマ法王をはじめとする宗教者もしばしば批判したり揶揄したりした。

二〇〇五年、デンマークの新聞がイスラム教の預言者ムハンマドの風刺画を掲載し、イスラム諸国に抗議運動が広がる騒ぎとなった。『シャルリー・エブド』は「表現の自由が脅かされる」との理由で風刺への支持を表明し、ムハンマド風刺の特集号を発行した。これを機に『シャルリー・エブド』へのイスラム過激派の攻撃は強まり、編集部が放火される事件も起きた。アルカイダ系組織から名指しで非難され、脅迫も相次いでいた。その流れの先にこの事件は起きたのだった。

先進国社会では、いかにその主張や論調が気に食わなくても、言論に対し暴力に訴える行為は許されない。新聞社は「言論の自由」を体現する存在であり、その活動を暴力で封じ込めようとする試みは民主主義への重大な挑戦だとみなされる。言論抑圧の末に戦争を招いた歴史もあって、欧州ではそのような意識がことさら強いだけに、衝撃も際立っていた。

事件を起こしたのは、アルジェリア系フランス人サイード・クアシ、シェリフ・クアシの兄弟である。一月七日午前十一時過ぎ、パリ市内の編集部を襲撃し、編集会議に出席していた八人と来客一人、保安要員、建物に出入りしていたメンテナンス業者も銃殺した。他の記者らにも重傷を負わせ、逃走中にも警察官を一人殺害した。

翌日、パリ南郊で警察官が一人射殺された。クアシ兄弟と計画をともにしていたマリ系フランス人アメディ・クリバリの犯行だった。クリバリはさらにその翌日、パリ東端のユダヤ人のスーパーを襲撃して客や店員四人を殺害したうえに、人質を取って立てこもった。パリ北郊の印刷工場に立てこもったクアシ兄弟とともに、最終的に実行犯の三人全員は射殺された。

事件が解決して二日後の一月十一日、犠牲者を追悼する何百万もの市民がフランス全土の広場に集まり、デモ行進で暴力への抗議を表明した。パリの共和国広場で開かれた集会には、当時の大統領フランソワ・オランドをはじめ各国の首脳や閣僚らが参加し、その規模は百万人を超えた。

私がパリに着いたのはその日の夜である。以前から予定していた出張が、偶然この日にあたっていた。

パリは私にとって、新聞社の特派員として計七年近くを過ごした街である。最初に赴任して半年後の二〇〇一年九月、米同時多発テロが起き、その影響はフランスにも波及した。このテロを企画実行した武装組織アルカイダはパリでもテロを画策しており、ジャメル・ベガルという名の容疑者が拘束された。パリ郊外にあったその男の自宅跡を訪ね、関係者に話を聴き、彼の人脈に連なる他の過激派やテロリストたちの行動を追う取材が日常化した。テロに関する私の取材先はやがてエジプトやモロッコに広がり、続いて二〇〇三年に起きたイラク戦争の取材も相まって、しばらく私は欧州と中東を頻繁に行き来した。

二〇〇四年に帰国した後、二〇〇七年に再びパリに赴任した私の目に、テロ問題は沈静化したように見えた。中東や欧州各地でテロは日常化していたものの、フランスではすでに、ニュースとしての関心は失われていた。二〇一〇年までの二度目のパリ駐在の間、私が中東に通う機会は少なくなった。

そのテロが、ここで再び目前に立ち現れてきたのである。これも一種のめぐり合わせだろう。

当時と今とで何が違うのか。かつての知識を取材に生かせないか。犯人の足跡を探る私の営みは、そのような思いから始まった。

場末の故郷

パリ北東部、地下鉄のスターリングラード駅前から北に延びるオーベルヴィリエ街は、芸術と美食に彩られた華の都にしては場末感が漂うところである。カフェも商店もあまり見当たらない。西側は国鉄の線路に面しており、落書きと貼り紙に埋まった壁が殺伐と続く。東側には、移民の多い下町が広がっている。アスファルトとコンクリートの白壁に挟まれた街路に色彩は乏しく、人影もまばらである。

この通りが賑わいから縁遠いのは、その一〇四番地にかつて葬祭場があったことと関係しているのかもしれない。カトリックのパリ大司教が一八七四年に開設した施設で、一九〇五年の政教分離法にもとづいて運営が教会から行政に移された。以後、一世紀近くにわたってパリ市立葬祭場として市民の弔いを担った。このため、葬儀に関係ない人はこの一帯にふだん立ち寄らなくなった。

一九九七年、市立葬祭場はその役目を終え、重厚な建築を生かして改修され、文化センター「サンカトル」として二〇〇八年にオープンした。その名称は「一〇四番地」のフランス語読みにもとづいている。映画館や劇場を備え、イベントや企画展が頻繁に催され、時にはファッションショーの会場としても使われる。文化を利用して地域を活性化させようとする試みだが、周囲にいったん染みついた場末のイメージは、なかなか完全には払拭されない。

その一〇四番地からオーベルヴィリエ街をさらに北に向かうと、貨物駅の出入り口が左手に現れる。大型トラックがひっきりなしに行き来し、雑音と排ガスが入り交じる。そのちょうど向かいにあたるのが一五六番地である。

『シャルリー・エブド』編集部襲撃事件を起こしたサイード・クアシ、シェリフ・クアシの兄弟はここで生まれた。

兄弟が暮らした一九八〇年代から九〇年代前半にかけて、この一帯には古びたアパルトマンが並んでいた。「サンカトル」開館と並行して一帯を市が再開発したため、この番地に現在は十五階建ての大規模高層住宅がそびえている。かつての風景は一変し、近代的な様相となったものの、治安の悪さは変わらずといわれ、外部の人物は容易に近づけない。

兄弟が暮らした時代から三十年を経て住民は入れ替わり、彼らを知る人はほとんどいない。その中で、当時この地区で恵まれない子どもたちへの慈善活動に勤しんでいた二人の女性が、幼いころの兄弟の実像をジャーナリストのエロイーズ・ルブールに語っている(3)。パリの社会問題報道サイト『ルポルテール』に掲載されたその証言から、彼らの原点を探ってみたい。

その女性の一人であるエヴリーヌは一九八〇年代、オーベルヴィリエ街一五六番地に家族とともに入居した。近くの職場で会計の仕事も得た。当時から一帯は荒れた地域で、移民ばかりが集まってゲットーと化していた。

ことさら過酷だったのは、子どもを取り巻く環境である。親から放置された子どもたちは、夜になると駐車場にたむろした。そこに近づく大人たちがいた。獲物を探すペドフィリア（小児性愛者）である。今日でこそペドフィリアは児童福祉の敵として厳しく監視されているが、当時はまだ、一種の性癖として黙認される雰囲気が残っていた。そのような傾向を持つ人にとって、この一五六番地は有名な住所だった。

「本当に貧しい一角でした。多くの人は何年かこの地区で暮らし、どこかに去って行く。でも、私たちはここにとどまり、みずからの手で地域の環境を改善しようと考えたのです」

エヴリーヌはそう回想している。

いたずらっ子の弟と泣き虫の兄

一九九〇年代に入り、エヴリーヌは他の女性たちとともに「若者たちと入居者たち」と称する児童福祉支援団体を立ち上げた。荒れた地域にこもりがちな子どもたちを集めて連れ出し、さまざまな経験を積ませるのが目的だった。活動のための補助金も見つけてきた。以後、団体は十年ほどにわたって活動を展開した。

子どもたちと手をつないで公園に行って、おやつを食べた。パリの反対側にある高級住宅街を散策した。パリ郊外のユーロディズニーランド（後のディズニーランド・パリ）に出かけたこともある。子どもたちはたんに貧しいだけでなく、家庭内暴力や放任の被害も受けていた。エヴリーヌはボランティアで母親代わりを請け負い、虐待から逃れて路上で暮らしていた子どもを一時自宅に引き取ったこともあった。

エヴリーヌが出会った子どもたちの中で、ひときわ騒がしいいたずらっ子が、シェリフ・クアシだった。彼女と同じ一五六番地に住んでいた。

「でも、ちょっと甘やかしたり、手を握ったりすると、シェリフはすぐにおとなしくなる。かわいいものでした」

エヴリーヌはそう回想している。

シェリフのお気に入りは、映画に連れて行ってもらうことだった。ディズニーランドでは、他の子どもたちと一緒にミッキーマウスと戯れた。

シェリフの後ろにいつもくっついているのが、兄のサイードだった。泣き虫で、むしろシェリフのほうが兄に見えた。

両親はアルジェリア第三の都市コンスタンティーヌの出身で、パリに渡った後の一九八〇年九月七日に生まれたのが長兄サイードである。八一年には長女アイシャ、八二年十一月二十九日に次兄シェリフが生まれた。その下にも弟妹がおり、兄弟は計五人だった。父モフタルは九一年に亡くなり、母フレイハは娼婦として生活費を稼いでいた。二人の学校給食代を払う余裕はなく、補助を受けるための申請さえしようとしなかった。子どもたちの世話をまったく放棄しているように見えた。

実際には、サイードとシェリフの父は別々の男だろうと思われた。エヴリーヌが兄弟と出会ったとき、五人のうち二人はすでに施設に引き取られていた。

もちろん当時、兄弟が将来テロリストになろうなどと、エヴリーヌは思いもしなかった。二〇一五年一月七日、『シャルリー・エブド』襲撃事件の容疑者があの兄弟だと聞いて、彼女は涙を流した。自分に責任があると思った。ユーロディズニーになど連れて行かず、その資金を彼らの家庭のために使っておけばよかった、と後悔した。

「シェリフは、他の子どもたちと何ら変わったところがありませんでした。ただ、彼は愛を受けられなかった。家族の愛に包まれなかったから、狂信的な宗教に絡めとられたのでしょう。彼らをかばうつもりはありませんが、もし彼らが幸せな子ども時代を過ごしていたら、テロリストなんかになったでしょうか」

彼女は、その責任の一端がパリの都市政策にもあると考える。

「貧しい人々を一カ所に閉じ込めるのが、当時の政策でした。問題の解決に誰も取り組もうとしませんでした。役所の担当者は、課題のあまりの多さにうんざりして、すぐに他の部署に異動する。担当者が代わるたびに書類がたまり、物事は全然進展しないのです」

イスラム主義の萌芽

幼少期のクアシ兄弟を取り巻く環境は、フランスの当時の社会状況、ひいては国際情勢とも密接に結びついていた。

戦後まもなくから、フランスは冷戦による安定のもとで「奇跡の三十年」と呼ばれる高度成長期を迎えた。労働力を補うために、当時植民地だったモロッコやアルジェリア、チュニジアの特に農村部から大量の移民が渡ってきた。彼らはパリ周辺やフランス北東部の工業地帯、北部の炭田に居を定め、家族を呼び寄せて定住した。そのような移動の流れに乗ったのが、クアシ兄弟の両親の世代だった。

ただ、一九七三年に第一次石油危機が起き、七五年にはフランスの成長率がマイナスに転じた。右肩上がりの時代に目立たなかった失業問題や治安の悪化が、下り坂の時代になって表面化した。それは、一九八一年の社会党ミッテラン政権誕生につながった。

労働者の期待を集めた左派政権だったが、その成果が出る前に、矛盾のほうが噴き出した。それまで万年野党だった左派が政権に就いたことで、本来野党が吸収すべき人々の不満の行き場が失われたのである。一九七二年に発足しながら泡沫政党にとどまっていた右翼「国民戦線（FN、後に「国民連合」に改称）」が一九八〇年代半ばに急に台頭した理由の一つも、そこにあった。

成長社会から成熟社会への移行は、移民への評価も大きく変えた。それまで成長を支える存在だったにもかかわらず、成長が止まった社会ではお荷物扱いされるようになったのである。国民戦線はそこに目をつけた。一九七〇年代末から八〇年代初頭にかけて、攻撃の的をそれまでの共産主義やソ連から移民に転じた。移民が多く住む地区での貧困や失業率の上昇がクローズアップされ、一層の教育の荒廃や治安悪化を招くようになった。

クアシ兄弟がパリの下町で遊んでいたのは、そのような時期だった。

「オーベルヴィリエ街一五六番地は、暴力に覆われた場所でした。貧乏な人々を放置した結果、彼らの怒りや恨みを増幅させたのです」

そう語るのは、クアシ兄弟の幼少時代を証言するもう一人の女性である。仮の名前をマリーズという。彼女もかつてこの地区に暮らし、エヴリーヌと一緒に児童福祉の活動に携わった。エヴリーヌはごく普通の市民だが、マリーズは共産党や社会党に近い左派の活動家である(4)。

もっとも、兄弟が後に犯すことになる罪の根源を、こうした環境にばかり求めても、物事を見誤るだろう。同じ境遇にあった他の子どもたちの多くは、その後真っ当な社会人に成長しているからである。何より、クアシ兄弟の弟にあたる三男シャバヌ・クアシ自身が事件後にこう語っている。

「孤児だったからこんなことになったのだ、などと彼ら（サイードとシェリフ）が言うのは、承服できない。私自身もやはり孤児だったのだから。そして私は、彼らのようにはなっていない(5)」

当時、この地域にまだ、イスラム過激派の影はうかがえなかった。地域に住んでいた移民の多くは、出身地である北アフリカの田舎の慣習を引き継ぎつつも、パリの世俗的な生活を送っていた。失業や貧困などさまざまな社会の矛盾が湧き出ていたものの、不満の受け皿としての「イスラム」はまだ、イスラム教徒の間にも認知されていなかった。

ちょうどこのころにあたる一九八九年、パリ北方の街クレイユの公立中学校で、教師の指示に従わずスカーフを着用したイスラム教の女生徒が教室から排除される事件が起きた。政教分離か信教の自由かをめぐって、以後この国を悩ませることになるイスラム女性の「スカーフ問題」がはじめて注目を浴びた出来事だった。

その背景には、スカーフを運動拡大の手段と見定めたムスリム同胞団系のイスラム主義団体「フランス・イスラム組織連合（ＵＯＩＦ、その後「フランスのムスリム」と改称）」の戦略があった(6)。フランスでのイスラム主義運動の萌芽といえる。ただ、運動はまだ、イスラム教徒の間で広く共有されてはいなかった。

母の自死

当時、イスラム教徒がらみのテロがフランスになかったわけではない。すでに一九八五年から八六年にかけて、パリの繁華街で連続爆発があり、多数の死傷者を出していた。(7) このテロはフランスの旧植民地レバノンの内戦と結びついており、イスラム教シーア派組織ヒズボラの関与が取り沙汰された。ただ、その後のアルカイダや「イスラム国」で主流となるイスラム教スンニ派ジハード主義との関係は薄い。ジハード主義は当時、欧州で大きな脅威とはとらえられていなかった。

その時期はまた、共産主義陣営の衰退からベルリンの壁崩壊、冷戦終結とソ連崩壊に至る世界の変動期にもあたっていた。世の中の構造が大きく動くとき、人々の不安は高まり、浮足立つ。現状に満足できない人々を引きつけてきたイデオロギー「社会主義」が信用をなくし、人々の関心はその代わりとなる宗教に流れ始めていた。こうした状況が欧州や中東、北アフリカでイスラム主義の台頭を招き、一九九五年から九六年にかけてフランスで相次いだイスラム過激派のテロに結びつくのである。余談になるが、日本でもオウム真理教が若者たちを引きつけ、同じ年に地下鉄サリン事件を起こしたのも、同様の現象の中に位置づけられる。

ただ、この時期のクアシ兄弟はまだ、そのような宗教の洗礼を受けてはいない。彼らがイスラム主義やジハード主義と接するのはそれから十年ほど後の二〇〇〇年代前半である。その間、過激派は支持者拡大を目指して地下礼拝所やリクルーター（勧誘者）のネットワークを整えていたのだった。

家計や宗教上の理由から、フランスの小学校では給食を取るか取らないかを選択できる。給食を食べない子の多くは、昼休みに自宅に戻って昼食をすませる。クアシ兄弟もそうしていた。ユーロディズニーに出かけて数カ月経った日の昼時、シェリフはいつものように兄をともなって、自宅に戻った。そこで兄弟が見つけたのは、息絶えた母の姿だった。大量の睡眠薬を飲んでおり、自殺とみられた。建物の管理人は、彼女がこのとき六人目の子どもを身ごもっていたと証言している。いかに放置されていたとはいえ、母親の死を目の当たりにして二人が受けた衝撃はいかなるものだっただろうか。サイードは十二歳、シェリフは十歳に過ぎなかった。(8)

孤児になった二人は、まもなくパリを離れた。引き取られていった先が、フランス中部トレニャックにある孤児院だった。

山峡の孤児院

フランスの真ん中、リムーザン地方コレーズ県は、国内でもっとも地味な県の一つだろう。森に覆われ、湖が点在し、たしかに自然が豊かだが、これといった産業はない。著名な観光地や史跡、記念物にも乏しく、外国人観光客の姿もまず見かけない。

それでもこの県名を大部分のフランス人が知っているのは、ジャック・シラク、フランソワ・オランドという二人の大統領の地元だからである。シラクはパリの出身だが、この地方と関係がある先祖を持ち、総選挙に立候補する際にここを選挙区と定めた。県内のサラン村にある城館を購入して居を構えた。

オランドはパリ北西ノルマンディー地方の出身でコレーズ県と何の縁もないが、やはり総選挙に立候補する際の落下傘先としてここを選んだ。左派候補の彼は、右派の現職議員だったシラクに挑むことで、名を上げようとしたのである。以後二人は、この県を代表するよきライバルとして、互いに政策を磨いてきた。二人とも頻繁に里帰りをし、地元の人々との交友関係も築いた。

その県都テュルから四十キロあまり北に、トレニャックがある。その名を冠したミネラルウォーターで多少知られるように、湧き水豊かな高原に囲まれた山峡の村である。

トレニャックは、かつて通っていた鉄道が一九七〇年に廃止されて以来、公共交通機関では行きにくい場所となっている。人口は一千四百弱で、市町村合併が進んでいないフランスの村としては大きく、ちょっとした街の雰囲気も持つ。渓谷に沿った斜面の街路に、いくつかのカフェやブティックが並ぶ。中世風の家並みと渓谷美からミシュランの旅行ガイドにも掲載され、夏にはパリからハイキング客らがやってくる。

村の中心部から西に向かう街道レオン・バシェ街六番地に、周囲よりやや大ぶりの石造り三階建ての施設がある。庭が広く、低い石垣も残ることから、もともとは城館としてつくられたのだろう。ここに「クロード・ポンピドゥー財団」運営の孤児院が入居している。フランス全土からきた身寄りのない子どもたちが集団生活を営み、地元の学校に通う。

クアシ兄弟は、この孤児院で少年時代の六年間を過ごした。(9)

フランス全土からきた入居者の中には、中国系、アフリカ系、ユーゴ内戦を逃れた子どもらも少なくなかった。暮らしぶりは、大都市の移民街に比べると恵まれていたようである。小遣いやクリスマスプレゼントが用意され、映画館に繰り出すこともできた。年に三回キャンプに参加する機会も与えられ、そのたびに海辺やアルプス、ピレネー山脈にそろって出かけていた。

ここでも、サイードとシェリフの性格は対照的だった。兄サイードは物静かで、内向的で、勉強熱心だった。仲間たちの尊敬を集める人物で、優しい目が特徴的だった。もっとも、彼は後に運転免許の取得に支障が出るほど視力が弱く、柔らかい視線もそのせいだったかもしれない。

孤児院でサイードと同室だった男性は回想する。「穏やかで、公正で、いつも私をかばってくれました。彼と出会わなかったら、自分はもっと悪い人間になっていたでしょう」

サイードは慎重な一方で、かたくなな面も持っていた。酒にも煙草にも手を出さず、ステファニーという地元のガールフレンドと何年もつきあっていた。一般的に、フランスの中部や西部の農村地帯では穏健派カトリックの伝統が根づいており、地元の人に差別意識は薄い。移民系と地元の男女の交際も珍しくなかった。

孤児院にはその後、兄弟の間に生まれた長女アイシャや三男のシャバヌも合流した。クアシ家五人きょうだいの中で、母の死亡時に六歳だった次女のサリマだけ、ノルマンディー地方の養親に引き取られた。

家族の話はタブー

弟のシェリフは頭の回転が速く、陽気、おちゃらけで、いつも周囲を笑わせていた。給食の食器を壊して叱られるのを怖がるような弱さがあった一方、尊大で怒りっぽい面も否めず、孤児院の新参者をいきなり殴ったりした。サッカーでボールをパスしなかった、誰か他の子が物事を先導した、などといった些細なことですぐむくれた。面倒なので、みんなサッカーのときはシェリフにシュートさせるようにした。

サッカーの腕前は相当なもので、何時間もボールと戯れて飽きなかった。地元クラブの指導者が「将来はプロとしてやっていける素質がある」と期待するほどだった。中学のときには級長に選ばれたが、一方で煙草やビールに手を出し、女の子を手当たりしだいに追いかけた。

「二人とも勉強熱心で、扱いやすい子どもでした。将来が思いやられるタイプでは全然なかった」と、孤児院の教育責任者パトリック・フルニエは証言する。二人が通った中学校の教師も「ごく普通の生徒で、地元社会にすっかりなじんでいた」と回想する。

おとなしいサイードは、一度だけ激高したことがある。サッカーの試合中他の選手とのトラブルがののしり合いに発展し、相手が「おまえの母ちゃんなんか」と言ったときのことだ。涙を流し、真っ赤になった。相手を殺しかねないほどの怒りようだったという。

「サイードは優しく、賢い男でした。でも、彼にとって母親の思い出は、とてつもなく辛いことだったのでしょう。母に関する話はタブーだったのです」

彼と同室だった男性はこう振り返る。[10]

孤児であることは、兄弟にとって大きな負い目となっていたようだ。それは、彼らが成人した後も同じだった。

「彼らに対して家族のことを尋ねようとすると、すぐにはぐらかさらました。それは、心に痛みを強いる話題だったのです。彼らには家族というものがなかった。だからこそ、二人はかくも強い兄弟の絆を結ぶことになったのです」

ジャーナリストのカリム・バウーズは、二〇〇〇年代半ばに二十代の兄弟としばらく交流した際の記憶をこう回想した。[11]バウーズは、みずからもアルジェリア移民二世である立場を生かして、イスラム過激派への直接取材を続けてきたフランスでも稀有な記者である。

「二人の仲は、ほとんど一体化したかのようでした」

バウーズはこうも語る。異様なほどに密接なこの兄弟の関係は、後に『シャルリー・エブド』襲撃事件を起こすときにも十分発揮されるのだった。

途絶えた消息

中学卒業後、サイードは料理人を目指して、ポンピドゥー財団に所属する料理学校に通った。残されている当時の授業風景の写真を見ると、彼はコック帽をかぶり、まじめそうな表情で調理台に向かっている。どこのレストランにもいる見習いのように見える。[12]

少年のころに宗教と無縁だったサイードは、しかしある時期から、料理書とともにコーランを手にするようになった。部屋の隅で礼拝をし、ヘッドホンでコーランの朗読を聴き、会話の中心を宗教の話題が占めるようにもなった。その変貌ぶりに周囲は驚いた。

シェリフは中学で一回落第した後、サッカーのスポーツ推薦に近いかたちで県内の街ブリーヴの高校に入った。電気技術が授業の中心だったが、一年目でついていけなくなった。落第してやり直すよう勧める周囲の言葉を振り切って、彼は退学した。このころから、彼も振る舞いが攻撃的になった。

シェリフは、サッカーでプロの一歩手前まできていたという。プロ選手となるとトレーニング方法から食事や体力づくりまで、包括的な能力が求められる。ばかでは到底務まらない。頭の回転が速いシェリフは、周囲が認める才能を備えていた。しかし、最終的に彼は選考に漏れ、プロへの道を断たれた。

「自分が懸けていたものをまだ十代で失ってしまい、怒りは相当なものだったでしょう」

兄弟の少年時代を追った女性ジャーナリストのエロイーズ・ルブールはこう推測する。[13] その挫折感が、彼を宗教に向かわせた要素となったのではないかと、彼女は考える。

兄弟の変化の背景に、モハメドという叔父の影響があったと、周囲は指摘している。[14] モハメドは母フレイハの兄弟にあたる人物で、孤児院の許可を得て一九九九年以降、週末や夏休みにサイードとシェリフの兄弟らをパリの自宅に迎えるようになった。

この叔父モハメドには、芳しくない噂がつきまとっていた。シェリフは孤児院に内緒で叔父のもとを訪ねたことがあったが、戻ってくるなり「ぶたれた」と漏らした。長女のアイシャは、叔父のもとからしょげて疲弊した様子で帰ってきた。何が起きたのか、彼女は話そうとしなかったが、モハメドがアイシャと結婚したがっていた、との噂が友人たちの間で流れた。

二〇〇〇年、サイードとシェリフは孤児院を離れた。サイードはすでに成人の十八歳を迎えていたが、料理学校を終えるまでとの条件のもと、しばらく孤児院で生活を続けていた。サイードが卒院して五カ月後、十八歳の成人に達するのを待ちかまえていたかのようにシェリフも姿を消した。二人ともパリのモハメドのもとに身を寄せたとみられたが、以後施設への連絡は途絶えたのである。

イスラム化する移民街

故郷のパリ北東部オーベルヴィリエ街周辺に戻ったクアシ兄弟は、それまで無縁だったイスラム主義の世界と接することになった。

この界隈の住人の多くは、兄弟と同じ北アフリカからの移民家庭である。もともとイスラム教徒ではあるものの、多くはパリの世俗的な生活になじんでいた。地区には、パリで二番目の規模を持つ「アダワ・モスク」があったが、集まってくるのは近所のごく普通の人々で、急進的なイスラム主義とは無縁だった。

このモスクに出入りしていた男の一人は地区協議会のメンバーになり、クアシ兄弟の幼少期を知る女性の一人、マリーズらと親交を結んだ。この男は敬虔なイスラム教徒だったが、開放的で、政教分離の重要性を理解していた。マリーズたちとこの男は、しばしばモスクの中で集まり、地区の問題を話し合った。マリーズは、穏健なイスラム教が地域にとって有益だと考えていた。麻薬などへの誘惑から若者たちを守ってくれる効果も期待した[15]。

変化が起きたのは一九九〇年代後半だという。地域のイスラム回帰が急速に進んだのである。「アダワ・モスク」も、二、三年のうちに様変わりした。急進的な指導者が実権を握り、考えの合わない穏健派の人々は通わなくなった。地区協議会のメンバーだった男も姿を消した。原理主義が急速に浸透し、ひげを蓄えた男ばかりがモスクに出入りするようになった。それまで少なかったスカーフをかぶる女性も、地区で目立つようになった。

この時期のイスラム化は、パリに限らず欧州各地で見られた現象である。その実態は、「現象」というよりも、イスラム主義を広めようとする意図にもとづいた「運動」だった。フランス国内でこれを主導したのは、エジプトのイスラム主義団体「ムスリム同胞団」を母体とする前出の「フランス・イスラム組織連合（ＵＯＩＦ）」で、一九八〇年代末からスカーフ着用運動を展開していた。

クアシ兄弟の幼少期を知る女性マリーズは、この地区のイスラム化の背景に「国家の怠慢」があったと考える。本来は行政が移民社会やイスラム教徒のフランス社会への統合を積極的に進めなければならないのに、その責務が十分果たされなかった結果、過激派を生み出す土壌が培われた、というのである。

「子どもたちが不良行為や暴力、宗教原理主義に追い込まれるのは、彼らが放置され、教育を受けず、社会になじむ術も知らないままでいるからです。このような問題を解決するには、社会の統合以外にありません。その機会を与えることができなかったのですから、私たちには責任があります。ただ、それが殺人の言い訳になるわけではないのですが[16]」

クアシ兄弟が故郷に舞い戻ってきたのは、そのようなころだった。田舎での集団生活のぬるま湯につかっていた二人にとって、都会の生活がもたらした精神的な負担は相当のものだっただろう。それでも、サイードはパリで料理人としての仕事を見つけた。身なりがしっかりし、社会人として一人前の風情だったと、二〇〇一年にパリで彼に会った孤児院の同室の男性は回想している[17]。

一方、シェリフはピザの配達などをしていた。このころのシェリフの様子を示す映像が残されている。二〇〇四年、荒れた地区のイメージを変えようと、地元の若者から参加者を募って短編映画を撮影する企画が持ち上がった。シェリフはこれに出演したのである。

その際の映像は、明るく乗りがいいシェリフの性格をよく示している。ラップ音楽の自作CDをプロデューサーに売り込みにいく若者役を演じる彼は、リズムを体で刻みながら街を進む。台詞を間違えてNGとなり、おちゃらけぶりを発揮しつつごまかす場面も収録されている。カメラを向けられて気分をよくしているさまがうかがえる。

当時のスタッフの一人は語る。「彼は強い熱意を持っており、私たちに対しても敬意を抱いている感じでした。みんなの中で牽引役も果たしていた[18]」。映画が完成すると、シェリフはこれを地元パリ十九区役所で上映させるべく奔走したという。

この映像から、シェリフがイスラム主義に染まった様子はまったくうかがえない。彼は明るく振る舞う一方で、大酒を飲み、大麻も吸うようになっていた。

サイードがシェリフを地元の「アダワ・モスク」に連れて行ったのは、そのような生活ぶりを改めさせようとしてのことだったという[19]。たしかに、イスラム教を通じてみずからを見つめ、それが振る舞いを正すきっかけとなる場合は、少なくないように思われる。

ただ、欧州でモスクに実際に行ってみるとわかるが、その出入り口に大勢の若者がたむろして、募金を集めたり講座への参加を勧誘したりしている。まるで大学の入学式で各サークルが新入生を勧誘しているかのようである。おそらく、そこに落とし穴があった。

ビュット＝ショーモン筋

人はどのようにして過激派となるのだろうか。米中央情報局（ＣＩＡ）元工作員で現代米国を代表するテロ研究者のマーク・セージマンは、その鍵がじつは「時間」にある、と指摘する。「政治活動に真剣に取り組むには、時間を要する。この事実は、誰が深くかかわって暴力的になるかを示唆している。スケジュールを簡単に空けることができるのは、学生であり、仕事に就いていない人であり、短期就労の人なのだ[20]」

つまり、過激派に身を投じようなどと考える人の多くは、基本的に暇なのである。かつて各国の左翼過激派は、学生崩れが担っていた。今、欧州のイスラム過激派は、犯罪集団か定職を持たない人々が支えている。結婚して家族を支えるようになったり、職場で責任ある仕事を任されたりした人は、過激派活動などにかまってはいられない。

シェリフ・クアシの場合も、あまりに時を無為に過ごしてきた。それは、過激思想がつけ入る素地にもなったに違いない。

モスクでは、礼拝を終えた若者たちが入り口付近でたむろし、雑談する。「アダワ・モスク」の前にいくつかできていた集まりの一つの中心に、ファリド・ベニエトゥーという説教師がいた。ベニエトゥーはアルジェリア移民二世で、当時まだ二十二歳に過ぎなかった。文学青年かアニメおたくを思い起こさせるような細面、色白の容貌で、大きな眼鏡をかけていた。実際には、イスラムのためには暴力もいとわないジハード主義の信奉者で、パリの路上で集団礼拝を強行して物議を醸《かも》したこともあった。(21) 後の「イスラム国」、当時はアブ＝ムサブ・ザルカウィが指揮する「イラク・アルカイダ機構」と接触を持ち、若者たちを感化してイラクに戦闘員として送り込んでいるとも取り沙汰されていた。二〇〇三年のイラク戦争後、フセイン政権という重しを失ったイラクでは混乱が続き、米軍を標的としたテロが頻発していた。

彼のグループは、本拠地の近くにある公園の名前にちなんで「ビュット＝ショーモン筋」と呼ばれ、二〇〇四年以降、テロ捜査を担当する国家監視局（DST、後の内務省国内治安総局＝DGSI）から過激派組織としてマークされた。(22) 実際、この一群はクアシ兄弟だけでなく、後に「イスラム国」のリビアでの活動の中心的存在となるモアメド・エル＝アユニや、「イスラム国」本体の幹部となったブバクール・エル＝アキムらを輩出することになった。

アダワ・モスクでシェリフがベニエトゥーと最初に会ったのは、二〇〇三年夏のことである。友人からの紹介だった。彼は三週間ほど、ベニエトゥーが主宰する集まりに熱心に通った後、酒と大麻におぼれてしまい、いったん姿を見せなくなった。一年あまりを経た二〇〇四年秋以降、シェリフは再び、集まりに通うようになった。(23)

「敵はユダヤ人」

ベニエトゥーの説教は、やや抽象的だった。「あらゆる方法で戦わなければならない。ルールなどはないのだ」と強調する一方で、具体的な行動を指示することは少なかった。自爆テロについては、集まった男たちに一度だけ話したことがあった。その言葉を、シェリフと一緒に礼拝所に通っていたタメール・ブシュナクは後に振り返っている。

「イラクに到着したら、指示に従わねばならない。殉教すれば、天国への道をもって大いに報いられる。自爆テロは、批判されるべきものではない」

親が反対しているのだが、それでもイラクに渡っていいか。ブシュナクが尋ねると、ベニエトゥーは「かまわない」と答えたという。(24)

この集まりに出入りし始めたときには、シェリフはすでに過激になりかけていた。ユダヤ人に対して憎悪を顕わにしており、二〇〇二年には仲間たちと一緒にユダヤ教徒が経営するレストランに火炎瓶を投げ込んだことがあった。彼は「ユダヤ人は世界を支配している」といった陰謀論を信じており、ジョギングをして体を鍛えるとともに、銃を入手しようとも考えていた。ベニエトゥーの紹介で知り合ったサミールという男から、カラシニコフ銃の扱い方も学んだ。(25)

シェリフのユダヤ人への憎悪の背景には、ユダヤ系と人間関係でもめた私的な体験が作用していた可能性がある。ベニエトゥーやシェリフが暮らすパリ北東部のビュット＝ショーモン公園周辺は、アラブ系とユダヤ系が共存してきた地区である。一つの街路で、イスラム主義者の白装束と伝統的なユダヤ教徒の黒装束を同時に見かけることも珍しくない。シェリフにもベニエトゥーにも、ユダヤ系の友人がいた。いわば彼らは、同じ空間を共有する仲間たちであるだけに、仲良くもなれば、けんかもする。そこにイデオロギーが紛れ込むと、たんなるもめ事が宗教や世界観をめぐる対立へとすり替えられる。ユダヤ系とアラブ系の近親憎悪ぶりはパレスチナ紛争でもうかがえるが、同じ構図がシェリフの身の回りでもあったと考えられる。

当時は、預言者ムハンマドの風刺画騒動が持ち上がる前である。フランスのジハード主義者にとって、『シャルリー・エブド』はまだ、意識の外の存在だった。身近な敵は、何より「ユダヤ人」だった。

「非イスラム教徒を殺すことはジハード（として認められる）」とシェリフは主張し、実際にユダヤ教徒が集まるレストラン二軒を襲撃する計画を公言した。ベニエトゥーに賛同を求めたが、彼は首を縦に振らなかった。「フランスは、ジハードの場所ではない」との理由だった。[26]

ベニエトゥーはジハードを、イラクで米軍相手に戦う行為と考えていたようである。欧州での市民を標的にしたテロはジハードの範囲を超えていると、彼はみなした。ベニエトゥーは後に改心して反過激派の活動に転じるが、テロに対する考え方そのものがもともと、シェリフとは異なっていたのかもしれない。

荒っぽいシェリフとは逆に、兄サイード・クアシは物静かで内向的だった。イスラム教と向き合う際も、政治的な面よりも理論に関心を持った。向学心も十分あったものの、知的レベルは決して高くなかったという。その緩慢で鈍感、消極的な姿勢には、ベニエトゥーでさえもしばしばいらついた。

「受け身の性格だったからこそ、彼は弟によって『シャルリー・エブド』襲撃に引っ張られたのだろう。サイードは何かに引きずられるばかりだった」

ベニエトゥーは後にこう回想している。[27]

シェリフ収監

二〇〇五年一月二十四日から二十五日にかけての夜、シェリフは当局に身柄を拘束された。彼は二十五日朝六時四十五分パリ発のアリタリア機に搭乗し、ミラノ、ダマスカス経由でイラクに向かおうとしていたのである。イラクのアブグレイブ刑務所で起きた米兵による収容者虐待事件のビデオをベニエトゥーの勧めで見たことが、彼を戦いに突き動かしたという。

家宅捜索を受けたシェリフの部屋の壁には、「あらゆる手段でファルージャの住民たちを助ける義務を明示する」と書かれた貼り紙があった。[28] イラク中部ファルージャではその前年、米軍とイラク武装勢力との間で大規模な戦闘が起き、多数の住民が犠牲になって国際問題化していた。

逮捕された後、シェリフが用意していた旅行用リュックサックは、兄サイードが急きょ知人に預けたものの、結局当局に押収された。その中には、旅券や航空券とともに、「イスラム教徒を監禁する十字軍に対するジハード」「不信心者に対するジハードは二種類ある」「自爆攻撃を実施するにあたっての許可に関するイスラムの意見」と題する文書が入っていた。別の友人に預けていた現金七千九百四十ユーロも見つかった。(29)

もっとも、彼の行動は使命感にかられたと同時に、仲間たちからのプレッシャーを感じてのことでもあったようである。出発が近づくにつれ、彼はしだいに躊躇するようになり、板挟み状態に陥っていた。一緒にイラクに行くはずの友人タメール・ブシュナクが直前にメッカ巡礼に出かけたため、一人取り残されたシェリフはさらに孤独感を募らせ、ベニエトゥーに泣きついた。このため、ベニエトゥーはシェリフ一人のために、二、三回特別に説教をした。

捜査員に、シェリフはこう打ち明けた。

「イラクで死にたくなかったけど、プライドがあるから出発することにした。もし怖じ気づいたら、卑怯者のレッテルを貼られてしまうから」(30)

どうやら、この時点ではまだ、彼に「殉教」する覚悟はできていなかったようである。じつは、戦闘や自爆攻撃のためイラクやシリアに向かう若者の多くも、このときのシェリフと似たような精神状態なのかもしれない。みんながみんな、喜んで命を捧げるほどの度胸を持っているわけではない。しかし、特に男ばかりの集まりでは、みんなメンツが気にかかる。ためらいを見せると、仲間たちからばかにされる。虚勢を張り、内心でためらいながらも戦地に赴き、運悪く命を落としたり、けがをしたりする――。このような道をたどる若者が案外多いのではないか。

この事件では、シェリフとともにベニエトゥーも逮捕され、「ビュット＝ショーモン筋」は解体への道を歩んだ。この組織が実際にどれほどテロとかかわりがあったのかはわからない。むしろ、テロも辞さない態度を取ることで組織を大きく見せ、若者たちを引きつけようとしたのでは、とも疑われる。

ベニエトゥーと「ビュット＝ショーモン筋」は、路上での集団礼拝を実施したり、イラクに戦闘員を送り込んだりと、派手に立ち回り過ぎていた。本当のテロ組織はそんなスタンドプレーをせず、むしろひげを剃り、普通の格好をし、過激な思想やイスラム教への信仰など口にせず、ひっそりと目立たぬよう過ごしつつ時を待つ。

社会学者のファラッド・コスロカヴァールは「イスラム過激主義に引き寄せられるのは、あからさまな宗教性を誇示したがる一部の原理主義者であって、その多くが実際には一線を越えようとしない。逆に本当に過激化する者は内向性を強めるタイプであり、警察や情報機関の監視を逃れるために信仰を隠そうとする」と指摘し、ベニエトゥーらのジハードへの意志に疑問を呈している。[31]

シェリフの記憶には、みずからが過激派への道に踏み込むきっかけをつくってくれた「恩人」として、ベニエトゥーの名が深く刻まれたようだ。ただ、実際にはこの事件を機に、シェリフとベニエトゥーは違う方向に歩み始めた。その二人の意識が再び交錯するのは、『シャルリー・エブド』襲撃の直前である。

後にベニエトゥーの更生にかかわることになる「イスラム系セクト逸脱防止センター（CPDSI）」の創設者ドゥニア・ブザールは、若者たちがジハード主義に引き寄せられる過程を、こう説明する。

「心と意識に亀裂を生じさせるのは、ただ一つの要素だけではない。細かな機会の積み重ねである」[32]

つまり、人はもともとテロリストとして生まれるわけでもなければ、何か唯一の衝撃的な啓示をもとに突然テロリストに変貌するわけでもない。多くの人は、宗教とは無縁の世俗的な環境からイスラム主義者、ジハード主義者と段階を踏みつつ、長い時間をかけて最終的にテロリストに行き着くと考えられるのである。

クアシ兄弟も、当初は叔父モハメドに感化され、やがてベニエトゥーの影響を受けた。しかし、真のテロリストに成長するには、さらにもう一つのステップが必要だった。その過程を用意する人物が、シェリフを刑務所で待っていた。

第2章　運命の邂逅

刑務所の闇

フランスにイスラム教徒はどれほどいるのだろうか。一般的には「五百万人」「六百万人」といわれ、メディアでもこの数が独り歩きしているが、確たる根拠にもとづいているわけではない。フランスでは信教を問う世論調査が禁止されており、移民の数から推測してこのような人数が算出されたとみられる。

この中には宗教から縁遠くなった人も相当数に及ぶとみられ、実際には三百万から五百万というのが、二十世紀末から二十一世紀初頭にかけてのさまざまな調査からうかがえる数字である。(1)仮にその中間を取って四百万人とすると、このころのフランスの人口は六千万前後であるため、イスラム教徒の割合は全国民のせいぜい六パーセントから七パーセントに過ぎないことになる。

一方で、イスラム教徒の割合が非常に高い空間も、フランスには存在する。その代表的な例が刑務所である。統計上だと、受刑者に占めるイスラム教徒の割合は約半数に及ぶ。食事に出される豚肉の食べ残しなどを社会学者が調べたところ、七割ほどをイスラム教徒が占める施設もあった。(2)

シェリフ・クアシも、そのような一人として、パリ南方フルリ＝メロジス刑務所に収監された。フルリ＝メロジス刑務所は、三千人近い収容能力を持つ欧州最大規模の刑務所である。森と牧場に囲まれて、コンクリートの塊がそびえ立つ。

私がここを訪ねたのはシェリフ収監の三年前、九・一一米同時多発テロから間もない二〇〇二年一月のことだった。刑務所の内部で過激なイスラム教への勧誘が常態化していると聞き、その実態を取材しようとしたのである。

「収監されている犯罪者の多くは寂しがり屋です。そのような心理を、過激派はじつによく把握しています」

職員労組委員長を務めていた看守のマルセル・デュルドンは、当時こう説明した。(3)

欧州の犯罪者は、映画に出てくるような屈強で暴力的な人物ばかりとは限らない。むしろ、精神的に不安定で、何かにすがろうとする人が少なくないという。刑務所の中では特に、このような受刑者がみずからを見つめ直す場となりがちである。静寂と、孤独と、ありあまる時間の中で過去を振り返り、将来への不安を募らせる。どうして自分はここに入ることになったのか。自分のどこが悪かったのか。じつは、悪いのは自分ではなく、社会ではないか。

そこに、過激派やイスラム主義の受刑者が勧誘に近づいてくる。受刑者同士が顔を合わせる運動場や図書館で、気の弱そうな人物を見つけ、悩みを聴いてやりつつ、宗教や政治に導く。「悪いのは、あなたではない。イスラム教徒が世界で虐げられているのが、根本的な問題だ。パレスチナを見よ」。そのような言葉から、受刑者は影響を受ける。出所の際には「力になれる人がいる」

と組織を紹介され、そのままのめり込む。日本の暴力団と共通する点があるかもしれない。

刑務所への出入りを認められたイスラム教の教誨《きようかい》師の中にも、過激思想を説く人物がいる。刑務所はどこも予算を削減され、管理が行き届かない。仮に過激思想を説く場面を看守が見つけても、多勢に無勢で手を出せない。

「勧誘をするような人物は、私たちから見ても堂々としていて、相手の心理を読むことに長けています。若い受刑者なんか簡単に感化されてしまいますよ」と、看守のデュルドンは嘆いた。

私が刑務所を訪れてから十数年を経た二〇一八年も、状況に抜本的な改善はみられない。(4)千二百人の看守の六十五パーセントをインターン生が担い、監視には限界がある。内部では携帯電話や大麻が出回り、受刑者と訪問者が面会室で性交することもあるという。

このフルリ＝メロジス刑務所で、将来を決定づける人物にシェリフは出会った。アルカイダ系ネットワークの中心人物として「フランスのビンラディン」の異名を取ったジャメル・ベガルである。

フランスのビンラディン

ジャメル・ベガルは、フランスのイスラム過激派を語るうえでもっとも重要な人物である。(5)一九六五年、アルジェリア東部ボルジュ＝ブー＝アレリジュのインテリ資産家の家庭に生まれた。国内少数派のベルベル系が大多数を占める山岳地帯カビリア地方の町で、国内多数派のアラブ系への反発から暴動や騒乱がしばしば起きていた。父は国鉄の幹部で、フランスからの独立運動の闘士であり、地元の若い学生たちの後見人を務める篤志家でもあった。母は終末医療の看護師で、みずからの別荘に患者たちを受け入れていた。

子どものころのベガルは、一睡もせず夜中を過ごすほど不安に敏感な子だったという。仲のよかった父方の叔父が少年ベガルにイスラム教の信仰心を持たせようとしたのも、不安心を和らげようとしてのことだった。

一九八〇年代、アルジェリアではイスラム主義勢力が急速に台頭し、政府は弾圧を強めた。「このとき、私は強い信念のもと、立場を決めました。偉大なる神の政党を選び、人間が考え出したあらゆる政党を拒否すると」。後にベガルは、フランスの獄中からジャーナリストに宛てた書簡で、こう説明している[6]。

ただ、アルジェリアを離れるまで彼は世俗的な振る舞いを続けていた、との情報も少なくない。ベガルの主張は時に大げさで、自己顕示的でもある。八〇年代から信念を抱いていたというのも、みずからの信仰が若いころからのものであることを示そうと後から付け足した可能性がある。

一九八七年、彼はコンピューター技術を学ぶ名目で、旧宗主国のフランスに渡った。パリ郊外にいた姉サキナのもとに身を寄せ、姉とつながりのあったシルヴィーという名のフランス人女性と知り合った。イスラム教に改宗したシルヴィーとベガルは九〇年に結婚し、計四人の子どもをもうけた。ベガルは九三年、フランス国籍を取得した。

一九九〇年代前半、ベガルはいくつかのイスラム主義の集団を行き来していたようである。在仏イスラム教徒の間で当時急速に人気を集めていた「ムスリム同胞団」系の指導者タリク・ラマダンとも接触を持った。[7] ラマダンのスタッフとして演説の起草にかかわった可能性も指摘されている。[8] 各戸訪問で熱心に布教活動を展開することから「イスラム教の『エホバの証人』」と呼ばれるインド起源のイスラム主義団体「タブリーグ」に近づいたこともあった。

試行錯誤の末、ドイツに住む知人から紹介されて行き着いたのが、アルカイダと直結する存在として当局から監視されていた過激派組織「タクフィール・ワ・ヒジュラ（背教者宣告と聖遷）」だった。ステップ・バイ・ステップで過激化した彼の遍歴は、後にクアシ兄弟が歩む軌跡と重なってみえる。

ベガルは男前で、人を魅了するカリスマ性を備えているという。彼が暮らすパリ南方コルベイユ＝エソンヌのマンションの一室は、そのように彼に引きつけられた若者たちが日々集まる場所となっていた。ベガルらは、近くにあるモスクに出かけ、そこに集まる若者たちに声をかけて引き入れていたという。[9] 当局は、ここでベガルらが礼拝するとともに、テロ計画も練っていたとみなしている。

タクフィール・ワ・ヒジュラに加わった一九九六年、ベガルはフランス捜査当局に一時拘束された。フランス国内に潜伏するアルジェリアの過激派たちとの関係を疑われてのことだった。結局釈放されたものの、ベガルは以後、テロ組織につながる人物として当局からのマークを受けることになった。

ベガルの過激化は、母国アルジェリアでイスラム過激派が台頭し、その影響がフランスに波及する時期と重なっていた。

「武装イスラム集団」の台頭

アルジェリアでは、ベガルが渡仏した後の一九九一年以降、「暗黒の十年」と呼ばれる泥沼の内戦に突入した。イスラム主義勢力の伸長に懸念を抱いた政府がこの年の総選挙を中止し、組織の弾圧に乗り出したのがきっかけである。抵抗する勢力は武装闘争を展開した。特に、アフガニスタン紛争帰りの戦闘員を多数加えたイスラム過激派組織「武装イスラム集団（GIA）」は、政府関係者や民間人、現地に暮らすフランス人らを狙う激しいテロや虐殺を繰り広げた。

テロの波はやがて、フランスに波及した。その始まりは一九九四年、アルジェ発パリ行きエールフランス八九六九便が「武装イスラム集団」のメンバー四人に乗っ取られた事件である。航空機が給油のためにマルセイユ空港に着陸した際、対テロ特殊部隊「国家憲兵隊治安介入部隊（GIGN）」が突入し、犯人全員を射殺して解決したが、彼らは航空機をパリのエッフェル塔に突入させる計画を持っていたといわれる。[10] 七年後の米同時多発テロを予言するかのような出来事だった。

翌一九九五年には、パリやリヨンで爆弾テロが相次いだ。いずれも「武装イスラム集団」によるとみられ、特に七月にパリ高速地下鉄B線サンミシェル＝ノートルダム駅で起きた爆発では八人が死亡した。しかし、九六年に高速地下鉄B線ポール・ロワイヤル駅での爆発で四人が死亡した事件を最後に、フランスは以後十五年あまりにわたってテロなき社会を享受することになる。

このうち、一九九五年の地下鉄爆発テロの容疑者として、「武装イスラム集団」メンバーのブアレム・ベンサイードとスマイン・アイト・アリ・ベルカセムが拘束された。ベガルは、この二人と密接なつながりを持っていた。特にベルカセムは、爆発物に関する知識が豊富で、テロ集団にとって有能なスタッフだった。第3章の後半で描くとおり、後にベガルは、このベルカセムを脱獄させようと企てる。

一九九六年にフランス当局の拘束をいったん経験したベガルは、その後まもなく英国に移住し、中部レスターで家族と暮らすようになった。現地では、ロンドンのアルカイダ系指導者アブ・カタダや、その右腕といわれた地元過激派宗教指導者アブ・ワリドと接触を持った。彼らと接することで、ベガルはさらに過激になったと考えられる。[11] 二〇〇〇年には家族とともにアフガニスタンに渡り、アルカイダの訓練キャンプに入った。彼は、仏語圏からきた若者たちの統率役を担っており、指導者のオサマ・ビンラディンとも直接接触できる立場にあったといわれる。

米同時多発テロ直前の二〇〇一年七月、ベガルは立ち寄ったアブダビで地元当局に拘束された。そこで彼は、パリの米国大使館爆破計画を準備していたと自供した。これについて、ベガル本人は後に「拷問を受けてしゃべらされた」と弁明し、自供を撤回している。[12] しかし、この証言をもとにフランスやベルギーでテロリストの一群が一斉に摘発された。ベガルはフランスに移送され、〇四年九月から〇六年三月までフルリ＝メロジス刑務所に収監された。この間の〇五年三月、テロ組織設立の罪でパリ大審裁判所（地裁）から禁錮十年の判決を言い渡され、上訴審のパリ控訴院もこれを原則的に追認した。[13]

シェリフ・クアシが同じ刑務所に入ったのは、イラクへの渡航をはかって逮捕されて間もない二〇〇五年一月で、ベガルの収監から四カ月ほど後にあたる。シェリフが出所したのは、ベガルが去ってから七カ月後の〇六年十月である。[14] ともに過ごした一年あまりの間に二人が何らかのかたちで出会い、密接な関係を結んだのは間違いない。直接それを証明する材料はないが、そうと推測できる根拠はある。やはりこの刑務所に入っていたテロのもう一人の主役、アメディ・クリバリによる証言である。

独房の抜け穴

「クリバリ」は、マリを中心とする西アフリカ一円で非常に多い姓である。『シャルリー・エブド』襲撃事件の準備にかかわり、その直後にユダヤ教徒のスーパー「イペール・カシェール」立てこもり事件を実行して最終的に射殺されたアメディ・クリバリも、その母はモーリタニアやセネガルとの国境に近いマリ西部の村からの移民だった。

彼女は一九六〇年代にパリに働きに出て家政婦となり、やはりマリ移民であるパリ市役所の警備員と結婚した。二人の間には十人の子どもが産まれた。クリバリはその七番目で、唯一の男性だった。[15] クリバリの姉妹の多くはその後ビジネスで成功し、富を得たという。[16]

一九八二年二月二十七日にクリバリが生まれてまもなく、一家はそれまで暮らしていたパリ南郊ジュヴィジ＝シュー＝ロルジュから、セーヌ川沿いに数キロさかのぼったグリニーに引っ越した。

彼が少年時代を過ごしたグリニー市内のグランド＝ボルヌ地区は、凝ったデザインで人気を集めた郊外型の新興団地である。当初はハイソで現代的な郊外生活を創出する試みだったが、しだいに低所得者が集まり、やがては麻薬の売人がうろつくような荒れた一角となった。クリバリは、その街路でたくましく育った。頑強で、けんかが巧みで、弁も立つ。周囲から一目置かれる一方、恐れられてもいた。熱しやすく冷めやすく、気分しだいですぐ人を殴った。昔受けた仕打ちをいつまでも根に持つ性格でもあった。

中学校で破滅的な成績を修めた彼は、しだいに商店荒らしや車上狙いに手を染めるようになった。職業高校在学中は、非行少年で警察にもよく知られていた。宗教に熱心だったとの証言はなく、イスラム過激派との接点もこのころはうかがえない。

二〇〇〇年九月、彼にとって忘れられない出来事が起きた。四人の仲間とともに、盗んだバイク三台を小型トラックに積み込んで逃走していたときのことである。研修中の警察官が小型トラックに向けて発砲し、運転していた十九歳の親友アリ・レズギが死亡、クリバリも負傷した。十八歳のクリバリには衝撃であり、以来彼は警察に深い恨みを抱くようになったという。

クリバリはその後も、中部オルレアンで銀行強盗をしたり、パリのカフェに押し入ったりし、そのたびに刑務所の世話になった。そのうちの一つが、二〇〇五年一月から八月にかけてのフルリ＝メロジス刑務所への収監だった。

この期間は、シェリフ・クアシがこの刑務所にいた時期とまるまる重なっている。ただ、クリバリとシェリフが刑務所で出会った形跡はうかがえない。二人が親交を結ぶのは、出所後にジャメル・ベガルを介してのことである。一方、クリバリはこの刑務所でベガルと出会ったと、後にみずから証言している。[17] それは、イスラム教にほとんど関心がなかったクリバリの運命を変える邂逅だった。

ベガルは、当局がもっとも警戒していた受刑者である。アルカイダと直接関係を結び、過激思想を周囲にばらまきかねない存在とみなされていた。だから、彼が一般の受刑者と交わらないよう、刑務所も細心の注意を払った。彼は常に独房で監視を受け、運動で外に出るのは他の受刑者がいないときに限られた。

これだと理論上、ベガルはクリバリやシェリフ・クアシと接触できない。実際、法務省の担当者は『シャルリー・エブド』襲撃事件が起きた後の会見で、ベガルについて「独房に入れられていたら、たとえ同じ棟に収容されていても、他の受刑者に会うことはできません。面会や通院で独房から出るときを含めて、看守の監視下にあるのです」と説明していた。[18]

以上は刑務所側の公式見解である。実際には、職員不足や規律崩壊のせいで、受刑者同士のさまざまなコミュニケーションが成立していた。面会時などを通じて外部から持ち込まれた書物やテープ、さらには携帯電話やビデオが出回っており、内部同士や内部と外部との連絡を取るのはそれほど難しくない。ただ、これらの機器を使う間接的な連絡方法とは異なり、ベガルとクリバリは直接知り合い、会話を交わすことができたのである。思わぬ抜け道があった。

その手法について、クリバリは後日みずから明らかにしている。彼は出所後、第3章で述べるテロ関連の事件への関与を疑われ、二〇一〇年に再び捜査の対象となった。その際に、フルリ＝メロジス刑務所内でベガルとどう接触していたかを、捜査員に証言したのだった。

じつは、クリバリが入った部屋の真上に、ベガルの独房が偶然位置していたのである。独房には窓が開いている。窓に向けてつぶやくことで、二人は会話をすることができた[19]。だから「二人が刑務所で会った」というのは、正確ではない。実際には顔を合わせていないのだが、話はできたのである。

「彼と一緒に収監されていたのは二〇〇五年のことでした。私は雑居房、彼は独居房にいたのですが、私は独居房の人とも少しずつ話して、仲良くなったのです。私はしばらくの間、彼の真下の部屋にいたものですから[20]」

クリバリは後にこう述べている。

オサマ・ビンラディンをはじめアルカイダの戦士は、一部のイスラム教徒の間で英雄視されがちである。同様に、ベガルの名も受刑者の間で、ある種の敬意をもって語られていた。クリバリも彼について「イスラム教に造詣の深い人物」「アフガニスタン帰りらしい」といった程度の噂は聞いていた。

窓越しの会話を通じて、ベガルはクリバリに、アブダビで拘束された際に受けた拷問の経験などを語ったという。二人は少しずつ親交を深めていった。

「ベガルとつきあっていきたいと思ったのは、宗教上の理由からではありません。人間としての理由です。彼は、何か心に響くものを持った人でした」

クリバリはこう証言した[21]。

ベガルはシェリフ・クアシとも、おそらく同じような手法で親交を深めたと考えられる。

「ジャーナリスト」クリバリの活躍

独房の窓越しに形成されたベガル、クリバリ、シェリフ・クアシによる三者の関係が動き出すのは、それから四年ほど後のことである。その間、クリバリはいったん刑期を終えて社会に復帰したものの、二〇〇七年には麻薬取引の罪で受けた一年半の禁錮刑を務めるため、同じフルリ＝メロジス刑務所に舞い戻ってきた。ベガルはすでに、その前年の三月に別の刑務所に移されていた。

再度の収監時にクリバリが見せた行動は、彼の企画力、実行力、正義感と沈着冷静さを端的に示している。

さまざまな書物や機器が刑務所にこっそり持ち込まれているのは、すでに述べたとおりである。クリバリは仲間たちと共謀して、ビデオカメラを二台入手した。仲間の発案にもとづいて、クリバリを含む五人の受刑者の「取材チーム」が結成された。彼らは数カ月にわたり、受刑者の生活実態をひそかに撮影してまわったのである。総計二時間半におよぶ録画は持ち出され、二〇〇八年十二月に『ルモンド』紙のウェブサイトに動画として掲載された(22)。

三分二十三秒にまとめられたその動画は、敷地内で受刑者らがスポーツをするシーンから始まる。吹きさらしの屋外シャワー室が映し出される。ペットボトルやらサッカーボールやらが散乱し、まるでごみ捨て場のようである。シャワーを浴びることができるのは週三回各十分間で、壊れていないシャワーの下に受刑者が集まって水を分け合う、と説明されている。

独房内で、受刑者が食用油を使って料理をしている場面がある。もちろん規則違反だが、看守からは大目に見てもらっているという。受刑者の一人が「百パーセント手づくりだ」などと戯れ言を口にしながら煮炊きに勤しんでいる。

「ヨーヨー」と呼ばれる輸送方法も映し出される。シーツを細長く裂いてつなぎ合わせてつくったロープを、受刑者が夜、暗闇の中でヨーヨーのごとく窓から垂らす。この方法で、本来なら孤立しているはずの独房間でさまざまな物品を流通させている。いずれも、フランスの刑務所の実態を知るうえで興味深い。

動画の掲載にあたり、『ルモンド』紙は映像の信憑性を入念に検証した。その際、提供者として匿名で内容を説明したのが、出所していたクリバリ本人だった。「国家の行動を喚起するため」と、彼は動機を語った。この映像は翌二〇〇九年、テレビ局『フランス2』の人気特集「特派員報告」の一回として仕立て直され、放映された。日本では「NHKスペシャル」にあたる本格ドキュメンタリーである。

クリバリは、ユーゴ・ラマッスという仮名で、この画面に登場する。番組は、そのユーゴの独白で終わる。

「刑務所にいて、最初から最後まで受ける不当な仕打ちを考えると、出所してからまっとうな道を歩もうとしない連中がいるのも、わからないでもない(23)」

さらに、番組のディレクター二人はその内容を『実録のブタ箱』という書名の本にまとめ出版した(24)。その表紙には、独房の窓から鉄格子越しに外をながめる黒人受刑者の写真が使われている。

この男こそ、アメディ・クリバリ本人の後ろ姿なのである。[25]
クリバリは警察官の発砲によって親友を失い、みずからも負傷した経験を持つ。以来、当局に対して抱いた深い恨みと怒りは、ある種の反権力意識につながったに違いない。刑務所での告発も、そのような意識の反映だろう。そこに、自分がしでかした犯罪を棚に上げて不正を告発する彼なりの正義感がある。その意識をゆがんだかたちで発展させ、テロの際に警察官を最初に標的と定めたのかもしれない。

一方で、この活動からうかがえるクリバリは、暴力ばかりに頼るたんなるチンピラでもなければ、クアシ兄弟の『シャルリー・エブド』襲撃事件の陰で付随の事件を起こした脇役テロリストのイメージでもない。大規模な企画をしっかりと準備して実現させる能力を備えた人物にほかならない。それは、テロの場合も同じだろう。後に検証するが、一連のテロでクアシ兄弟以上にクリバリが重要な役割を果たした可能性は、ここからも推測できる。

出所したクリバリは、アヤト・ブメディエンヌという女性とつきあい始め、やがて結婚した。彼女は、クリバリに生活の安定をもたらす一方、イスラム主義に誘う役目も果たすことになった。

ビキニからニカブに

クリバリの妻となるアヤト・ブメディエンヌは一九八八年六月二十六日、六人の兄弟姉妹の三番目として、パリ東郊ヴィリエ＝シュール＝マルヌの貧しい移民街で生まれた。[26] 両親はアルジェリア第二の都市オランの出身で、父はパリ郊外のランジス中央卸売市場の配送係だった。母親はアヤトが八歳のときに亡くなった。父親の再婚相手と子どもたちはうまくいかず、みんな寄宿舎や養家から学校に通った。アヤトも寄宿舎を転々とした。「難しい時期があった」と彼女が後に回想したように、喧嘩を繰り返し、すみかを頻繁に替わった。十四歳のときには、寄宿舎の教師に暴力をふるって警察に留置され、賠償金を払わされた。

その後、気の合う養親にめぐり合い、生活はしだいに安定した。彼女について、「素朴で穏やか」「常識的で親切」といった声が少なくないのも、主に落ち着いて以降に出会った人からだろう。十七歳のころには、すでにイスラム教に安寧を見いだしていたという。

高校を卒業後、バカロレア（大学入学資格）の取得には失敗したものの、商店のレジ係の職を得て一人暮らしを始めた。

クリバリと知り合ったのは、二〇〇七年のことである。このとき、まだ収監されていたクリバリは、受刑者仲間からその恋人の友人を紹介してもらった。それがアヤトだった。アヤトは刑務所までやってきて、面会ではじめてクリバリを目にしたという。

アヤトは、出所したクリバリとつきあい始めた。刑務所帰りの男との交際に彼女の周囲は眉をひそめたが、二人は仲睦まじかった。クレタ島、ドミニカ共和国、マレーシアに一緒に旅行に行った。

おそらく二人の携帯かパソコンに保存されていたものだろう。『パリマッチ』誌は『シャルリー・エブド』襲撃事件後、南国の浜辺でくつろぐ二人の写真三十五枚を掲載した。(27) 水着を着たアヤトは肉付きがよく、笑顔がまぶしいセクシーな美人である。室内で裸の姿を撮影したのではないかと思えるコマもある。ごく普通の現代フランス人女性で、イスラム主義の陰などどこにもない。後に世界に出回った指名手配の写真に映った彼女は、どこか陰鬱で、愛想のなさそうな表情だったが、状況によってずいぶん違う印象を与える人物である。

二〇〇九年七月五日、二人は結婚した。イスラム教にもとづく結婚式で、花嫁を他の男たちに引き合わすことができないため、女性の参加がない男ばかりの集まりだった。アヤト本人も姿を見せず、その代理として父親が出席した。役所に届け出る正規の結婚手続きは踏まなかった。二人は、パリ南郊バニューにアパルトマンを借りて新婚生活を営んだ。

アヤトはこの直前の五月から、体をすっぽり覆うニカブをかぶるようになっていた。それは、華のパリでいかにも異様な装いだった。そのような格好をしているのは、湾岸産油国からショッピングにきた富豪の奥様か、イスラム主義者の妻ぐらいである。政教分離に厳しいフランスだけに、これだと接客業は務まらない。アヤトは、それまで勤務していた商店のレジ係を辞めざるを得なくなった。

「買い物をするとき以外、私はあまり外出しなくなりました。全身を覆うヴェールを着ていることに対して、敵意ある視線を受けるのが辛かったからです」と、彼女は後に語っている。[28]

クリバリ、大統領に会う

イスラム主義に近づいたことについて、アヤトは後に「関心を抱いたのは、二人とも同じころでした。二〇〇八年か〇九年で、突然のことでした」と捜査当局に説明している。[29] あたかも、クリバリと自分が同時に宗教に近づいたかのような口ぶりである。

実際には、妻が先導し、夫が従ったのではないか。クリバリの家族は、アヤトこそが過激思想に染まり、夫を引っ張っていったと考えている。[30] クリバリの姉妹の一人は「アヤトがおとなしくしていたと思われているなら、それは全然違う」と語る。[31]

アヤトとつきあい始めてから、クリバリの人生はしばらくの間、安定を得たかのようにみえた。正規雇用の予備段階である「職業化契約」を結んだうえで、コカ・コーラの工場で働いた。

クリバリが、当時の大統領ニコラ・サルコジと面会したのは、このころである。二〇〇九年七月、サルコジは若手工場労働者をエリゼ宮（大統領府）に招待するパフォーマンスを催し、その対象として彼が選ばれたのだった。このときのクリバリの様子を、大衆紙『パリジャン』が伝えている。「アメディ、二十七歳、今日午後サルコジと会う」と題した記事で、大写しの写真で紹介された彼は「うれしいことだ。（大統領に）何を言ったらいいかわからないが、まずはボンジュールと言う」「受付がどこにあるのかわからない。エリゼ宮はあまり頻繁に行くところでないからね」などと、愚にもつかないコメントをしている。[32]

記事は、クリバリに九人の姉妹がいることを報じているが、彼自身が刑務所帰りであることには触れていない。そのような人物を招くエリゼ宮の意図も不可解だが、たんに調査不足だったのかもしれない。当時妻アヤトはすでにニカブ姿になっていた。「犯罪常習者で妻はイスラム主義」となると、普通なら大統領の面会リストから真っ先に外されるはずである。

その後も、クリバリは相変わらずのほほんとしていた。イスラム教徒なら二人目の妻をもらっていいかと伺いを立て、アヤトから一喝される始末だった。[33] アヤトは不満を漏らしている。

「彼は、宗教にそれほど熱心ではありませんでした。おふざけが大好きで、コカ・コーラの工場で働いて、イスラム教徒の伝統的な衣装を身につけようとしませんでした。モスクにも、三週間に一度ほどしか行こうとしなかったし……[34]」

クリバリも言い訳をしていた。

「礼拝も、ラマダン（断食）も、最小限にすませようとした。宗教になじもうと頑張ったのだけど、少しずつしか進まなかった[35]」

夫に比べ、妻の信仰への入れ込みようは急だった。アヤトは、イスラム主義者が集まるパリ東部クロンヌ街でイスラム教関係の書物を買い込み、ウェブからもダウンロードして読み漁った。その結果、これまでの自分の人生が間違いだったと悟ったという。[36] 過去を悔い改めて宗教に没頭するケースは珍しくない。その際、良き書を手にすれば、その後真っ当な人生を歩めるかもしれない。アヤトの場合は、誤った書と出会ってしまった。

マリカ・エル＝アルードの著書『光の戦士たち』である。[37]

殉教者の妻マリカ

欧州のイスラム過激派の間で、マリカ・エル＝アルードの名は半ば伝説として語り継がれている。[38]

モロッコに生まれ、幼少のころ両親に連れられてベルギーに移住した。ごく世俗的な少女として育ったが、家出と結婚離婚を経て社会の厳しさにさらされた。鬱状態に陥っていた三十二歳のとき、勧められてコーランを手にしたのが、イスラム再発見のきっかけとなったという。その後、ブリュッセル西郊にあった過激派モスク「サントル・イスラミック・ベルジュ(CIB、ベルギー・イスラムセンター)」に出入りするようになり、過激思想に染まっていった。CIBについては第二部で検証するが、実質的にはアルカイダのベルギー支部として機能し、戦闘員や自爆要員をアフガニスタンに送り出す役目を果たしてきた。

マリカは、CIBを実質的に運営してきたシリア人イスラム教指導者バッサム・アヤシの紹介で、チュニジア人元留学生のアブデサタール・ダーマンと再婚した。ダーマンは二〇〇〇年にタリバーン政権下のアフガニスタンに渡り、政権の庇護を受けるアルカイダの訓練キャンプに入った。マリカも翌年、そこに合流した。各国から集まったテロリスト予備群の面々の中でもアラブ系は優遇され、生活は意外に快適で資金もふんだんにあったという。マリカはそこで、フランスやベルギーなど仏語圏からきた戦闘員の家族たちと親交を結んだ。彼女は後に「オサマ・ビンラディンのグループがアラブ人を援助してくれていた」と振り返っている(39)。

二〇〇一年、ダーマンはアルカイダから、タリバーン政権の存亡をかけた任務を与えられた。対立するアフガニスタン「北部同盟」の指導者アハマド・シャー・マスードの暗殺である。ダーマンはテレビのジャーナリストに扮して敵地に侵入し、二〇〇一年九月九日、その使命をなしとげた。連れていった偽カメラマンの自爆によって、マスードを殺害したのである。みずからは逃亡中、北部同盟の兵士によって殺害された。

マスードは、欧米がアフガニスタン民主化の担い手として期待していた人物である。その暗殺のニュースは、世界のメディアを独占した。ダーマンは、困難な任務をなしとげた殉教者として、アルカイダの内部で英雄となった。マリカは「殉教者の妻」として称賛を一身に集めた。

その二日後にあたる二〇〇一年九月十一日、ニューヨークの世界貿易センターに飛行機が突っ込む映像が世界に流れた。アルカイダが狙ったもう一つの巨大プロジェクト、米同時多発テロである。その報復として、アフガニスタンは米英などの攻撃にさらされた。タリバーン政権は崩壊し、マリカはパキスタン経由で命からがらベルギーに舞い戻った。

その後しばらく、彼女はメディアの取材に応じてアルカイダの立場をしきりに宣伝した後、みずから執筆して二〇〇四年に刊行したのが『光の戦士たち』である。

同書は、マリカの生い立ちから夫アブデサタール・ダーマンとの出会い、アフガニスタンでの生活、夫の「殉教」、米同時多発テロ発生と米英のアフガン攻撃から帰国に至るまで、彼女がみずからの人生を綴った自伝である。メディアから「殺人者の妻」と名指しされることに激しく反発し、パレスチナやチェチェンでの紛争でイスラム教徒が置かれた立場に抗議しつつ、米大統領ブッシュ一家を「真のテロリスト」と呼んでいる。

この書物は、ジハード主義の指導書として、過激派の間で広く共有された。イスラム主義者が多い地区の地下書店で販売され、ウェブを通じて流され、拡散した。その一冊がアヤトの手に渡ったのである。

マリカが触発したのは、アヤトにとどまらない。パリ同時多発テロやブリュッセル連続爆破テロを起こしたブリュッセル郊外モレンベークの過激派ネットワークも、彼女から大きな影響を受けている。そもそも、マリカが出入りしていた過激派組織「サントル・イスラミック・ベルジュ（CIB）」はモレンベークに位置しており、両者の関係も密接だった。マリカは、欧州テロリストのネットワークの中心にいた女性である。

マリカはその後、モエズ・ガルサラウイというアルカイダの男と再婚し、過激派ウェブサイトを運営してジハード主義を拡散させた。実際に欧州でテロ計画を練っていたとも疑われた。二〇一〇年にはベルギーの裁判所からテロ組織関与などの罪で禁錮八年の判決を受け、いったん取得したベルギー国籍を二〇一七年に剝奪された。

アルカイダの二つの流れ

マリカ・エル＝アルードの『光の戦士たち』には、ジャメル・ベガルの妻シルヴィーとの交流の場面も登場する。ダーマンとベガルは、アルカイダのいわば同窓生である。

オウム真理教の内部で幹部らが協力し合うとともに主導権争いを繰り広げた例にもみられるように、カルト性の強い組織での友人関係は、一方でライバル関係でもある。アルカイダのフランス語圏グループでも、ダーマンとベガルのどちらが「真の戦士」としての名声を勝ちとるか、それは本人同士の競い合いであると同時に、妻同士の争いでもあったと推測できる(40)。

勝利を収めたのはマリカだった。夫ダーマンはマスード暗殺に成功して「殉教」したことによって英雄となった。その評価が、その後のマリカの地位に結びついている。欧州のジハード主義者の間で、マリカの言動が依然としてカリスマ的な魅力を備えているのも、何よりダーマンの業績のお陰である。加えて、マリカには著書やウェブを通じて人々を扇動する才能があった。こうして、「サントル・イスラミック・ベルジュ」とマリカを軸に形成された二〇〇〇年前後のテロ人脈は、次の世代の若者たちを巻き込みつつ、伸縮を繰り返しながら引き継がれていった。その理念と人間関係はモレンベークのネットワークに息づき、二〇一五年十一月のパリ同時多発テロ、一六年三月のブリュッセル連続爆破テロとして結実するのだが、それは第二部の話である。

一方、ベガルはダーマンの任務「マスード暗殺」に匹敵する事業としてパリの米大使館爆破計画を携え、一足早くアフガニスタンを出たのだが、イスラマバード経由でアブダビに到着したところを当局に拘束された。計画は頓挫した。ダーマンや九・一一米同時多発テロ容疑者らがテロリストとしての栄光に包まれる陰で、ベガルは英雄になりそこねたのだった。

ただ、みずからのテロ計画を実現できなかったベガルは、その後クリバリやシェリフ・クアシといった後継者を育てることに成功した。その努力は二〇一五年の『シャルリー・エブド』襲撃事件で報われることになった。ダーマンとマリカの理念が次世代に受け継がれたように、ベガルもまた、アフガニスタンの訓練キャンプで培った理念と人間関係を脈々と引き継いだ。

つまり、二〇一五年から一六年にかけて相次いだ大規模テロは、十五年ほど前から存在する欧州フランス語圏の二つのテロ・ネットワークの激流がたどり着いたところに生まれたのである。その流れの一本はダーマンやマリカの下から、もう一本はベガルから発している。二本の流れは、時に競い、時に合流しつつ、周囲を巻き込んでいった。

アヤト・ブメディエンヌのもとには、『光の戦士たち』の電子版が残されていた。アヤトがこの本を熱心に読んだのは、その後の言説からうかがえる。二〇一〇年にクリバリが逮捕された際、アヤトは捜査当局の事情聴取に対して「無実の人々をたとえば米国が殺すなら、女や子どもを守るために男たちが武器を手にするのは当然じゃないですか」と答えている。(41) この言葉が、『光の戦士たち』でマリカが語る言葉ときわめて似ているのである。(42) アヤトはこの部分を暗記し、そのまま警察に語ったと考えられる。

『光の戦士たち』は、同様にシェリフ・クアシの自宅からも見つかっている。シェリフの妻イザナとアヤトは仲がいいことで知られていたから、アヤトがイザナに勧めたのかもしれない。

また、アヤトとマリカは互いに知り合っていた、との証言もある。(43) 実際に面会したとは考えにくいが、マリカは「ウム・オベイダ」の偽名を使ってウェブ上でチャットを展開しており、そこで両者が接触した可能性は残る。チャットは、イスラム過激派が若者を勧誘するうえで頻繁に使われていた。(44)

ベルギー国内でイスラム過激派と頻繁に交流を重ねながら過激化していったマリカの場合と異なり、アヤトは一人自宅で書物に向かい、そこから過激な思想を徐々に身につけたと考えられる。その意味では、第三部で論じる、いわゆる「ローンウルフ」型のテロリストに似ていないわけでもない。(45) 周囲に過激派に向かう仲間が見当たらない場合、多くの人は目標とする人物や集団を定め、そこにみずからの内なる英雄を重ねみる。その声に従い、その姿を真似ようとする。(46) 男性だとそれはオサマ・ビンラディンやアルカイダであるのだが、アヤトの場合はそれがマリカだったと考えられる。

こうした状況から、クリバリ自身よりもむしろ、アヤトこそが過激思想に絡めとられ、夫を後押しした可能性が浮上してくる。「過激派の夫に従う妻」ではなく逆ではないか。テロリストのクリバリにアヤトが付き添ったのでなく、逆に過激派のアヤトがクリバリの尻を叩いてテロリストに仕立てたのではないか。検証は第一部の最終章に譲りたい。

マリカの著書に感化されたアヤトは、その後ベガルと知り合い、指導を受けることになった。アヤトは、ダーマンとベガルという二つの欧州アルカイダ人脈が交差するところを漂っていたのである。

欧州人権裁、ベガルを救う

この間の二〇〇六年十二月、収監中のジャメル・ベガルに対して、フランス国籍を剝奪するデクレ（執行的決定）が出された。〇七年九月には国外追放のアレテ（大臣執行決定）が発せられた。ベガルは執行停止の急速審理を求めたが、パリ行政裁判所は〇九年五月、これを却下した(47)。彼は、出身国のアルジェリアに強制送還されかねない状況に追い込まれた。

一九九〇年代に「武装イスラム集団」による虐殺やテロで内戦状態に陥ったアルジェリアでは、政府がイスラム過激派に対して、きわめて厳しい態度を取っている。もともと人権意識が高いとはいいがたい国だけに、帰国したら身の安全がおぼつかない。二〇〇九年五月二十七日、ベガルは「欧州人権裁判所」に仮保全措置を申し立てた。欧州人権裁は、四十七カ国が加盟する欧州評議会（欧州審議会、本部ストラスブール）が運営し、国家による人権侵害から個人を救済する役目を担っている。国家主権を上回る欧州独特の機関である。

この申し立てを受けて、欧州人権裁はフランス政府に対し、係争期間中ベガルをアルジェリアに送還しないよう申し入れた。(48) 政府は、これに逆らえない。ベガルの送還は宙に浮いた。彼はひとまず、フランス国内にとどまることになった。

フランス政府は、ベガルを当局の監視のもとで生活させることにした。その滞在場所として内務省が割り当てたのは、フランス中央山塊に位置する町ミュラだった。

パリで結婚し、平和な暮らしを始めていたクリバリのもとに、ベガルの消息が知らされたのは、その年の暮れのことだった。

「誰かが電話をしてきて、ジャメル・ベガルの番号を教えてくれた。電話をしたら、彼は田舎にいて、会いにきてほしいという。だから、彼のところに通い始めたんだ(49)」

クリバリはその翌年に拘束された際、捜査員にこう振り返っている。

クリバリは一人で、ミュラまで出かけていった。独房の窓を通じて夜な夜なささやきを重ねた人物に、はじめて対面するためである。

第3章　死火山の町で

過激派を受け入れたホテル

多くのフランス人にとって、中部のカンタル県は比較的印象の薄い地方である。クアシ兄弟が十代の大半を過ごした西隣のコレーズ県と同様、低い山が連なるばかりで、著名な観光地にも乏しい。県名を冠したセミハードのチーズ「カンタル」が知られている程度である。

県都オーリヤックから東に五十キロほどのところに、人口約二千の町ミュラがある。

ミュラは、古い死火山の火口跡に位置する素晴らしい景勝地である。聖母マリア像がそびえ立つ岩山の麓、群青の屋根を持つ家屋が緩やかな斜面に立ち並ぶ景観は、ミシュランの旅行ガイドで二つ星に格付けされている。つづら折りが続く中世風の街並みに迷い入ると、思わぬ角で教会や噴水に行き当たる。緑にあふれる周囲の山並みには、トレッキングコースやスキー場が整備されている。交通の便がよいとはいいがたく、有名観光地として開発されているわけでもないが、渋いリゾート地として都会からの行楽客を集めている。

家並みが途切れる一番下手に、一日数本の列車しかこない鉄道駅がある。その正面に、いかにも「駅前旅館」といった風情の五階建てホテル「メッサージュリー」が建つ。「フランスのビンラディン」ジャメル・ベガルの隔離先が、このホテルだった。

犯罪者の滞在を引き受けるのは、ミュラにとってはじめての経験である。(1) 部屋の提供を求められたホテル「メッサージュリー」の女主人ミュリエル・バレは懸念を隠せないでいた。

「施設内にテロリストを引き受けるなんて、本人にとっても他の客にとっても大丈夫だろうか(2)」

ホテル代月三千ユーロは公費から支出される。やがて、日本だと県警本部長に相当するプレフェ（政府委員）とミュラの市長が、憲兵隊を引き連れてやってきた。ホテルのどの部屋が監視しやすいか、見て回った。

ベガルの滞在地として、なぜミュラが選ばれたのか、ホテルには何の説明もなかった。実際には、あまり深い意味はないだろう。当局者は後に「都会より田舎のほうが、監視下に置くにはいい。人々がみんなで見張っているようなものだ(3)」と話しており、適当な田舎を探していてたまたまこの街に行き当たったと推測できる。小さな街だけに噂は瞬く間に広がり、数日後には地元紙にも「ベガル受け入れ」の記事が掲載された。

ホテル側の心配は尽きない。イスラム過激派というからには、「ハラール」と呼ばれるイスラムの戒律に沿った食品しか口にしないに違いない。ましてや豚肉など御法度だろう。しかし、この地方の名物はチーズとシャルキュトリー（豚肉加工品）である。日々の食事はどうしたらいいのか。

実際に彼がきてみると、問題はわりと簡単だった。ベガルは魚ばかり食べたからである。食事の問題は解決した。(4) ベガルは愛想がよく、礼儀正しく、不安に思っていた地元の人ともうまくやった。

「どこか感じのいい人だった。いつも必ず挨拶をしてくれた」と、ミュラの住民は語っている。(5)

謎めいた行動

このようなベガルの穏やかさは、おそらく表面上つくろったものだったのだろう。

ベガルは、かなりの時間を電話に費やし、多くの人と会話をした。盗聴を避けるためだろうか、携帯を頻繁に取り換えた。スカイプも利用した。それでも一部は盗聴され、会話の相手にカメル・ダウディが含まれていることを、当局は把握した。ダウディはベガルとともに二〇〇一年の在パリ米国大使館爆破計画にかかわったとして有罪判決を受けたアルジェリア系移民で、やはり本国に強制送還されかかったところを欧州人権裁判所に救済され、同様にフランスの田舎で監視下の生活を続けていた。

通話先が明らかになった別の人物は、サキナ・ベガルだった。ベガルの姉である。ベガルは、姉を介してダウディらと連絡を取っていたとみられている。(6)

ベガルの会話には、隠語と思われる言葉が含まれていた。たとえば、彼はときどき「結婚」について話した。「結婚」は、彼らの間で「テロ」を意味していたと考えられている。ただ、電話の盗聴を試みたフランス内務省の情報機関「国内情報総局（DCRI、その後の国内治安総局＝DGSI）」にとっても、意味をつかみかねる会話が多かったという。ベガルは二〇〇九年八月、突然「冷蔵庫」の発送を電話で依頼したことがあった。暗号であるのは間違いないが、「冷蔵庫」

が何を示すのか。情報機関は当惑した。(7)

いずれにせよ、情報機関はベガルを、依然「危険人物」とみなしていた。若い世代を集めて新たなテロを計画している可能性があると疑われた。

しかし、その問題意識が、ベガルを日常的に監視する地元の憲兵隊にどこまで共有されていただろうか。憲兵隊は基本的に田舎の警察組織であり、テロや大事件には慣れていない。ベガルは、四六時中監視のもとに置かれていたわけでなく、毎日朝八時、午後一時、午後六時の三回、憲兵隊に出頭して署名することで、所在を明らかにする義務を課されていた。街から出ることはできないものの、日中の行動は比較的自由だった。

ベガルは、「雀を捕るため」との口実でクロスボウ（洋弓銃）も購入していた。これは明らかに武器である。監視下にある過激派がそんなものを手にできたとは驚きだが、ベガルは隠すふうでもなく「狩猟免許もほしい」などと言っていたという。憲兵隊も、クロスボウ程度では何もできないだろうとのんきに構えていたのかもしれない。

ベガルには、フランス人の妻シルヴィーとの間に四人の子どもがいた。ベガルとその家族は、一九九〇年代にフランスから英国中部のレスターに移った後、アフガニスタンのアルカイダの訓練キャンプで暮らした。しかし、ベガルが二〇〇一年にアブダビで拘束されたのを受けて、家族は英国に戻っていた。シルヴィーは、英レスターでイスラム社会の支援を受けながら子どもを育てつつ、年何回かの割合で子どもとともにフランスに渡り、刑務所や隔離先にベガルを訪ねていた。

ホテルの女主人バレは、家族以外にベガルを訪ねてきた人はいなかったと証言している。[8] しかし、ホテルの外で会ったから目につかなかっただけだろう。ベガルのもとをアメディ・クリバリがはじめて訪れたのは、二〇〇九年暮れのことだった。

山中で軍事訓練か

最初は一人で訪ねたと、クリバリは証言している。[9] 刑務所での窓越しのつきあいを通じて、ベガルの人柄に強く惹かれていたクリバリのことである。はじめて向き合って、おそらく感動し、話し込んだだろう。

二回目以降の訪問は、妻のアヤト・ブメディエンヌをともなったものだったようである。クリバリは、ベガルのもとを訪ねたのが「一回か二回だった」と証言している。ただ、深いつながりを捜査当局に隠そうとして過少申告した可能性が拭えない。同様の捜査当局の聴取に対し、アヤトは「二回訪ねた」と証言した。実際には、クリバリが訪ねたのは二〇一〇年二月六～七日、三月二十一日、四月二十四～二十五日、との記録がある。[10] 二〇〇九年に一人で訪ねたものを含めると、クリバリはベガルに四回会った可能性がある。

このうち、二〇一〇年初めに夫婦で訪ねたときの写真六枚を、テロ後に『ルモンド』紙が入手して公開した。[11] クリバリとアヤト、ベガルの三人が交互に写っている。クリバリの携帯で撮影し合ったと考えられる六枚である。

一、雪山を背景にクリバリが立つ写真。周囲にも積雪があることから、真冬とみられる。
二、向き合ったクリバリとベガルが一緒に高台に立つ写真。背後には眺望が広がり、ミュラ周辺であろう家並みをはるか下に望んでいる。
三、アヤトらしい女性がクリバリと寄り添う写真。「らしい」というのは、女性が目だけ出して、黒いヴェールにすっぽり包まれているからである。これは、フランスの学校でイスラム教徒の女生徒がかぶるかどうかで問題になった「スカーフ」ではない。サウジアラビアなどで見られる「ニカブ」である。フランスで普通の女性は、イスラム教徒でもこのような衣装を身につけない。イスラム主義にかぶれているか、サウジやペルシャ湾岸諸国から観光にやってきた富豪の身内か、である。
四、これは、ちょっと怖い写真である。アヤトが撮影者に向けてクロスボウを構えているのだが、矢が今にも飛んできそうな迫力をともなっている。クロスボウは、おそらくベガルが購入したものだろう。
五、クリバリが銃のようなものを構えている写真。銃に見えるのはクロスボウだろう。たんなるポーズにとどまらない真剣さが漂う。山中で軍事訓練をしているかのようでもある。
六、アヤトらしきヴェールの女性が草地に膝をつき、クロスボウを構えているところを横から撮った写真。ヴェールの顔の部分がはがれ、横顔がうかがえる。

もちろんここで戦闘訓練をしていたわけではなく、これらはいわば「ジハード主義」のコスプレに過ぎないだろう。ただ、その姿からは、武装闘争も辞さない緊張感が伝わってくる。

ベガルは、イマムと呼ばれるイスラム教の指導者でもなければ、イスラム法学者でもない。たんなる「自称イスラム教に詳しい男」であり、出るところに出れば、そのつぎはぎの理論は簡単に論破されただろう。にもかかわらず、クリバリやアヤト、後にシェリフ・クアシもがこれほどベガルを尊敬の眼差しでながめたのは、彼が語る教義や思想でなく、彼の体験そのものが憧れの対象と映ったからだと考えられる。アフガニスタンの訓練キャンプでみずからを鍛え、当局の拷問に耐え、刑を受けてなお信念を失わない、イスラム戦士としての生き様である。

クリバリやアヤトが山中でクロスボウを構えて悦に入ったのも、ベガルが持つ宗教的側面よりも軍事的側面を見習おうとしていたことの証左である。苦難に抗して戦い続けるアルカイダのイメージは、彼らが若者たちを勧誘する際の大きな利点となっている。勧誘しなくても、若者たちのほうから憧れて近寄ってくるケースがしばしばである[12]。

テロや右翼活動などを専門領域とする政治学者でデンマーク国際問題研究所主任研究員の女性マニ・クロンは、こう論じる。

「クアシ兄弟やクリバリは、ジャメル・ベガルと刑務所で出会い、出所後遠方で監視下の生活を送る彼のもとに通い続けた。重要なのは、彼らが宗教的に導いてくれることに関心を抱いていたのか、それともアフガニスタンのアルカイダの訓練キャンプに行った象徴的なジハード主義者とつきあいたかったのか」

「若者たちを引きつける一流の急進的な伝道師や過激派指導者が、宗教上の資格や洗脳の能力を持っているとは限らない。むしろ、彼の行動力や好戦性のほうがものを言う場合は少なくない」[13]

彼女の分析によると、クアシ兄弟やクリバリに、イデオロギー面で過激になった形跡はみられない。彼らはむしろ、多くの過激派の若者と同様に、イスラム教の思想や理念でなくみずからが暴力をふるうためのモデルを探し求めていたのだという。クロンの理論については、第二部第6章で再度検証したい。

急激な変貌

アヤトの証言だと、彼女自身はベガルと直接会ったことがない。クリバリと一緒にミュラまで赴いたものの、ベガルの後ろ姿を見たにとどまったという。アヤトはこう説明する。

「彼に対しては、宗教についていろいろと質問をしました。ただ、それは二人が別の部屋に入ってのことでした。私にとっては当然です。男性とは決して一緒にならないのですから」[14]

イスラム教の女性は、夫以外の男性と同じ部屋に入るべきではない、というのである。フルリ＝メロジス刑務所でベガルとクリバリは窓越しに会話を重ねたが、ミュラでベガルとアヤトは壁越しに会話をしたのだった。

ベガルとクリバリ、アヤトは一緒に山中で軍事訓練まがいの撮影をしていたから、厳密にいうと、会っていないわけではない。ただ、そのとき彼女はニカブをかぶっていたから、彼女の意識では「会った」うちに入らないのかもしれない。

何より、「男性と決して一緒にならない」という言葉は、ジハード主義の女性が捜査当局の聴取を受ける際に必ず口にする言い訳である。戦うのは男たちである、女は同席することがない、だから私たちは無関係なのだ、と。こうして彼女たちは捜査の網をくぐり抜け、ジハードの精神を伝えていく。ただ、その言葉がどこまで信じられるか。テロリストやその妻たちは平気で嘘をつくのが常である。

その後の事態の展開を考えると、クリバリとアヤトはこのころすでに、危うい段階に踏み込んでいた可能性が高い。

二人はまだ、結婚してから半年あまりである。クリバリが大統領府に招かれてサルコジと会ったのも、リゾート地に遊びに行って二人で戯れたのも、何カ月か前のことに過ぎない。浜辺で水着姿をさらしていたアヤトは、その短い間にニカブに身を包むようになり、山中でクロスボウを構える。変容ぶりがあまりに急激である。

ただ、急だったのは見た目の変化で、彼らの「イスラム化」はそれ以前から進行していたと推測できる。アヤトは若いころからイスラム教に関心を持ち、『光の戦士たち』を読み込んで過激な考えに徐々に近づいていた。クリバリは刑務所でベガルの説教に触れ、妻からも大いに影響を受けていただろう。一般的に、普通の市民から過激派への移行がある日突然起こるとは考えられていない。通常はいくつかの段階を踏み、さまざまな要因を吸収しつつ、過激化の過程は進む。そうした考えが研究者の間では強い(15)。

ベガルやクアシ兄弟の例からも、それはうかがえる。ベガルの場合、最初タリク・ラマダンに傾倒し、次にタブリーグに入り、過激派に行き着く段階を経ている。シェリフも、ベガルのもとにたどり着く前に、イスラム主義の叔父の影響、ベニエトゥーや「ビュット＝ショーモン筋」とのつきあいなど、いくつかのステップを踏んでいる。何もイスラム過激派に限ったことでなく、連合赤軍もオウム真理教の場合も、初期には比較的穏当だった人々が、しだいにエスカレートしていった。

ベガルとクリバリとは、実際に会う以外にも、頻繁に電話で連絡を取り合っていた。その仲介役を、ベガルの姉にあたるサキナ・ベガルが務めていた[16]。パリ南郊リスにある大型家具店の前でクリバリと待ち合わせをしたサキナは、ベガルからの電話を受けた携帯をクリバリに手渡し、二人が会話できるよう取り持った。つまり、ベガルが何度もサキナに電話していたのは、クリバリと話すためだった可能性がある。直接話すと盗聴されると警戒してのことだろう。

しかし、実際にはかなりの部分が当局に盗聴されていた。ベガルとクリバリは、たとえば二〇一〇年三月十二日、次のような会話をしていたとわかっている。ベガルはクリバリに話した。「我が友よ、パレスチナの子どもたちは明日の戦士だ。彼らこそがユダヤ人に立ち向かおうとしているのだ[17]」。後にクリバリがユダヤ人スーパーを襲撃することとの関連をうかがわせる。

五月六日、クリバリはベガルに対し、生と死の問題について懸念を吐露していた。「人が死ぬときに借金を残しちゃいけないというけど、条件しだいでは借金を残してあの世に行ってもいいのだろうか[18]」。クリバリはなぜ、まだ若いのにこのように死について語ったのだろうか。後の事情聴取で、彼はこう答えた。

「預言者が言うには、罪を残して行ってもいいが、借金を残して行ったらいけないそうだから」

彼の中に、すでに「殉教」の意識が芽生えていたのかもしれない。

シェリフとベガルの出会い

イラク渡航を企てて逮捕、収監されたシェリフ・クアシは、二〇〇六年十月に出所した後、パリ北西部コンフラン＝サントノリーヌの大型スーパーの鮮魚部門で、正規職員として働いた。一年後、彼は知人女性の紹介で二歳年上のモロッコ人イザナ・ハミドと出会った。イザナは、シトロエンの工場の労働者となった父に連れられてフランスに渡り、ベルギー国境に近いシャルルヴィル＝メジエールで育った女性である。幼児教育の教員免許と保健師の資格を得て、パリ北郊の移民の多い街ジェンヌヴィリエの保育園で働いていた。敬虔なイスラム教徒だった。

二人はすぐに同棲を始め、二〇〇八年三月にジェンヌヴィリエの市役所で結婚式を挙げた。新婚旅行はメッカへの巡礼だった。戻ってくると、イザナはニカブをかぶるようになった。アヤト・ブメディエンヌがニカブのせいでスーパーのレジ係を辞めざるを得なかったのと同様に、イザナも保育園を離職した。

住民の間で、シェリフとイザナの評判はきわめて良好だった。イザナは近所づきあいもよく、調味料やトイレットペーパーの貸し借りから、ちょっとした外出の際に子どもを預かったりもしていた。周囲には「いつかサウジアラビアに行ってアラビア文学を学びたい」と話していた。一方で、いつもニカブをかぶっていることから、隣人たちはイザナの顔を一度も見たことがなかった。夫以外の男性を拒む姿勢も顕著で、エレベーターで男と一緒になりそうになると、同乗を避けて階段をのぼった。その見た目と振る舞いは、「一四三号室の女」などと陰で呼ばれ、好奇の目で見られた(19)。

ジャメル・ベガルは、フルリ＝メロジス刑務所でクリバリと同様に、シェリフとも出会ったと考えられる。独房でコミュニケーション手段は限られていただろうから、やはり同様に窓越しに会話を続けたのだろう。しかし、出所後のベガルは、クリバリと再会を果たしたものの、シェリフとは連絡を取れないでいた。

クリバリはこう証言している。

「ベガルに会ったとき、彼はシェリフ・クアシの消息を尋ねてきた。彼は、クアシと一緒に（ミュラに）きてくれと言ったんだ(20)」

ベガルの依頼を受けて、クリバリが連絡先を探したからだろう。シェリフは、ベガルに会うためにミュラまで出かけて行った。シェリフが、一〇年四月九日から十六日にかけて現地でベガルと一緒にいる場面を、情報当局が撮影していた(21)。

このときのシェリフの姿は、ミュラの街でも目撃されている。ミュラの商店主は「ベガルと一緒の彼（シェリフ）を見たように思う。普通の風采で、テロリストの顔立ちではなかったね」と語っている(22)。

フランス情報機関も、この訪問を見逃さなかったようだ。シェリフのミュラ滞在中にあたる四月十一日の朝、サッカー場に出かける彼らを追い、その姿を撮影した。その写真六枚が『シャルリー・エブド』襲撃事件後、フランスのメディアに流出した(23)。

そこには、シェリフとベガルだけでなく、二人のひげ面の男が写っている。二人ともアルジェリア系フランス人である。そのうちの一人はアーメド・レドゥニで、一九九〇年代フランスからアフガニスタンなどに戦闘員を送り込む役目を果たしていた。この写真の後は、シリアに渡ってアルカイダ系のヌスラ戦線に加わるなどし、二〇一四年にモロッコで拘束された。もう一人はファリド・メルークで、アルジェリアの過激派組織「武装イスラム集団」のメンバーだった男である。彼はその後シリアに渡り、そこでパリ同時多発テロの首謀者アブデルアミド・アバウドと一緒に写った写真が伝えられている。[24] すなわち、『シャルリー・エブド』襲撃事件のクアシ兄弟とパリ同時多発テロのアバウド双方と接触を持った人物である。

シェリフがベガルとともにサッカーに興じた相手は、このようないわく付きの過激派たちだった。情報機関が注目しないわけはない。シェリフ云々以前の問題である。実際、当時の情報機関はベガルとレドゥニ、メルークとの会合を警戒しており、シェリフにはあまり注目していなかった節がうかがえる。

撮影された写真のうちの一枚は、街からサッカー場に向かうシェリフら四人を写している。すでに紹介したとおり、シェリフは将来プロを期待されたほどサッカーに秀でており、写真でも頭の上でボールを操る姿を見せている。他の五枚はサッカー場の四人を写したもので、ここでもシェリフばかりが軽快に走り回っているように見える。残る三人は多少肥満体で、厚ぼったいジャンパーを着込んで動作もぎこちなさそうである。

シェリフはこの三日後、情報当局に盗聴された電話で、ベガルと会ったときの様子を誰かに自慢していた。

「いやいや、ぶっちゃけ、運動しに行ったんだ。イエー。超よかったぜ[25]」

ただ、ベガルはその一カ月ほど前の電話で、シェリフについて「あいつを信用するな。刑務所であいつは、やることをやってなかったからな」と述べていた言葉が、当局に盗聴されている[26]。落ち着いてきたとはいえ、ちゃらちゃらしていた以前のシェリフの性格や振る舞いは、テロリスト候補者として不十分だと思えたのかもしれない。ベガルの目には、クリバリのほうが信頼に足ると映っただろう。

サッカーから一カ月あまりの五月十八日、ベガル、シェリフ、クリバリを含む十四人が一網打尽となった。服役中のテロリストを脱獄させる計画が発覚したのである。

野に放たれたシェリフ

一九九五年から九六年にかけて、アルジェリアの「武装イスラム集団」によるテロがフランスで相次いだのは、すでに述べたとおりである。その容疑者の一人として、スマイン・アイト・アリ・ベルカセムが九五年十一月に拘束された。新たなテロを実行しようとしているところを、捜査当局が盗聴で突き止めたのである。自宅には多数の武器を隠し持っていたという。

ベルカセムは一九六八年アルジェリア北部ブリダに生まれ、看護師としての教育を受けた。九〇年以降スペインやオランダを経て、事件前にはフランス北部リール近郊に暮らしていた。爆発物に詳しく、手慣れたテロリストだった。終身刑の判決を受け、フランス東部トロワ東方の寒村ヴィル＝スーラフェルテのクレールヴォー刑務所に収監された。

ベガルらが狙ったのは、このベルカセムの脱獄である。おそらく、爆弾テロを起こすのに彼の力が必要だと考えたのだろう。日本だとあまり考えにくいが、管理の杜撰なフランスで、脱獄はわりと頻繁に起きる事件である。

容疑者らが拘束された後、司法当局がクリバリの自宅を捜索したところ、洗濯物の隣りのかごの中からカラシニコフ銃の弾丸二百四十発が見つかった。ピストルのカバーや、偽造公文書を用意するようベガルが求めたアラビア語の指示書も出てきた。クリバリが武器の保管役を務めていたのは、電話盗聴からもうかがえる。彼らは、武器を「書物」と呼び、「新しい図書館を見つけなければ」などと話していた[27]。

いい加減さが抜けず、妻のアヤトを嘆かせたクリバリだったが、わずか二、三カ月の間にせっせと計画を進めていた。ベガルはこれを高く評価していた。刑務所内のベルカセムにひそかにかけた電話で、ベガルはクリバリを「信頼できる、肝の据わった人物だ。必要なものをすべて備えている」と絶賛しているのが盗聴された[28]。その代償として、クリバリは新たに禁錮五年の判決を受けることになった。

一方、シェリフ・クアシは取り調べで黙秘を貫いた。三日間食事も取らず、「身元は何か」「何を望むか」といった単純な質問にも沈黙を保ったままだった[29]。

拘束されて五カ月足らずの後、シェリフは「証拠不十分」で釈放された。パリ検事局は最終的に二〇一三年、この事件に関してシェリフへの公訴を打ち切る予審免訴の決定を下した。その論告で、検事はシェリフについて「明らかにイスラム過激派に絡めとられ、武装ジハードを正当化する理論を支持しているのも明らかではあるが」と指摘した。

フランス当局の対イスラム過激派テロ対策は、ひとまず勝利を収めた。大規模テロを狙ったベガルのネットワークは解体されたと考えられた。この事件の捜査担当者は『シャルリー・エブド』襲撃事件後、シェリフに関してこう漏らした。

「あのとき、私たちは彼の危険性を予想することができなかった。サッカーをしたという理由で罰するわけにもいかないし……」(30)

シェリフは野に放たれた。ただ、事態が再び進展するには、クリバリが刑期を終えて出所する二〇一四年三月を待たなければならなかった。

第4章　イエメンへの旅

ごみ分別大使

シェリフ・クアシやアメディ・クリバリが刑務所を経験し、そこでジャメル・ベガルに出会ったのに対し、クアシ兄弟の兄サイードは罪に問われたことがなく、刑務所とも無縁だった。ただ、真っ当な生活ぶりともいいがたく、常に職探しに苦労していた。少年時代にトレニャックの孤児院で取得した調理師の資格はあまり役に立たず、まったく別の分野で雇用にありついたのは二〇〇七年のことだった。パリ市清掃局に「分別大使」として雇われたのである。

「分別大使」は、三年を期限に最低賃金で働く仕事で、若者の失業対策のためにパリ市が設けたポストである。市内のアパルトマンを一軒ずつ回り、管理人にごみの分別を指導する仕事だった。

「だけど、あいつは問題ばかり起こしていたんだ」

当時の同僚はこう証言している。[1]

「分別大使」に応募してきた多くはパリ郊外の移民街の出身者で、何十人ものイスラム主義者が紛れ込んでいた。「ビュット＝ショーモン筋」の説教師ファリド・ベニエトゥーに感化されていたサイードもその一人で、上司の言うことを聞かない問題児だった。女性との握手を拒絶し、イスラム教の礼拝に使う絨毯を持ち運び、礼拝のために仕事を中断した。扱いに困った当局によってパリ市内の各区の事務所をたらい回しにされたサイードは、二〇〇九年七月にとうとう解雇された。彼のせいかどうか、清掃局にはその後、政教分離の原則をうたった表示が掲げられるようになった。

そのころ、サイードはスミヤ・ブアルファとすでに結婚していた。弟シェリフの妻イザナ・ハミドの友人で、同じように北仏シャルルヴィル＝メジエール出身の移民系の女性である。

スミヤは、故郷の職業学校で事務を学んだ後、パリに出てイザナの近所で暮らしていた。(2) 二〇〇七年にサイードと出会い、まもなく宗教上の結婚式を挙げた。三年ほど別居した後、二人はフランス北部シャンパーニュ地方の中心都市ランスに引っ越し、南部の庶民的な新興住宅街クロワ・ルージュに住まいを定めた。三部屋八十五平米ほどの近代的なアパルトマンである。宗教上の結婚式から五年後にあたる二〇一二年、夫婦は正式に結婚届を出した。

アパルトマンの隣人にとって、サイード家はとても静かな一家だった。そのうち生まれた子どもの物音が時おりする程度だった。

生活は、かなり苦しかったようである。

サイードは定職に就けないでいた。パリ市清掃局をクビになって以降、給排水装置取り付け業の研修を受けたが、二〇一三年の初めにやめてしまった。その年の十月以降は仕事がまったくなくなった。生来の不器用さが影響していたようだ。スミヤの親族は、サイードについてこう述べている。

「あいつはばかだ。何もできない、まったく何も。ネジさえ回せないし、オイル交換だってできやしない。だいたい、全然見えていない。五メートル先さえ見えない。おまけに喘息持ちだ。いつも病気にかかっているように見える。だから、体を使うことなら何であろうが、全然当てにならないんだ[3]」

妻のスミヤも体が弱く、特定疾患の多発性硬化症に悩まされていた[4]。その傷病手当と住宅手当の計一千三百ユーロが、一家の唯一の収入だった。

暇に飽かせて、サイードはプレイステーションを使ってゲームばかりしていた。特に、サッカーゲーム「FIFA」がお気に入りだった。新しいバージョンが出ると、買ってくれとスミヤにねだった。スミヤが「だめ」と一喝すると、サイードはおとなしく引き下がった。スミヤは結局、買い与えた[5]。

多くの情報は、サイードの無気力ぶりを示している。そこから、『シャルリー・エブド』襲撃事件はシェリフが主に立ち回り、サイードは引きずられただけ、との見方が浮かび上がる。ただ、サイードの無能ぶりは、大石内蔵助の昼行燈のごとく見せかけだった可能性も、ゼロではない。

サイードとシェリフの兄弟は、頻繁に連絡を取り合っていた。二〇一四年には一日三回電話し合い、二カ月あまりで十五回会ったと、二人の間の姉妹アイシャが証言している。

「二人は一心同体でした。まるで夫婦。それぞれがそれぞれの役割を果たしているような感じでした」

兄弟の信仰はより頑なになった。アイシャの目にも、まるでカルト教団に絡めとられたかのように映った。

「イスラム教徒でない人々、アラブ人でない人々に対して、彼らはきわめて差別的でした」[6]

サイードは、毎日のように地元のイスラム教礼拝所に通っていた。いつも時間に少し遅れてやってきて、一番奥で一人で礼拝した。「孤立した雰囲気で、誰とも話さなかった」と、常連男性の一人は振り返る。[7]

アウラキと「アラビア半島のアルカイダ」

ここまでのクアシ兄弟をみてくると、おどろおどろしい「テロリスト」のイメージからはほど遠い。若いころから強盗などの犯罪を通じて戦う腕を磨いてきたアメディ・クリバリとは異なり、弟のシェリフはまだ口先男に過ぎず、師匠のジャメル・ベガルからも期待されないほどだった。兄のサイードにいたっては、ゲームおたくのひ弱な男に見える。

一方で、シェリフは徐々に、真のテロリストへの道を歩み始めていた。二〇一〇年にベルカセム脱獄未遂事件にかかわり、ベガルやクリバリとともに拘束されたことは、彼にとって大きな試練だった。その過程で黙秘を貫き通し、釈放を勝ちとったことは、彼に自信を与えたに違いない。ベガルが説いたであろうジハード主義の闘士として、心を改めるきっかけにもなっただろう。

ただ、シェリフはそれだけだと、未熟な過激派シンパとして終わったのではないか。兄サイードのフェイスブックページには射撃場とおぼしき場所でシェリフが射撃訓練をしている写真が残されており、それなりに銃の扱い方も学んでいたと考えられるが、大規模なテロで使えるほどの技術とは考えにくい(8)。そのままテロを決行しても、後にみるように『シャルリー・エブド』襲撃事件前後に相次いだ単発の小規模なものに終わっていた可能性がある。

シェリフをテロリストに向けて大きく成長させたのは、その翌年のイエメン行きである。彼はここで、「アラビア半島のアルカイダ」の幹部に会い、軍事訓練にも参加して銃の本格的な扱い方を学んだとみられる。『シャルリー・エブド』襲撃事件後、兄弟が自分たちを「イエメンのアルカイダの一員」と位置づけたのも、このときの体験にもとづいていると考えられる。

ただ、シェリフのイエメンでの行動については謎が多い。情報が錯綜し、情報当局もメディアも混乱した。

イエメンはアラビア半島の突端に位置し、旧約聖書に登場する「シバの女王」の治める王国があったといわれる。欧州から決して気軽に行ける国ではない。冷戦時代、この国は南北に分かれており、一九九〇年の統一後も南北がしばしば対立した。一九九四年には南部が再び独立を画策し、内戦状態に陥って多数の犠牲者を出した。こうした国内の混乱が過激派のつけ入る隙を広げたのは、アフガニスタンやイラク、シリアの場合と同じである。

アルカイダを率いたオサマ・ビンラディンの一家はイエメン東部の出身であり、アルカイダにはもともとイエメンの出身者が少なくなかった。国内組織の活動も活発で、二〇〇〇年には南部アデン港に停泊していた米イージス艦「コール」を自爆攻撃し、米兵ら十七人を殺害する事件も起こした。

二〇〇九年、隣国サウジアラビアから弾圧を逃れてきた武装勢力と地元のアルカイダ組織が合流し、「アラビア半島のアルカイダ（AQAP）」が誕生した。この組織は以後、急速に勢力を伸長させるが、その立役者だったといわれるのが幹部のアンワル・アルワキである。

アルワキの父は学者で、サナア大学の学長も務めた。その前に父が滞在していた米ニューメキシコ州で生まれたため、アルワキは米国とイエメンの二重国籍を持っていた。少年時代をイエメンで過ごした後、自身も米国に留学し、土木工学や教育学を学んだ。その傍ら、アフガニスタンを訪問してイスラム主義に感化された彼は、米国内でも急進的なイスラム教指導者として活動し、アフガニスタンやチェチェンに戦闘員を送り込むリクルーター（勧誘者）の役目も担った。巧みな弁舌とイスラム教に関する豊富な知識から、彼の言説は若者たちの間で人気を博したという。九・一一米同時多発テロでは、自爆したテロリストの一人とつながりを持っていたと取り沙汰された。

二〇〇四年にイエメンに帰国したアウラキは、大学で過激なイスラム主義を説く一方で、アルカイダ系組織の拡大に努めた。「アラビア半島のアルカイダ」のオンライン英語誌『インスパイア』を舞台に言論活動を展開し、欧米の若者たちに大きな影響を与えた。特に米国では、彼の語りに触発されて単独行動のテロに及んだケースが多く報告されている。「アウラキ」の名は、米国のイスラム過激派の間ではオサマ・ビンラディンと並ぶ人気を誇るに至っている。(9)

「アラビア半島のアルカイダ」の伸長で、イエメン国内の対立構造は複雑化した。これに拍車をかけたのが、「アラブの春」の到来である。二〇一一年初め、その直前にチュニジアでベンアリ独裁政権を倒した「ジャスミン革命」の余波がこの国にも達した。一九七八年以降三十年あまりにわたって国を支配してきたサレハ政権に対する抗議運動が盛り上がり、各地でデモが相次いだ。二〇一一年を通してイエメンは揺れ続けた。

民主化を求める声が高まるとともに、その反動としてイスラム主義も伸長する。「イスラム国」が台頭したシリアでその後顕著となった傾向と同じである。

シェリフがイエメンを訪問したのは、そのような最中だった。

兄になりすまして出国

クアシがイエメンを訪れていた――。『シャルリー・エブド』襲撃事件後、その情報を最初に発信したのは米国のメディアだった。[10] イエメンの治安当局者の話として「二〇一一年半ばに入国し、中南部のシャブワ県でアウラキとも会ったようだ」と伝えた。アウラキはこの年の九月に米軍の無人機攻撃を受けて死亡しているから、その直前のことである。

ただ、米メディアが伝えたのは「クアシ」といってもシェリフでなく、兄サイードだった。米情報機関もこの情報を把握し、襲撃事件前に「サイード・クアシに警戒すべきだ」とフランスに伝えていたという。

その男がサイードと思われたのは簡単だった。旅券が彼のものだったからである。サイード・クアシの旅券を持った人物がイエメンに行けば、それはサイード・クアシ以外の何者でもない。

ところが、これがじつはサイードでなく弟のシェリフだったと、後に信じられるようになった。決め手は、サイードの妻スミヤがテロ後、担当弁護士に託した証言である。[11] スミヤはこの年、最初の子どもを妊娠しており、その面倒をみるためにサイードはずっと彼女のそばにいたという。そもそも、サイードはこの間の一時期、旅券を紛失しており、フランス国外に出られなかった。スミヤが一時アルジェリアの親戚を訪ねたときも、彼は同行しなかったという。

つまり、サイードは旅券を紛失したのでなく、シェリフに貸していたのではないか。シェリフは、兄の振りをして堂々と出国し、堂々と入国したのではないか。

シェリフは二〇一〇年の脱獄未遂事件で取り調べを受けた後に釈放されたが、予審免訴を得たのは一三年になってからであり、当時はまだ監視対象として国外に渡航できなかった。だから、サイードの旅券を持ち出し、サイードになりすまして出国した。それは推測に過ぎないものの、その後ほぼ定説として受けとめられるに至った。当初「サイードがイエメンに」と報じたメディアも、しだいに「シェリフがイエメンに」と伝えるようになった(12)。

この前後のシェリフの行動をみると、何やら怪しげである。

妻イザナの警察での証言によると、シェリフは二〇一一年夏、「気分転換のため」と言い残し、チュニジアに行こうとした(13)。当時夫婦は喧嘩が多く、その言葉には説得力があったという。実際には、シェリフは「ビュット＝ショーモン筋」で行動をともにしていたジハード主義者モアメド・エル＝アユニの結婚式に出席するつもりだった。ところが、シェリフはチュニジアに着いたものの入国を拒否され、翌日舞い戻ってきた。

一カ月後、今度はトルコで八日間を過ごす、とシェリフが言い出した。自然豊かな小さな街に行くと言いつつ、カバンに大量のTシャツやサブリナパンツ、バスタオルなどを詰め込んだ。出発して一週間後、シェリフはイザナに電話をしてきた。旅行を延長してオマーンに行く、と言った。しばらく経って、シェリフは全身を蚊に刺された姿で戻ってきた[14]。

オマーンはイエメンの隣国である。単純に推測すると、シェリフはこのとき、トルコ行きを口実に、オマーンから国境を越えてイエメンまで往復したに違いない。

謎を解く人物がいる。その旅に同行したサリム・ベンガレムという男である。シェリフは一人旅をしたのでなく、ベンガレムと二人で行動していたのだった。

イエメンへの同行者

サリム・ベンガレムはその後シリアに渡り、「イスラム国」の指導部に入って欧州方面の作戦指揮官にまでなった大物テロリストである。後のパリ同時多発テロは、実行部隊を指揮したアブデルアミド・アバウドの上で、ベンガレムが計画を立案していた可能性が指摘されている[15]。

ベンガレムはアルジェリア系フランス人で、パリ南郊の団地ヴァシュノワールで育った。当時ここは荒れた地域だった。少年たちは、他の団地の不良グループと、主に大麻の売買をめぐって対立していた。抗争の片をつけるために銃が使われることも珍しくなかった。東西冷戦の終結で旧共産圏の兵器が旧西側に大量に流れ、入手するのは容易だった。

二〇〇一年七月二十二日夕、ベンガレムは仲間たちと一緒に、抗争相手の団地に入り込んだ。遠方の車中に相手側を見たベンガレムは、狩猟用の空気銃を発砲した。二十四歳の男が頭部に七発を受け、病院に運ばれたが死亡した。近くにいたその兄弟も足にけがを負った。ベンガレムはいったんアルジェリアに逃亡したものの、翌年フランスに舞い戻ってきたところで拘束された。二〇〇七年、クレテイユ重罪院で開かれた裁判で、傍聴する犠牲者の家族や仲間たちを背に、彼はずっと頭を垂れたままだったという(16)。

「人の命は軽くない。それがその後の彼を変えることになったのです」

そう語るのは、第1章で紹介したジャーナリストのカリム・バウーズである(17)。クアシ兄弟をはじめイスラム過激派に直接取材してきたバウーズは、みずからもアルジェリア移民二世として、ヴァシュノワールで少年時代を過ごした。そのころ、公園で一緒にサッカーに興じ、一緒にカフェに通った遊び友だちが、ベンガレムだった。

ベンガレムは殺人の罪で懲役十一年の判決を受け、パリ郊外フレンヌ刑務所に入った。ここで同室となったのがモアメド・エル＝アユニである。第1章で紹介したとおり、アユニは、クアシ兄弟と同じく「ビュット＝ショーモン筋」に属した筋金入りのジハード主義者だった。シェリフ・クアシが渡航に失敗するより一足早く二〇〇四年にイラクに渡り、ファルージャで米軍との戦闘に参加して片目と片腕を失った(18)。フランス帰国後、テロ行為協力の罪に問われ、ここに収監されていたのである。

たんなる街角の不良少年に過ぎず、宗教にもともとほとんど関心を抱いていなかったベンガレムは、刑務所内で戦士アユニにすっかり魅了された。アユニは、若者を過激派組織に誘う「リクルーター（勧誘者）」の役割を務めたのである。

バウーズは回想する。

「出所したとき、サリムは別人になっていました。シェリフ・クアシが出所したときと同じ表情、同じ視線でした。もの悲しく、同時に冷徹な視線です[19]」

忌まわしい思い出からか、ベンガレムはもう、バウーズの暮らすヴァシュノワールの団地に足を踏み入れなくなった。代わりにつきあいだしたのが、刑務所で知り合ったアユニの仲間たち、つまり「ビュット＝ショーモン筋」の男たちだった。彼らが頻繁に催すバーベキュー・パーティーに参加し、準構成員的な地位を占めた。そこで知り合ったシェリフ・クアシとともに、ベンガレムは二〇一〇年、ジャメル・ベガルらが企てたテロリスト脱獄計画にかかわった。拘束された彼は、三十七時間にわたって警察留置され取り調べを受けたものの、シェリフと同様に罪に問われることなく釈放された。

司令官にのぼり詰めた男

ベンガレムがシェリフとイエメンに渡ったのは、その翌年にあたる。妻のカヒナが後に、フランス内務省の情報機関「国内情報総局（DCRI）」に語ったところによると、ベンガレムはベドウィンの助けを借りて砂漠を横断し、イエメンに入った。「アラビア半島のアルカイダ」に加わる部族のもとを訪ねたが、怪しまれて三週間にわたって監禁された。尋問され、撮影もされた。その決心が本物だとわかると、彼らはベンガレムに対し、武器の扱い方を教えてくれた[20]。同行したシェリフも、当然ながら同じ行程をたどっただろう。

現地で、ベンガレムは「高い地位のメンバー」に面会し、フランスでテロを起こす任務を与えられたという。

「どうやら、標的はフランスのアメリカン大学だったようです。学生を襲おう、それは簡単だと、彼は私に話しました。武器を持っていってみんな殺してしまえばいい、と言ったのです」

ベンガレムの妻はこう証言している。

ベンガレムとシェリフが帰国した後の二〇一一年十月、「アラビア半島のアルカイダ」のメンバーとパリ西郊外ジェンヌヴィリエのサイバーカフェとの間でメールのやりとりがあったことを、フランス情報当局が察知した。(21) ジェンヌヴィリエは、シェリフ・クアシが妻イザナと暮らしていた街である。シェリフはイエメンから戻った後も、現地の過激派たちと連絡を保っていた可能性がある。

ベンガレムは二〇一三年、アルジェリアの「武装イスラム集団（GIA）」の元戦士のつてを頼ってシリアに渡り、最初はアルカイダ系の「ヌスラ戦線」に、続いて「イスラム国」に加わった。「イスラム国」の旗のもと、この年の八月にはシリア北部アレッポの空港制圧作戦に参加し、十月にはフランスから家族を呼び寄せ、十一月には戦闘で足にけがを負った。当初は自爆テロ要員のリストに載せられていたが、その後「他に有効活用できる」とみなされたという。(22) 彼はその後、捕虜や人質を管理する刑務官の役割を務めた。「イスラム国」には二〇一三年六月から一四年四月にかけてフランス人ジャーナリスト四人が人質として囚われていたが、その監視を担ったのもベンガレムだった。(23)

ベンガレムはその後さらに「イスラム国」内で出世し、ついには、「イスラム国」広報官で最高幹部のアブ＝ムハンマド・アドナニのもとで欧州戦域司令官に就任した。[24] 東南アジア、トルコをそれぞれ担当する戦域司令官と同格で、欧州のテロを総括する役割である。このため、彼は「世界でもっとも重要なお尋ね者」と呼ばれ、空爆や無人機攻撃の標的となった。

『シャルリー・エブド』襲撃事件の翌月にあたる二〇一五年二月十二日、彼は「イスラム国」製作のビデオに出演した。襲撃事件を称え、フランスで「不信心者との戦い」を続けるよう促すとともに「ナイフで彼らを殺せ。少なくとも顔につばを吐きかけろ」と訴えた。[25]

『シャルリー・エブド』に続くパリ同時多発テロでも、ベンガレムは計画立案にかかわったといわれている。その状況は第二部に譲りたい。

その間、彼は母国フランスで本人欠席のまま裁判を受け、パリ軽罪裁判所から二〇一六年一月に禁錮十五年の判決を言い渡された。二〇一七年十一月、彼はシリア北部ラッカで空爆に遭い死亡したと伝えられた。

橋渡しをした人物

シェリフとベンガレムのイエメン行きでは、肝心な部分が不明のまま残された。いったい誰が、「アラビア半島のアルカイダ」と二人との間を取り持ったのか。シェリフがある日「そうだ、イエメンに行こう」と思いついたわけではあるまい。受け入れる側にとっても、突然くる男たちをそう簡単に信用はできない。双方を取り持つ仲介者がいたと考えるのが自然である。

しばらく謎だったその人物が浮かび上がったのは、二〇一八年暮れのことだった。フランスからイエメンに渡り、「アラビア半島のアルカイダ」の一員として活動していた男ペテル・シェリフが、紅海を挟んでイエメンと向き合う国ジブチで拘束されたのである。[26]

ペテル・シェリフは「ビュット＝ショーモン筋」の一員で、クアシ兄弟の古い友人でもある。カリブ海出身の黒人の父とチュニジア出身の母との間に、一九八二年にパリで生まれた。若いころから盗みを働き、麻薬にも手を出した。自堕落な生活から抜け出そうと二十歳で軍人を志したが、入隊前に参加した落下傘部隊の訓練で背中を負傷し、採用は結局見送られた。失望は大きく、それが彼を過激な思想に向かわせたという。[27]

ペテル・シェリフはその後、「ビュット＝ショーモン筋」に出入りし、二〇〇四年には戦闘員としてイラクに渡航した。現地で米軍に逮捕され、捕虜虐待で名を知られたアブグレイブ刑務所にも一時収容されたが、二〇〇七年に逃亡に成功した。フランスに帰国した後は裁判を受けたものの、その途中の二〇一一年三月に再び行方をくらませ、チュニジアを経由してイエメンに渡って「アラビア半島のアルカイダ」に合流した。逃避行の手助けをしたのは、この後述べる「ビュット＝ショーモン筋」当時の仲間ブバクール・エル＝アキムである。また、ペテル・シェリフ自身も、「アラビア半島のアルカイダ」のメンバーの何人かと、イラクでの戦闘員時代に知り合っていた。[28]

シェリフ・クアシとベンガレムがイエメンを訪れたのは、同じ二〇一一年の晩夏から初秋にかけてであるから、ペテル・シェリフはすでに、現地で迎える側にいた。つまり、彼こそがクアシらと「アラビア半島のアルカイダ」を結びつけたのではないか。むしろ、フランス国内にネットワークを広げようとする組織側の依頼を受けて、ペテル・シェリフが友人のシェリフ・クアシやベンガレムに声をかけた可能性も捨てきれない。また、彼らはすでにこのとき、『シャルリー・エブド』という標的を定めて準備をしていた可能性があると、『ルモンド』紙は推測した。[29]
二〇一八年十二月二十六日発行の『シャルリー・エブド』は、その表紙に拘束されたペテル・シェリフの似顔絵を掲げ、捜査当局の努力に敬意を表した。[30] 彼が襲撃事件にかかわっていたとすると、その供述はいくつか残る謎の解明に役立つだろう。
こうしてみると、この一連の事件では「ビュット＝ショーモン筋」という小集団がさまざまなかたちでネットワークを広げ、アルカイダや「イスラム国」と結びついて、テロの可能性を切り開いている。逆にみると、グローバル化したかにみえるテロの中心にいるのは、じつはごく少数の人物なのだともいえる。彼らは、イラク、シリア、イエメンといった訪問先から連絡を取り合い、情報を共有し、次にくる者の渡航を助け、受け入れの準備にも勤しんだ。
彼らと接触があったジャーナリストのカリム・バウーズは、「ビュット＝ショーモン筋」の主要メンバー十二人を特定している。[31]

▼ファリド・ベニエトゥー
▼タメール・ブシュナク
▼シェリフ・クアシ
▼サイード・クアシ
▼シェクー・ディアカビ

▼ペテル・シェリフ
▼レドゥアーヌ・エル＝アキム
▼ブバクール・エル＝アキム
▼アブデル＝アリム・バジュージュ
▼タレク・ウイニス
▼モアメド・エル＝アユニ
▼サラ・トゥーレ

　このうちのタメール・ブシュナクとシェリフ・クアシが二〇〇五年にイラク渡航を企て、これを機に彼らの多くが一網打尽となったのは、第1章で述べたとおりである。ネットワークはいったん崩壊したが、出所したり逮捕を逃れたりしたメンバーはその後もバーベキュー・パーティーなどを開いて交流を続け、サリム・ベンガレムやアメディ・クリバリといった新参者を加えつつ、テロ支援網を構築していったのだった。

　その指導者だったファリド・ベニエトゥーだけは、第6章に綴るとおりジハード主義を捨てて反過激派の活動家に転向したものの、他のメンバーらは以後も、ジハードの世界で目覚ましい活躍を繰り広げた。ベニエトゥーの教えを独自に発展させ、立派なテロリストに成長したのは、クアシ兄弟やペテル・シェリフに限らない。その中でもっとも出世を遂げたのはブバクール・エル＝アキムだろう。(32)「イスラム国」でテロを統括する閣僚級幹部となり、「テロ担当相」の異名を取

った人物である。(33)

筋金入りのジハード主義者

ブバクール・エル＝アキムは、その筋金入りのジハード主義と死をも恐れない戦闘精神から仲間内で英雄として扱われ、クアシ兄弟にとって行動のモデルともなったといわれる。(34) チュニジア系フランス人として一九八三年にパリに生まれ、早くからイスラム主義に目覚め、二〇〇二年七月、まだ十八歳のときに「イスラムを学ぶため」との理由でシリアに渡航した。翌年一月にいったんフランスに戻ったものの、三月には再びシリア経由でイラクに入った。

当時の彼の行動は、その後の若者たちの「イスラム国」への渡航とは性質が異なる。当時、米ブッシュ政権はイラクのフセイン政権打倒を目指して攻撃に踏み切る構えを見せており、フランスのシラク政権をはじめ多くの国の世論はこれに強硬に反対した。米国への抵抗は、国際秩序を擁護する立場と重なっていた。エル＝アキムのイラク行きも、こうした国際世論を背景としている。

余談だが、新聞社の特派員として当時パリに駐在していた私も、現地取材のためイラクとの間をこのころ何度も行き来した。その際に、エル＝アキムとどこかですれ違っていたかもしれない。国際社会の合意を得ることなく攻撃に走る米国の理不尽さへの憤りは、私を含む多くの市民が共有していた。この時点で、私とエル＝アキムの意識は、さほど違っていなかっただろう。(35)

結局、三月に米国はイラク戦争に踏み切り、フセイン政権は崩壊した。その後の「イスラム国」

台頭に結びつく混乱の始まりである。旧フセイン政権側の抵抗勢力に加わったエル＝アキムは、現地で取材していたフランスのラジオの記者に対して「自爆する用意はできている。アメリカ人全員を殺してやる」などと話した。[36]

二〇〇四年、エル＝アキムは弟のレドゥアーヌをはじめとする「ビュット＝ショーモン筋」の仲間たちを連れて、再びシリア経由でイラクに入った。激戦で知られたイラク中部ファルージャで米軍を相手に戦い、弟はそこで命を落とした。エル＝アキム自身は二〇〇五年にフランスに送還され、シェリフ・クアシやファリド・ベニエトゥーらとともに裁判を受け、禁錮七年の判決を受けた。

テロリストとしての彼の才能が開いたのはその後である。二〇一一年に釈放されると、彼は先祖の国チュニジアに渡った。当時、「アラブの春」の幕開けとなるジャスミン革命でベンアリ独裁政権が倒れたばかりのチュニジアでは、民主主義勢力とイスラム政党が主導権争いを演じていた。エル＝アキムは非合法の武装組織に加わって民主主義勢力を攻撃し、左派系指導者のショクリ・ベライドとモハメド・ブラフミの暗殺に相次いでかかわった。これはチュニジアの歴史に残るテロであり、国内の緊張を高めることにつながった。チュニジアでは、後にノーベル平和賞を受賞する「国民対話カルテット」の尽力もあって、イスラム政党と民主主義勢力との協力態勢がその後不安定ながらも続いた。

チュニジア情報機関の文書によると、エル＝アキムはチュニジア滞在中、「ビュット＝ショーモン筋」の仲間ペテル・シェリフがイエメンに渡航するのを助けた。[37]彼は、フランスからシリア、イラク、イエメンに広がる過激派ネットワークの要となるコーディネーター的な役割を果たしていたといえる。

彼はその後シリアに転じ、「イスラム国」の指導者アブ＝バクル・バグダディと、その副官で「イスラム国」広報担当アブ＝ムハンマド・アドナニの信頼を得て、欧米や北アフリカからの戦闘員リクルートとプロパガンダの責任者となった。地位としては、欧州戦域司令官のサリム・ベンガレムよりも上にあたる。

『シャルリー・エブド』襲撃事件から二カ月あまり後の二〇一五年三月、「イスラム国」の英語ウェブ機関誌『ダービク』第八号は、エル＝アキムの戦闘名であるアル・ムカティル・チュニジのインタビューを掲載した。彼はここで、後にジハード主義者の間でしばしば引用されることになる有名な言葉を発している。

「あらゆる者を殺せ。そこにいるすべての不信心者が標的だ(38)」

そのエル＝アキムがサリム・ベンガレム、アブデルアミド・アバウドら「イスラム国」の幹部らと画策してパリ同時多発テロを起こすのは、さらに七カ月あまり後のことである。その経緯は第二部に譲りたい。

ベニエトゥーやペテル・シェリフらごく少数の例外を除き、「ビュット＝ショーモン筋」の主要十二人の多くは、二〇一九年現在まで生き永らえてはいない。レドゥアーヌ・エル＝アキム、タレク・ウイニス、アブデル＝アリム・バジュージュは、渡航したイラクで早くも二〇〇四年に戦死した。ブバクール・エル＝アキムは二〇一六年十一月、ラッカで米軍のドローン攻撃を受けて死亡した。クアシ兄弟がたどる道は、これから描くとおりである。

第5章　チーム・クリバリ

クリバリ始動

テロリスト脱獄計画に加わって有罪判決を受け、パリ北東郊外ヴィルパント刑務所で模範囚として刑期を過ごしたアメディ・クリバリは、二〇一四年三月四日に出所した。彼は、当局に居どころを明らかにする発信器付きブレスレットを装着されたが、刑期が正式に終了する五月十五日をもって、その義務からも逃れた。

クリバリが過激派組織とつながりを持っているのは明らかで、本来ならその後も彼の動向を情報機関が把握すべきはずである。ところが、彼の出所を知らせる連絡自体が、刑務所からパリ警視庁情報局（DRPP）にも内務省国内治安総局（DGSI）にも届かなかった(1)。これは事件後に、国民議会（下院）の調査委員会で「刑務所での情報管理方針の欠如と、縦割り行政の弊害だ」と批判されることになる(2)。

もっとも、大多数の受刑者は、刑期を終えるとみずからの罪を悔い改め、真っ当な人生を歩もうとする。その意味で、出所後の便りがないのは、基本的にいい知らせである。アメディ・クリバリの場合も、発信器付きブレスレットを外されて以降は消息がぱったりと途絶えたが、それがごく普通のことだとみなされても不思議はない。彼のことは忘れられた。

以後、クリバリが表舞台に姿を現すのは、『シャルリー・エブド』襲撃事件の発生後になる。それまでの八カ月近くの間、彼は極力目立たぬよう振る舞ったようである。盗みや強盗を繰り返し、刑務所の不正を告発したり大統領府に招かれたりとお騒がせ人生だった彼にとって、珍しくおとなしい時期である。

なりを潜めつつも、クリバリはテロ実行に向けて着々と準備を進めていた。

そもそも、クリバリは、刑務所で時を無駄に過ごしていたわけではない。ジャメル・ベガルがフルリ＝メロジス刑務所でクリバリやシェリフを勧誘したように、クリバリもみずから塀の中で受刑者らと交流し、計画を支える人脈を広げていたと考えられる。いわば、師の姿に学び、師の精神を継承したのである。

襲撃を半年あまり後に控えたクリバリは、刑務所内で培った人脈と、故郷のかつての犯罪仲間たちとを合わせ、一種のチームを結成した。彼は、このチームを足がかりに、武器の調達に奔走した。

テロの後でわかったクリバリの通信記録などから、何らかのかたちで事件にかかわったと疑われる人物は六十人に及んだ。そのうちの何人かが犯罪協力容疑に問われ、捜査着手にあたる予審開始決定の通告を受けて勾留された。パリ検察局は二〇一八年、最終的に十四人に対して重罪院に訴訟を請求した。(3)

クリバリ周辺の人物の中で、計画にもっとも深くかかわり、重要な役割を果たしたのが、モアメド・ベルシヌとメディ・ベルシヌの兄弟である。(4) 特に兄のモアメドは、イデオロギーと後方支援の面でクリバリを支えた中心人物とみなされた。

ベルシヌ兄弟の半生は、クリバリやクアシ兄弟とはかなり異なっている。『シャルリー・エブド』襲撃事件に直接かかわった三人が比較的貧しい環境で成長し、たいした学業も修められなかったのに対し、インテリのベルシヌ兄弟にはエリートになる可能性が開かれていた。

ベルシヌ兄弟は、パリ北東郊の移民の多い地域ボンディ出身のアルジェリア系移民二世である。両親は敬虔なイスラム教徒だったが、過激な考えの持ち主ではなく、フランス社会に順応していた。男三人、女一人の子どもたちはいずれも勉強熱心で、優秀な成績を修めた。長兄モアメドは地元の高校を終えた後、二〇〇六年に国立高等鉱業学校の試験に合格し、フランス南西部アルビにあるアルビ＝カルモー国立高等鉱業学校に入学した。次兄メディはパリ第七大学で電子工学を学んだ。三男は医者を目指していた。

長兄モアメドが進学した国立高等鉱業学校は、フランス独特のエリート養成校制度「グラン・ゼコール」の一つである。アルビのほか、パリやナンシーなどにも設けられており、元ルノー会長カルロス・ゴーンの出たパリ校が特に有名だが、アルビ＝カルモー校もなかなかの難関校である。修了すれば、官僚や企業幹部としての将来が約束される。階級社会の傾向が残るフランスで、移民家庭から入試を突破すること自体が快挙であり、本人もずいぶん誇りを抱いていたという。

しかし、一人暮らしの学生生活を始めたモアメドは、孤独にさいなまれたようである。アルビは画家トゥールーズ＝ロートレックの故郷として知られ、サントセシル大聖堂を中心とした街並みが世界遺産に登録されているものの、観光地であることを除くと人口五万程度の田舎町に過ぎない。友だちも親戚もいないモアメドは部屋にこもり、ウェブのヴァーチャル世界に逃げ込んだ。そこで出会ったのは、イスラム過激派の若者たちが投稿し合うフォーラムのサイトだった。

移民系エリートの挫折

当時の状況を、モアメドは後の二〇一四年、法廷でこう振り返っている。

「私はイスラム教徒でしたが、イスラムを実践したことはなく、人生の指標も持っていませんでした。行き詰まったとき、宗教に目覚めたのです。でも、私は（イスラム教について）何も知らなかったので、最初のころはフォーラムでずいぶん笑いものになったものでした[5]」

彼は急速にのめり込んだ。

「何カ月かして、私はサイトにビデオを投稿し、議論にも参加するようになりました。そこで注目されたかった。そしてすぐに、メディアで伝えられている『ジハード』像はすべて誤りだと気づいたのです」

彼はサイトの運営に参加し、調整役を務めるようになった。「サイフルイスラム＝ムハメド・アブ＝ウサマ」なる仮名を用いつつ、主にアルカイダ系メディアが作成したジハード参加呼びかけビデオのフランス語翻訳に携わった。一方で、学校のほうは一年目に早くも落第を喫した。過激派への入り口がウェブだったことからだろう。モアメド・ベルシヌはフランスの多くのメディアで、まったく一人でジハード主義を身につけた「ローンウルフ」型のイメージで報じられている。実際には、彼が一人で過激化したわけでは全然ない。フォーラムを通じてイスラム主義者と交流するほか、そこで知り合った過激な若者たちと帰省の際にパリ近郊で実際にも会って親交を深めていた。(6)

その若者たちのグループが、サラフィー主義のネットワーク「キャメル」である。モアメドが生まれたボンディの西隣にあたるパリ郊外ボビニーに拠点を置き、アフガニスタン国境に近いパキスタンの北ワジリスタン地域にタリバーン支援のための戦闘員を送り込む計画を進めていた。彼らの勧めで、フランスから現地に六人が渡り、そのうち三人が戦闘で死亡したといわれる。

「キャメル」のメンバーの一人は、チュニジア人の過激派モエズ・ガルサラウイと接触を保っていた。(7) このガルサラウイの妻こそ、マリカ・エル＝アルードにほかならない。その著書によってアヤト・ブメディエンヌを過激思想に導き、ベルギーのテロ組織を精神面で支えてきたマリカは、アルカイダのマスード暗殺計画実施によって夫アブデサタール・ダーマンを亡くした後、ガルサラウイと結婚した。夫婦はともに過激派プロパガンダのウェブサイトを運営しており、ガルサラウイ自身は戦闘員のパキスタン渡航も支援していた。

欧州のフランス語圏でテロ関連の出来事を探ると、あちこちで同じ名前が登場する。顔を出すのは毎度毎度、ジャメル・ベガルであり、マリカ・エル＝アルードなのである。ここからも、テロリスト人脈は案外と狭い世界なのだとわかる。数人の大物が捜査を逃れ、いつも変わらず若者を勧誘し、行動を促している。そこに偶然足を踏み入れた若者は奈落に沈むが、大部分のイスラム教徒にとっては無縁の空間である。カルト教団の性格を多分に持つ閉鎖的、孤立的なネットワークなのだと考えられる。

「キャメル」の中で、モアメド・ベルシヌは決して、中心的な役割を果たしていたわけではない。むしろ、ネットワークの端っこにいて、旅立つ「キャメル」の戦闘員の見送りに行ったりしていた程度である。ただ、その間に学業はますますおろそかになった。第二学年に上がった後も、及第する見通しが立たなかった。

モアメドは在学中、アルジェリア北西部モスタガネムに暮らしていた十九歳の従姉妹イメーヌと結婚した。帰省のたびに会い、彼女がまだ十四歳のころから求婚していた女性である。二〇〇九年三月、妻をアルビの学生寮に呼び寄せたものの、それから間もない六月には、学校で放校審査を受けざるを得なくなった。その直前、モアメドはみずから中退した。(8)

地元のパリ郊外に新妻を連れて戻ったモアメドは、近くのオルネ＝スー＝ボワ市役所に教育補助員として雇われた。市のレジャー施設に勤務したり、子どもたちの宿題を支援する役割を務めたりした。「キャメル」との関係はしだいに疎遠になったと、モアメドは後に法廷で話している。ただ、怪しげな活動は相変わらずだった。ウェブを通じて、ジハード主義のビデオを流し続けていた。戦闘員の勧誘活動に携わっていると疑われていたパリの過激なイスラム指導者のもとを、妻を連れてしばしば訪れた。後から明らかになったことだが、爆発物の製造マニュアルをダウンロードしていたのも、このころのことである。イメーヌはイメーヌで、女性イスラム教徒向けのサイトでジハードや自爆テロに関する会話を続けていた。

「キャメル」が摘発されたのは、モアメドがパリ郊外に戻った翌年の二〇一〇年である。モアメドも逮捕され、五月十五日にパリ北郊ヴィルパント刑務所に収監された。

モアメドとクリバリの邂逅

その三日後、「キャメル」やモアメドとまったく関係ない脈絡で警察に摘発されたのが、ジャメル・ベガル、シェリフ・クアシ、アメディ・クリバリたちだった。第3章で述べた「テロリスト脱獄計画」が発覚したのである。翌十九日、逮捕されたクリバリがヴィルパント刑務所にやってきた。

『シャルリー・エブド』襲撃事件をめぐる物語では、刑務所での運命的な邂逅が重なって、最終的にテロに行き着いている。フルリ＝メロジス刑務所で偶然上下の部屋になったベガルとシェリフやクリバリは、窓辺でのささやきを通じて結びついた。フレンヌ刑務所でアユニと出会ったのをきっかけに、ベンガレムは「イスラム国」戦域司令官への道を歩み始めた。同様に、ヴィルパント刑務所でクリバリとモアメドが同じ時期にいるという偶然がなかったら、はたして『シャルリー・エブド』襲撃事件は起きていただろうか。クリバリとモアメドが刑務所内でどう出会い、どのような話をしたのか。伝わる情報はほとんどないが、ここで二人の関係が築かれた、との見方は根強い(9)。

裁判で、モアメドはみずからの行為について反省するそぶりを見せた。「私は今もイスラム教徒ですが、落ち着いて振り返ると、知らず知らずのうちにイスラム主義に陥っていたのだと気づきました。今はもう、そんな状態ではありません」などと言い訳した。[10] その後の彼をみると、これはたんに裁判官を欺こうとしての言説だったに違いない。

クリバリが出所してから四カ月ほど経った二〇一四年七月、すでに釈放されていたモアメド・ベルシヌに対して、パリ軽罪裁判所で判決が言い渡された。有罪だったものの「禁錮二年うち一年執行猶予」だった。すでに勾留期間が刑期を上回っていたため、彼は再収監を免れた。以後、自由の身になったモアメドは、クリバリと家族ぐるみのつきあいをするようになった。アヤトも、イメーヌにクスクスの調理法を教えたりした。しかし、時はすでに、『シャルリー・エブド』襲撃事件の前年である。二つの家族に、残された時間はそう多くない。

フランスのテロ研究者の間では長年、「イスラム過激派のテロリストに極貧の出身者はほとんどいない」との考えが主流だった。[11] 人々は、貧困にさいなまれてテロリストになるのではない。ある程度余裕のある家庭の子、移民社会の中で例外的に出来が良かった子、それなりのインテリ文化に触れながら育った子らが青春の中で挫折を経験したとき、忍び寄る過激思想に絡めとられるのである。その意味で、ベルシヌ兄弟の例は古典的な例だといえる。

しかし、クアシ兄弟やクリバリは、極貧とまではいえないものの、明らかに育った階層が異なる。テロへの参加者の範囲が、明らかに広がっているのである。むしろ二〇〇〇年代後半以降は、インテリ生活とは無縁の犯罪者集団がテロの世界に大挙して入りつつある。第二部で検証するが、犯罪者とテロリストが一体化する「犯罪テロ・ネクサス」と呼ばれる現象である。[12]『シャルリー・エブド』襲撃事件は、このようなテロのトレンドの流れの中で起きた出来事だった。

一つの組織やネットワーク内部で知識人と荒くれ者が同居すると、おのずから役割分担も生じる。インテリや策略に長けた人物が一途な下っ端を支配する構造は、何も役所や企業に限らない。この構造を彼らにあてはめると、クアシ兄弟やクリバリは操られた実行者だった可能性が捨てきれない。インテリのベルシヌ兄弟や、書物を読み込んで理論武装した妻のアヤトこそが、全体を把握していたと考えられないか。

新年を祝うためだろうか。『シャルリー・エブド』襲撃事件の一週間前にあたる二〇一五年元旦、モアメドとイメーヌの自宅をクリバリとアヤトが訪れ、一緒の時を過ごした。モアメド一家が弟のメディらをともなって、フランスに永遠の別れを告げたのは、その日のことである。その経緯と検証は、第一部の最終章に譲りたい。

憲兵隊員の禁断の恋

クリバリは、ふだんからのつきあいや刑務所内での出会いを通じて、さまざまな男をチームに引き入れていた。その中には、ベルシヌ兄弟のようにテロ計画を把握した可能性がある人物もいただろう。一方で、彼がテロを準備しているなど想像もせず、武器の調達を銀行強盗か何かのためだと思い込み、おこぼれをもらえると期待していた人物もいたに違いない。

『シャルリー・エブド』襲撃事件が起きた後、ちょっとしたスキャンダルとなったのが、チームの一人、アマール・ラムザニという人物だった。当時三十三歳のアルジェリア系フランス人である。クリバリと携帯電話のショートメッセージを日に平均六回の割合で交わしていた。クリバリとサイード・クアシとの間の連絡役を務め、ランスに暮らすサイードのもとを訪れていた可能性が指摘された。

彼がメディアの注目を集めたのは、その活動よりも私生活だった。つきあっていた恋人が国家憲兵隊の女性曹長だったからである。事件から一カ月近く経った二月四日、特ダネ報道で知られる風刺週刊紙『カナール・アンシェネ』が暴露した(13)。以後、「テロ協力者と憲兵のロマンス」などと雑誌や新聞が騒ぎたてた。その関係を通じて、捜査関連の情報がテロリスト側に流出したのではないか、との懸念も出た。

ラムザニの相手の女性曹長はエマニュエルという名で、白い肌、青い目の三十四歳だった。パリ近郊にある国家憲兵隊施設内の官舎に暮らし、九歳を筆頭とする三人の子どもを一人で育てていた。二年ほど前にラムザニが偶然声をかけたのをきっかけに交際が始まり、彼は頻繁に官舎に出入りするようになった。そのうち、エマニュエルはイスラム教に改宗し、スカーフを着用した。一日五回の礼拝も欠かさないようになった。

関係は内密だったが、事件後に捜査当局がラムザニを尾行したことから発覚した。ラムザニは捜査情報を探っていたのではないか。そもそも、それを狙ってエマニュエルに近づいたのではないか。疑念が持ち上がり、エマニュエルはその年の九月に解職された。

ネザール・アルヴァティクは、そのラムザニの友人にあたる三十歳の男である。本人は母の宗教にならってイスラム教徒になったが、父はカトリックで、姉妹はユダヤ教徒、という複雑な宗教環境に育った。自動車修理工として生計を立てる一方、麻薬の売人としても捜査関係者の間では知られていた。

事件後、クリバリがはめていた手袋からアルヴァティクのDNAが検出され、捜査の対象になった。また、クリバリが自分のアパルトマンに残していた武器からも同様にアルヴァティクのDNAが見つかった。前年夏にアルヴァティクは結婚式を挙げたが、そこにクリバリやモアメド・ベルシヌ、ラムザニがそろって招かれた。彼らは、イスラム過激派のプロパガンダビデオを一緒に見たりする仲だったといわれている。

ラムザニの遠縁にあたるサイード・マクルーフは救急車の運転手で、少なくとも三度、ラムザニのランス行きに同行していたと考えられる。クリバリが立てこもったユダヤ人スーパーに残されていたスタンガンの紐からマクルーフのDNAが検出されたことで、事件への関与が疑われた。

調達先はベルギーか

クリバリの協力者の中で、重要な役割を担っていたと思われるのがアリ＝リザ・ポラトである。事件で使われた銃の調達ルート上に浮かんだ人物である。

ポラトは三十歳のクルド系フランス人で、麻薬取引の罪で刑務所生活をした後、二〇一四年からイスラム教に急に熱心になっていた。クリバリとは同じ街で育った幼なじみである。クリバリのチームの多くはヴィルパント刑務所で出会った受刑者たちだが、ポラトはそれ以前からの知り合いだった。

クリバリは運転免許証を持っておらず、取得したのはテロ直前の二〇一四年十二月になってからである。それまで運転手役を務めたのが、このポラトだった。つまり、武器調達に走り回るクリバリに、ポラトはずっと同行していたのである。後に彼が捜査当局に語ったところによると、二〇〇九年に彼はクリバリから一万五千ユーロ分の大麻を預かったものの売りさばけず、クリバリの命令に逆らえなくなっていたという(14)。

二人は、ベルギー南部の街シャルルロワを頻繁に訪れていた。シャルルロワは地味な街だが、都市圏人口が五十万に達し、ベルギーのフランス語圏ワロン地方では最大である。かつて炭鉱都市として栄え、その後は鉄鋼やガラス加工、印刷業が盛んだった。

行き先は、この街の自動車修理工場である。工場主のメタン・カラシュラルが、同じクルド系としてポラトと旧知の仲だった(15)。

クリバリはここで、妻アヤト名義で所有していたミニを売却しようとした。アヤトはこの車を、二〇一四年の九月に、二万七千ユーロで購入していた。中古車だったが、状態はかなり良かったという。

交渉は金銭面でなかなか折り合わなかった。当初の売却価格は一万二千ユーロのはずだったが、カラシュラル側の支払いが遅れるにつれて、クリバリは二万二千ユーロを要求するようになった。クリバリとポラトは少なくとも二度シャルルロワを訪れ、カラシュラル側からも仲間の一人がパリを訪れるなどして、交渉を重ねたという。

この取引でカラシュラルからクリバリに支払われるべき代金の一部が、カラシニコフ自動小銃やトカレフ拳銃を手渡すことで代用されたと、捜査当局は疑った。それが、クリバリやクアシ兄弟によってテロの現場で使われた、と推定したのである。カラシュラルは、クルドの武装組織「クルディスタン労働者党（PKK）」に近いことで知られ、武器や麻薬の密輸売買などの疑いでベルギー捜査当局からすでに目をつけられていた。

カラシュラル自身は事件後、みずから警察に出頭した。これを受けた家宅捜索で、自動車修理工場などから大量の銃が見つかり、カラシュラルは身柄を拘束された。ただ、カラシュラルはクリバリと会ったことを明らかにしたものの、銃の取引自体は認めなかった。[16]

クリバリが銃を入手した経路をさかのぼって行くと、ここで止まってしまう。カラシュラルはベルシヌ兄弟やアマール・ラムザニらとともにフランス司法当局から二〇一八年に訴訟を請求された。彼は、アヤトの車を購入したことは認めたが、武器売却は否定したままだった。[17]

ところが、現場やクリバリの家に残された銃自体から、一部の出どころが判明した。スロバキアからきていたのである。

銃をめぐる怪しげな世界

クリバリが入手した銃の由来を追及したのは、スロバキアの日刊紙『ノヴィー・チャス』と欧州ニュース専門局『ユーロニュース』の合同取材班である。[18] その報道によると、フランス捜査当局はスロバキア当局と協力し、銃七丁の番号を特定した。これをもとに、スロバキアの警察が国内の銃砲店の記録を調べたところ、七丁は現地で合法的に販売されていた。

これらの銃は公用で使われた後、いったん廃棄処理され、空砲しか撃てないよう改造された。

通常は、映画や劇の中で小道具として使われる程度である。

スロバキアの法律では、銃の取り扱い免許がなくても、十八歳以上ならこれらの廃棄銃を誰でも購入できる。中西部の田舎町パルティザンスケにある銃砲店「AFG」社を『ノヴィー・チャス』の記者が訪ねたところ、廃棄処分後の銃が所狭しと並べられていた。店主は記者に対して「たしかに警察の訪問を受けたものの、特段のお咎めはなかった」と話したという。この記者が試しに、廃棄処理された短機関銃を買いたいと申し出ると、二百五十ドル払って身分証明書を見せるだけで、五分で手にすることができた。

廃棄銃はここから、国境を越えてフランスやスペインに運ばれているという。スロバキアは二〇〇七年、欧州間の自由な移動をうたうシェンゲン協定に加盟したため、その間には検問も税関もない。

じつは、スロバキアでの銃の廃棄処理法はかなり杜撰で、逆の工程を経ることによってせいぜい一、二時間で使用可能なかたちに戻せるのだという。廃棄された銃を復元する作業は、違法ながら欧州各地で常態化している。欧州連合（EU）の政府にあたる欧州委員会はすでに二〇一三年、こうした状況に懸念を示す声明を出していたが、対策が間に合わなかった[19]。

この七丁を復元した人物として疑われたのは、フランス北部リールを拠点とするクロード・エルマンである。エルマンは五十二歳のスキンヘッドの大男で、右翼活動家として広く知られていた。フランス北部の炭田の町ブリュエ出身に生まれ、フランス軍の落下傘部隊を退役した後、傭兵としてアンゴラや旧ユーゴで戦った。中部アフリカのコンゴ民主共和国で秘密工作にかかわり、現地で拘束されたこともある。その後、右翼政党「国民戦線（後に「国民連合」に改称）」のボディーガードとなった。放火などで不安をあおって右翼への支持を集める工作に携わっていたといわれるが、国民戦線はこれを否定した[20]。

エルマンは、通常の欧州右翼よりずっと過激で、むしろネオナチに近いとみられている。近年はリール中心部にフライドポテトのスタンドを持ち、昼間はみずからも販売員として勤務しつつ、旧東欧から持ち込まれる銃を復元転売する作業に取り組んでいたという。当局も以前からその情報を把握しており、エルマンに対する捜査は、すでに前年の五月から始まっていた。テロから二週間あまり後、エルマンは同居者や仲間たちとともに、武器取引の疑いで拘束された。

エルマンとクリバリとの間に直接の接点があったとは考えにくい。違法の武器は、さまざまな仲介者を経て取引されるのが常だから、エルマンが復元した銃も別の密売者に渡り、そこからクリバリが手に入れたと推測できる。その密売者として可能性が疑われるのは、先に登場した自動車修理工場主のカラシュラルである。エルマンの拠点リールとカラシュラルの住むシャルルロワは同じ炭田地帯に位置しており、車で一時間あまりの距離に過ぎない。ただ、その関係は曖昧である。

エルマンは、みずから復元した銃がまさかイスラム過激派に利用されるなどと考えてもいなかっただろう。移民排斥を掲げる右翼とイスラム過激派とは、本来正反対の立場のはずである。ただ、武器自体には左も右もない。犯罪集団、テロリスト、右翼といった一見ばらばらな面々が、武器の流通を通じてどこかで結びつくのである。クリバリは、銃をめぐる怪しげな世界を泳ぎきって襲撃の手段を手に入れたのだった。

さらに、エルマンがじつはフランス国家憲兵隊のスパイだったと、リールの地元紙『ラ・ボワ・デュ・ノール』がその後報じている。(21) 憲兵との間で交わしたメールの存在が明らかになったという。この情報は、他のメディアでも確認された。こうなると、誰が何の味方でどちらが敵なのか、わけがわからない。たぶん、右か左か、西か東か、善か悪か、といった冷戦時代の明確な対立の構図とは異なり、複雑で流動的な世界に私たちはいる、ということなのだろう。

第二部で検証するが、武器の調達は、テロ組織と犯罪組織とを近づける要素となっている。犯罪者ルートに乗ると、テロリストたちも容易に武器を手にできる。犯罪にかかわる人物をテロ組織がうまく取り込めば、改めて武器の利用法を教え込む手間も省ける。クリバリは、みずからのチームを立ち上げる際に、そのような特性をうまく利用した。クリバリ自身も、犯罪とテロとの狭間に立つ人物だった。

逃した機会

クリバリは二〇一四年夏以降、携帯を多数所有し、その電話番号は計十三に及んだ。(22) チームの全容が明らかになるのを避けるためだろう。かける相手ごとに電話を取り換えた。

その年の十月、彼は妻アヤトと一緒にメッカ巡礼に出た。その旅から戻った十一月以降、彼は妻のミニだけでなく、他の高級車を購入しては転売する、という作業を繰り返した。現金を手元につくろうとしていたと考えられる。十二月十日には運転免許証を取得した。二十七日には、軍

用チョッキやナイフなどをパリ郊外のミリタリーショップで購入した。(23)

二〇一四年も押し詰まった十二月三十日、パリ十九区のビュット＝ショーモン公園近くで、クリバリは二人の警察官から職務質問を受けた。(24) 事件後に風刺週刊紙『カナール・アンシェネ』が明らかにした警察記録によると、このときクリバリはレンタカーを運転しており、妻アヤトも一緒だった。警察官が情報照会をかけたところ、テロ要注意人物であるとの結果が示された。彼がイスラム過激派に所属していることもわかった。

しかし、二人の警察官はクリバリをそのまま立ち去らせてしまった。もしここで、警察官が根掘り葉掘り質問して怪しげな部分を探っていれば、その後の展開が違っていたかもしれない。情報捜査当局には、基本的な危機感が欠けていた。あるいは、それが現場の警察官まで浸透していなかった。フランスは大きな機会を逸してしまった。

明けて二〇一五年の元日から二日にかけての夜、クリバリが妻アヤト・ブメディエンヌをマドリードに車で連れていったのは、最終章で触れるとおりである。現地で妻と別れたクリバリは、その足でパリに戻った。急ぎすぎたのか、彼の車は途中で三度、速度違反取締の検知器に記録された。(25) 一月五日、彼は故郷のパリ南郊グリニーを短時間訪ねた。自分が育った土地に今生の別れを告げようとしたのだろう。家族や友人たちと会い、平凡な会話を交わした。何をしているのかと友人から尋ねられたクリバリは「何だかんだしている」と言葉を濁した。

別れ際、「もううんざり。空気が澱《よど》んでいる。フランスを出たい」と言う友人に、「だけど、どこに行くんだ？」とクリバリは返した。それが最後の言葉だった。(26)

その後、一月六日にかけて、彼はポラトと一緒にシャルルロワまで往復した。パリに戻ったクリバリは、六日夜にチームの仲間たちと会った後、シェリフ・クアシのもとを訪れた。『シャルリー・エブド』襲撃に使われる銃がそこでシェリフの手に渡された可能性がある。すでに時刻は日をまたぎ、午前一時近かった。『シャルリー・エブド』襲撃当日の二〇一五年一月七日を迎えていた。

それまでの間、クアシ兄弟は何をしていたのだろうか。

第6章　襲撃の朝

弟子とは別の道を歩んだ師匠

テロ実行を目前に控えたシェリフ・クアシは、一人の男に連絡を取ろうとしていた。過激派集団「ビュット＝ショーモン筋」の元主宰者ファリド・ベニエトゥーである。

シェリフとベニエトゥーはそれまでも、組織の旧友たちが定期的に催すバーベキュー・パーティーにそろって参加していた。顔を合わせること自体は、さほど珍しいことではなかった。ただ、当時すでに距離を置き始めていたベニエトゥーに対し、シェリフは何度も呼びかけた節がうかがえる。(1)テロの計画が煮詰まってきたことから、かつてみずからをジハード主義に誘ってくれた師匠の助言や励ましを得ようとしたのか。あるいは、テロリストとして立派に成長したみずからの姿を見せたかったのか。

だが、そこでシェリフが得たのは、テロに向けた具体的なアドバイスでも、間近に迫ったジハード決行に備える心構えでもなかった。ベニエトゥーはイスラム過激思想をとっくに捨て去り、真っ当な社会人になり変わっていたからである。

その際の模様を、ベニエトゥー自身が事件後に『フィガロ』紙のインタビューで語っている。(2)

「三回ぐらいかな。彼（シェリフ）は私に会いにやってきた。そのときも、トゥールーズの事件について話をした。『あそこで起きたすべては、許しがたい』と私が言うと、彼は動揺した様子だった」

「トゥールーズの事件」とは、イスラム過激派の男モアメド・メラーが二〇一二年にフランス南部トゥールーズのユダヤ系学校などを襲い、子どもたちを含む計七人を射殺した出来事、いわゆる「メラー事件」である。後に検証するが、フランスがそれまで十五年間にわたって防いできたテロの再発であり、イスラム過激派の脅威を市民に突きつけるかたちとなった。『シャルリー・エブド』襲撃事件やパリ同時多発テロへと続くテロのうねりの発端と位置づけられる。

シェリフが企てたのは、この事件のパリでの再現にほかならない。彼は、ベニエトゥーの支持を期待していたかもしれない。しかし、ベニエトゥーにそんな気はさらさらなかった。

ベニエトゥーがインタビューで答えた内容によると、「ビュット＝ショーモン筋」で彼が接した若者は五十人ほどである。そのうちの十人ほどが戦闘員としてイラクに渡った。

「たしかに、教え子たちの何人かはイラクに行く前に私のところにきて、宗教上これが正しいかどうかと尋ねてきた。私はたんに黙っていた。それが、私の許可だと受けとめられたようだ」

その一人がシェリフだったという。ただ、シェリフ自身について、ベニエトゥーの評価はきわめて冷淡である。

「無知無学なやつだった。彼にとって、宗教とは戦いのためのものでしかなかった」

これは『シャルリー・エブド』襲撃事件後の言葉であるだけに、テロリストと距離を置こうとするベニエトゥーの姿勢がにじんでいる。一方で、ベニエトゥーがもはや、同志としての感情をシェリフに抱いていないのもたしかだった。かつてジハードを語り合ったシェリフとベニエトゥーは、十年を経てまったく別の道を歩んでいた。

何が二人を分けたのか。

白い服がアイデンティティー

ベニエトゥーはテロの翌々年、フランスの著名な脱カルト活動家ドゥニア・ブザールの協力を得て、『わがジハード　ある改悛者の軌跡』と題する回想録を出版した。(3) その内容はきわめて興味深い。クアシ兄弟が犯行に至る過程で空白だった部分のいくつかを彼の証言が埋めているからでもあるが、それ以上に、彼が語るみずからの歩みは、一人の若者がイスラム過激思想にのめり込み、また悔い改めてそこから抜け出していく過程のモデルを示しているからである。過激派対策に携わる人々に、少なからずの情報と教訓をもたらすだろう。

ファリド・ベニエトゥーは一九八一年五月十日、パリに暮らすアルジェリア系の家庭に生まれた。一家は厳格なイスラム教徒だったが、元からそうだったわけではない。ベニエトゥーが生まれてまもなく、私生活で精神的なショックを受けた父親が宗教に救いを求めたのを契機としていた。父の影響を受けて、ベニエトゥー自身も子どものころからモスクに通い、アラビア語を学び、イスラム主義勢力「ムスリム同胞団」系の夏季学校で休暇を過ごした。十一歳ですでに、当時勃発したボスニア紛争でのイスラム教徒の境遇に関心を持ち、同胞団系のボランティア支援活動に参加した。

内気なこと、敬虔すぎることから学校では孤立し、勉強にも身が入らず、中学校で一回落第を経験した。宗教的に厳格だったはずの父がアル中になるなど、家庭も荒れた。父の姿を反面教師として、ベニエトゥーはますます、同胞団系の活動にのめり込んだ。

イスラム過激派の幾人かは、ごく普通の若者からムスリム同胞団系の活動にかかわり、それに満足できず厳格なイスラム主義「サラフィー主義」に流れ、さらに暴力的な過激派「ジハード主義」へと、ステップ・バイ・ステップで行き着くといわれる。ベニエトゥーがたどったのもそのような過程だった。

サラフィー主義と接したのは、彼が十五歳のときである。何より魅力と映ったのは、彼らの身なりだった。サラフィー主義のイスラム教徒の中には、預言者ムハンマドの姿にちなむと称して、ゆったりと体を覆う長い丈の白衣「カミーズ」をまとう男たちが少なくない。現代都市パリで、その姿はひときわ目立つ。この装束こそ真のイスラム教徒だとベニエトゥーは考え、みずからも身につけるようになった。街路では奇異な目で見られ、母親からは罵倒されたが、逆にそれが彼の宗教心を高めた。

「私はこれで、新たなアイデンティティー、新たな人生を持ち得た気分になった」

ベニエトゥーは著書でこう回想している。彼は、通学していた高校でも同じ姿で過ごし、教師から疎まれた。パリ郊外に拠点を置くサラフィー主義のグループとつきあうようになり、内戦状態のアルジェリアで政府と対立していたイスラム主義勢力の支援活動にも取り組んだ。

多くのカルト的な集団に共通する傾向だが、サラフィー主義組織も一般社会から孤立し、世間から隔絶した閉鎖的な集団をつくる。ベニエトゥーの場合も、外部とのつきあいを断ち、仲間内で固まるようになった。みずからに対して優越感を抱くと同時に、サラフィー主義以外を信じるイスラム教徒や他の宗教の信者に対する疑念を強めた。陰謀論にとらわれ、音楽を聴くのをやめ、厳格な生活を守るためにサウジアラビアへの移住も本気で考えるようになった。

知らず知らずのうちに

それから一年後、ベニエトゥーは知人を通じて、今度はジハード主義者と知り合い、交遊を深めるようになった。サラフィー主義者とジハード主義者はしばしば、カミーズをまとい、ひげを生やしている点で、外見上見分けがつかない。厳格な考え方にも共通点は多く、ジハード主義をサラフィー主義の一種とみなす専門家も少なくない。ただ、サラフィー主義が一般的に暴力を認めないのに対し、ジハード主義は暴力行使も辞さない態度を取る。暴力を認めるか否かは、しばしば混同される両者の間にある決定的な違いである。

ベニエトゥーは十八歳のとき、ジハード主義者たちから、当時激化していたアルジェリア内戦のビデオを渡された。その中に登場するアリ・ベルハジなる人物の演説に、彼はすっかり魅了された。ベルハジはアルジェリアのイスラム主義政党「イスラム救国戦線（FIS）」の創設メンバーで、反政府武装闘争を推し進めた人物である。その映像から、武器を手にする必要性をベニエトゥーは痛感し、ジハード主義こそ真のサラフィー主義だと信じるに至った。実生活では、「ココ長老」と呼ばれるジハード主義指導者に心酔し、感化を受けた。アルカイダとオサマ・ビンラディンにも親しみを持つようになった。仲間たちの中には、アフガニスタンに渡航する者もいた。

「そのとき私は、知らず知らずのうちに一線を越えていた。ブラックホールに落ち込んだのに、自分では光に包まれ、神に選ばれたのだと思い込んでいた」と、ベニエトゥーは綴っている。真っ当な職に就けない過激派にとって、武力闘争用の資金を調達する手っ取り早い方法は、小犯罪に頼ることである。ベニエトゥーらも、偽ブランド品の輸入や盗難クレジットカードの利用などに精を出した。

二〇〇二年、ベニエトゥーは求めに応じて、自分と同年代の若者たちを精神的に指導する活動に乗り出した。最初は、自宅近くにあったパリ市内第二の規模の「アダワ・モスク」に出かけ、その隅で若者たちに語りかけた。モスクから怪しまれると、同じ地区のダヴィド・ダンジェル街に位置する建物の一室に若者たちを毎晩集めるようになった。これが、近くの公園の名にちなんで捜査当局から「ビュット＝ショーモン筋」と呼ばれた一団である。

折しも翌年、イラク戦争が勃発した。米英の攻撃でフセイン政権が崩壊した後、混乱が続くイラクは、ジハード主義者の格好の実践の場となった。ここで米国相手に戦おうと、ベニエトゥーのグループからまず一人がイラクに旅立った。数カ月後、二人が続いた。ベニエトゥー自身も、米国との闘いに加わるよう、若者たちを大いに鼓舞した。

そのころ、グループに加わってきたのがシェリフ・クアシだった。

看守に励まされ

すでに第1章でみたとおり、シェリフ・クアシは二〇〇三年夏、友人の紹介でベニエトゥーにはじめて会った。その後はしばらく音信不通だったが、その間酒と麻薬と女に溺れ、信仰を省みないでいたのである。翌年秋以降、心を入れ替えたシェリフは再び、ベニエトゥーのもとを訪れるようになった。

シェリフは、イスラム教について何ら知識を持っておらず、信者として初心者に過ぎなかった。一方で、自堕落な状態から逃れようともがくシェリフの姿に、ベニエトゥーは好印象を抱いた。厳格さを追い求めたかつての自分の姿を重ね見たのである。

二〇〇五年、イラク行きを決意したシェリフがいよいよ出発する前日、ベニエトゥーは彼とビュット＝ショーモン公園で軽くジョギングをした。翌朝六時、家の戸口を叩く音を聞いたベニエトゥーは、てっきりシェリフだと思ってドアを開けた。覆面の警察官にいきなり組み伏せられ、手錠をはめられた。「テロ行為準備のための犯罪組織結成」容疑でこのとき逮捕された一団に、シェリフも含まれていた。

刑務所に収監されたシェリフが、フランスのアルカイダ組織の中心人物ジャメル・ベガルと獄中で出会い、根性の据わったテロリストへと成長していく過程は、これまで描いたとおりである。ベガルを介してアメディ・クリバリと知り合ったシェリフは、出所後も交流を深め、大規模テロへの準備を進めたのだった。

彼と同じように収監されたベニエトゥーを、しかしまったく別の出会いが待っていた。人間味のある看守と接し、「あんたのしたことは有益だったか」と問いかけられて、みずからを振り返る機会を得た。高校の途中で投げ出した勉学を再開したいと望んだ。看守らも彼を「学生」と呼び、「勉強は進んでいるか」と声をかけて支援した。収監の翌年、彼は獄中でバカロレア（大学入学資格）を取得した。

過激思想は相変わらず捨てず、三年間の服役中出会った受刑者を勧誘したりした。出所後も当初はカミーズをまとい、アルカイダに近い指導者のもとに出入りした。しかし、少しずつみずからが信奉してきたジハード主義に疑念を抱き始めた。

その大きな理由は、二〇一〇年に始まったアラブ諸国の民主化運動「アラブの春」である。強権的なアラブ諸国の政権を市民のデモが倒す様子は、「ジハード主義以外に社会を変える力はない」と信じていたベニエトゥーを驚かせた。

出所後にますます過激化していくシェリフとは時々会ったものの、関係はしだいに疎遠になったという。

ベニエトゥーは、みずから社会に貢献する道を模索した。医者になりたかったが、その勉強を始めるには遅すぎた。看護師を目指して学校に通い始めた。それを支え、励ましてくれたのは、近所のユダヤ人の知り合いたちだった。彼の回想録には、看守や友人たちと並んで「出所後に仲直りしたユダヤ人の隣人たち」への謝辞が掲げられている。

メラー事件の衝撃

二〇〇八年に禁錮六年の判決が確定したベニエトゥーは、二〇一一年に出所した後、パリ十三区の大規模総合医療機関「ピティエ・サルペトリエール病院」付属「看護ケア養成研究所（IFSI）」の試験に優秀な成績で合格し、二〇一二年に学生登録した。そのための奨学金も得た。

学校側がベニエトゥーの過去を知ったのは、彼が三月に授業に通い始めて数週間後のことだった。イスラム過激派組織を特集したテレビ番組で彼が描かれているのを、校長がたまたま見たからである。本来なら、パリ市内の公立病院で組織する運営機関「公的福祉・パリ病院（AP-HP）」の官房が、病院からの報告をもとにベニエトゥーへの対応を協議するはずだった。ところが、手続きの途中で雑な処理がなされ、問題がうやむやになった。ベニエトゥーは結果的に、過去を問われることなく勉学に励むことができた。

ベニエトゥーがジハード主義と最終的に決別したのは、二〇一二年にフランス南西部トゥールーズ周辺で「メラー事件」が起きたときだった。一九九六年の「武装イスラム集団（GIA）」によるパリ高速地下鉄爆破のテロを最後にイスラム過激派テロが途絶えたフランスで、十五年ぶりに起きたテロである。この事件には、三年後の『シャルリー・エブド』襲撃事件やその後のパリ同時多発テロにつながるいくつかの要素が隠されていた(4)。

発端は、移民系の軍人に対する襲撃だった。二〇一二年三月十一日夕、バイクの売買を理由にトゥールーズの駐車場に呼び出されたフランス軍落下傘連隊所属のモロッコ系下士官が、現れた男に射殺された。男はスクーターで逃走した。続いて十五日、トゥールーズから北に五十キロほどのモントーバンで、銀行の現金引き出し機近くにいた軍の一等兵と伍長が「アッラーアクバル（神は偉大なり）」と叫ぶ男に射殺された。やはり男は逃走した。軍を狙った連続殺人事件であり、フランス中が騒然となった。

十九日朝、今度はトゥールーズのユダヤ教徒の学校「オトザル・アトラ校」前に男がスクーターで乗りつけ、学校前に集まっていた生徒や保護者、教師らに向けて短銃を撃った。子ども二人と教師一人が死亡した。男はさらに校庭に入り、そこにいた校長の娘を射殺した。男は三たび逃走した。犯人は軍人だけでなく、民間人、しかも子どもたちの命を奪おうとしていることが明らかになり、衝撃はさらに広がった。

二十一日、容疑者の筆頭としてアルジェリア系移民二世のモアメド・メラーが浮上し、警官隊がトゥールーズ市内の彼のアパルトマンを包囲した。三十二時間にわたる交渉の間、メラーは「アルカイダの戦闘員」を標榜し、アフガニスタン紛争へのフランス軍の介入を批判したりしたが、銃撃戦の末にメラーは死亡した。

一連の出来事は、フランス大統領選の選挙戦大詰めの時期にあたっていた。各候補は事件を受けて選挙運動をしばらく自粛した。当時の現職大統領ニコラ・サルコジは治安対策の責任を問われることになり、主要対立候補だったフランソワ・オランドに敗れる一因となったと考えられる。

この事件で異様だったのは、メラーがウェアラブルカメラを身につけており、みずからの犯行をすべて撮影していたことだった。これは、後に「イペール・カシェール」立てこもり事件でクリバリが真似ることになる。イスラム過激派系のメディアなどを通じてテロの成果を誇示する目的なのだろう。

　メラーの背景は当初明らかにならず、単独で過激化し単独で犯行に及ぶ典型的な「ローンウルフ（一匹狼）」型テロだといわれた。実際には、彼はイスラム過激派の明確なネットワークの中で活動しており、中東やアフガニスタンへのたび重なる渡航歴もあり、ローンウルフとはほど遠い存在だった。メラーの家族の多くはジハード主義を信奉しており、母親は息子のテロを称賛するほどだった。メラーはまた、トゥールーズ南方のアルティガ村で知る人ぞ知る存在だった過激派イスラム教指導者のもとに出入りし、周囲のジハード主義者と親交を結んでいた。この村のグループからは、後に「パリ同時多発テロ」の際に「イスラム国」から犯行声明を出したファビアン・クランをはじめ、多数のイスラム過激派が育ったことで知られている。

　宗教的な態度を犯行まで極力隠すこと、ユダヤ人やイスラム教徒の公務員を標的とすること、以前フランスのテロで主流だった爆発物でなく入手しやすい銃を効果的に使うこと、警官隊と撃ち合って自死するまで逃亡や立てこもりでメディアの注目を集めることなどの点で、メラーの行動パターンはその後の『シャルリー・エブド』襲撃事件やパリ同時多発テロのモデルとなったのである。

ジハード主義を葬り去る

この事件を聞いたベニエトゥーは最初、てっきりフランスの右翼の犯行だと信じ込み、犠牲者に同情した。ところが、しだいに明らかになった犯人は、みずから称賛してきたアルカイダを名乗る人物である。ショックに打ちひしがれたベニエトゥーは、数日間何ものどを通らず、眠れない夜を過ごした。

彼はこう記している。

「まさにこのときこそ、私はジハード主義のユートピアを葬り去ったのです」

以後も、ベニエトゥーはシェリフと半年ごとに会っていたという。すでに二人の意識の違いは明らかだった。「もう話すことはない」。そう考えて、二〇一四年三月に自宅に訪ねてきたシェリフに、ベニエトゥーは会おうとしなかった。関係はこれで終わりかと思えた。

その年の終わりころ、シェリフが何度も面会を求めてきた。根負けしたベニエトゥーは、会うことにした。彼が『フィガロ』紙のインタビューで「三回ぐらいかな。彼は私に会いにやってきた」と答えた面会のことである。久々に見たシェリフは、筋肉を隆々に鍛え、見違えるような姿になっていた。彼はビンラディンを擁護し、これと対立する「イスラム国」を批判する言説を展開した。ベニエトゥーはジハード主義の誤謬を語ったが、シェリフはそれをまったく理解しようとしなかった。

シェリフはこのとき、なぜベニエトゥーとそれほど会いたかったのか。ベニエトゥー自身は最初、「自分を再び正しい（とシェリフが考える）道に引き戻そうとしたのか、あるいは誰かから送り込まれたのか」と疑ったという。

ところが、実際に会ったシェリフは、「自分がペドフィリア（小児性愛）だと非難されている」

という疑念にとりつかれていた。真偽を聞かれてもいないのに、必死に弁明した。「パソコンにペドフィリアの画像を保存していたとして、警察の捜査を受けた。これは何かの陰謀だ」

シェリフはそう打ち明けた。

シェリフのペドフィリア疑惑は、じつはベニエトゥーの回想録が出版される前から、一部のメディアに漏れていた。(5) 彼のパソコンに、ペドフィリアのウェブサイトにアクセスした記録が残っていた、というのである。ただ、当時のメディアの見方は「シェリフはクリバリらと秘密裏に連絡を取るためにこのサイトを経由したのだろう」というものだった。

一方、ベニエトゥー自身は別の可能性を考える。もしシェリフが本当にペドフィリアの傾向を持っていたとしたら、それをメディアに報じられる前に言い訳をしたかったのでないか。あるいは、みずからの性的傾向を看護師見習いであるベニエトゥーに診断してもらおうとしたのか。そもそも、シェリフは酒や麻薬や女だけでなく、ペドフィリアからも逃れようとしてイスラム教に逃げ込んだのではなかったか。

ベニエトゥーの回想録の共著者であるドゥニア・ブザールは、シェリフの過激化の背景に、ペドフィリア傾向やアルコール中毒、薬物依存があった可能性を指摘している。これらの問題を抱える人は、誘惑に打ち勝とうと肉体をやたら鍛えがちだという。これはシェリフが筋肉隆々だったことと一致する。それでも欲望を抑えられないとき、そのような状態から抜け出す手段として「殉教」に突き進む。

年が明けて二〇一五年を迎えた。ベニエトゥーは三月の卒業を控えて、ピティエ・サルペトリエール病院の救急外来でインターンとしての勤務を重ねていた。一月七日、三日間の夜勤実習明けで夕方起き出した彼は、フェイスブックを通じて、その日の朝に『シャルリー・エブド』襲撃事件が起きたことを知った。テレビをつけると、シェリフ・クアシの顔が映し出されていた。驚くと同時に、それ以上に非現実的だと思えたのは、あの内気だった兄サイードも犯行に加わっていたことだった。

この病院は『シャルリー・エブド』襲撃事件で負傷者の搬送先となった。ベニエトゥーは明らかにしていないが、彼自身も救護活動に携わったかもしれない。

脱カルト活動に

事件に対し、ベニエトゥーは責任を感じていた。たしかに自分は二〇〇四年、兄弟にジハードの理想郷を教え込んだ。ただ、十年あまり後にそれがどんな結果を招くかは想像しなかった。自分自身が武器を手にすることなく、しかし結果的に人を殺すことになった。ジハード主義の理念を伝えることで、我が手は血塗られた――。彼は当局に出頭した。最終的に彼は罪に問われることなく解放され、以後は捜査に協力した。

事件の影響はベニエトゥーの生活にも及んだ。「テロリストの師匠」としての名が知れ渡り、勉強を重ねてきた看護師としての就職が不可能になったのである。

テロから二カ月後、ベニエトゥーは三年間の課程を終え、看護師の国家資格を取得した。三月二十五日に病院のホールで催された「看護ケア養成研究所」の卒業式の会場にも、他の約二百人の卒業生に交じって姿を現した。同級生らと談笑していた彼に対し、学校の責任者が近づき、式典に招かれていない旨を告げた。彼は特に騒ぐこともなく、がやがやと会場に入る卒業生らに背を向けて、どこかに立ち去った。[6]

式典で、ベニエトゥーの名は呼ばれなかった。彼が学位を得ることに批判的な声が少なくないことを考慮してのことと思われる。ただ、会場の一角には学位取得者として彼の名と成績がきっちりと掲示されていた。平均評価十二・五点のところ十三・七五点を取得し、比較的優秀な成績だった。

公立病院にとって、犯罪歴がある人物の採用にはもともと制限がある。この病院に限らず、フランス国内で彼が看護師として活動できる可能性は、事実上閉ざされていた。落ち込んだ彼は、犯罪者の更生や脱カルト活動に取り組むドゥニア・ブザールをテレビで見かけ、連絡を取った。

ブザールは、フランス政府の対セクト（カルト）政策にもかかわってきたイスラム教徒の女性である。人類学者を名乗る一方、二〇一四年に「イスラム系セクト偏向防止センター（CPDSI）」を立ち上げ、ジハード主義に絡めとられた若者の社会復帰を目指す活動に乗り出した。ジハード主義に感化されて出奔する少女たちの家族の葛藤をドキュメンタリー的な手法で描いて二〇一六年に公開され、東京国際映画祭でも上映された映画『ヘヴン・ウィル・ウェイト』（原題『Le ciel attendra』）に出演し、本人の役を務めたこともある。[7]「イスラム国」から命を狙われ、警護を受ける生活を強いられている。

ブザールから促されたベニエトゥーは、彼女とともにボランティアとして国内各地を回り、ジハード主義に近づいた若者たちの前で体験を語るようになった。その営みは、みずからを見つめ直すことにもつながった。ベニエトゥーはそれまで、自分が一つのイデオロギーを信じていたのだと思っていた。しかし、若者たちの姿を見て、周囲の人間関係に影響されただけではないか、と気づいた。誰もが孤独を抱えている。仲間たちから認められたいと思うあまり、組織にのめり込む。それが自分にも起きたのである。

数カ月後、ベニエトゥーはこのセンターに正式に雇用され、脱カルト活動に勤しむようになった。

ステップ・バイ・ステップ

ベニエトゥーの来し方を振り返ると、ステップ・バイ・ステップでジハード主義に転落し、やはりステップ・バイ・ステップでジハード主義から脱却している。つまり、過激派に入るのも出るのも、何か一つの特定の要素にもとづくものではなく、何段階にも及ぶいくつかの要素が作用しているのである。これはベニエトゥーに限らず、シェリフやジャメル・ベガルが過激化した際にもみられた傾向である。

ブザールはこう記す。

「心と意識に亀裂を生じさせるのは、ただ一つの要素だけではない。細かな機会の積み重ねである」

「過激化も脱過激化も、同じプロセスを経る」[8]

ブザールはまた、過激化の背景にある若者の意識として「過去と決別したい思い」「純粋さ、神聖さへの希求」があるとも指摘する。一方、過激派から脱する鍵となるのは「子どものころの家族の記憶を思い起こすこと」である。マルセル・プルーストの長編小説『失われた時を求めて』で、主人公はマドレーヌの味をきっかけに、過去を思い出す。これと同様に、昔をよみがえらせる仕掛けが必要だという。

ベニエトゥーの回想録は、過激派へのリクルーター（勧誘者）がみずから実態を明かしたまれな記録として、フランス国内で大きな反響を呼んだ。同時に、自己を正当化するものだとして、厳しい批判にもさらされた。テロ犠牲者の遺族団体は抗議の声を上げた。『シャルリー・エブド』襲撃事件の現場で救命活動に当たった医師パトリック・プルーは「禁煙運動を煙草会社に依頼するようなもの」と糾弾した。[9]

実際、ベニエトゥーの回想録には、自分の立場を擁護する態度が見え隠れする。都合の悪い部分は隠したまま、全体のストーリーをみずからの改悛物語につくりかえたのではないか。その疑念は拭えない。実際には、ベニエトゥーはシェリフに対し、カラシニコフ銃の扱い方を教える人物を紹介もしている。[10] ベニエトゥーとシェリフの関係は、この本が描く以上に密接だったのではないか。

テロ問題を専門とするフランス国際関係研究所出版部長のマルク・エケルは、カルト対策の論理に過度に依拠した手法でイスラム過激派を分析することに対して危惧を示す。[11] カルト対策の多くは、個人のマインドコントロールの状況を分析し、その呪縛を解くことに置かれている。それは、過激思想に我が子を絡めとられた親たちが期待する手法でもある。ただ、その論理を突きつめると、教祖や幹部にばかり責任が転嫁され、過激派本人を被害者扱いしかねない。

「カルト対策的なアプローチはフランス政府が長年取り組んでいる手法で、ドゥニア・ブザールもそれに協力して一定の成果を上げてきたのはたしかです。ただ、その論理はイスラム過激派の政治的、宗教的側面を軽視しており、『イスラム国』の本質に迫りきれない。過激派本人の責任逃れにもつながってしまう(12)」

　エケルはこう批判する。

　たしかに、過激派ネットワーク「ビュット＝ショーモン筋」で、ベニエトゥーが「扇動者」としての役割を演じていたのは否定しがたい。後ろで煽ったりささやいたりする扇動者には、テロの実行者とは別の、しかし時にはもっと重大な責任がある。それを清算しないと、下っ端の実行役ばかりが責任を負わされ、巧妙に逃げ道を用意しているインテリが見逃されることにつながりかねない。扇動者としての彼がグローバルなテロのメカニズムの中でどのような位置を占めるのか、彼の扇動がテロリストたちにどう作用したのか、しっかりと検証する必要がある。その営みなくして、ベニエトゥーがみずからのマインドコントロールの被害を語るばかりなら、テロの解明と防止も到底おぼつかないだろう。

一月七日の朝[13]

クアシ兄弟に対して、フランスの情報当局は当初、電話の盗聴や尾行などによる監視を続けていた。イスラム過激派とのかかわりが明らかで、「イエメンで軍事訓練を受けた」との情報も米国からもたらされていた。

しかし、その結果浮上したのは、兄サイードが偽ブランド品の取引にかかわっている、との疑いだった。それでも立派な犯罪だが、盗聴してまで騒ぐほどのことではない。既存のテロ組織や具体的なテロ計画との結びつきも確認できなかったとして、内務省国内治安総局（ＤＧＳＩ）はクアシ兄弟への監視を二〇一四年六月に打ち切った。[14]すでにアメディ・クリバリはその前月、居どころを明らかにする発信器付きブレスレットを外されていた。テロ実行役たちは、そろって自由の身になったのである。

フランスで、シリアやイラクの戦場から戻ってきた筋金入りのテロリスト予備軍は数知れない。それに比べ、一見地味な三人に割く手間と経費は、当時とすれば無駄にみえたのだろう。その陰で、シェリフはクリバリと頻繁に連絡を取っていた。シェリフの妻イザナ・ハミドの携帯電話と、クリバリの妻アヤトの携帯電話との間では、二〇一四年の一年間で五百回以上のやりとりがあった。実際には、妻の携帯を使って本人同士が会話を重ねていたとみられている。[15]

一月七日、フランス北部シャンパーニュ地方のランスに暮らす兄サイードは、よく眠れぬまま朝を迎えた。興奮していたわけではない。前日の六日、一家そろって食中毒に見舞われたからである。妻スミヤも、二歳の子どもも、みんなあたって寝込んでしまった。サイード自身も、六日の日中をベッドの上で過ごし、夜になっても嘔吐を繰り返していた。

しかし、サイードは翌朝の予定を変更しようとしなかった。彼は寝ている妻を起こし、外出を伝えた。「今晩か明日には戻る」という言葉を妻スミヤは覚えているという。

もちろん、彼は二度と帰ってこない。しかし、サイードが目的も告げずに出かけるのは、いつものことだった。多くの場合、弟のシェリフのもとを訪ねていた。このときも、妻は特に変とも思わず、やがて起き出して部屋の片づけに勤しんだ。

午前七時十二分、サイードがアパルトマンを出る様子は、建物の監視カメラに記録された。近くの電停から路面電車に乗り、駅前で降りたのも、監視カメラの映像から確認されている。

彼は、午前七時四十二分ランス発の国鉄TGV二七一二号に乗った。パリ東駅に八時三十一分に到着すると、メトロを乗り継ぎ、パリ郊外ジェンヌヴィリエにある弟シェリフのアパルトマンに向かった。

シェリフも、健康状態が優れないまま七日の朝を迎えていた。前日の六日、彼は昼食も夕食も、まったくのどを通らない状態だった。来たる大仕事を前に、神経質になっていたのだろう。妻のイザナ・ハミドには「腹が痛いから」と言い訳をし、スーパーでの買い物だけつきあった。七日の朝も、シェリフはやはり何も食べられなかった。窓際でコーランを読みながら心を鎮めた。

午前九時半、シェリフの自宅の呼び鈴が鳴った。姿を現したサイードは、トイレに駆け込んだ。そんな体調の二人がなぜ、計画を延期しなかったのか。この日は水曜日で、『シャルリー・エブド』で定例の編集会議が開かれることになっていた。それを知っていたからか。捜査の手が迫っていると感じて先を急いだからか。午前十時ごろ、二人はイザナに「ソルドに行ってくる」と言い残して出ていった。「ソルド」はバーゲンを意味するフランス語で、折しもデパートやスーパーで冬物の売れ残りを安売りする時期にあたっていた。シェリフはすでに黒一色の服装だったが、その上にフード付きのコートをかぶっていた。

二人が乗った車は、黒いシトロエンC3である。盗難車だったと考えられている。

午前十時十九分、まだ自宅近くにいたシェリフからクリバリの携帯にショートメッセージが送られた。その内容は不明だが、おそらく決行を伝えるものだっただろう。クリバリが十三もの携帯電話を所持しているのは先に述べたが、シェリフがこのときメッセージを送った先は、それまでまだ五回しか通信に使われていない携帯だった。このときが六回目で、かつ最後となった(16)。

「俺たちはアルカイダだ」

パリ中心部のやや東寄り、フランス革命の主舞台となったバスチーユの牢獄があった場所は現在、ひっきりなしに車が行き交う広大な広場である。時々交通を遮断して、野外コンサートや大規模な市民集会、デモが催される。広場に面した東側には白亜のパリ・オペラ座がそびえ、南側にはサンマルタン運河の水面が輝く。西側には、観光客に人気のあるマレ地区の古い街並みが続いている。

広場の北側だけ、賑わいに乏しい。ここは小さな路地が交差する住宅街で、観光客や旅行者はめったに足を踏み入れない。ニコラ・アペール街は、その一角にある全長百三十七メートルのごく平凡な通りである。名称の由来となったニコラ・アペールはフランス革命期の企業家で、瓶詰めによる食品の保存法を確立したことで世界的に知られる。

覆面、黒装束にカラシニコフ銃を担いだ兄弟は、シトロエンでこのニコラ・アペール街に乗りつけ、横断歩道の上に駐車した。六番地のアパルトマンに入る。その一階には赤ちゃん用品の会社が入居していた。女性職員がちょうどコピーを取っていた。

「シャルリー・エブドはここか」

事務所の外からそう声をかける兄弟を見て、職員はびっくりした。黒装束で顔を隠し、銃を抱えている。まさに映画で見るような典型的なテロリストの姿である。彼女はとっさにドアを閉めようとしたが、男たちは押し入ってきた。

「ここか、シャルリー・エブドは?」

背の高いほうの男が繰り返し、地面に向けて銃を一発撃った。職員も、他の五人の従業員も、急いで机の下に隠れた。

「私たちはシャルリー・エブドじゃない。ここじゃない」

誰かが叫んだ。二人の男のうち一人が、室内を探って言った。

「いくぞ。ここじゃない」

住所を間違えたと気づいた兄弟は、あわてることなく六番地を出た。(17)

兄弟は、『シャルリー・エブド』編集部が二〇一四年七月以来入居している正しい住所、ニコラ・アペール街一〇番地にたどり着いた。六番地と一体になっている建物の別の入り口である。

一〇番地では、入居する映像会社の中国系社員がちょうど、訪れた郵便配達の女性のために入り口の鍵を開けたところだった。十一時二十分ごろである。郵便配達人に続いて、黒装束の男二人もぞろぞろ戸口をくぐった。

「あんた方、誰?」

中国系の男が尋ねる。

「警察だ!」

黒い男の一人が答えて銃口を定めた。

「誰を探しているの?」

問いかける中国系の男に答えず、黒装束の男は銃を一発発射した。壁の絵と花瓶が粉々になった。黒装束の男二人は中に走り去った。

同じ階では、ビルのメンテナンス会社の三人がこの朝から、排煙口の点検作業を続けていた。その場のドアがいきなり開いた。

「シャルリー! どこだ」

二人の黒い影が叫ぶ。作業員の一人は、警察の特殊部隊が突入してきたと勘違いした。一発の銃声が響いた。

「どこだ、シャルリー・エブドは! どこだ」

「知らない。メンテナンスをしているんだ。さっき着いたばかり。今日が初日だ」

腕で頭を抱えて、作業員が答えた。彼が顔を上げたとき、男たちの姿はなかった。同僚の一人が声を上げた。

「当たった。死にそうだ。カトリーヌを呼んでくれ」

作業チームのキャップ、四十二歳のフレデリック・ボワソーである。カトリーヌは彼の妻の名前だった。被弾したボワソーを二人の作業員が引きずって、三人は近くのトイレに避難した。しかし、ボワソーはその場で息絶えた。「愛していたと子どもたちに伝えてくれ」が最後の言葉だった。

彼は、この事件で最初の犠牲者となった。

黒装束の男二人が向かった階段を、『シャルリー・エブド』に所属する女性風刺画家コリンヌ・レー、通称「ココ」がちょうど降りてきたところだった。

「シャルリー・エブドに連れて行け」

男たちは彼女の首をつかみ、背中に銃を突きつけた。

「俺たちはアルカイダ。レンヌのアルカイダだ[18]」

ココにはそう聞こえたという。レンヌは、フランス西部ブルターニュ地方の中心都市である。アルカイダとは関係ない。たぶん「イエメンのアルカイダ」の聞き間違いだっただろう。パニックに陥ったココは、男たちを二階に連れて行った。編集部は三階である。

「冗談はよせ。撃ち殺すぞ」

男たちが凄んだ。

テロに備えて、『シャルリー・エブド』編集部には案内も表示もなかった。呼び鈴の横に、新聞の発行会社「ロタティヴ出版」の表示があるだけである。男たちは銃で脅しつつ、ココに解錠を命じた。

一三・〇六・一〇。彼女は電子コードを入力した。(19)

場末感の漂うパリのオーベルヴィリエ街。
クアシ兄弟はこの界隈で生まれた。

クアシ兄弟が育ったフランス中部
トレニャックの孤児院。

火山の町ミュラ。

クリバリが幼少期を過ごした
グリニー市内のグランド＝ボルヌ地区。

パリのダヴィド・ダンジェル街。
この建物の一室をファリド・ベニエトゥーが
礼拝所として使っていた。

第7章　「早くきて、みんな死んだのよ」

「腹切り」から「シャルリー」へ

毒を含んだユーモアとどぎつい皮肉で知られる風刺週刊紙『シャルリー・エブド』は、フランスのジャーナリズム界で物議を醸す存在だった。

その前身は、一九六〇年に創刊された風刺月刊紙『アラキリ』である。名前の由来は日本語の「腹切り（切腹）」で、しかしフランス語はHを発音しないからこういう名称になった。「愚かで不快な新聞」をキャッチフレーズに、時の出来事をなるべく下品に、嫌らしく批判することで、一部の熱烈な支持と、多くの顰蹙《ひんしゆく》を買った。後にフランスを代表する存在となるジャン・カビュ、ジョルジュ・ヴォランスキといった風刺画家が初期のころから参加していた。

『アラキリ』に掲載された風刺画のいくつかは、現在もウェブで見ることができる。(1) 現代人の正視には耐えがたい残酷でグロテスクな絵も交じる。このころ、フランスはアルジェリア独立戦争の最中にあたり、クーデターが取り沙汰されていた。当時の大統領ドゴールの暗殺未遂事件が起き、パリ市中ではテロや内ゲバも珍しくなかった。そのように不穏な時代ならではのメディアである月刊『アラキリ』は、その後曲折を経ながらも八九年まで続いた。

その間の一九六九年二月、『アラキリ』は週刊誌版『アラキリ・エブド』を発刊し、五月には『エブド・アラキリ』と改称した。月刊版より時事的なニュースを扱うことで差別化を図った。

一九七〇年十一月十六日、『エブド・アラキリ』はその第九十四号の一面全体に「コロンベのダンスホールの悲劇、一人死亡」のタイトルを大々的に掲げた(2)。この月の一日、フランス東部サンロラン＝デュ＝ポンのダンスホールで火災があり、若者百四十六人が死亡して大ニュースとなっていた。ところが、九日に前大統領ドゴールが隠居先の中部コロンベ村で死去すると、国内の報道はそちら一色に変わった。その状況を皮肉ったのである。『エブド・アラキリ』が発行をやめたのは、このジョークに怒った当時の内務相が発行停止を命じたからだと、広く信じられている。実際には、別の記事のせいで未成年への販売ができなくなったため、とも取り沙汰された。

それから一週間後、『エブド・アラキリ』とほぼ同じスタッフによって風刺週刊紙『シャルリー・エブド』が誕生した。シャルリーの名称は、ドゴールの名前シャルルから採ったとも、米人気漫画の主人公チャーリー・ブラウンにちなんだともいわれる。当時は、パリの学生運動に端を発する一九六八年の大衆運動「五月革命」であふれ出た前衛的、暴力的な雰囲気が残っていた。『シャルリー・エブド』もこれを反映し、左翼アナーキズム色の強いスタンスを取った。その後、社会が安定すると同時に支持層も細り、八二年にいったん休刊した。かつての風刺画家たちが集まって再刊したのは、九二年になってからである。

『シャルリー・エブド』は、政治家から有名人、右翼、大企業と、あらゆる権威、権力を標的とした。批判の対象には、当然ながら宗教的権威も含まれた。イスラム過激派による襲撃事件の標的となったことから、『シャルリー・エブド』は反イスラムの立場を取ってきたと思われがちだが、実際には、イスラム教を扱った記事がさほど多いわけでもない。むしろ、キリスト教の権威やローマ法王庁を揶揄する記事が目立つ。

一九九二年の再刊から襲撃事件までの二十二年あまりの間に、『シャルリー・エブド』の記事を対象とした訴訟は約五十件に及んだ。(3) もっとも多いのは右翼からで、メディアやジャーナリストによる訴訟、カトリック団体による訴訟と続く。イスラム団体からの訴えの数はその次程度である。記録に残る全訴訟四十八件のうち、閣僚をナチスにたとえたものなど九件で『シャルリー・エブド』は敗訴した。

ただ、何せ「タブーなき批判」を何より大切にしてきたメディアである。沈黙を押しつけようとする動きには敏感に反応し、猛烈にかみついた。その一つがイスラム過激派だった。

預言者の風刺画騒動

『シャルリー・エブド』とイスラム過激派との対立は、「週刊紙が預言者の風刺画を掲載し、それに怒った過激派が報復した」といった一対一の対立で語られやすい。問題はしかし、それほど単純ではない。欧州のさまざまな出来事が国境をまたいで結びつき、『シャルリー・エブド』に収斂する流れをつくった。

一連の問題の発端となったのは、二〇〇四年十一月にオランダで映画監督テオ・ファン=ゴッホが殺害された事件である。画家フィンセント・ファン=ゴッホの遠縁にあたる彼は、イスラム社会での女性虐待をテーマにした短編映画を発表したことから殺害予告を受けていた。彼は、アムステルダム市内で自転車に乗っていたところを銃撃され、遺体は損傷された。イスラム過激派のモロッコ系移民二世の男モハメド・ブイェリが逮捕され、終身刑を受けた。この出来事を機に、過激派に対する恐怖心が欧州に広がった。同時に、表現や言論をめぐる自主規制の動きが強まるのでは、との懸念も出た。

デンマークを代表する日刊紙『ユランズ・ポステン』が預言者ムハンマドに関する風刺画掲載の企画を立てた背景には、このような社会状況に対して問題提起をしようとする意図があった[4]。二〇〇五年九月、依頼を受けたデンマークの風刺画家の十二作品が同紙に掲載された。当初は話題にもならなかったが、他のメディアに転載されるうちにイスラム主義者らが批判を強め、この年の末から〇六年初めにかけて中東やアフリカの国々で抗議運動が起きた。いくつかのデモは暴力的で、デンマークの国旗を焼いたりした。

これを逆に「報道への圧力」と受けとめた欧州のメディアが、十二作品を再掲載することで『ユランズ・ポステン』紙への連帯意識を表明した。フランスでは、伝統的な大衆日刊紙『フランス・ソワール』が二〇〇六年二月一日号で十二作品を紹介した。もっとも、この転載には内部で批判が出て、編集局長が解任される騒ぎになった。

『シャルリー・エブド』が十二作品を再掲載する特別号を仕立てたのは、『フランス・ソワール』に遅れること一週間である。一面の表紙には、スター風刺画家「カビュ」ことジャン・カビュが描いたオリジナルの風刺画を掲げた。「過激派についていけなくなったムハンマド」と題し、預言者と目される男性が頭を抱えて「くそったれに愛されるのはつらい」と嘆いている絵柄だった。発刊の前日、フランス国内のイスラム系五団体がパリ大審裁判所（地裁）に対し、発行停止を求める趣意申立書を提出したが、却下された。[5] 特別号は二月八日、予定どおり発行された。[6]

これに先行する『フランス・ソワール』をはじめ、フランスでは他にも多くの新聞、雑誌、テレビが十二作品を紹介した。にもかかわらず、『シャルリー・エブド』ばかりがなぜ反発の的となったのか。フランスの穏健派イスラム団体「パリ大モスク」の指導者ダリル・ブバクールは「『フランス・ソワール』の場合は報道だったが、『シャルリー・エブド』の場合は挑発することで金儲けをしようとした」と説明する。[7] 金儲けだったかどうかは別にして、イスラム主義との対決姿勢を示していたのはたしかだった。風刺画への抗議運動の行き過ぎを批判する程度だった他のメディアに比べ、『シャルリー・エブド』は一歩踏み込んで「言論の自由」の重要性を声高に掲げ、「欧州は、宗教への尊重が言論の自由の上に立つ空間ではない」などと主張してイスラム系団体を論破しようとした。それは、「表現の自由」に真摯に取り組む彼らの姿勢の表れであると同時に、部数減少に悩む同紙の宣伝戦略も兼ねていただろう。

発行後、アルジェリア系が多く集まる「パリ大モスク」や、モロッコ系でムスリム同胞団に近い「フランス・イスラム組織連合（UOIF）」などイスラム系六団体が原告となり、十二作品のうちの二作品とカビュの表紙画について「特定の集団（この場合はイスラム教徒）への公然たる侮辱」の罪にあたるとして、『シャルリー・エブド』を被告人とする裁判を起こした。法廷では主に、このような表現を制限することが社会常識の範囲内か、言論の自由に対する過度の介入となるか、について争われた。

二〇〇七年三月二十二日、パリ大審裁判下のパリ軽罪裁判所は、『シャルリー・エブド』に対して無罪の判決を言い渡した。(8) その内容は、この問題に対するフランス人の意識を反映していて、きわめて興味深い。

判決はこう述べた。

「『シャルリー・エブド』は多くの風刺画を掲載する風刺新聞であり、公共の場に掲示されたポスターとは異なる。いかなる人も購入したり読んだりする義務を負わない」

つまり、嫌なら買わなければいい、との論理である。表現の自由を安易に制限してはならぬ、との戒めが判決に込められていた。

跪いて生きるぐらいなら

判決はまた、社会の中で風刺画が果たす役割に一定の理解を示し、言論活動の一部だと明確に位置づけた。

「風刺画という文芸分野は、たとえそれが故意に挑発的であったとしても、表現の自由、思想や意見を伝える自由の一角を構成している」

「『シャルリー・エブド』は明らかに、脅迫に対して抵抗する行動、脅威にさらされ迫害されているジャーナリストに対する連帯の行動を示している」

注目すべきなのは、イスラム教徒一般と過激派やテロリストを明確に区別し、『シャルリー・

エブド』が攻撃したのは後者だと認定したことだった。

「カビュによる表紙の風刺画は、過激派のみを対象にしている。過激派とイスラム教徒一般を混同してはならない」

判決が言い渡された日、パリに駐在していた私は『シャルリー・エブド』編集部を訪れ、記者会見に出席した。当時の編集局長フィリップ・ヴァルは「可能なかぎりの表現の自由を追い求めてきた雑誌だけに、判決に満足している。民主主義を支持するイスラム教徒にとってもいい結果だ」と話した。(9)

ただ、これは『シャルリー・エブド』にとって受難の始まりでもあった。裁判で勝利したことによって、同紙は「ムハンマドの風刺画を再掲載した多くのメディアの一つ」から、過激派による倍返しの標的へと再定義された。

二〇〇九年五月、『シャルリー・エブド』を十七年間にわたって率いてきたヴァルがフランス公共ラジオに移り、風刺画家「シャルブ」ことステファン・シャルボニエが後任の発行責任者に就任した。ムハンマドの風刺画掲載時に十数万あった部数は年々減り、この年に五万部前後となった。

二〇一一年十一月一日から二日にかけての夜、パリ中心部から東部の町外れに移転して間もない編集部は、火炎瓶の攻撃を受けて全焼した。同時に、ホームページがハッキングを受け、トップページにメッカの写真とコーランの字句が貼りつけられた。折しもこの十一月二日発行号は、シャリア（イスラム法）に引っかけて『シャリア・エブド』と題していた。(10)「アラブの春」後のチュニジア総選挙でイスラム政党が勝利したことを皮肉る内容だったため、メディアを通じてこれを知った過激派が起こした仕業だと考えられた。『シャルリー・エブド』に対するはじめての大規模なテロであり、以後シャルブら幹部は警察の警備下に置かれることになった。

その後、編集部はニコラ・アペール街に移転した。安全のため住所は秘せられたものの、筆鋒は相変わらず鋭く、イスラム過激派批判を続けていた。シャルブは二〇一二年にこう語っていた。

「私には、ガキもいない。妻もいない。車もない。預金もない。こう言うとちょっと大げさだが、跪《ひざまず》いて生きるぐらいなら立って死にたい(11)」

なお、フランスの風刺週刊紙としては、一九一五年創刊の歴史を誇る『カナール・アンシェネ』が、『シャルリー・エブド』よりも有名である。『シャルリー・エブド』がお下品で挑発的なのに対し、『カナール・アンシェネ』はやや知的で、政界を揺るがす特ダネ報道でも知られている。国内での影響力も『カナール・アンシェネ』のほうが圧倒的に強い。もっとも、どちらの新聞も、権力や権威に笑いで抵抗する姿勢は共通していた。どちらの新聞も、多作の人気風刺画家カビュの作品を売り物にしていた。

テロは予言されていた

『シャルリー・エブド』のスタッフ全員が参加する編集会議は、発行日にあたる毎週水曜日の午前十時半から開かれていた。フランス人の常として、遅刻する人、出席する気のない人が必ずいた。昼時に終わると、近くのアメロ街にあるビストロ「プティット・カナイユ」にみんなで繰り出して議論を継続しつつ昼食を取るのが慣例だった。お昼の勘定は、売れっ子のカビュがいつも引き受けていた。

二〇一五年一月七日は水曜日で、年初号の発行日だった。その朝刷り上がった表紙には、人気作家ミシェル・ウエルベックの風刺肖像画が掲げられた[12]。ウエルベックの新作小説『服従』[13]が発売早々大きな話題となっていたからである。フランスで二〇二二年にイスラム政党が政権を握る、という筋立ての近未来政治小説で、「イスラムの脅威を強調しすぎだ」「いや、現代社会への痛烈な風刺だ」などと、格好の議論の的となっていた。

後から考えると、この号で注目すべきだったのは表紙よりも、発行責任者シャルブ自身が描いて中面に掲載された風刺画だった。「フランスでは依然テロが起きていない」とのタイトルに対し、カラシニコフ銃を担いだイスラム過激派の男が「ちょっと待て」と反論している図柄である。

「新年の挨拶は月末までできるからね」

松の内を過ぎると正月気分が抜ける日本と異なり、フランスで年賀状や新年の挨拶回りは一月いっぱいまで許される。それをもじって、テロリストの「ご挨拶」もまだまだありえるぞ、と皮肉っぽくみずからに警告していたのである。偶然とはいえ、今から思えば、その日起きることの予言となっていた。ムハンマドの風刺画騒ぎから時間が経って緊張が緩み、テロの危険が遠のいたと編集部内部でさえ思い込んでいたことの証左でもあった。

この日、編集会議の大テーブルを囲んだのは十三人である。風刺画家やジャーナリスト、その脇に控えていた警備担当者たちだった。遠方からやってきた客人もいた。別室では編集スタッフが作業をしていた。
以下のような人々が、そこに居合わせた。

▼ステファン・シャルボニエ（四七）
「シャルブ」の通称で知られ、『シャルリー・エブド』の発行責任者兼最大株主の風刺画家である。イスラム過激派からの脅迫に譲らない姿勢を再三強調し、過激派から目の敵にされていた。「アラビア半島のアルカイダ」は二〇一三年、その機関紙『インスパイア』で英作家サルマン・ラシュディら各国の十二人を「イスラムに対する罪で生死を問わず手配する」と宣告したが、その中に唯一のフランス人として彼の名が挙げられていた。

▼ジャン・カビュ（七六）
通称は「カビュ」で、フランス国内では知らない者がいない著名な風刺画家だった。『シャルリー・エブド』だけでなく、ライバル紙である『カナール・アンシェネ』でもメインの風刺画家として活躍していた。『ルモンド』紙専属風刺画家プランチュと並び称された。

▼ジョルジュ・ヴォランスキ（八〇）
通称も「ヴォランスキ」で、風刺画界の最長老だった。二〇〇五年にはレジオン・ドヌール勲章を受章していた。

▼フィリップ・オノレ（七三）
通称も「オノレ」。『シャルリー・エブド』のメイン風刺画家の一人だった。

▼ベルナール・マリス（六八）

通称「ベルナールおじさん」。ケインズの専門家として知られる経済学者で、パリ第八大学教授を経て、フランス銀行（中央銀行）の理事を務めた。『シャルリー・エブド』にコラムを掲載していた。

▼ベルナール・ヴェルラック（五七）

通称「ティニュス」。『シャルリー・エブド』のメイン風刺画家の一人である。

▼ムスタファ・ウラド（六〇）

アルジェリア出身の校正担当者で、この前月にフランス国籍を取得したばかりだった。

▼エルザ・カヤ（五四）

女性の精神科医、精神分析学者で、二週間に一度『シャルリー・エブド』にコラムを執筆していた。

▼ミシェル・ルノー（六九）

フランス中部クレルモン＝フェランを拠点とするジャーナリストで、市役所の市長官房長を務めたこともあった。地元の文化祭で展示するためにカビュから借りた原画を返そうと、この日偶然編集部を訪れ、編集会議に同席していた。

▼フランク・ブランソラーロ（四八）

国家警察の要人警護サービス機関（ＳＤＬＰ）に所属し、シャルブの警護を担当していた。

編集部で、この十人が凶弾に斃れた。

編集会議始まる

犠牲者のリストをこうして見ると、全般的に結構な年配者が多い。若者たちは、今さら左翼系雑誌の編集に参加しようなどと思わないのだろう。表現がどぎつく過激な編集方針は、草食系のあっさりとした現代の若者たち向きであるともいいがたい。『シャルリー・エブド』は、作り手も読み手も高齢化していた。それが、十年前の十数万部からテロ当時約三万部程度に落ち込んでいた理由でもあった。

この十人以外で現場に居合わせた十数人のうち、十一人はけがを負いながら、他の人々は恐怖の記憶を胸に、現場から生還した。その一人が弁護士で作家のシゴレーヌ・ヴァンソンである。ヴァンソンは、その姿と話しぶりをメディアで見聞きするかぎり、穏やかで内省的な女性だとうかがえる。ただ、肩書は華やかである。一九七六年にフランス中部リヨン郊外で生まれ、電力企業で働く父の仕事の都合で少女期の約六年を東アフリカのジブチで過ごした。帰国後はパリ郊外に暮らし、俳優養成学校に通って舞台女優としての経歴を積んだ。日本でも公開されたダニエル・トンプソン監督の二〇〇六年の映画『モンテーニュ通りのカフェ』に端役で出演している。[14]

一方で、パリ第一大学に通って弁護士資格を取得し、二〇〇七年には友人の外科医との共作で推理小説『青い医療メス』[15]を発表し、冒険小説賞を受賞した。以後推理作家として活躍し、新作を出せばメディアが注目する存在となった。二〇一二年から『シャルリー・エブド』に司法コラムを連載していた。

彼女が体験し、後にメディアで回想した内容は、自身のどんな小説よりも数奇で、現実離れしたストーリーだったに違いない(16)。

一月七日は、『シャルリー・エブド』の仕事始めの日にあたっていた。風刺画家やジャーナリストらは午前十時過ぎに次々と出社して、新年の挨拶のキスを頬に交わした。

特に合図もなく、編集会議が始まった。話題の中心は、出たばかりのミシェル・ウエルベックの小説『服従』である。フランスで二〇二二年にイスラム政党が政権を握る。フランスはイスラム化され、一夫多妻制が認められ、女性の労働が禁止され、大学の教師はイスラム教徒でなければならなくなる。主人公の文学教授はしだいにその環境に慣れていく——。

カビュはこの小説を批判した。イスラム教に対する恐怖心をかきたてることで結果的に右翼を利する、とみなした。コラムニストのフィリップ・ランソンは逆にこの作品を評価した。白熱した論争となった。このほか、大都市郊外の移民街の再建問題、フランス人でありながら「イスラム国」に参加してシリアで戦っている若者たちは何を考えているのか、などが議題にのぼった。

入り口近くにいたシゴレーヌ・ヴァンソンは、いつものように議論を黙って聞いていた。向かいに座っていた経済学者ベルナール・マリスがヴァンソンに発言を促したが、彼女は内気そうに微笑んだだけで、コーヒーのお代わりを入れようと席を立った。知的な議論に、彼女自身満足していた。

編集室に戻ると、ランソンがコートと帽子をまとい、リュックを背負って出て行くところだった。彼は大手紙『リベラシオン』の演劇批評も担当しており、午前十一時半からの『リベラシオン』紙編集会議に行く予定だった。[17] 編集事務の女性リュース・ラパンもちょうど編集室を離れ、ガラスで仕切られた自室に戻ろうとした。

至近距離から一発ずつ

ポッ、ポッと音が二回聞こえたのは、そのときである。

「爆竹？」

リュースが尋ねた。何の音だろう。多くの人は、何かのおふざけだと思い、隅っこの部屋にある席を立ってきた警護役のフランク・ブランソラーロのほうを見た。

「むやみに動かないで」

ブランソラーロはそう言いつつ、腰の銃を取ろうとした。爆竹なんかでないと、ヴァンソンもわかった。二つの発砲音は、入り口にもっとも近い事務室にいたウェブ版担当者シモン・フェシの肺を黒装束の男たちが撃ち抜き、重傷を負わせた音だった。

危険を察したヴァンソンは床を這い、小部屋に逃げ込もうとした。編集室のドアが荒々しく開き、男が飛び込んできた。

「アッラーアクバル（神は偉大なり）」

二度叫んだ後、男は言った。

「シャルブはどこだ？」

銃撃音を聞きながら、ヴァンソンは必死に這った。振り返る余裕はなかった。背後には遺体がすでに横たわっているはずだった。みずからも死を覚悟しつつ小部屋に逃げ込み、仕切りを背に隠れた。何も見えなかった。

「それは、乱射ではありませんでした。彼らは、ゆっくりと、一発ずつ撃っていたのです。誰も叫びはしませんでした。みんな茫然としていました」

彼女はそう振り返る。

銃の扱いに慣れない人は、いざ襲撃のときがくると動転し、乱射をしがちだといわれる。しかし、犯人は明確に標的を定めていた。銃撃の時間はわずか一、二分に過ぎないと思われるが、生き残った人々はより長く感じたようだ。風刺画家のココは「五分間続いた」と後に証言している。[18]

音が止まった。死の沈黙が訪れた。

現場には火薬の臭いが立ちこめていた。ヴァンソンは、近づいてくる足音を聞いた。新たな銃声が聞こえた。隣り合わせの部屋にいた校正担当者ムスタファ・ウラドが銃殺された音である。ムスタファの脚が地面に横たわっているのを、彼女は見た。

足音はさらに近づいた。まるで特殊部隊の警察官のような黒装束、覆面の男だった。彼は仕切りを回り、ヴァンソンに銃の狙いを定めた。

彼女は、覆面の間にのぞいた顔を見た。大きく黒い、とても優しそうな瞳があった。

男は言った。

「怖がらなくていい。落ち着きなさい。おまえを殺しはしない。女は殺さないんだ。だけど、おまえがしていることを考え直してみるがいい。おまえがしているのは、悪いことだ。見逃してやる。見逃してやるから、コーランを読みなさい」

みんなを殺して、銃口を向けておいて、私たちを悪いと言う。どこに、そんなことを言える資格があるのか。悪いのはあなたたちではないか――。

ヴァンソンはそう思いながら、黒い瞳を見つめていた。頭を動かして殺人者と意思を交わし、無言の会話を成り立たせようとした。男の注意が自分以外に向かうのを防ぐためである。すぐ横のテーブルの下には、レイアウト担当の男性ジャン＝リュックが隠れていた。黒装束の男は、まだそれに気づいていなかった。注意がそちらに向くやいなや、ジャン＝リュックは撃ち殺される。

しかし、男はジャン＝リュックを見ないまま三度叫んだ。

「女は殺さないぞ！」

しかし、実際にはシャルブ、カビュ、ヴォランスキら男たちとともに、精神科医の女性エルザ・カヤも射殺されていた。

ヴァンソンは後に、自分と向き合った男がサイード・クアシであると信じた。その目が優しげだったのは、サイードの弱視のせいだと考えたからだろう。しかし、それがじつはシェリフだったと、捜査当局に独自の情報源を持つジャーナリストのマティユー・シュークは断定する。(19)『シャルリー・エブド』編集部内に取り付けられたビデオカメラが一連の様子をすべて撮影しており、その映像から明らかだという。

わずか二分たらずのその映像はもちろん公開されていないが、シュークは独自のルートを使い、映像から切り出された写真群を見たという。そこに繰り広げられていたのは、驚くべき光景だった。

「サイードは終始、編集部の外にいて、警戒をしたまま一発も撃ちませんでした。内部に入ったのはシェリフだけです。だから、シゴレーヌ・ヴァンソンに語りかけたのも、シェリフ以外にありえないのです[20]」

つまりシェリフ一人で、十人もの記者や風刺画家を射殺したことになる。サイードはあくまで、弟の凶行を陰で支える役回りだった。

「みんな死んだのよ！」

男たちは出て行った。やがて、遠くの街路から銃声が響いてきた。

ヴァンソンは、編集室に横たわる遺体を見た。その中から、フィリップ・ランソンが手を動かし、絞り出すような声で話しかけようとしてきた。二人の犠牲者の下敷きになっていた彼は、右頬を打ち抜かれたものの、意識があった。

「しゃべらないで」

彼女はそう言いつつ、しかし何もできないでいた。ランソンはその後十三回の手術を経て一命を取り留めた。

みんなうつぶせに倒れていた。カビュ、ヴォランスキ、エルザの遺体をまたいでヴァンソンは自分のコートにたどり着き、ポケットから携帯を取り出して消防を呼んだ。フランスで、緊急のときに頼りになるのは、警察でなく消防である。

「シャルリーです。早くきて！　みんな死んでしまったのよ」

消防は要領を得なかった。「遺体は何人？」などと聞いてきた。彼女はいらつき、「くそったれ」と思った。消防はさらに、編集部の住所を尋ねた。彼女はとっさに思い出せず、三度同じ言葉を繰り返した。

「みんな死んだのよ、みんな死んだのよ、みんな死んだのよ！」

編集室の向こうで、手が上がった。

「いいや、俺は死んでないぞ」

風刺画家の「リス」ことロラン・スリソーだった。肩を撃たれ、仰向けに横たわっていた。その横から、腹部と両脚を撃たれて血の海の中に座り込んだジャーナリストのファブリス・ニコリーノが「冷たいものを顔にかけて」と求めてきた。彼は一九八五年、パリで開かれたユダヤ国際映画祭の会場で爆弾テロに遭遇して大けがを負い、そのときの破片が左脚に残ったままだった。ヴァンソンは濡れた布巾を持って行った。血をずいぶん失った彼は、さらに飲み水も求めた。ヴァンソンは台所のプラスチックのシャンパーニュグラスに水をくんで持って行った。ニコリーノは死を覚悟し、ヴァンソンに話しかけてもらいたがった。彼はその後輸血と大手術を繰り返して生き延びたが、体内に新たな破片を抱えることになった。

事件を知った知人から、ヴァンソンの携帯に電話がかかってきた。彼女はわめき、わけのわからないことを言い、リスがなだめたほどだった。編集部の向かいの会社の女性が顔を出したが、手を口に当てて「恐ろしい、恐ろしい」と言うばかりで何もできないでいた。救援はなかなかこなかった。

沈黙を破って到着したのは、『シャルリー・エブド』にコラムを連載していた救命救急医のパトリック・プルーだった。この日偶然、編集部から五百メートルほど離れた会場で会議に出席していたプルーは、シゴレーヌの機転で命を救われたジャン＝リュックから電話を受け、救急隊を引き連れて現場に急行したのである。

編集室に入ったプルーは、多くの人が頭部を撃たれていることに気づいた。すでに手の施しようがなかった。(21)

プルーはその前夜の飲み会で、イタリアワインを片手にシャルブと笑い合ったばかりだった。その友は、椅子にもたれ込むように座ったまま息絶えていた。椅子から立とうとして撃たれたのは間違いなかった。

その話を聞いた人々は、「跪いて生きるぐらいなら立って死にたい」というシャルブの言葉を思い出した。

警察官殺害

『シャルリー・エブド』襲撃事件の発生は、午前十一時二十分少し前だとみられている。十一時二十七分、向かいのアパルトマンの住人が消防に異変を通報した。これを受けて、十一時三十三分にはフランス国家警察犯罪対策部隊（BAC）が現場に到着した。ニコラ・アペール街は一見物静かで変わりなく、一台のトラックがごく普通に配送作業をしていたほどだった。しかし、隊員らのもとには、仲間を撃たれたメンテナンス会社の作業員が助けを求めてきた。向かいの住人も「銃声が聞こえた」と告げた。たしかに、一〇番地の屋内で銃声が響くのを、隊員らも聞いた。(22)数秒後に扉が開き、男二人が飛び出してきた。二人は、隊員らに向けて発砲してきた。隊員らはあわてて壁の陰に身を潜めた。

おそらく、向かいのアパルトマンから携帯で撮影したのだろう。その場面は、斜め上からの動画が捕らえている。(23)銃を手にし、横断歩道上に停めていた黒いシトロエンに乗り込む直前、男の一人が片手を挙げて周囲に三回、誇示するように叫んだ。

「預言者ムハンマドの敵を討ったぞ」

カラシニコフ銃の弾を詰め替えた二人は、車を発進させた。

そこは、一方通行のニコラ・アペール街の一番奥にあたる。抜け出すには、右に曲がってやはり一方通行のヴェルト通路を北上する以外にない。片側一車線で追い抜きも対向も難しいヴェルト通路に入ったシトロエンの正面に、連絡を受けて駆けつけた一台のパトカーが一方通行を逆走して入ってきた。当然ながら、両者は鉢合わせになる。シトロエンを降りた二人は銃を構え、パトカーに向けて一斉射撃を浴びせかけた。その勢いに押され、パトカーはあわててバックで逃げた。(24)

パトカーを追い払ってヴェルト通路を抜けたシトロエンは、リシャール・ルノワール街に出た。この大通りはサンマルタン運河の上を覆ってつくられており、幅が六十メートルもある。中央の広大な緑地帯を挟んで、両側にそれぞれ一方通行の街路が設けられている。ヴェルト通路から出た車は、右に曲がってしばらく南下した後、街路の緑地帯の反対側に回り、今度は北上し始めた。騒ぎの連絡を受けて現場に向かっていた二人組の警察官が徒歩で差しかかったのは、その途中の六二番地付近である。警察官の一人が、道路左側の舗道上から黒いシトロエンに向けて銃を撃ったように見えた。黒装束の二人はカラシニコフ銃を手に飛び降り、撃ち返した。警察官は歩道上に倒れた。

運転席側にいた男が警察官に走り寄る。「殺してやる」と叫ぶ。

「いや、何もしていない、旦那。何もしていない」

倒れたまま体をよじり、片手を挙げて命乞いする警察官の頭に、黒装束は容赦なく銃弾を撃ち込んだ。警察官は息絶えた。

その一部始終を、近くのアパルトマンから住民が撮影していた(25)。動画には、黒装束の叫ぶ声がやはり記録された。

「預言者ムハンマドの敵を討ったぞ」

「シャルリー・エブドを殺したぞ(26)」

黒装束の一人は、飛び降りた際に脱げてしまった靴の片方を拾う余裕を見せた。二人は再び、黒いシトロエンで北に去った。

殺された警察官は、アーメド・メラベという四十歳の男である。アルジェリア移民二世で、敬虔なイスラム教徒だった。六人の兄弟姉妹の四番目としてパリ北東郊外リヴリ＝ガルガンに生まれ、マクドナルドの店舗でアルバイトを続けながらバカロレア（大学入学資格）を取得し、短大で経営学を学んだ。マクドナルドの店長として家族を支えつつ、国立警察学校を二〇〇八年に卒業し、警察官としてこの地区パリ十一区の警察署に奉職した。真面目な仕事ぶりと控えめな性格は家族の誇りであり、移民街の手本ともされたという。この事件に遭遇したのは、警察官として一ランク上にあたる司法警察官（ＯＰＪ）の任官試験に猛勉強の末に合格し、昇進を間近に控えたときだった。六日後に営まれたメラベの葬儀には、家族や同僚、友人のほか、彼を直接知らない市民もその死を悼んで参列した。メラベはパリ郊外ボビニーのイスラム教墓地に埋葬された。(27)

黒装束の男たちは、この後も逃走中にさまざまな市民と交錯した。しかし、きわめて礼儀正しい態度に終始しており、地面に倒れたメラベにとどめを刺した凶暴さとは一致しない。メラベと他の人々とで、いったい何が違っていたのか。その意味は第10章で検証する。

シトロエンが去ってまもなく、ニコラ・アペール街一〇番地に医師や救急隊、警察官らが次々と入っていった。そこで彼らが見たのは血の海だった。三階の『シャルリー・エブド』編集部で十人、一階でメンテナンス作業員一人が死亡していた。多くのけが人が生死の境をさまよっていた。

メディアを標的として、これほどの犠牲者が出た事件は、世界でも例がない。しかも、『シャルリー・エブド』はイスラム過激派から何度も脅迫され、実際に編集部が一度焼き打ちにも遭ったことがある。「表現の自由」の象徴として厳重な警備のもとにあるはずだった。

ニュースは世界を駆けめぐった。

現場に立つ大統領

毎週水曜日午前は、パリ中心部の大統領府（エリゼ宮）で閣議が開かれる日である。首相を含めた閣僚が集まり、大統領のフランソワ・オランドを囲む。しかし、この年最初の閣議は、その二日前に大統領が閣僚に向けて年頭の演説をした際に開かれていた。だから、この日は例外的に閣議がない水曜日だった。オランドはエリゼ宮にこもり、訪問客を順番に受けつけていた。

ちょうど、表敬に訪れた石油大手トタルの新社長を、オランドは招き入れたところだった。広報担当の大統領補佐官のもとに電話がかかってきた。現場に駆けつけた救命救急医パトリック・プルーからだった。オランドは、プルーと旧知の仲である。

「みんな殺された。俺の周囲は遺体ばかりだ。すぐ来い(28)」

『シャルリー・エブド』の記者や風刺画家の何人かと、オランドは個人的に親交を結んでいた。プルーの言葉にすぐに反応した彼は、現場に急行した。近くで車を降り、徒歩で『シャルリー・エブド』編集部に向かう。現場ではまだけが人の救護が続き、騒然としていた。

救急隊と警察官らにねぎらいの言葉をかけたオランドは、集まり始めたメディアの前に立った。

「これは間違いなくテロリストの犯行だ。脅威が迫っていたのはわかっていた。ここ数週間、いくつかのテロを未然に防いできたのだが(29)」

そう語ると、オランドは大統領府に引き返した。

この一件は、後日大問題になった。

テロ直後の現場に大統領が姿を見せるなどということは、通常ありえない。テロの第二波攻撃の恐れがあるからである。あるいは、犯人が逃走する際に爆弾をしかけた可能性も捨てきれない。大統領がまかり間違ってテロの餌食になれば、テロリストにとっては大勝利であり、フランスにとっては治安崩壊となる。

「あのときはまだ、爆発物探知犬による調査さえしていなかった。大統領に自殺行為をさせることになった」

警護担当者は後にこう振り返った[30]。オランド自身も、危機意識の欠如を問われることになった。実際には、オランドは危険を重々承知していたようである。ふだんついていくはずの官房副長官コンスタンス・リヴィエールは、女性だからと同行させなかった。それだけに、文化補佐官のオードレー・アズレーが現場に来ているのを目にした大統領は、憮然として言った。「こんなところで何をしているんだ。すぐに帰れ[31]」。アズレーは、後に国連教育科学文化機関（UNESCO）の事務局長に就任した女性である。

このとき、犯人のクアシ兄弟が大統領を狙おうなどといった野心を持ち合わせず、第二波攻撃にも無関心だったのは、オランドにとって幸いだった。しかし、オランドは同じ冒険をもう一度しでかしてしまう。この事件から十カ月あまり後の十一月に起きたパリ同時多発テロでも、発生間もないテロの現場に、やはりみずから足を運んだのである。こちらの状況は、『シャルリー・エブド』よりもよほど緊迫していた。結果的には何も起きなかったものの、第二波攻撃で大統領自身が狙われてもおかしくない状況だった。

その模様は、第二部に任せたい。

逃走車は北へ

黒いシトロエンC3の行方を、フランスの捜査当局は緊急配備をかけて追った。もっとも、車内にいる黒装束の二人の男がいったい何者なのか、当局はまだ知ることができないでいた。

多くの目撃証言から、車のナンバーはすぐに割れた。その持ち主として意外な人物が特定された。リヨンに住み、アルプスの麓の街グルノーブルに勤める若い女性である。(32) 女性はその夜、グルノーブルの捜査当局に出頭を命じられたものの、嫌疑は早々に晴れた。黒いシトロエンのナンバープレートは偽物だったのである。クアシ兄弟らは女性の車と同じ番号の車両登録証を偽造し、それをもとにまったく同じナンバープレートを入手していたのだった。女性の車もやはり、黒いシトロエンである。

これは、なかなか巧妙な手口だった。警察の検問に遭遇してナンバーを紹介されても、実在の番号だと言い逃れをしやすいからである。もし盗難車として手配されているナンバーだと、運転者の前科を確認されたうえで荷物を調べられ、車に積み込んだ銃が見つかってしまうかもしれない。車を用意した人物は、何らかの方法でこの女性の黒いシトロエンの登録ナンバーを知り、それを使ったのである。同じナンバーの車が国内に二台存在するなどというのは先進国にあるまじき状況だが、登録番号のデータベース化が不十分なフランスでは常態化していた。(33)

これほどの細工が、粗野なクアシ兄弟に果たしてできただろうか。おそらくこれは、犯罪集団には手慣れた手法だったかもしれない。チーム・クリバリの中にそのようなノウハウを持った人物がいて車を準備したとみるのが妥当だろう。

彼らが乗り込んだシトロエンは、パリ市内を北に向かって猛スピードで進んだ。午前十一時四十分、コロネル・ファビアン広場にさしかかった車は、フォルクスワーゲン・トゥーランと衝突事故を起こした。シトロエンは大破した。

男たちは、広場からさらに北に向かうモー街の道路際の支柱にシトロエンをぶつけて停めた。ちょうど通りがかったルノー・クリオを止め、運転していた男性に銃を突きつけた。

「降りろ、この車は俺たちが使う」

黒装束はそう宣言した。

「後でメディアに問われたら、『アルカイダ、イエメン』と答えておけ」

これはもちろん、シェリフが軍事訓練を受けたイエメンの「アラビア半島のアルカイダ」を意味していただろう。

そう言い残して車で去ろうとする黒装束を、男性が引き留めた。

「後部座席にいる犬を引き取っていいかな」

黒装束は親切にも犬を連れだし、男性に渡した。倒れた警察官を無情にも撃ち殺した対応とは大違いである。

この男性パトリック・デシャンは、パリ左岸サンジェルマン・デプレにある新聞販売スタンドの店主だった。近所の知識人や学者が立ち寄るスタンドで、風刺画家のカビュもヴォランスキも常連だった。この日朝、デシャンはいつもと同じように二人と応対していた。九時ごろに訪れたヴォランスキは『リベラシオン』『フィガロ』『パリジャン』各紙と雑誌を買っていった。続いて顔を出したカビュは『カナール・アンシェネ』紙を購入し、「シャルリーは要らない。向こうに行ったらあるからね」と話した。二人が所属する『シャルリー・エブド』が毎週水曜日に編集会議を開いていることは、デシャンも知っていた。ただ、その朝が二人を見る最後になろうということ、二人を殺害した犯人と同じ日のうちに鉢合わせになろうということを、デシャンはそのとき想像もしなかった。(34)

迷走する捜査

デシャンから奪ったルノー・クリオを運転して、黒装束の二人は北東のパリ・パンタン門に向けて走り去った。

乗り捨てられた黒いシトロエンには、多くの遺留品が残された。銃の補助部品、火炎瓶十本ほど、イスラム過激派の旗、車の屋根に取り付ける緊急車両の回転灯。足元にあった肩掛け鞄の中には身分証明書が残されていた。サイード・クアシという名前の男のものだった。

車の中からは、七つの指紋とDNAも検出された。犯罪歴のある人物とつきあわせたところ、サイード・クアシの弟で二〇〇〇年代にイスラム過激派として刑務所に収監されたシェリフ・クアシのものだとわかった。

クアシ兄弟――。

『シャルリー・エブド』編集部の建物で十一人を殺害し、逃走中に警察官も射殺した容疑者の名前を、捜査当局がはじめて把握した。

もっとも、前科があるとはいえ、過激派としての当局の監視対象から兄弟はすでに外れていた。住所さえわからない。そのうち、ルノー・クリオが走り去った先のパリ郊外パンタンの街にサイード・クアシなる人物が住んでいるとわかった。捜査当局はその日の夕方、家宅捜索に踏み切った。料金未納で電気を止められたその部屋の主は、たしかにサイード・クアシである。ただ、黒装束の男とは似ても似つかぬ八十一歳の老人だった。サイードもクアシもアルジェリア系では珍しくない名前で、老人は同姓同名に過ぎなかった。[35]

当局がさらに調べたところ、兄のサイードはランスに暮らしていたことがわかった。弟シェリフの自宅は、パリ西北郊外のジェンヌヴィリエにあった。当局はその住所に捜索をかけた。もちろん、兄弟は自宅に戻っていない。

当局が次に突き止めたのは、「クアシ兄弟の両親の連絡先」と称するアルジェリア国内の電話番号だった。しかし、クアシ兄弟の両親は彼らが子どものころに亡くなっている。そんなこともわからないまま、捜査は右往左往した。

襲撃犯は当初、クアシ兄弟に加えもう一人の三人だと伝えられた。『シャルリー・エブド』編集部の向かいのビルにいた人が「編集部に三人が入るのを見た」と証言したからである。言うまでもなく、その三人目はクアシ兄弟に脅されて入り口のドアを解錠した風刺画家のココに違いない。[36]しかし、「犯人は三人」情報は一人歩きした。その三人目として、ムラド・ハミドという名の十八歳の男が手配された。彼の名は、クアシ兄弟の名とともに、フランス中、世界中を駆けめぐった。

「ハミド」は、シェリフ・クアシの妻イザナの姓である。ムラド・ハミドはイザナの弟だった。ほどなく、ムラド・ハミドの無実は証明された。彼はその日、在籍しているフランス北東部シャルルヴィル＝メジエールの高校で授業に出ており、事件にかかわる余地などまったくなかったからである。ハミド自身はあっけにとられ、報道を知ったクラスメートたちも「彼は無実だ」などとツイッターやフェイスブックで発信した。(37) ハミドはその夜、自宅を管轄する警察署に、父と一緒に出頭した。まもなく事件と無関係だと認められ、当初は「容疑者が出頭」と大騒ぎしたメディアも急速にトーンダウンした。ムラド・ハミドは「事件とは何の関係もない。私は両親と静かに暮らす高校生だ」と話した。義理の兄シェリフについては「テレビで彼の顔を見て、とても同じ人物とは思えなかった。私の知っている彼ではなかった」と説明した。(38)

結局、事件に直接かかわったのはクアシ兄弟の二人だけ、との結論に捜査当局は落ち着いた。しかし、行方は依然として不明のまま、パリは一月七日の夜を迎えていた。

第8章　標的は「ユダヤ人」

パリ南方の事件

事件から一夜明けた一月八日、クアシ兄弟が姿を消したパリ北方を中心に、フランス捜査当局は大規模な捜索活動を展開した。しかし、事件は早くも別の局面に移っていた。舞台は逆方向のパリ南方、主役も別の人物である。

最初に起きたのは、一連の惨事の前兆のような出来事だった。クアシ兄弟をめぐる情報がまだ錯綜していた七日夜八時半ごろ、パリ南郊フォントネ＝オーローズの住宅街の歩行者用通路で日課のジョギングをしていた近所の三十二歳の男性が、出くわした男から肩と背中、脚の三カ所を拳銃でいきなり撃たれた。男性は何とか近くの住宅にたどり着いて助けを求めた。

しばらく経って容体が回復した男性の証言から、使われたのはトカレフ拳銃だと推測され、銃弾も見つかった。その結果、現場から五百メートルほど離れたところに暮らす一人の男が容疑者として浮上した。

最終的にこの事件は、その男アメディ・クリバリが、一連の襲撃を控えての練習として起こしたと推定されるに至る。(1)ただ、事態は翌八日朝になって、この出来事の捜査より速く進展した。

午前七時過ぎ、パリ南隣の穏やかな住宅街モンルージュの幹線道路ピエール・ブロソレット街九一番地前の路上で物損事故が起きた。事故自体はきわめて平凡なもので、地元モンルージュ自治体警察の警察官二人と道路清掃員二人が現場に赴いた。道路清掃員が現場を片づけ、その脇で警察官らが交通整理をした。

午前八時ごろ、仕事を一段落させた四人の近くに、一人の黒人男性が近づいてきた。屈強な風貌で、戦場で使うような銃を持っていた。

その銃に火花が散ったのを、道路清掃員の一人ロランは見ていた。彼はてっきり、何かのおふざけだと思った。前日パリ市内で『シャルリー・エブド』襲撃事件が起きたばかりである。冗談にしてはちょっと不謹慎と思えた。

「昨日の事件を考えたら、笑えない振る舞いだね」

そう男に話しかけたところで、黒人が本当に発砲したと、ロランはやっと気づいた。黒人はさらに撃とうとした。ロランは彼に飛びかかり、銃をつかんだ。

「俺と一戦を交えたいのか。おまえはくたばるぞ」

黒人はそう言いつつ、ポケットから拳銃を取り出した。ロランは地面に倒れ、目をつぶった。きっと殺されると覚悟した。

「カチッという音がした。拳銃は故障していたんだ」

男はロランを一発殴ると武器をしまい、小走りに逃げていった。ロランは九死に一生を得た。(2)

ただ、男が発射した銃弾は、その場にいた女性警察官の首を貫通していた。警察官は病院に運ばれ、まもなく死亡が確認された。もう一人の清掃員も頬を撃ち抜かれて大けがを負った。モンルージュの自治体警察に銃の携帯は認められておらず、警察官からの反撃はできないままだった。黒人は、近くを走ってきた車を奪って姿を消した。その車はまもなく、隣町アルキュイユの高速地下鉄乗り場近くに乗り捨てられているのが見つかった。

狙ったのは学校か

この事件は当初、独立したトラブルだと思われた。内相のベルナール・カズヌーヴはこの日夕、『『シャルリー・エブド』のテロとモンルージュの発砲事件とは、今のところ関係がみられない」と述べた。(3) フランスで警察官が襲われる事件は、頻繁ではないものの、それほど珍しいわけでもない。

容疑者が現地に残した覆面からDNAが検出され、アメディ・クリバリという名前の男だとわかったのは、九日の未明になってからである。さっそく、フォントネ＝オーローズのクリバリの自宅が捜索された。クリバリも、その妻アヤトも、すでにいなかった。代わりに、イスラム過激派の旗が見つかった。クアシ兄弟の七日の事件とクリバリの八日の事件とのつながりが、しだいに浮かび上がった。

クリバリに射殺された警察官はクラリッサ・ジャン＝フィリップという二十五歳の女性で、クリバリと同じ黒人である。ただ、クリバリがマリ移民二世であるのに対し、彼女は移民系でなく、フランス本土から遠く離れたカリブ海の海外県マルティニク島の出身だった。大西洋を望む故郷サントマリーの街で三週間のクリスマス休暇を過ごし、十二月二十七日に帰任したばかりだった。勉学熱心だった彼女は、その二年前に地元の島からフランス本土に渡り、パリ郊外の公務員養成機関で数カ月の研修を受けた後、モンルージュ市に派遣されていた。あと四日すれば、警察官として市に正式に採用されるはずだった。(4)

事件後、私はこの現場を訪れる機会があった。

発生場所のピエール・ブロソレット街は、モンルージュ市と西隣のマラコフ市との境界にあたる。九一番地はそのモンルージュ側で、小さな三叉路の角にあたる。現場はその前の路上だが、スペースの都合からだろう、女性警察官を追悼する祭壇は向かいのマラコフ市側の舗道上に設けられていた。花束と写真とメッセージ、近所の子どもたちが描いたであろう彼女の似顔絵も供えられていた。

黙禱を捧げてから帰ろうとし、近くの辻を曲がると、一軒のファラフェル屋が私の目に入った。ファラフェルはひよこ豆の揚げ団子で、中東各地に見られるが、欧州ではユダヤ人のファストフードとして知られている。パリでも、ユダヤ人街のマレー地区に行くとたくさん店が並んでいるが、他の地域で目にすることは少ない。これは珍しいと昼食のセットを注文し、舗道のテラスで取った。腹ごなしをした後、ふと店の向かいをながめると、学校が目に入る。何とも物々しく、銃を構えた警察官が二人、正門に立っている。名称から、そこがユダヤ教徒の学校だとわかった。

ファラフェル屋にユダヤ教徒の学校と、こんなところに小さなユダヤ人コミュニティーがあるのか。そう考えて、思い当たった。ひょっとして、クリバリの本当の攻撃目標は、この学校ではなかったか。学校を襲撃する前に警察官を殺害してしまい、目的を果たせなかったために、その翌日にユダヤ教徒スーパーの立てこもり事件を起こしたのではないか。

第6章で検証した二〇一二年の「メラー事件」で、アルカイダを標榜するモアメド・メラーが標的としたのは、トゥールーズのユダヤ教徒の学校だった。クリバリはそれを真似した、との仮説は十分成立しうる。

実際、地元警察にも同様の見方があると、後に知った。(5) クリバリはユダヤ教徒学校襲撃を計画して、その朝の物損事故による渋滞に巻き込まれて果たせず、事故現場の警察官を襲ったのでは、との推測である。証明は難しいが、十分考えられる話である。クラリッサ・ジャン＝フィリップは、多くの子どもたちの代わりに犠牲になったのかもしれない。

「彼女が私たちを救ってくれた(6)」

事件後、ユダヤ教徒の学校の保護者らはこう語り、女性警察官の死を悼んだという。

テロリストたちが執拗に「ユダヤ人」を標的と定めるのは、彼らがアルジェリア系警察官アーメド・メラベや黒人の警察官クラリッサ・ジャン＝フィリップを狙ったのと同じ理由である。彼らにしか通用しないその論理は、第10章で検証したい。

女性警察官が殺害された一月八日の夜八時半ごろ、隣接するヴィルジュイフ市で車が爆破される事件があった。けが人はなかった。爆発物はダイナマイト系で、後にクリバリが立てこもったユダヤ教徒のスーパー内から見つかった爆発物と成分が一致した。この出来事も、クリバリの仕業だと考えられている。(7)

印刷工場に押し入る

七日の昼前にパリから消えたクアシ兄弟は、八日朝になって再び人前に姿を現した。九時二十分ごろ、パリの北東六十キロほどにある田舎町ヴィエ＝コトレのガソリンスタンドの売店に午前、銃で武装した二人組が押し入ってきた。ちょうど支払いを済ませて出て行こうとしたドイツ人旅行者は店内に押し戻された。カウンターの向こうで両手を挙げた売店の従業員に、シェリフが告げた。

「心配するな。何もしない。ただ、ちょっと腹が減っているんだ。袋をくれないか」

彼らは、ポリ袋にチップスやチョコ、フランボワーズのタルトレットを詰め込んだ。恐怖に駆られた店員が尋ねた。

「お金は要りますか」

「要らない」

そう答えつつ、サイードが逆に尋ねた。

「俺たちのこと知ってるか。テレビで俺たちを見たか」

折しも、売店のテレビが二人の捜索に関するニュースを流しているところだった。

「五分待ってから警察を呼べ」

そう言い残して、二人はクリオに乗って去った(8)。

ここでも、兄弟は暴行を働いていない。銃で脅しつつも、きわめて礼儀正しく対応している。

これも、警察官を射殺したときとは大違いである。「警察官は殺す」「民間人には危害を加えない」といった姿勢のようにみえる。

男たちは再び行方をくらませた。事態が大きく展開したのは、さらに翌日の九日になってからだった。

朝八時ごろ、ヴィエ＝コトレとパリの中間あたりに位置するモンタニ＝サントフェリシテの森の中を、乗用車プジョー二〇六に乗った女性が職場に急いでいた。マリー＝アニクという四十九歳の会計係である。茂みから何か出てくるものを、彼女は最初、動物だろうと思った。スピードを落とすと、どうやら人である。「憲兵隊か」。交通検問だろうと考えた途端、その二人の影が軽機関銃のようなものを構えているのに気づいて、彼女は凍りついた。

「降りてください。車が必要なだけなのです」

二人が命じた。その顔は、二日前から指名手配されている人物だった。

「クアシ兄弟だ」

しかし、男たちの態度は紳士的だった。

「後部座席の鞄を取りたいのだけれど」

そう尋ねた女性に、兄弟の一人が答えた。

「いいですよ」

プジョーを奪った二人は、女性を置き去りにして去る間際に「預言者の敵を討ったぞ」と叫んだ。(9)

前夜降り続いた雨のせいか、男たちが乗ってきたルノー・クリオは、数百メートル先の森の中で泥にはまり込んだまま乗り捨てられていた。クアシ兄弟はどうやらそこで夜を明かしたようである。車内には菓子が残っていた。

クアシ兄弟がプジョーを奪って約二十分後、現場から少しパリに寄ったダマルタン＝アン＝ゴエルの工業地域に立地する印刷工場「ＣＴＤ」の呼び鈴が鳴った。二階の事務室にいた四十七歳の経営者ミシェル・カタラーノは、その朝くる予定の納入業者だと思い込んだ。グラフィックデザイナーの青年リリアン・ルペールに門を開けるよう命じた。

カタラーノが階段を下りると、予想とは違う男たちがガラス戸の向こうに見えた。防弾チョッキを身につけ、カラシニコフ銃とバズーカ砲を担いでいる。二日前からフランス中を恐怖に陥れている犯人たちに違いない。

彼はいったん階上に戻り、リリアンに身を隠すよう指示した後、男たちを事務室に迎え入れた。男たちはここでも礼儀正しかった。テロリストというよりも軍人、兵士のような雰囲気だったという。

その後の一時間は、カタラーノが後に「超現実的な経験だった」と振り返るほど奇妙な展開となった(10)。

「心配するな。出て行かせてやるから」

兄サイードらしき男が言った。カタラーノを人質に取るつもりはないようだった。

「俺はアルカイダのメンバーだ。民間人と女は殺さない。コーランを読みなさい。すべてユダヤ人が悪いとわかるだろう」

サイードはカタラーノに尋ねた。

「あなたはユダヤ人か」

「いえ、私はイタリア系フランス人です」

「キリスト教徒に悪いことはしない。俺たちは警察や国家と戦う」

カタラーノが用意したコーヒーを手に、兄弟は彼と議論を続けた。内容は、イスラム教に関する話から、左翼系の人気哲学者ミシェル・オンフレについてまで及んだ。その間、兄弟は一度も脅すような素振りを見せなかった。(11) 二人はテロリストでなく、「戦士」だと自任しているように、カタラーノには思えた。(12)

ただ、兄弟が体をこわばらせたことがあった。事務所の壁に貼ってあったヌード写真に気づいたときである。

「これは、神への冒瀆だ」

兄弟の一人がポスターを見えないよう隠した。(13)

現場は包囲された

兄弟はカタラーノに、憲兵隊に電話をするよう依頼した。これは、警察と一戦を交えることを彼らが望んでいたからだったと、後にわかる。カタラーノの電話を受けた憲兵隊の女性は、兄弟たちが全部で何人なのかを知りたがった。それを横から聴いていた兄弟たちは「大勢いるように言え」と、身ぶりで彼に示した。カタラーノは「たくさんいる」と答えた。[14]

この通報を受けて印刷工場に最初に駆けつけたのは、若い男女の憲兵隊員だった。二人は、対テロ特殊部隊などとはまったく無縁の下っ端である。この朝、テロを受けて周辺で警備態勢を敷いた同僚たちのもとを車で回り、朝のコーヒーを配る役を仰せつかっていた。ちょうど、印刷工場の近くを通りがかったときに、本部からの無線を聞いたのである。

印刷工場に到着した二人は、建物の二階に男たちの影を見た。「奴らがいる！」。女性隊員が無線で本部に連絡した後、二人とも印刷工場の門の陰に身を置いた。男性隊員が拳銃で狙撃態勢を取った。

玄関から男が一人出てきた。弟のシェリフである。[15]彼は「アッラーアクバル」と叫びつつ、憲兵隊の車に向けて発砲した。続いて、銃口を二人の憲兵隊員に向けた。シェリフの銃が火を噴く前に、男性隊員が一発発砲した。首に銃弾を受けて、シェリフは音もなく崩れた。

ただ、そのまま近寄るほど男性隊員は不用心でなかった。もしそうしていれば撃ち返されたかもしれない。隊員らが様子を探っているうちに、起き上がったシェリフは建物の内部に逃げ込んだ。

「俺はもうすぐ死ぬ」

事務室で、シェリフは弱音を吐いた。サイードが励ました。傷は案外浅く、皮膚をかすった程度だった。カタラーノは、傷口に包帯を巻いてやった。こういう場合、敵か味方か、テロリストかどうかは、あまり関係ない。

一方、憲兵隊員はプジョー二〇六のタイヤにナイフで穴を開け、走れなくした。クアシ兄弟はもう、どこにも行けない。ここが決戦の場となるのである。やがて、応援の国家憲兵隊治安介入部隊（GIGN）が次々と印刷工場の周辺に到着し、工場を囲んで配置についた。

事務室で、カタラーノはシェリフの傷の手当てを終えると、懇願した。

「もうそろそろ解放してくれ」

兄弟は拒否した。いま出て行くと集中砲火を浴びる、などとカタラーノを心配した。しかし、何度もすがるカタラーノに、最後は根負けした。カタラーノは両手を挙げて工場から抜け出した。保護されたカタラーノは、憲兵隊員らに告げた。黙っていると、彼らは攻撃を仕掛けかねない。

「まだリリアンが中にいるんだ(16)」

シェリフへのインタビュー

これは、奇妙な人質事件だった。印刷工場の中にはたしかに、グラフィックデザイナーのリリアン・ルペールが閉じ込められている。しかし、彼は経営者カタラーノの指示を受けて、クアシ兄弟が入ってくる前に身を隠したのである。兄弟は、そんな人物が室内にいるなどと思ってもいない。人質を取っているつもりもまったくない。

ルペールが隠れたのは、小さな食堂の流しの下の扉だった。縦七十センチと横九十センチ、奥行きは五十センチしかないスペースで、身動きが取れない状態だった。とっさのことで、ここ以外に隠れ場所がなかったのだろう。

しばらくすると、兄弟の一人が食堂に入ってきて、隣の戸棚を開いて中を確認した。その音が聞こえる。自分がいる扉からわずか五十センチのところである。きっとすべての扉を確認するに違いない。次は自分のところだ。見つかってしまう。

男が近づく足音が聞こえた。蛇口を開き、水を飲んでいる。流しに水がほとばしるのがわかる。ルペールの頭は上の流しに接触していたから、金属の板一枚を隔てた上に、テロリストが水を落としている。扉の隙間から入る光に、容疑者の影が見えた。

「まるで映画の一場面のようでした」

ルペールは後に体験をこう振り返った[17]。

ルペールはポケットから携帯を取り出し、マナーモードに設定した。彼を心配する友人たちがしきりに電話をしてくるだろうと思われたからだった。他方、みずからの状況を知らせる携帯のショートメッセージをあちこちに送った。親族の一人が、その内容を捜査当局に転送してくれた。

午前十時ごろ、印刷工場の電話が鳴った。かけたのは、ニュースチャンネル『BFMTV』の記者である。工場地帯で異変がある、と耳にした彼らは、周辺の工場に片っ端から電話を入れていた。この印刷工場に行き当たったのは偶然である。そこに『シャルリー・エブド』の襲撃犯がいるなどと、記者は思いもしない。

「ああ、ここが人質事件の現場だ。俺たちは警察がくるのを待っている」

受話器を取ったシェリフは、率直に話した。記者は何のことやらわからない。

「あなたは印刷工場の責任者ですか」

「俺はシェリフ・クアシだ[18]」

そう耳にして、記者は狼狽した。周囲のスタッフに聞こえるようにわざと大声を上げた。

「あなたはシェリフ・クアシですか！」

電話インタビューが始まった。

会話は約三分間で、その一部しか公表されていない。そこでは、シェリフが自分たちの主張をとうとうと述べている。[19]

「私たちは、預言者を守ろうとする者だ。この私、シェリフは、イエメンのアルカイダから派遣された。わかるか」

「わかる、わかる」

「私はかつてそこに行ったことがある。アンワル・アウラキが金を出してくれた」

イエメンのアルカイダ、とは「アラビア半島のアルカイダ」のことに違いない。シェリフがサリム・ベンガレムと二〇一一年にイエメンを訪問し、アウラキと会ったのは、第4章でみたとおりである。このときシェリフは、テロのための資金を受けとったのかもしれない。アウラキが殺害されたのは、その後まもなくのことだった。

「いよいよ戦争だ！」

「(イエメンに行ったのは) いつごろのことですか」

『BFMTV』の記者が尋ねると、シェリフは少し考え込むような声を出した。

「あーっと、ずいぶん昔のことだ。彼が殺される前だから。アッラーは彼を祝福するだろう」

「(イエメンから)最近帰ってきたのですか」

「いや、ずっと以前だ」

記者が「そこにいるのは二人だけか、他にもいるか」と尋ねた際、シェリフは即座に「それはあんたの知ったことじゃない」と返した。誰か背後にいるか、と記者が畳みかけたが、シェリフは同じ言葉を繰り返した。自分たちの態勢を探られていると気づいたからだろう。

シェリフは「俺たちは民間人を殺していない」と主張した。『シャルリー・エブド』の風刺画家やジャーナリストは、民間人にはあたらない、というのである。「俺たちは女性を殺していない。あんた方とは違う。イラクやシリアやアフガニスタンで、イスラム教徒の子どもたちを殺しているのは、あんた方ではないか」「俺たちは敵を討った。それは間違いないね」などと、自説を展開した。

インタビュー中、シェリフは終始穏やかだった。乱れることなく、まるで以前から話すことを準備していたかのようだったと、対応した『BFMTV』の記者は回想している。[20]

『BFMTV』は、この内容をすぐには公表しなかった。テレビで放映したのは、事件が解決した後である。『BFMTV』はこれについて、「特殊部隊の作戦を妨げたくなかった」と説明した。[21]

一方、政府にはすぐさま連絡を取り、インタビューの事実を知らせた。知り得た情報は報道目的で使用するのが原則のメディアとしては、異例の対応だった。ただ、政府はインタビューにほとんど関心を示さなかったという。[22]武装したテロリストと対峙する当局側にとって、クアシ兄弟が何を主張しようが、この際どうでもよかったのだろう。

午後を回って二時三分、印刷工場に再び電話がかかってきた。留守番電話が応答しかかったところで、サイードが取った。

「サイードだ。……ああ、俺だ。……元気か。お陰様で」

笑い声が挟まった後、サイードが漏らした。

「畜生、いよいよ戦争だ！」(23)

電話をかけた主は、二〇一九年現在まで特定されていない。兄弟の計画をよく知る人物に違いない。これがアメディ・クリバリだと辻褄が合うが、後に述べるように、クリバリは立てこもりを始めて以降兄弟に連絡を取っていないと明言している。

かつて兄弟と結びついていた人物のうち、ファリド・ベニエトゥーはすっかり改心している。ジャメル・ベガルは獄中にいて簡単に電話をできる状態にない。可能性がある一人は、かつての「ビュット＝ショーモン筋」の仲間で、「アラビア半島のアルカイダ」の幹部となったペテル・シェリフだろう。兄弟は繰り返し、自分たちがこの組織に所属していると主張しており、連絡を取り合っていた可能性は高い。また、やはりかつての仲間で「イスラム国」に転じたブバクール・エル＝アキムやサリム・ベンガレムの可能性も捨てきれない。特に、ベンガレムは第4章で紹介したとおり、シェリフとともにイエメンを訪れ、「アラビア半島のアルカイダ」からフランスでのテロ決行を促されたことがあり、兄弟の計画を知っていてもおかしくはない。

また、チーム・クリバリの一員としてテロの準備にかかわったとみられるモアメド・ベルシヌの可能性も考えられる。彼はこのとき、すでに逃亡して「イスラム国」支配地域に入っていたはずであるが、かつてこの印刷工場の近くをうろついていたことが、携帯の位置情報から明らかになっている。(24)

この電話があったころ、フランスは再び大騒ぎの中にあった。もう一つ、別の立てこもり事件が起きていたのである。

襲われたユダヤ教徒のスーパー

パリの市街地は、その周囲を環状高速道路でぐるりと囲まれている。内側はパリ市、外側は郊外の自治体と、この道路は行政の境目ともなっている。

パリのバスチーユ広場からフォーブール・サンタントワーヌ街を真東に進むと、大通りはやがて、クール・ド・ヴァンセンヌ街と名前を変えて、環状高速道路をまたぐ橋にさしかかる。渡って最初に左側に見える建物の一階に入るのが、スーパーマーケット「イペール・カシェール」である。一帯はパリ東隣のサンマンデ市だが、パリ市の境界が少しだけ東に張り出しているため、スーパーはパリ二十区に含まれる。

「イペール・カシェール」は、日本でたとえるとスーパーとコンビニの中間程度の規模である。ここが他の多くの店と異なるのは、ユダヤ教徒向けの食品や雑貨を多く扱っていることだった。宗教があまり重要な地位を占めない現代のフランスで、戒律を厳格に守るユダヤ教徒はさほど多くない。それでも、一部の敬虔な人々は戒律に沿った生活を続けている。「血を食べてはならない」

「肉と乳製品を一緒に食べない」など細かい食事の規定を守るため、食材も限られる。サンマンデ市周辺にはユダヤ教徒が多いといわれ、彼らのニーズに応えてきたのがこの店だった。

店の近辺では、少し前から怪しい動きが目立っていた。年末年始にかけて、店の近くをうろつく黒人男性の姿を、店長のパトリス・ヴァリドが見かけた。「何かお探しですか」と話しかけた店長に、男性は「ちょっと見ているだけです」と、非常に丁寧な口調で答えた。一月八日、バイクが店の前で不自然にUターンするのを、レジ係の二十二歳の女性ザリ・シボニが見た。翌一月九日の午前中には、その前の週と同じ黒人が店の近くにいるのに、店長が気づいた。店は警察にそのことを伝えたが、特に何か対応があったわけでもなかった[25]。

その一月九日、スーパーは大勢のユダヤ教徒で賑わった。この日は金曜日で、午後二時半には閉店することになっていた。同日午後五時前から翌土曜の夕方までがユダヤ教の安息日シャバットにあたっていたからである。人々は、シャバットが始まる前に食事を準備し、ろうそくに火をともそうと、買い物を急いでいた。

午後一時過ぎ、狭い店内には三十人あまりの客がいて、レジに行列ができていた。三カ月前から働き始めたばかりのザリ・シボニが、レジ係だった。黒人男性が店に入ってきたのは、中年客が商品をレジのベルトコンベヤーに置いたときである。その近くで、若い店員がショッピングカートを整理していた[26]。

黒人男性は、カラシニコフ銃や短機関銃「VZ61」、トカレフ拳銃二丁、スタンガン、ダイナマイト二十本、防弾チョッキで武装していた。ウェアラブルカメラも携えている。前日にパリ南郊モンルージュで起きた警察官殺害事件で指名手配されていたアメディ・クリバリだった。

「おまえはまだ死んでいないのか」

クリバリがこの店「イペール・カシェール」を標的と定めたのは、偶然ではない。襲撃前、彼は店の営業時間をウェブで調べていた。他に、ユダヤ教徒向けのレストラン三軒についても調べた形跡があった。[27] ユダヤ教徒をはっきり狙っていたのである。

最初に犠牲となったのは二十歳の店員ヨアン・コーエンだった。店主を呼ぼうとその名を叫んだところに、クリバリが銃を発射した。続いて、レジに並んでいた四十五歳の客フィリップ・ブラアムが撃たれた。情報コンサルタント会社に勤務する彼の買い物は毎週木曜日と決まっていたが、この日は家族に追加の買い出しを頼まれていたのである。

レジ係のザリ・シボニは、何が起きたのか理解できないでいた。

「おまえはまだ死んでいないのか、おい」

血を流して横たわるブラアムに対し、クリバリがこう言い放って、はじめて彼女は事態をのみ込んだ。[28]

店にいた客たちも、最初はわけがわからないでいた。銃声を「爆竹か」「外で車がぶつかった」などと思った人もいたという。[29] 凶行を目の当たりにした人々は、奥に走った。転んだ人もいた。

銃を間近に見た人が「カラシュ、カラシュ」と叫んだ。カラシュとはカラシニコフ銃のことである。[30]

店長のパトリス・ヴァリドは、入ってきたその男が前週と当日朝に見た黒人だと気づいた。クリバリのほうもヴァリドに気づき、彼に向けて発砲した。ヴァリドは手を二カ所撃たれたものの、そのまま入り口から飛び出して逃げおおせた(31)。

クリバリはザリ・シボニに命じ、入り口のシャッターを下ろさせた。初老の男性客が店に駆け込んできたのはちょうどそのときである。六十四歳のフランソワ＝ミシェル・サアダで、下りかけたシャッターを見て閉店間際だと勘違いしたのだろう、その下を潜ろうとした。「出て、出て、入っちゃだめ」。ザリ・シボニは身ぶりで示したが、彼は理解しなかった。

滑り込んだ店内で、サアダは銃を構えるクリバリと鉢合わせになった。あわてて向きを変え、外に逃げようとする彼の背中に向けて、クリバリが撃った。サアダはこのスーパーで三人目の犠牲者となった(32)。

残った客に対し、クリバリは「そこに立て、動くな」と命じ、店の隅に寄るよう求めた。ザリ・シボニは、レジの下に潜り込もうとした。それを見たクリバリが恫喝した。

「死にたくないか？」

客の中の一人の男性は二十年ほど前この店に勤務した経験を持ち、店内を少し記憶していた。彼は、十人ほどの客を店の奥に導いた(33)。そこにあるはずの非常口は、しかし、かんぬきと二つの南京錠で閉ざされていた。男たちが何度も蹴ったが、扉はびくともしなかった(34)。一団は仕方なく、近くにあったもう一つの扉を開いた。それは地下室の入り口だった。

螺旋階段を駆け下りたものの、そこにあるのは物置と二つの冷蔵室、電源室にトイレだけである。人々は必死に出口を探したが、無駄だった。

一人の女性はトイレの中に隠れた。五人ほどが冷蔵室に入った。[35] 地下室の真ん中にあった運搬台車の陰に隠れた人も、螺旋階段の陰に身を潜め人もいた。階上からは、容疑者らしき人物が歩き回る足音が響いてきた。銃声も聞こえてきた。

ダマルタン＝アン＝ゴエルの印刷工場に閉じ込められたリリアン・ルペールとは少し状況が異なるが、しかし同じような不安と恐怖の中で、スーパーの地下に逃げ込んだ人々は助けを待った。いつ出られるのか、誰にも予想がつかなかった。

第9章 「イスラム国」の謎

地下室の絶望と希望

「イペール・カシェール」の人質事件が起きて五カ月後にあたる二〇一五年六月、『リベラシオン』紙は地下室に逃げ込んだうちの四人に声をかけて集まってもらい、実際に何が起きたかを再現した。(1) その報告には、人質たちの揺れ動く心理が浮き彫りにされている。

四人のうち、配管業を営む三十八歳のヨアンは比較的楽観的だった。「強盗なら、どうせ五分もすると取るものを取っていなくなる」と考えた。四十二歳の主婦サンドラは逆に、『シャルリー・エブド』襲撃事件のことを思い浮かべ、同じことがみずからの身に降りかかると覚悟した。「このスーパーに押し入ってきた男も、さっそく人を殺してしまった。私たちもみんな、死ぬことになる」

螺旋階段を降りてくる足音を聞いて、階下の客たちは震え上がった。それがてっきり、銃を持った男だと思った。「静かに」。みんな口に手を当てて、沈黙した。

「上に上がってきて!」

聞こえたのは、叫ぶような女性の声だった。みんな反応せず、身動きしないでいた。女性の声はさらに続けた。

「上がってこないと、彼は上の人を全部殺してしまう」[2]

声の主は、レジ係のザリ・シボニである。彼女は、地下室に人がいるかどうかたしかめるよう、クリバリから命じられていた。「十秒以内に戻ってこないと、彼らを殺す」と脅されていた。「彼ら」の中には、仲良しの店員も含まれていた。[3]

ヨアンもサンドラも、応じないで階下に残った。クリバリは、階下に何人いるかを知らない。しかし、下にまだ人がいるとは気づいていたようである。もう一度派遣されたシボニは、もっと強い口調で上がるよう人々を急かした。これに応じて、何人かがシボニにしたがって螺旋階段を上がった。[4]その一人、初老の男性は「地下室にいるぐらいなら、自由な空気の中で死んだほうがましだと思った」と、後に証言している。[5]

ヨハブ・ハッタブが上がっていったのは、それからしばらくしてのことだった。ハッタブはチュニジア国籍の二十一歳で、首都チュニスのユダヤ教指導者「チーフ・ラビ（大ラバン）」の息子だった。チュニジアで一九八五年に起きたユダヤ教の礼拝所シナゴーグ爆破テロで叔母を失う経験を持っていた。フランス語、ヘブライ語、アラビア語に堪能で、頭にはユダヤ教徒特有の帽子キッパを載せた姿である。彼はこの日、友人宅に持って行くためのスパークリングワインを買いにスーパーに来ていた。

階上には、カラシニコフ銃が一丁、忘れ去られたかのように放置されていた。螺旋階段を上がってきたハッタブは、それに飛びついた。銃口をクリバリに向け、撃とうとした。彼は、みずからの手で人質を解放できると思ったに違いない。

それを、その前に地下室から上がってきたカップルが見ていた。彼らはとっさに、売り場の棚の陰に隠れた。棚の向こうで銃声が聞こえた。

カップルの男が目を上げた先に倒れていたのは、テロリストでなく、ハッタブだった。ハッタブがつかんだ銃は、クリバリが使った後、故障してそこに投げ出していたものだった。銃弾を発射できないでいるハッタブのほうに振り向いたクリバリは、ゆがんだ笑いを顔に浮かべ、その顔に銃口を定めたという⑥。

ハッタブを処刑すると、クリバリは人質たちを脅すように「我が身を守ろうとすると何が起きるか、見ろ」と言った⑦。

別れのメッセージ

一部の客が薄暗い地下室に逃げ降りてきたとき、階下にはすでに、一人の男がいた。この店の従業員で二十四歳のマリ系移民ラサナ・バティリである。クリバリの家系と同じくマリ西部カイ地方の村で生まれたバティリは十六歳のとき、すでにパリに出稼ぎに出ていた父のもとに移り住んだ。パリの職業高校を卒業し、二〇一一年に滞在許可証を得た彼は、翌一二年からこの店に勤めた。熱心なイスラム教徒の彼にとって、地下室は日々の礼拝をする場所だった。ただ、このとき彼がここにいたのは、商品の整理を命じられたからである。

バティリは、階上の出来事にまったく気づかないでいた。客たちから状況を聞いた彼は、荷物運搬用のエレベーターを使って脱出する方法を提案した。地下室の隅には、たしかに荷物を上げ下ろしするエレベーターがある。そこから階上に上がって非常口に回り、かんぬきを抜いて、外に逃げる――。しかし、その案はきわめて危険だと思われた。だいたい、エレベーターは音を発する。非常口が開かないのは、先ほど試みたとおりである。銃を持った男がきっと気づく。みんな口々に反対した。

結局、バティリは一人でその方法を試みることにした。彼は思惑どおり、非常口から裏の路地への脱出に成功した。急に飛び出してきたバティリを見て、建物を取り囲んでいる特殊部隊の隊員らは驚いた。いったい彼は人質なのか、犯人なのか。バティリは地面に組み伏せられ、手錠をかけられた。一時間半に及ぶ取り調べの末、嫌疑は晴れた(8)。

バティリは、事件が膠着状態になって以降に抜け出すことができた唯一の人物である。彼が伝えた内部の状況は、事件解決に大きく役立った。また、彼が持ち出した入り口のシャッターの鍵は、特殊部隊が突入する際に使われた。

その後、ザリ・シボニはもう一度、地下室に降りてきた。地下にまだ人がいるか、クリバリから確認を命じられたのである。彼女はたしかに、息を潜めている人々を目にした。彼女は階上に戻ってクリバリに告げた。

「もう誰も残っていません(9)」

最終的に地下室に残されたのは、トイレに閉じこもった一人を除くと七人だった。ヨアン、サンドラ、男女二人ずつと、そのうちの一人の女性が連れている十一カ月ほどの赤ちゃんである。

七人は冷蔵室の中に避難した。内部は零下三度で、心身ともに凍えた。それでも女性たちは扉を閉めたほうがいいと言った。男性たちは赤ちゃんの体を心配して反対した。彼らは冷蔵室の配線をむしり取り、電気を消し、冷却を何とか止めようとした。

サンドラは、携帯電話を使って警察と連絡を取ることに成功した。警察は彼女に、冷蔵室の入り口を塞いでそのまま閉じこもるよう指示した。

当初、みんな黙っていた。しかし、赤ちゃんはお構いなく騒ぐ。沈黙に耐えられなくなった彼らは赤ちゃんにつられ、少しずつ話をするようになった。ヨアンは「夕食までには出られるだろう。出られたら、みんなをうちに招待しますよ」などと言った。

ただ、赤ちゃんが泣き出さないようには、みんなで気づかった。冷蔵室の鍵やら包装紙やらを使ってあやした。母親が母乳を飲ませると、赤ちゃんはおとなしくなった。

閉じこもりが長引くにつれて、悲観的な雰囲気が広がった。銃を持った男がクリバリで、『シャルリー・エブド』を襲撃したクアシ兄弟と通じていることも、携帯の情報を通じてわかってきた。自分たちも『シャルリー・エブド』の記者たちと同じ運命をたどるのではないか。女性の一人は携帯から家族たちに別れのメッセージを伝え始めた。男性の一人は、携帯にたびたびかかってくる妻からの電話に応える気力も失っていた[10]。

「とどめを刺したほうがいいかい？」

「イペール・カシェール」の階上には、計十六人の人質がいた。入り口左手に並ぶレジの向こう側に八人、右側の店舗の奥に八人だった。その他、床に四人が倒れていた。[11] うち三人は死亡していたが、最初に撃たれた店員のヨアン・コーエンは長い間息をしていた。

倒れたままうめくコーエンを見て、クリバリは人質たちに冷たく尋ねた。

「とどめを刺したほうがいいかい?」

「だめ」と人質たちは答え、クリバリは思いとどまった。人質たちの前でうめき続けたコーエンは、しかし三十分ほど経つと、その声を発しなくなった。[12]

すでに殺されて横たわっているフィリップ・ブラアムの携帯が鳴った。事件を知って心配した家族からの電話だった。彼の携帯は、事件が続く間鳴り続けた。

「俺はちゃんと武装しているんだ。カラシニコフ銃二丁と、自動拳銃二丁、戦闘服にナイフだ。リュックの中にはダイナマイトの筒もある」

クリバリはこう誇示した。[13]

彼は店内の監視カメラをもぎ取るよう命じ、人質を集めて持ち物を卓上に並べさせた。身分証明書を品定めし、一人ひとりの宗教を尋ねた。そのうえで、キリスト教徒だと言った人々を「なぜユダヤの店にくるのか」と嘲った。

凶暴な側面を見せる一方で、人質たちに対して、クリバリは気づかいも見せた。「友好的で、どちらかというと親切な態度だった」と、人質の一人は後に回想している。[14] 人質が煙草を吸うのは認めなかったが、店の中を歩き回ることは許した。ショッピングカートを横倒しにさせ、そこに座るよう女性に勧めた。嘔吐した子どもを心配する素振りも見せた。サンドイッチや飲み物を用意して「自宅にいるようにくつろいでくれ」などとも言った。[15] もっとも、それで人質がくつろげるわけもない。それに、サンドイッチや飲み物はクリバリのものでなく、店の商品である。

人質の一人は、クリバリが自暴自棄の行動に出ないよう、努めて対話を試みた。「俺たちはともに同じような境遇から出てきた。同じパリ郊外の出身だ」などと話しかけた。クリバリは、喜んで応じた。「クリバリは、私の言葉を疑っているようには見えなかった」と、彼は後に語っている。[16]

クリバリは冗舌だった。

「俺はアメディ・クリバリだ。マリ人で、イスラム教徒だ。『イスラム国』に所属している。モンルージュで警察官を殺したのは俺だ」

「クアシ兄弟はよく知っている。あいつらとは刑務所で一緒だった」[17]

彼はあれこれ話をした。フランスの対アフリカ政策や中東政策をめぐって、人質に議論をふっかけようともした。

クリバリの高揚した態度は、一九七九年に大阪で起きた三菱銀行北畠支店人質事件の犯人、梅川昭美を彷彿させる。猟銃を持って銀行内に立てこもり、人質となった行員らを射殺したり、女性行員を裸にしたり、また人質に別の人質の耳を切断させたりと、暴虐の限りを尽くした人物である。その二日間近く、国民の目はテレビに釘付けになった。シャッターを下ろして密室状態となった店舗の中で犯人が好き勝手に振る舞ったこと、捜査当局が内部の様子を探りつつ慎重な態度を崩さなかったこと、人質が機転を利かせて外部と連絡を取って捜査に協力したこと、最終的に犯人が射殺されて事件が解決したことなど、クリバリの事件と重なる面は多い。

単独犯行だった三菱銀行事件と異なり、クリバリの事件は、クアシ兄弟の立てこもりと連動していた。また、梅川の犯行が金ほしさに端を発していたのに対し、クリバリは、それがたとえ誤っていたとしても、政治的信念にもとづいたテロだった。ただ、クリバリの挙動を客観的にみると、密室の中で人質をもてあそんだ点では、梅川とそれほどの違いがなかった。梅川ほど破滅的ではなかったにしても、である。

作戦遂行指示

一月九日午後、フランスは二つの立てこもりで騒然としていた。『シャルリー・エブド』襲撃だけでも大ニュースなのに、事件は解決するどころかどんどん展開している。いずれも特殊部隊が完全包囲して膠着状態に入ったものの、犯人の意図も標的もよくわからない。その不透明さが人々の不安を増幅していた。

「イペール・カシェール」で客や従業員を人質に取ったクリバリが、ニュース専門局『BFMTV』の電話インタビューに応じたのは午後三時ごろだった。すでにこの日の午前中、もう一人の立てこもり事件の主役であるクアシ兄弟の弟シェリフが、やはり同じ局のインタビューに電話で応じている。シェリフの場合はテレビ局の記者が印刷工場にかけた電話がきっかけだった。クリバリの場合は、クリバリみずからテレビ局に連絡を取ったのである。

最初、クリバリは持ち込んだパソコンでニュースを見ようとした。接続がうまくいかず、店にあったパソコンを人質に操作させた。映し出されたニュースは「まだ死者はいない」と伝えていた。メディアは店内に入れず、遺体も確認できないから、そう伝えるのは当然である。

「何だよ。死者がいないって？　いないかどうか、教えてやる」(18)

そう言って、クリバリは『ＢＦＭＴＶ』に電話をした。「クリバリから電話だ」。受けた『ＢＦＭＴＶ』側はびっくりした。対応した幹部に、クリバリは告げた。

「警察に電話番号を伝えたかった。俺と彼らが交渉するためだ。さあ、それがこちらの唯一の望みだ。テレビ用に何かほしい情報があるか」

こうして、電話によるインタビューが始まった。


――なぜあなたはそこにいるのか。

「ここにいるのは、フランスが『イスラム国』、カリフを攻撃するからだ」

――その作戦を遂行せよと指示を受けたのか。

「そうだ。カリフからだ」

このときはまだ、クリバリとクアシ兄弟との結びつきは、メディアには明らかになっていない。その質問に、クリバリは明言した。

「最初からこの作戦を連動してやっている」

――現在も彼らとつながっているか。直近に彼らに電話したか。

「いや」

——どういう方法で連携したのか。他の事件を計画しているのか。一緒に進めようとしている シナリオがあるのか。

「いや、最初に連携しただけだ。彼らは『シャルリー・エブド』をやる。俺は警察官をやる」

——あなたは一人か。

「俺は一人だ」

こんな質問が出たのは、クリバリが妻アヤトとともに犯行に及んだのでは、との情報があったからである。彼女の携帯の位置情報がこのスーパーの中を示しているのを、警察は把握していた。実際には、クリバリが妻の携帯を持ち込んだに過ぎない。アヤトはこのときすでに、「イスラム国」に逃亡した後だった。

——その店を狙ったのは、特段の理由からか。

「ああ」

——何か。

「ユダヤ人だ」

——店の中には何人いるか。

「えーっと、四人死んだ」

——四人死んだ？

「ああ」

店内の正確な状況はそれまで、外部に漏れていない。死者がいるのかどうかもわかっていなかった。この出来事がたんなる立てこもりにとどまらず、すでに犠牲者も出ていることが、ここでメディアに伝わった。

クリバリは、近くにいた人質に人数をたしかめた。

「ここに何人いるんだ？　数えよう。十七人？　十六人？　子どもを入れて十七人だ。そのうち女性は何人か。女性は八人だってよ。もう質問は十分だろ。警察に伝えてくれ」

――わかった。(19)

「イスラム国」にまつわる謎

クリバリはここで、みずからが「イスラム国」に属することを明言している。これは、考えてみると変である。連携しているはずのクアシ兄弟はアルカイダを標榜し、実際にシェリフが「アラビア半島のアルカイダ」のもとで訓練も受けていた。シェリフがファリド・ベニエトゥーに対して「イスラム国」批判さえ述べていたのは、第6章で紹介したとおりである。なのに、兄弟と連携しているはずのクリバリはなぜ「イスラム国」への帰属を示すのか。

実際には、両組織は必ずしも明確に分けられるわけではない。トップのアイマン・ザワヒリとアブ＝バクル・バグダディは反目し合っていたものの、戦闘員やテロリストが両組織間を行き来するのは珍しくない。だから、クアシ兄弟とクリバリが、所属する組織は違っても、現場レベルで協力し合うことはあるだろう。

わからないのは、クリバリの「イスラム国」帰属がどこからきたかである。アルカイダのジャメル・ベガルの薫陶を受けた点で、クリバリはシェリフと同じであり、アルカイダに忠誠を誓ってもおかしくない。なのに、いつの間にか彼は「イスラム国」の傘下に入っている。

おそらく、二〇一〇年にテロリスト脱獄未遂事件で収監されて以降、犯行に至るまでの五年の間に、彼と「イスラム国」とを誰かが結んだのだろう。それは、クリバリの後ろで糸を操った人物に違いない。だからこそ、クリバリの妻アヤトは「イスラム国」に逃亡することになったのである。その仲介者は、事件から四年あまりを経た二〇一九年時点でも謎に包まれている。「イスラム国」への逃避行でアヤトに連れ添ったベルシヌ兄弟が何らかのかたちでかかわったと思われるが[20]、「イスラム国」側で受け手となったのは誰か。シェリフ・クアシとともにイエメンを訪れた後に「イスラム国」の幹部となったサリム・ベンガレム、さらにはこの後のパリ同時多発テロの現場指揮官アブデルアミド・アバウドの可能性も取り沙汰されているが、決め手となる通信記録などは明らかになっていない[21]。


「イペール・カシェール」に立てこもるクリバリに対しては、『BFMTV』が電話インタビューを実現させた後、ラジオ『RTL』の記者もインタビューを試みようと電話をかけた。クリバリは受話器をいったん取ったものの、何も話さずに切った。ところが、受話器が電話の上にぴったりと載せられなかったため、回線が切れないままになった。以後、クリバリが人質に話す内容は、三十分間にわたって『RTL』の記者に筒抜けになってしまった。

相変わらず、クリバリは自説を滔々《とうとう》と開陳していた。パリ郊外の移民街に多いなまりのフランス語だが、口調は穏やかだった。人質を気づかっていると思えるほどだった。

「マリ、シリア、イラクで死んだ人々の復讐をしたかった」

「バシャール・アサド（シリア大統領）とともにいる人々のことを考えている。そこで虐待が起きているのに、誰も介入しないでいた。続いて空爆だ。『イスラム国』への攻撃をやめるべきだ」

「イスラム教徒とあなた方ユダヤ教徒との間には、違いがある。あなた方は人生に聖なる意味を見いだそうとしている。私たちは、死に聖なる意味を見いだす(22)」

「あなた方の政府はマリで公然と戦争をしている。その資金を支えているのはあなた方だ。税金を払って、方針を支援しているからな」

人質の一人が反論する。「だけど、それは義務だから」。クリバリが即座に反応した。

「へ？　義務なんかじゃないよ。俺は税金を払っていないさ」

犯人と人質との間で、税金論争が盛り上がった。

「『シャルリー・エブド』を支援するためにみんな集まってデモをしたのと同じように、デモをしてこう訴えてほしい。イスラム教徒にかまうな。私たちにかまうな、と。なんでそれができないんだ？(23)」

電話を切りそこねたのは、クリバリのヘマだろうか。ひょっとすると、わざとかもしれない。人質と交わす会話は、クリバリ自身が外部に向かって発信したいメッセージでもあった。

解放交渉成立せず

時間が経つにつれ、クリバリはますます親切になった。子どもにはキャンディーを与えた。人質が電話をかけるのも、大きな声で話をすることを条件に認めるようになった。クリバリは、人質たちにある種の親しみを感じるようになっていたと想像できる。密室に立てこもった犯人と人質との間に連帯意識が生まれる「ストックホルム症候群」に似た感覚かもしれない。

クリバリは「礼拝に行ってくる」と人質らに告げて姿を消した。そのまま、十五分以上戻ってこなかったと、人質の一人は証言している。[24] 他の人質の一人は、この間に家族と連絡を取った。連絡を受けた家族は、通話中の携帯をそのまま、「イペール・カシェール」を包囲する特殊部隊に持ち込んだ。人質は「クリバリが警察と連絡を取りたがっている」と、特殊部隊に伝えた。

特殊部隊の行動は、内務省の地下にある作戦司令室が直接指揮していた。大統領のオランドも、内相のベルナール・カズヌーヴも、そこに詰めた。夜になる前、すなわち早期の介入が不可欠なことで、司令室は一致していた。クリバリは何ら具体的な要求をしておらず、交渉の余地がなかったからである。いたずらに事件を引き延ばすことは、イスラム過激派の活動と主張を広めることにもつながりかねなかった。[25]

特殊部隊側からは、「国家警察探索出動部隊（ＢＲＩ）」の交渉担当官がクリバリに電話をかけたものの、つながらないでいた。店内の電話回線は一本しかなく、それをクリバリにインタビューしたメディアが占領していたからである。

交渉担当官は、パスカルと呼ばれる男だった。テロリストとの窓口役を務めて十年以上の経験を持っていた。ただ、立てこもり犯との交渉は通常二人のチームで臨む。パスカルが電話口で話す一方、もう一人がその内容を聞いて分析するのである。分析役は、声でなく筆談で交渉役に方針を伝えることになっていた。[26] だから、「パスカル」とはその二人ひと組の総称だっただろう。

パスカルは人質に電話をかけて自分の携帯番号を告げ、クリバリに伝えるよう依頼した。まもなく、その携帯に電話がかかってきた。

「もしもし、私が誰かわかりますか」

「はい。あなたはアメディ・クリバリですね」

穏やかな調子で対話が始まった。クリバリは落ち着いて、冷徹だった。

「けが人のために何かできますか」

「ここにけが人はいない。四人死んでる」

「少なくとも女性と子どもを解放してください」

「だめだ」

クリバリは申し出を拒否した後、マリに展開しているフランス軍の撤退や、拘束されているイスラム教徒の解放などを要求した。政府の代表も自分のもとに寄越すよう求めた。誰かから刷り込まれた内容をそのまま伝えているようで、クリバリ自身それが実現するとは考えていないように、パスカルには思えた。

「要求については考えてみる」

パスカルはそう答えたうえで、指揮官にこう報告した。
「要求は、真剣なものではない。突入を検討したほうがいい」[27]
いったん切れた電話は、三十五分後にクリバリからかかってきた。メディアが死者について言及しないことに、クリバリはいらついていた。「俺は『イスラム国』からやってきた。メディアに伝えてくれ」などと主張した。パスカルはクリバリに要求した。
「子どもと女性を解放してくれ。あなたは戦士だろう。民間人を人質にしてはいけない。あなたは目的をすでに達している」
「女は殺さない。男を殺す」と、クリバリは答えた。[28]
クリバリが解放に応じないことは、パスカルも十分承知していた。語りかけたのはむしろ、突入に備えて人質を犯人からなるべく遠ざけるためだった。
「イペール・カシェール」地下の冷蔵室では、七人が相変わらず息を潜めていた。午後四時半、そのうちの二人の携帯電話が点滅した。警察と親族からの連絡だった。突入が差し迫っている。地面に伏せろ。そう求めていた。そのまま、三十分ほどは何事もなく過ぎた。[29]
もう一つの立てこもり場所でクアシ兄弟がどのような運命をたどったか、クリバリはウェブなどを通じて知ったかもしれない。クリバリが礼拝に行ったのは、最後の覚悟を決めたからに違いない。一刻の猶予もない。

終幕

クアシ兄弟が立てこもったパリ北郊ダマルタン＝アン＝ゴエルの印刷工場では、膠着状態が続いていた。

印刷工場を取り囲む特殊部隊「国家憲兵隊治安介入部隊（ＧＩＧＮ）」にとって何としても避けたいのは、立てこもっている二人が包囲網を突破し、武器を手にしたまま街路に出ることである。周囲に集まってきている憲兵隊や当局者が危険にさらされるだけでなく、銃撃戦の流れ弾が民間人を巻き込む可能性も捨てきれない。近くの学校は閉鎖され、全員が避難した。(30)

午後四時四十三分、動いたのは特殊部隊でなく、兄弟の側だった。防弾チョッキに身を固めた二人は、突然外に打って出た。最後はあっけなかった。二分間の銃撃戦の末、兄弟は特殊部隊に射殺された。兄サイードは七発の銃弾を受けた。弟シェリフの体からは、解剖の結果十三発が見つかった。流しの下に潜んでいたリリアン・ルペールは無事救出された。(31)

クリバリの人質事件とうまく連携すれば、クアシ兄弟はもっと粘ることができただろう。しかし、彼らはもとから「殉教」を想定していたに違いない。小細工を弄して引き延ばしを図る様子もうかがえなかった。

兄弟が出ていった後の印刷工場内のファクス受信機には、外部から送られてきた五十四枚に及ぶメッセージがとぐろを巻いていた。おそらく、立てこもった兄弟らへの抗議を試みた市民からだろう。それぞれの紙に、事件の犠牲者への連帯感を示す「Je suis Charlie（私はシャルリー）」のメッセージが書かれていた。[32]

印刷工場立てこもり事件の解決を受けて、大統領のオランドは「イペール・カシェール」への介入を決断した。ちょうど三十分後の午後五時十三分、スーパーを取り囲む対テロ特殊部隊「国家警察特別介入部隊（RAID）」「国家警察探索出動部隊（BRI）」の隊員らが一斉に突入を始めた。その一部始終をテレビカメラが撮影していた。[33]

隊員らが入り口に集まった。従業員のラサナ・バティリが持ち出した鍵を使ってガラス戸が開けられ、シャッターが上がる。その動きがあまりにゆっくりで、隊員はなかなか中に踏み込めない。内部にいた人質の中には、シャッターの作動の遅さにいらいらした人もいたという。晩秋の短い日が落ちてすでに薄暗い街角に、スーパー内部を灯す煌々たる明かりが漏れ始めた。

この間、クリバリは人質たちを殺そうと思えば殺せたはずだった。しかし、そうはしなかった。「なぜそうしなかったのだろう」と、人質たちは後に疑問を抱いた。実際には、特殊部隊が突入したとき、クリバリはパスカルと通話をしている最中だったのである。そのころ二人はもう、親しい間柄で交わす「俺」「あんた」の口調でやり合うようになっていた。

「俺を爆破しようとするのか。俺は戦士だ」[34]　クリバリはみずからを誇った。

「もしあんたが戦士なら、外に出て戦え」

パスカルはそう挑発した。これは、クリバリの意識を人質からそらすために周到に仕組んだ作戦だった。[35]その直後のクリバリの行動は、パスカルの言葉にすっかり乗せられていた。

隊員らが内部に向けて銃撃を始めた。クリバリは、人質のほうを見もせずに応戦した。特殊部隊の隊員三人が撃たれてけがを負った。二十秒間ほど続いた撃ち合いの後、クリバリはいきなり外に飛び出してきた。入り口を出たところで、彼は四十発もの銃弾を受け、蜂の巣状態になってシャッターの下に斃れた。

クリバリの遺体を乗り越えて、人質が一斉に飛び出してきた。中に入ろうとする隊員と交錯し、現場は混乱した。

地下の七人は、何が起きたのかまったく知らないでいた。沈黙の後、爆発音と銃撃音、叫び声が響くのはわかった。冷蔵室が振動した。

螺旋階段を降りる足音が聞こえたかと思うと、いきなり冷蔵室の扉が開いた。兵士のような男たちが銃を構えている。それがいったい善人なのか悪人なのか、誰も判断できなかった。

「伏せろ、しゃべるな！」

男たちの一人が命じた。テロリストが潜んでいないかと警戒してのことである。おびえる人質の一人が言った。

「赤ちゃんがいるんだ。私たちは人質だ(36)」

銃を持つ男は、特殊部隊の隊員間の隠語で応じた。

「もう大丈夫だ。すべて片づいた(37)」

階上には犠牲者の遺体が横たわり、血が流れたままである。人質たちに、隊員の一人が外に出るよう促した。

「一列になって、まっすぐ前を見てください。右や、左や、特に床を見てはなりません[38]」

第10章　第三世代ジハードの脅威

「ユダヤ人を救ったイスラム教徒」

「イペール・カシェール」立てこもり事件が解決した後、途中で抜け出したマリ人の従業員ラサナ・バティリは、一躍英雄に祭り上げられた。買い物客たちを地下室にかくまい、テロリストから守った男として、である。その功績をたたえて、政府は彼に、フランス国籍を付与する決定を下した。

「ユダヤ人とかイスラム教徒とかは関係ない。みんな、同じ船に乗った兄弟だ[1]」

バティリはテレビのインタビューでこう述べ、さらに評価を高めた。

これは、明らかに過剰評価だった。実際には、彼は店の従業員として現場に偶然居合わせたに過ぎない。他の人々の証言が明らかになるにつれて、バティリが人質の保護にどれだけの役割を果たしたか、疑問視する声が出た。彼自身が人質を助けようと何か行動を起こしたわけでもなく、考えようによれば「自分だけさっさと逃げた」と受けとれないこともなかった。地下室に逃げ込んだ人質の中には、バティリの存在自体にほとんど気づかなかった人もいた[2]。

彼がこれほど評価されたのは、何より彼がイスラム教徒だったからにほかならない。

宗教が大きな意味を持たないフランス社会では、ユダヤ教徒のスーパーでイスラム教徒が働いても、何の不思議もない。雇用の際に重要なのは、ユダヤ教徒であるかどうかよりも、能力や勤勉さ、賃金面での折り合い、といった要素である。宗教に関係なく従業員が協力し合うのも、ごく普通のことに過ぎない。

しかし、民族や宗教にもとづくコミュニティーの区別が明確な国の人々は、「イスラム教徒なのにユダヤ人を救った」というストーリーに感動した。米国やイスラエルで、バティリはまるで、シンドラーか杉原千畝かのような英雄として扱われた。

イスラエル首相のネタニヤフは、パリを訪れて一月十二日にパリ大シナゴーグで演説し、バティリに感謝の意を述べた。米大統領のオバマは二月十九日、ワシントンで開かれた過激派対策の会議の挨拶で「ユダヤ人の客を隠し、命を救ったイスラム教徒のスーパー従業員のことを思い起こす必要がある。もっとも厳しい状況下で英雄的な行為に身を投じたこの謙虚な従業員に私たちも学びたい」と述べ、バティリの行為を称えた(3)。

こうした人々は、知らず知らずのうちに、テロリストの論理に乗せられていなかっただろうか。クリバリがユダヤ人を狙ったのは、イスラム教徒とユダヤ人との対立軸をフランス社会につくり出そうとしたからにほかならない。賢明なフランスのイスラム教徒の大部分は、そのような意図に賛同など示さず、テロを非難した。その意味で、クリバリの目論見は失敗した。ただ、ネタニヤフやオバマが「イスラム教徒がユダヤ人を救った」と騒ぐことで、両者の対立は実際以上に際立った。それはある意味で、クリバリの狙いどおりだったのである。

なぜ彼らが狙われるのか

クリバリは、ユダヤ教徒のスーパー「イペール・カシェール」に立てこもっただけではない。その前日にユダヤ教徒の学校を狙っていたかもしれないのは、すでに述べたとおりである。彼が最初から、ユダヤ教徒を標的と定めていたのは間違いない。

クリバリに限らない。クアシ兄弟もダマルタン＝アン＝ゴエルの印刷工場に立てこもった際、経営者のカタラーノにユダヤ人かどうかを尋ね、「奴らはイスラム教徒に悪いことばかりしている」などと悪態をついている。さらに、二〇一二年の「メラー事件」では、フランス南部トゥールーズ近郊のユダヤ教徒の学校が襲われた。

テロリストたちはなぜ、ユダヤ人にそれほどこだわるのか。

イスラエルがいつも圧倒的な力を見せつけているパレスチナ紛争の影響から、フランスに暮らすイスラム教徒の相当数がユダヤ人に対して反感を抱いているのはたしかである。「イスラエル人」「ユダヤ教徒」「ユダヤ人」は、実際にはそれぞれアイデンティティーが異なる。[4] フランスに暮らすユダヤ人は、必ずしもユダヤ教徒ではない。[5] ましてや、イスラエルという国家の基本理念を共有するとは限らない。しかし、少なからずのイスラム教徒がこの三者を同一視し、イスラエルの軍事力や人脈をユダヤ人に重ね見る。こうして、何か腑に落ちない出来事が生じると、「ユダヤの陰謀では」とのささやきが広がる。『シャルリー・エブド』襲撃事件でも「イスラム教徒に責任をなすりつける陰謀だ」といった噂が飛び交った。[6] 九・一一米同時多発テロの際に「テロはイスラエルが仕組んだ陰謀だ」などといった言説がイスラム諸国を中心に出回ったのと同じ現象である。

ただ、一般的に人々が偏見を抱くことと、実際にその対象を攻撃することとの間には、大きな隔たりがある。多くの人は、感情と行動とを分離する自制心を備えている。それを乗り越えて犯行に及ぶには、行為を正当化するだけの過激なイデオロギーの支えや権威者による指示が必要になる。(7)

クアシ兄弟やアメディ・クリバリの行動の背後にも、本人たちが意識していたかどうかはともかく、その行動を理由づけて正当化する理論、思想、戦略があったに違いない。

その糸口を探していた私が偶然目にしたのは、ジル・ケペルの論考だった。フランスを代表する現代イスラム政治研究者の彼は、米『ニューヨーク・タイムズ』国際版への寄稿で、イスラム過激派によるジハードを三つの時代に分類し、『シャルリー・エブド』襲撃事件を含む欧州でのイスラム過激派テロを「第三世代ジハード」と位置づけた。(8)

彼によると、それぞれのジハードの波は以下のように分けられる。

▼第一世代ジハード

一九八〇年代アフガニスタンでの闘争に端を発し、アルジェリア、エジプト、ボスニア、チェチェンなどで欧米寄りの現地政権を相手に戦った。イスラム教徒の大衆を動員するには至らなかった。

▼第二世代ジハード

「アルカイダ」を中心とし、米国を主な攻撃対象と定めて世界各地でテロを展開した。やはりイスラム教徒の大衆を動員するには至らなかった。

▼第三世代ジハード

アルカイダ出身のシリア人政治思想家の理論にもとづいており、遠い米国でなく近い欧州を狙う。欧州在住のイスラム教徒からリクルートしてテロリストを養成し、地元でテロを実行させる。

ケペルによると、この第三世代に属する思想家が、標的の一つとして「ユダヤ人」を明確に挙げているのだという。

「テロは衰退の現れ」

フランスで政治家やエリート官僚、企業経営者への登竜門となっているパリ政治学院の施設は、実存主義の拠点となったセーヌ左岸サンジェルマン＝デプレ界隈に点在する。私が訪ねたジル・ケペルの研究室も、その一角の閑静なアパルトマンに入居していた。

ケペルは一九五五年パリに生まれ、ダマスカス留学、カイロ経法社会資料研究センター（CEDEJ）研究員、米コロンビア大学客員教授などを経て、二〇〇一年からここの教授を務めていた。

『ジハード』『テロと殉教』『中東戦記』など多数の邦訳著書があり、『ニューヨーク・タイムズ』など英語メディアへの寄稿も多い。徹底的な現場主義の研究手法を執り、中東各国を頻繁に訪れ、欧州の移民街に足を運び、市民の声を記録する。二〇一〇年からの「アラブの春」以降は、その実像を追い求めて各国を回った。

「チュニジアに八回、エジプトに六回、リビアとイエメンには四回行きました。でも今はもう、大部分の場所に行けなくなってしまった。今行ったら、真っ先に処刑されますよ」[9]

イスラム過激派の主張を丹念に追い、その中に含まれる誇張や欺瞞を容赦なく指摘してきた彼を、過激派側も見逃しはしない。

彼のイスラム過激派研究は一九八〇年代初め、エジプト大統領サダトを暗殺した「ジハード団」への調査から始まった。「『そんな連中に将来なんかない。時間の無駄だ』などと当時はいわれたものです」と、ケペルは苦笑する。以後、彼は中東とフランス国内とを並行して見つめ、両者のつながりを確認しつつ、研究を続けた。地元フランスの移民社会の実態調査にもとづいて八七年に出版した『イスラムの郊外』[10]では、パリ近郊でいったん世俗化した移民たちの間にイスラム教が再び浸透している実態を明らかにし、国内に衝撃を与えた。

それ以上に注目を集め、世界二十カ国の言語に訳されたのが、三十年間のイスラム主義の軌跡を振り返った二〇〇〇年刊行の『ジハード』[11]である。フランスでは一九九〇年代半ば、アルジェリアの過激派組織「武装イスラム集団（GIA）」によるテロが相次ぎ、イスラム過激派の脅威が叫ばれていた。ケペルはしかし、同書の中でこれらのテロを過激派の「勃興の象徴」ではなく、逆に「衰退の現れ」と読み解いたのだった。

「そのとき、たしかにイスラム過激派の一つの波は去りました。でも、私はまだ、事態を理解していなかった。別の波が待っていたとわかったのは、さらに後になってのことでした」

九・一一米同時多発テロが起きたのは、その翌年である。いったん勢いを失ったと思った過激派が、なぜこのように派手な動きを見せるに至ったのか。それは、ジハードの第一波とは異なる波が起きたからだと、ケペルは分析した。そこから、「ジハード」を三つの世代に分類する発想が生まれたという。

第一、第二世代の興亡

ケペルが「第一世代」と位置づけたジハードは、ソ連による一九七九年のアフガニスタン侵攻に抵抗した武力闘争を始まりとする。アフガン紛争には、アラブ各国から義勇兵「ムジャヒディン」が集まり、ソ連を相手に戦った。

ゲリラ戦を指揮したのは、パレスチナ人の宗教指導者アブドラ・アザムである。ヨルダン川西岸ジェニン近郊に生まれ、ダマスカス、カイロ、アンマンでイスラム法の研究を重ねた後、パキスタンを拠点に対ソ闘争を指導した。敵との一切の交渉を拒否し、民間の犠牲もいとわない強硬姿勢で知られた。

ケペルは彼を、第一世代ジハードのイデオローグとみなしている。指導者としての立場から、第二世代のアルカイダを率いたオサマ・ビンラディンや第三世代の思想家アブ＝ムサブ・スーリーらとも親交を結んだ。一九八九年にパキスタンで暗殺された。

第一世代ジハードは、対ソ戦略を念頭に置く米国や、地域大国イランの影響力拡大を恐れるサウジアラビアから、金銭面や技術面で援助を受けた。

「ソ連がアフガンから撤退し、さらに一九九一年にソ連が崩壊したとき、ムジャヒディンたちは自分たちの戦いこそがソ連を倒したと思い込みました。米国やサウジから支援されたことなどすっかり忘れたのです。その後彼らは、新たな戦場を求めてエジプトやアルジェリア、ボスニア、チェチェンといった場所に転進し、地元の親欧米政権や元親ソ政権を相手に武装闘争を繰り広げました。自分たちの行為がイスラム教徒一般の支持を得られると信じてのことですが、大衆は付いてきませんでした」

ケペルによると、エジプトの「イスラム集団」が一九九七年、ルクソールで観光客を襲撃し、日本人十人を含む六十人以上を殺害した事件などを最後に、第一世代のジハードは終わりを告げた。

第一世代の失敗を教訓として方針を見直したのが、第二世代ジハードの中心となった国際テロ組織「アルカイダ」である。指導者はオサマ・ビンラディンだが、その副官として理論を固めたのがエジプト人のアイマン・ザワヒリだった。

第一世代が領土の奪還を目的とし、目前の敵と戦ったのに対し、第二世代は遠くの敵、すなわち米国を標的に定めた。まず米国を攻撃することで、最終的に中東各地の親米政権を倒せると考えた。

「それは、ビリヤードと同じ発想です。一つの玉を突いて、他の玉を連鎖させる。驚くべきスペクタクルを演出して米国を突くことによって、その弱さを世界に知らしめ、各国の大衆をそれぞれの政府への攻撃に駆り立てようとしたのです」

構想を実現させるには、みずからの命を差し出す自爆テロリスト、彼らが言うところの「殉教者」を必要とする。自爆はもともと、殉教を信奉するイスラム教シーア派に根づいた攻撃手法で、アルカイダを構成するスンニ派にはみられない発想だった。一九九三年にスンニ派ではじめてこの手法を取り入れたのは、パレスチナ・ガザのイスラム組織「ハマス」である。ケペルによると、ザワヒリはシーア派やハマスのお株を奪い、「殉教」にもとづく壮大なストーリーを描いた。自爆攻撃がイスラム世界の意識を喚起し、欧米を崩壊させ、世界を征服する、というのである。

ただ、アルカイダは構想を実現させるために、情報機関に似た強固なピラミッド型組織を構築せざるを得なかった。これが逆に命取りとなったと、ケペルは考える。

「アルカイダの内部構造は、米中央情報局（CIA）やソ連国家保安委員会（KGB）と、基本的に同じです。トップのオサマ・ビンラディンが指令を発し、テロ実行者を現地に派遣する。米同時多発テロにあたっては、実行者が現地まで行くための航空券も、彼らが米国で入学した飛行機操縦学校の授業料も、組織が工面した。この手法は、全般的にお金がかかりすぎます。組織が大きいので、スパイにも潜入されやすい。第二世代ジハードは、たしかに大きなインパクトを与えはしたものの、イスラム教の大衆を動員することは結局できないで終わりました」

思想家スーリーの軌跡

第二世代が第一世代への反省にもとづいて戦略を構築したように、第三世代も第二世代の失敗に学んだ。こうして、第三世代ジハードの理論を打ち立てたのが、シリア出身の技師で政治思想家のアブ＝ムサブ・スーリーだと、ケペルはみなしている。スーリーは「シリア人」を意味する戦士名で、本名をムスタファ・シトマルヤム・ナサルという[12]。

写真からうかがうかぎり、彼は赤毛で童顔、親しみを持たれそうな優男である。前世代のアザムやザワヒリといった強面と違い、どこかサラリーマン然とした風貌で、AP通信の記事で「アイリッシュパブの店長をしていそう」とからかわれたこともある[13]。博覧強記、フランス語とスペイン語に堪能で、過激派仲間からは「西洋かぶれ」と批判もされた。一方で、大量破壊兵器テロを模索するなど、実像はかなり凶暴だとうかがえる。

スーリーは一九五八年、シリアの古都アレッポに生まれ、地元の大学で機械工学を学んだ。一方で、八〇年からムスリム同胞団系の反政府運動にかかわり、ヨルダンやイラクなどで軍事訓練を受けた。しかし、運動は八二年、政府軍がシリア西部ハマーで展開した作戦によって、数万人規模といわれる犠牲者を出して鎮圧される。この事件は、直接かかわったわけではないスーリーの精神にも大きな影を落とすことになった。

シリアを離れたスーリーは、イラクやサウジアラビアなどを経て、一九八三年から八五年にかけてフランスに滞在した。以後、九〇年代半ばまでの約十年間をマドリードとグラナダで過ごし、この間の八〇年代後半、マドリードの語学学校で知り合ったスペイン女性と結婚して市民権を得た。

一方で、一九八七年以降はアフガニスタンに何度も渡航してアザムやビンラディンの知遇を得た。ビンラディンの広報役を担い、欧米メディアからのアプローチを仲介したこともある。米CNN記者ピーター・アーネットが九七年に実現させたビンラディンへのインタビューを取り持ったのもスーリーだった。もっとも、スーリーとビンラディンとの関係はかなり緊張をはらんだものだったといわれる。スーリーが敬愛したのはタリバーンの指導者オマル師で、ビンラディンについては「独裁者」「ファラオ（エジプトの王）」などと呼んで嫌悪感を示すことがあった。九・一一米同時多発テロについても当初は批判的だった。

スペイン旅券所持者の地位を活かして、彼は各地を移動し、アルジェリアの「武装イスラム集団」、ロンドンの過激派イスラム教指導者、二〇〇四年にマドリードで起きた列車連続爆破テロの容疑者グループとも親交を結んだ。

テロに関与したなどの疑いで米国とスペインの両捜査当局から手配された彼は、二〇〇五年にパキスタンで拘束され、米軍に引き渡された。身柄は、米国と当時まだ良好な関係を維持していたシリア当局の管理下に置かれた。以後、消息は途絶え、二〇一九年現在も生死さえ不明である。

「二〇一一年にシリア当局が彼を無傷で釈放した、との噂が出ました。過激派の内部に彼を戻らせてジハードのウイルスをまき散らし、組織を攪乱させるため、といわれました。ただ、その後の動向が一切漏れないのは、どう考えても変です。シリアで情報が途絶えるのは、決していい知らせではありません。もしスーリーが生きているとすれば、案外とフランスに舞い戻ってきて、ガソリンスタンドの従業員とか原発の技師とかをしているかもしれませんが」

スーリーは相変わらずシリアで獄中にある、との情報もあり、たしかなことはわからない。ただ、本人の運命と関係なく、彼が残した思想は現代のサイバー空間を広がり続けている。拘束される直前、スーリーは千六百ページに及ぶ大論文『グローバルなイスラム抵抗への呼びかけ』を、ウェブを通じて発表した。第三世代ジハードの理論と戦略を確立し、多くのテロリストたちに共有されるようになった文書である。

手づくりのテロ工房

イスラム教徒の大衆を動員し、世界を制覇することにスーリーの目的があるのは、アルカイダと同じである。ただ、彼が描く戦略は、アルカイダのものといくつかの点で異なっている。

まず、標的はもはや米国ではない。

「ビンラディンは、米国を跪かせることが可能だと思っていたが、できなかった。そういうやり方ではだめだ、欧米文明の弱点を突かなければならない、それは欧州だ。スーリーはそう考えたのです」

手法も根本的に変わった。米同時多発テロのような大スペクタクルは必要ない。安上がりの作戦をあちこちに展開するだけで、欧州社会はパニックに陥るだろう——。

手法が異なる以上、アルカイダのようなピラミッド型の組織も不要である。自立した個人や小さな組織が網の目のようにつながり合うネットワーク型の組織こそ、現代のテロには都合がいい。「第三世代は、アルカイダとはまったく異なるモデルを組み立てました。熟練の実行部隊を派遣するのではなく、現地に暮らす若者に対し、原理を薄く植えつける。一度ぐらいは中東の戦場で訓練を施すかもしれないけれど、あとは彼らの自主性に任せるのです」

こうして実現した典型的なテロが『シャルリー・エブド』編集部襲撃事件だったと、ケペルは考えている。

実行犯のうち、シェリフ・クアシはイエメンのアルカイダ系組織と接触したものの短期間であり、兄サイードやアメディ・クリバリにはそのような形跡さえうかがえない。系統だった軍事訓練は受けていない模様である。テロ計画も、アルカイダや「イスラム国」から詳細な指示を受けることなく、かなりの部分を自力で進めたと考えられる。武器も、クリバリが犯罪組織のルートを使って自前で調達した。いわば、ボランティア活動家のようなかたちでテロを実行したのではないか、という。

テロの手法も、銃で撃つという単純な行為に終始している。アルカイダが展開した戦場仕込みの大活劇に比べ、手間の面でも費用の面でも桁違いに規模が小さい。生産ラインを備えた大規模工場がアルカイダとすれば、第三世代の組織は手づくり工房になぞらえることができるだろう。

第三世代ジハードのテロリストには、一般的に未熟で、不器用で、経験の浅さが目立つという。たしかに『シャルリー・エブド』襲撃という成功例の陰で、その前後に起きた単独犯によるテロ未遂事件には、犯行への準備も心構えもできていなかったと考えられる例が見受けられる。一部の成功例を除き稚拙さが目立っており、きっちりと任務を遂行するアルカイダのプロ意識とは大違いである。

一方で、テロリストを取り巻く環境は、アルカイダ時代から大きく変化した。彼らは、動画共有サービス「ユーチューブ」やツイッター、フェイスブック、ワッツアップといった当時の新技術を駆使して情報を交換し、捜査機関が把握できないほど動きの速いネットワークを築いた。

「第三世代のジハードがどのようなかたちを持つか、まだ模索の途上にあるのかも知れません。ただ、そのモデルは近いうちに完成されるでしょう」

過激派側のこうした変化に気づかないまま、フランス当局は相変わらずモスクの動向ばかり監視していたと、ケペルは指摘する(14)。

第三世代の台頭を間接的に支えたのは、米国の迷走だった。アフガン攻撃でアルカイダを壊滅に追い込んだ米ブッシュ政権は、勢い余ってイラクに攻め込み、フセイン独裁政権を崩壊させた。跡地には権力の空白地帯が生まれ、過激派組織「イスラム国」が根を張り、第三世代ジハードにとってまたとない聖域を提供した。欧州でイスラム過激思想に関心を持つ若者たちを呼び込み、訓練する場所としてである。しかも、アルカイダ時代のアフガニスタンより、そこは欧州にずっと近い。

「フランスからシリアには、車でも行けますからね」

ケペルによると、南フランスのトゥールーズで過激派の二家族が所得証明を偽造し、偽名のクレジットカードを入手した。それを使って彼らは大手レンタカー会社からキャンピングカーを借り、そのままシリアまで乗っていってしまった。冷房付きで、購入すると三万五千ユーロほどの車だが、実際に彼らが払ったのはレンタル代千ユーロと保証金三千ユーロ程度だったという。最初から返却するつもりなどなかったのである。

ジル・ケペルの予言

フランスでは一九九〇年代半ば、「武装イスラム集団」によるテロが相次いだが、パリの高速地下鉄で九六年に起きた爆弾テロを最後に、十六年近くにわたってテロは途絶えた。その沈黙を破ったのが二〇一二年三月、南フランスのトゥールーズ周辺でユダヤ系学校の教師や子どもらが犠牲になった「メラー事件」であるのは、すでに説明したとおりである。

この事件は当時、孤立した出来事として扱われたが、ケペルはこれを「フランスでの第三世代ジハードの始まり」と位置づける。

「メラーの事件は、スーリーの理論がフランスで実行に移された最初の例です。これを機に、テロのビジネスモデルが変わった。でも、当時誰も、それに気づきませんでした」

続いて二〇一四年五月、ブリュッセルのユダヤ博物館でアルジェリア系フランス人の過激派メディ・ネムーシュが旅行者ら四人を射殺する事件が起きた。これらの事件も、「イペール・カシェール」立てこもり事件も、同じ流れの中に位置づけられる。すなわち、メラー、ネムーシュ、クリバリの三人は、いずれもユダヤ人やユダヤ系施設を標的としていた。

これは、スーリーが立てた明確な戦略の一環であると、ケペルは考える。ケペルによると、スーリーが第三世代の標的として定めたのは、以下の三つだという。

一、リベラルな知識人
二、イスラム教徒の裏切り者
三、ユダヤ人

第一の「リベラルな知識人」の典型例が『シャルリー・エブド』の記者や風刺画家たちであるのはいうまでもない。

「テロリストが定めたのは、明らかに『柔らかい標的』です。厳重な警護を受けている国家元首を狙うのはややこしいし、金もかかる。それに比べ、たとえば私のような警備対象外を襲うのは簡単だ。『シャルリー・エブド』も、狙いやすいわりには効果が大きい。フランス社会そのものに打撃を与えることができます」

第二の「裏切り者」とは、イスラム教徒でありながら世俗国家フランスの軍隊や警察に奉職する人物である。トゥールーズの事件で、容疑者のモアメド・メラーはユダヤ系学校を襲撃する前、軍人を相次いで襲って二人を殺害した。『シャルリー・エブド』襲撃事件でも、犠牲となったのはアラブ系と黒人の警察官だった。これは、偶然のめぐり合わせかもしれないが、犯人たちが向き合う相手にアラブ系や黒人の風貌を見いだしてのことだった可能性も捨てきれない。

「イペール・カシェール」人質事件で、第三の「ユダヤ人」が標的となったのは、改めるまでもない。

「一月七日に研究室に出勤した私は、妻から連絡を受けました。その朝『シャルリー・エブド』が襲撃を受けたというのです。私はすぐに『次に警察官とユダヤ人が殺されるだろう』と予想を告げました。実際、その直後にクアシ兄弟はアラブ系の警察官を殺害し、翌日以降クリバリが黒人の警察官を殺したうえでユダヤ教徒のスーパーに立てこもったのです。私の予言が当たった理由は簡単です。スーリー氏の文書にそう書かれていますから」

もちろん、クアシ兄弟やアメディ・クリバリは、スーリーの論文など読んではいないだろう。ただ、そこに書かれた発想がサイバー空間を通じて広がり、現代のテロリストを間接的に感化している可能性がある。

ユダヤ人が第三の標的として明示されたことによって、クリバリやクアシ兄弟は何のためらいもなく、殺害を実行することができた。彼らが抱いていたのは、ユダヤ人に対する漠然とした反感や偏見、嫌悪感にとどまらない。テロリストの間で、ユダヤ人攻撃は明確に戦略として位置づけられており、彼らはその論理に従ってみずからの任務を果たしたのである。

懸念は過剰な反応

スーリーの狙いは何なのか。

「欧州には、社会に統合されていない何百万ものイスラム教徒がいます。彼らを動員して宗教的な反乱を起こすことができると、彼は考えました」

欧州には、サイバー空間を通じて過激派に賛同する人々が点在している。それなりの教育を受けた彼らは、中央の指令を待つことなく自発的に準備を進め、独自の判断で戦いに乗り出せる。アルカイダのような派手な作戦ではなく、小集団によるテロや殺人を地道に続けることによって、ジハード主義は勢力を回復するに違いない――。スーリーはこう説いているという。

スーリーには、一人で過激化して一人で行動を起こす「ローンウルフ（一匹狼）」型テロリストの出現に期待する節がうかがえる。この種のテロリストが実際には大きな力を持ちそうにないのは、第三部で検証するとおりである。一方で、欧州ではこの戦いに参集する予備軍の層が厚く、人材の絶える気配がないのもたしかである。

「フランスで第二世代の活動家は何十人かの規模でしたが、第三世代は何千人といます」

しかも、それは移民家庭出身者に限らない。「かなりの数の（キリスト教からの）改宗者がいるのも、最近の傾向です」とケペルは説明する。

「また、かつての右翼や左翼からイスラム過激派に転じる人も少なくありません。農村社会にサラフィー主義の集団が生まれたりもします。イスラム過激派は、かつての反基地闘争などに代わる存在となりました」

マルクス主義の夢に破れた左翼の中に、イスラム主義を新たなイデオロギーとみなして支持する人がいる。反米や反グローバル化の主張に重なる面があるからである。中東でも、イスラム主義の勃興は、社会主義的傾向が強かったかつてのアラブ・ナショナリズムの退潮と結びついている。

ケペルが懸念を抱くのは、イスラム過激派やテロリストに対し、移民排斥を訴える右翼が過剰な反応を示すことである。

「一方にフランスの『国民戦線』（後の『国民連合』）のような右翼が存在し、もう一方にイスラム教徒の強硬派が存在する状況で、もし『国民戦線』が自治体の政権を握ると何が起きるか。その地域に暮らすイスラム教徒たちが一斉に反発し、拒否感を示すようになるかもしれません。それこそスーリーの思いどおりです。フランス社会に亀裂を生じさせ、内戦状態に持ち込むことこそを、彼は望んでいるのですから」

テロは、社会の分断を狙うイスラム過激派の挑発である。それに乗って攻撃をし返すと、過激派の罠にはまる。しかし、右翼はみずからも、社会の分断を通じて地位を固めようとする。つまり、欧州社会はテロリストと右翼双方から、分断の危機にさらされている。

現在のフランスをみるかぎり、イスラム教徒の大衆がテロリストたちに同調する気配はうかがえない。若者の間でジハード主義や過激派の活動に加わる動きがあるのはたしかだが、それはごく一部に過ぎず、総体でみるとイスラム教社会が過激派やテロを受け入れる状況にはない。そもそも、世俗化した家庭やブラックアフリカ出身のキリスト教徒の家庭、たんなるフランスの低所得者も混在する移民街に、「イスラム教社会」と呼ぶべき集団が存在するかどうかも怪しい。

ただ、右翼による強硬な反イスラム政策が現実のものとなる場合、予期せぬ動きが社会に現れる恐れも捨てきれない。

危機感薄い政府

事件後、テロの挑戦を受けたフランスで大手を振るようになったのは、二つの極端な主張だった。

一つは、しばしば右翼にみられる論理である。過激派を阻止しようとするあまり、イスラム教やイスラム教徒そのものも拒絶しようとする。もう一つは、往々にして左翼に散見される発想である。テロはフランスの社会環境にこそ原因があり、イスラム教徒に対する偏見や差別が暴力を誘引している、との見方である。

この二つは、正反対であるようにみえて、じつは同じ意識の表と裏に過ぎない。前者は、テロの責任を大衆イスラム教徒が負うべきだと考える。後者は、大衆イスラム教徒の不満がテロというかたちで発露しているとみなす。つまり、過激派やテロリストと大衆イスラム教徒とを、別個のものでなく、つながりのある一体と考えているのである。

しかし、クアシ兄弟やアメディ・クリバリの軌跡をみるかぎり、過激派やテロリストは社会から孤立した、きわめて閉鎖的な空間に生息している。一般のイスラム教徒との間には、容易に越えられない溝がある。テロリストらの背景を探っても、彼らの軌跡を追っても、地元社会との接点を見つけるのは難しい。

ケペルの二〇一四年の著書『フランスの受難　団地の声』は、過激派の浸透とはまったく逆の現象がフランスのイスラム教徒の間で起きている様子を伝えている。[15]これまで選挙にほとんど関心を示さなかった移民街で急速に参加意欲が高まり、多数の移民系の若者が立候補している、というのである。政治的立場も左派から右翼まで多様化している彼らの多くは、市民活動家として地元の失業問題や麻薬対策、差別の告発などに取り組んできた経歴を持つ。地元社会が抱える問題と真剣に向き合ってきたのはこうした人々であり、ジハードを叫ぶ過激派ではない。

過激派側は「フランスでイスラム教徒は虐げられている」などと主張し、自分たちがイスラム社会一般の代表であるかのように振る舞う。しかし、これは暴力を正当化するための口実に過ぎない。もちろん、口実を設けられないよう、格差を是正したり差別をなくしたりする努力は重要だが、それで彼らがテロをやめるわけではない。

問題は、政府や当局がそのような危機感を抱いているかどうか。閉鎖的なテロ集団が何を狙い、どう動くか。その戦略をしっかり把握し、対策を練っているか。ケペルは悲観的だった。

「欧米諸国の政府は、過激派の戦略が変化したことを全然理解していません。選挙と関係ないから、政治家たちは関心を示さないのです。何か問題が起きると、あわてて絆創膏かアスピリンで対応する。だけど、それが本当の病気なら、原因をきちんと究明しなくてはなりません。症状を分析し、抗ウイルス薬で治療しなければならないはずなのですが」

ケペルはかつて、欧州と中東が「歴史と文化遺産を共有している」として、共通の文明圏を築くべきだと提言してきた。ただ、もはやそのような楽観的な立場は取りえないという。

「ある時期までそのように信じてきました。しかし、『アラブの春』以降、状況は恐ろしいことになりました。シリア、イラク、イエメンで国家の機能が消滅し、激動期に入っています。クルド人との対立を深めるトルコの将来も予断を許さない。以前の提言は通用しません」
ならば、これからどうしたらいいのか。
「第一、第二世代が失敗したように、第三世代も長期的には成果を生まないでしょう。ただ、その後の世代交代がどこまで続くか。すべては、イスラム教徒自身が過激派の思想を拒否することから始まります。その営みなくして、イスラム過激派の活動が消え去ることはありません」

背後には戦略があった

『シャルリー・エブド』襲撃事件は、風刺画が引き起こした一部のイスラム教徒の反発と結びつけて、「耐えかねたイスラム社会が反撃に出た」などと語られがちである。それは、「暴力はいけないが、『シャルリー・エブド』にも落ち度があった」との発想を呼び起こした。この論理は、日本でも一部の左翼系知識人が声高に主張した。

しかし、クアシ兄弟やクリバリの軌跡を振り返ると、そうした俗説とは異なる面が浮かび上がる。事件の背後には、テロを正当化する明確なイデオロギーと、アルカイダや「イスラム国」と結びつくネットワークに加え、世代を超えて引き継がれる戦略やノウハウもあった。その末端にクアシ兄弟やアメディ・クリバリがいた。

イスラム過激派の台頭以前から、テロを実行する組織はコンパクトで、閉鎖的である。これは、テロという戦略の枠組みが「少人数でも、ハイテク技術を持たなくても、世界は変革できる」といった前衛的な信念にもとづいているからにほかならない[16]。前衛的な行為は、少数でなしとげるからこそ注目される。最初から幅広い支持や参加を募ると、それはもはや前衛でもなければ、テロでもない。

本書の主人公たちのネットワークも例に漏れず、一般のいわゆる「イスラム社会」からは孤立した前衛集団である。彼らは、地元のイスラム教徒たちの境遇を理解する努力をしたわけでもなければ、彼らの待遇改善を目指して何らかの働きかけを続けたわけでもない。彼らは、過激思想の礼拝所仲間や窃盗集団、刑務所といったきわめて閉鎖的な世界で人生の大半を過ごしてきた人物であり、ファリド・ベニエトゥーやジャメル・ベガル、マリカ・エル＝アルードといった過激派指導者の特殊な情報フィルターを通してしか現実社会をみてこなかった。

事件後、フランスではイスラム教徒に対する嫌がらせや脅迫が相次いだ。それ自体非常に憂慮すべき状況であるが、そのような差別が起きた原因は『シャルリー・エブド』襲撃事件にある。『シャルリー・エブド』の風刺画にあるわけではない。責任を負うべきなのはクアシ兄弟やクリバリであって、『シャルリー・エブド』の側ではないのである。その順番はしばしば取り違えられるが、『シャルリー・エブド』襲撃事件が差別を引き起こしたのであり、イスラム教徒への差別が『シャルリー・エブド』襲撃事件を引き起こしたのではない。

もちろん、言論の自由のあり方も、社会の中での宗教の位置づけも、現代の市民と国家にとって重要な課題である。ただ、事実とは異なる仮定にもとづいてその議論を進めるのは不毛であり、危険でもある。

テロリストたちの世界は、どのような構造と機能を持ち、どのような力学で動いているのか。

それを突き止めるために、私たちの社会はどのような姿勢で臨むべきか。真に取り組むべき設問はそこにある。この問いを真摯に見つめることなくしては、テロ対策もおぼつかない。

第11章　終わらない結末

元日の出奔

話は、『シャルリー・エブド』襲撃事件の六日前にさかのぼる。二〇一五年元日のことである。

パリ郊外のアルジェリア系移民家族ベルシヌ家を、別居している二人の息子が相次いで訪ねてきた(1)。最初に顔を出したのは、二十三歳の弟メディ・ベルシヌである。メディは旅に出る予定だった。「イスラム教を勉強するため、エジプトにしばらく滞在する」と説明し、両親も、両親と同居する末弟も、その言葉を信じていた。彼はしばらく家族とともに過ごした後、暇乞いをした。

数時間後、二十七歳の長兄モアメド・ベルシヌが両親のもとに立ち寄った。「新年の挨拶」をするというのが理由だった。

兄弟はその後、別々に、しかし同じ行き先を目指した。メディは、マドリード行きの高速バスに乗った。モアメドも、妻イメーヌと四歳の子どもを連れてやはりマドリードに向かった。

彼らの最終目的地はもちろん、スペインではない。パリから出国すると目立つことから、国境審査を受けることなく陸路で行けるマドリードを中継地点として使ったと考えられる。

翌一月二日、アメディ・クリバリがマドリードで彼らに合流した。その一週間後に「イペール・

カシェール」立てこもり事件を起こすことになるクリバリは、みずからレンタカーを運転し、妻アヤト・ブメディエンヌを乗せてパリからやってきた。クリバリとアヤトが手をつないで歩く姿は、マドリード・バラハス国際空港のいくつかの監視カメラに記録された(2)。

この空港で、クリバリ夫妻は互いに、今生の別れを告げただろう。一人になったクリバリは、来たるテロの準備に勤しむため、車でパリに引き返した。一方、ベルシヌ兄弟一家とアヤトはマドリードから出国した。

まず、弟メディとアヤトが午後二時過ぎ、カップルを装って、トルコの格安航空会社「ペガサス航空」のイスタンブール行きに乗った。おそらく怪しまれないためだろう。彼らは往復のチケットを用意していた。モアメド一家は、数時間後の別の航空会社の便で、やはりイスタンブールに飛んだ。ベルシヌ兄弟の友人らも含め、一行は総勢で十一人だった。

イスタンブールで多くの観光客が利用する空港は街の南西郊アタチュルク国際空港だったが（二〇一九年四月に北西部のイスタンブール新空港に移転）、ペガサス航空の便が着くのは東郊のサビハ・ギョクチェン国際空港である。この空港は、イスタンブールの中心部からボスポラス海峡を渡ったアジア側に位置している。空港の入国審査のビデオにはこの日夕、メディとアヤトの姿が記録された(3)。二人は、空港と同じくイスタンブールのアジア側にあたるカドゥキョイ地区の安宿「ホテル・バード」の二つの部屋に投宿した。アヤトはこのホテルを、ウェブを通じて予約していた(4)。

アヤトが泊まったのは一〇二号室である。ベッドの上には、パリのエッフェル塔の写真が掛かっていた(5)。

アヤトはここで、往復チケットの片道を払い戻してもらおうと、航空会社と交渉した。少しケチな話だが、その後の旅路を支えるために現金を手元に置いておきたかったのだろう。しかし、交渉は不調に終わり、片道分を捨てざるをえなかった。

「イスラム国」街道

このとき、アヤトがじつは妊娠していたと、フランスのいくつかのメディアが伝えている。彼女がその直前、パリ郊外で妊婦の集まりに出入りしていたことからも推測されるという。もしそれが本当なら、クリバリの子どもに違いない。「殉教」した戦士の子を宿して逃避行を続ける女性、というとまるで戦場メロドラマの主人公である。その後半年近く経って、フランスの『ルポワン』誌電子版はトルコ外交筋の話として「アヤトが出産したらしい」と報じた(6)。

ただ、その情報に何ら裏づけはなく、フランス捜査当局も本気にはしていない(7)。実際、アヤトも後に近しい友人に電話をかけた際、妊娠の事実は否定している(8)。同じ時期イスタンブールの同じホテルには、妊娠していた別のイスラム過激派の女性が投宿していたため、彼女がアヤトと混同された可能性は拭えない(9)。

その女性は、ロシア・ダゲスタン共和国出身のディアナ・ラマザノワである。「ホテル・バード」に、アヤトの到着の一週間前にあたる十二月二十六日に投宿し、年を越した一月六日まで滞在した。そのときまだ十八歳で、妊娠数カ月だった。彼女自身はロシア・チェチェン共和国の出身で、やはりチェチェン出身でノルウェーの市民権を持つ夫とともに、二〇一四年に「イスラム国」支配地域に入った。しかし、夫がまもなく戦闘で死亡した後、ディアナはトルコに再入国してこの宿にたどり着いた。

一月六日にホテルを出た彼女は、手榴弾二つを持ってイスタンブールの観光名所スルタンアフメット地区の警察署を襲撃し、警察官一人を殺害した後に射殺された。クリバリによる警察官殺害事件もそうだが、イスラム過激派の警察に対する憎悪は深い。ただ、それがなぜイスタンブールだったのか、謎の多いテロだった。

夫を失った女性による自爆攻撃はディアナ・ラマザノワの例に限らず、ロシアのチェチェンやダゲスタン出身者の間で二〇〇〇年代初頭から常態化し、「黒い未亡人」と呼ばれている。[10] ただ、フランス人女性ジハード主義者に、そのような志向はきわめて薄い。アヤトも、みずから命を捧げるつもりはさらさらないに違いない。

ディアナがアヤトたちと同じ宿にいたのは、おそらくたんなる偶然だろう。ただ、この宿は「イスラム国」と欧州との間を往還する人々にとって定宿になっていた可能性がある。アヤトもベルシヌ兄弟も、欧州と中東の間を行き交う過激派の街道を、「イスラム国」に向けて勇んで進んでいた。逆にディアナは、同じ街道を「イスラム国」から歩み出て、欧州の入り口で命を絶ったのである。

ディアナが自爆して果てる二日前の一月四日、アヤトらの一行は「ホテル・バード」をチェックアウトし、トルコ国内便でシャンルウルファに移動した。シリアとの国境からわずか四十キロほどの街である。ここから「イスラム国」のいわゆる首都ラッカまでは百キロあまりに過ぎない。

その日、兄弟の兄モアメドはパリ郊外の実家に残しておいた携帯電話にショートメッセージを送り、両親らに今生の別れを告げた。

「ママン、パパ。心配しないでほしい。私たちはカリフの領土（イスラム帝国）に合流する。人間がつくった法ではなく、シャリア（イスラム法）に支配された国で暮らすほうがいい[11]」

一行は一月八日、アクチャカレの国境を越えてシリアに入った。そこから先は「イスラム国」の支配地域である。

テロの後、アヤトはフランス当局から指名手配された。彼女に関しては「黒い手袋をはめてパリの地下鉄九番線にいた」「白いズボン姿で郊外地下鉄D線に乗っていた」など、根拠の薄い目撃情報が各地から寄せられた[12]。実際にはそのとき、彼女はすでに遠くシリアの地にいたことになる。

クリバリのインタビュー動画

以後、アヤトやベルシヌ兄弟については、いくつかの活動が漏れ伝えられている。

一つは、クリバリの犯行声明インタビューである。七分あまりの動画にまとめられ、事件から間もない一月十一日に『カリフの領土の兵士』のタイトルでフランスの動画共有サイト「デイリーモーション」にアップされた。その作業を担ったのは、「イスラム国」に到着したばかりのモアメド・ベルシヌだと推測されている。動画はその後削除されたが、ウェブを通じて拡散した[13]。

動画は冒頭、みずからの体を鍛え、武器を準備するクリバリの映像を紹介したうえで、インタビューに移る。質問は字幕で流れるだけで、クリバリが生の声で応じる形式を取っている。「イスラム国」がしばしば使う手法である。この映像のような一貫したインタビューが存在したわけではなく、さまざまな場面で撮影されたクリバリの独白映像に編集者が後から質問部分を加え、一つのストーリーに仕立てたと考えられる。ぼそぼそと語るクリバリの言葉は、俗っぽい表現も多く聞きとりにくい一方、落ちついた調子は終始一貫している。

この最初の質問に、白装束のクリバリが白い幕の前で答えている。背後の幕には「イスラム国」の黒い旗が掲げられている。

――どのグループに所属しているのか。仕える人はいるか。

「まずはイスラム教徒のカリフ（指導者）に向けて語る。カリフ国家宣言以降、私はカリフに忠誠を誓っている」

この事件の半年ほど前にあたる二〇一四年六月二十九日、イラク人のアブ＝バクル・バグダディがカリフ制国家「イスラム国」の樹立とみずからのカリフへの就任を宣言した。クリバリが言及しているのはこのことだと考えられる。

クリバリはこの言葉の後、アラビア語でおそらく同じような内容を語っている。目を落とし、与えられた文章を棒読みしているような感じである。

二問目に答えるクリバリは、白装束から一転し、Tシャツの上に軍服を着た姿である。場所も、ごく普通のアパルトマンの室内と思われる。つけっ放しのテレビのニュースだろうか、背景に女性の声が流れている。

――『シャルリー・エブド』を攻撃した兄弟とのつながりは。

「二手に分かれた私たちのチームのうち、兄弟は『シャルリー・エブド』をやり、私は少し後で警察をやりに行った。だからこうなった。私たちは、少し一緒にやり、少し別々にやった。より大きな衝撃を与えるためだったんだ。彼らが買いたいものの精算を終えられるよう、何千ユーロかを渡すことで、私は彼らを支援した。最終的に、問題が起きないよう同時に決行することにした」

三問目は再び服装が替わり、今度は黒い革ジャンを着込み、毛糸の帽子もかぶっている。隣りにはカラシニコフ銃が立てかけてある。いよいよ出撃する際にみずから撮影したのだろうか。

――なぜあなた方はフランスを、『シャルリー・エブド』を、ユダヤのスーパーを攻撃したのか。

「私たちがしようとしていることはまったく正当だ。もはやきわめて当然のことなのだ。あなた方はカリフ国家を攻撃する。『イスラム国』を攻撃する。私たちはあなた方を攻撃する。攻撃があれば、必ず報復もある。なのに、何が起きているのか理解しないまま、あなた方はみずから犠牲者をつくり出している。あなた方とその同盟国は、現地でいつも空爆をし、民間人や戦闘員を殺す。なぜそんなことをするのか。私たちがシャリア（イスラム法）を適用しているからか。私たちのところでシャリアを適用することはできない。この世で何が起こるかはあなた方が決めているからだ。そうじゃないのか。そんなのは放っておけない。戦うぞ」

最後の四問目は、最初の白装束に戻っている。

――フランスのイスラム教徒に向けた助言は。

「各地の、特に欧米諸国のイスラム教徒の同胞に訴える。彼らに求める。我が兄弟よ、何をしなければならないのか。何をしなければならないのか。彼らがあなたの娘を打ちのめすとき、彼らが預言者を侮辱するとき、あなた方は何をしなければならないのか。姉妹たちが脅されるとき、人々がみんな虐殺されるときに、何をしなければならないのか……」

アヤトのメッセージ

「イスラム国」に入ったアヤトの足跡は、しばらくさまざまなかたちで伝えられた。一つは、「イスラム国」が公表した動画である。

『シャルリー』襲撃事件から一カ月足らずの二月三日、「イスラム国」は人質のヨルダン人戦闘機操縦士を焼き殺す残忍な映像を公開し、世界にショックを与えた。アヤトらしき女性が登場する動画がアップされたのは、これと同じ日である。「我が子どもたちへのメッセージ　フランスを爆破せよ　その二」と題する映像だった。(14)

戦闘服を身にまとい、覆面をして銃を構えた七人の人物が砂漠に立つ。そのうちの一人が「フランスのイスラム社会」に対するメッセージだとして、流暢なフランス語で「イスラム国」への合流を呼びかける。

七人のうち、六人は黒い覆面をしているが、やや小柄な一人の覆面だけが茶色っぽい迷彩色である。その人物が女性であるのは明らかだが、映像から人物を特定するのは難しい。この人物がアヤト自身だと、映像を伝えた米テレビ『CNN』は指摘した。(15)

同じ二〇一五年二月には、「イスラム国」が発行するフランス語のインターネット雑誌『ダル・エル・イスラム』第二号「神はフランスを罰したまう」に、アヤトと思われる人物のインタビューが掲載された。(16)雑誌は『シャルリー・エブド』襲撃事件や「イペール・カシェール」人質事件の詳細を特集しており、しかし、欧米メディアとは視点が逆で、クアシ兄弟やクリバリの行為を「見習うべき手本」と称賛する内容である。その中の二ページ分を「アブ・バシル・アブドゥラ・イフリキの妻」なる人物のインタビューが占めている。アブ・バシル・アブドゥラ・イフリキは「イスラム国」がクリバリを呼ぶときの戦士名であり、つまり答えているのはアヤト・ブメディエンヌということになる。

その中身は、神への称賛と感謝の言葉であふれている。フランスのイスラム教徒に対して「コーランを読め」などと勧めてもいる。一方で、特にアヤトでなくても話せるような一般的な内容にとどまり、具体性に乏しい。クリバリが「イスラム国」のビデオを見て、これ以上見ると現地に行きたくなるから「もう見せないでくれ」と言った、とのエピソードが紹介されている程度である。

本当にこれがアヤトの発言なのか。テロ専門家として知られるラジオ『RFI』記者ダヴィッド・トムソンはこのインタビューを分析して「本物であることを示す証拠はない」と認めつつ、「イスラム国」のメディアには一般的に捏造やハッタリがあまり見られないこと、否定する材料も見当たらないことから、彼女が本当に語っている可能性が高いと指摘した。(17)

トムソンによると、フランス当局から指名手配されているアヤトが無事に「イスラム国」に到着したことを誇示することに、このインタビューの目的がある。インタビューにはまた、女性に関するジハード主義の基本的な論法がうかがえる。すなわち、「偉大なイスラム戦士の背後には必ず一人の女性がいる」との考えを示している。「女性が支えてこそ、テロは成功する。その例がクリバリだ。フランスのイスラム教徒よ、クリバリの例に続け」といった呼びかけなのだという。

男を「殉教」に誘い、叱咤激励し、共犯者や支援団体との連絡役を務め、時にはみずから準備にもかかわる。夫の死後もみずからは生き延びて、若者を招き寄せ、次の戦士たちを育む。アヤト・ブメディエンヌは、心の師匠たるマリカ・エル＝アルードの人生をなぞっているかのようである。加えて、彼女は自分の後に続く女たちにも、同じ道を歩むよう呼びかける。

アヤトは激しい気性で知られ、クリバリはその言いなりになっていたと思われる。元来は宗教心が薄いチンピラに過ぎなかったクリバリがジハード戦士としての自覚を抱いたのは、アヤトの後押しがあったからだろう。テロリストとしてのクリバリを完成させたのは、彼女ではなかったか。あえて推測すると、彼女はみずから、マリカ・エル＝アルードのような「殉教者の妻」となるために、クリバリをテロの現場に押し出したのではないだろうか。

これはもちろん想像に過ぎないが、たんなる思いつきでもない。

女たちのジハード

『パリジャン』『フランス・ソワール』などの大衆紙で剛腕事件記者として活躍し、『ルモンド』

紙を経て調査報道サイト『メディアパルト』に移ったマティユー・シュークは、『シャルリー・エブド』襲撃事件についてもっとも詳しいフランス人ジャーナリストである。捜査当局に深く食い込んでいる彼は、容疑者や関係者の取り調べ記録や盗聴記録を次々と入手し、その裏づけのもとに報道する手法で知られる。捜査の動向をつぶさに見てきた彼は、一連の事件の鍵が女性にあると看破する。

「ジハード主義の男たちが外で仕事をしたり、知人と会ったり、警察と駆け引きをしている間、女たちは家で本を読む。その結果、女のほうが宗教や理論に詳しくなり、しっかりとしたイデオロギーを抱く。アヤトの場合もそうです。妻が夫を『殉教』に送り出すことで、『イスラム国』は素晴らしい住居も保障してくれる。『殉教者の妻』は、ジハード主義者のブルジョア的地位が約束され、天国にも行ける。つまり、精神的と同時に物質的な利益もあるのです[18]」

ファリド・ベニエトゥーを改悛に導いた脱カルトの専門家ドゥニア・ブザールも、「夫の殉教」を待ち望む妻の意識を、その著書『家族をテロリストにしないために』で描いている。彼女が接したシリア帰りの女性ナディアは、夫が殉教者のリストに挙げられていると知って、泣き崩れるどころか、「彼が殉教者になれなかったら、私は別れていた」と愉快そうだったという[19]。

さらに激しい例もベルギーで報告されている。第二部で触れることになるが、マリカ・エル＝アルードの友人女性ファティマ・アベルカンのケースである。マリカとともに過激派組織「サントル・イスラミック・ベルジュ（CIB）」に出入りしていた彼女は、三度の結婚で七人の子どもを産み、それぞれに「殉教」の精神を植えつけた。子どもたちのうち三人をシリアやイラクの戦闘地帯に送り出し、そのうち少なくとも一人は死亡したといわれる。[20] 家族の命が奪われることは、ジハード主義の女性にとって悲しむべきことでなく、むしろ喜びなのである。

アヤトの場合も、それがクリバリにとっての幸福だと信じていたに違いない。クリバリも、みずからの死後に「殉教者の妻」と称賛されながら生きていくだろうアヤトの姿を想像して、恍惚感に浸っていたのではないか。クリバリのパソコンには、サリム・ベンガレム宛てではないかと推測される遺言が残されていた。「同胞が妻の面倒をみて、独りぼっちにしないよう気をつかい、金銭面でも厚遇してくれるよう望む」と、妻への気づかいを見せていた。[21]

端から見ると、女が男を、操り人形のようにもてあそぶかのようにも見える。そう思われても平気なだけの信念なり度胸なりを、アヤトは備えていた。

そのアヤトも、異郷の地で家族と会えないことの寂しさを募らせたようである。事件から三カ月あまり経った二〇一五年四月二十六日、彼女は兄弟姉妹に直接電話をかけた。[22] 落ち着いた様子で、「イスラム国」にいることを認めたが、具体的な場所は示さなかった。アラビア語を習い、コーランを読み、女友だちと交流する日常を語ったという。みずからの逃亡によって事情聴取を受けるはめになった家族たちに謝罪する一方で、テロについては関与を否定し、クリバリの行動にも気づかなかったと弁明した。彼女によると、クリバリはテロの一週間前、シリアに行くよう妻に求め、「心配するな、すぐ合流するから」と言ったという。

「イスラム国」を目指してアヤトがパリからマドリードに向かったのはテロの六日前だから、この証言は少なくとも時系列的に事実と合致する。

アヤトは、それ以外にも何度か、家族や友人に電話をかけてきた。しかし、二〇一五年九月二十八日を最後に連絡がなくなった。(23)

「イスラム国」での生活を、アヤトは電話で「素晴らしすぎる」と称賛していた。しかし、「イスラム国」は、期待するほどの理想郷ではありえない。死と隣り合わせの戦場なのである。

二〇一六年二月、アヤトとともに「イスラム国」に入ったとみられるモアメド・ベルシヌとメディ・ベルシヌの兄弟がいずれも現地で死亡したと、フランスの有料テレビ『カナル・プリュス』が伝えた。フランス情報筋が把握したところだと、兄モアメドは戦闘で、弟メディは戦場で負傷した後に十分な手当てを受けられず、命を落としたという。(24)「殉教者の妻」としての栄光に包まれたアヤトと違い、兄弟は幹部としての処遇を受けず、前線に送り出されたのだった。

二〇一九年三月、クルド人中心の武装勢力の攻撃を受けて「イスラム国」が事実上崩壊する直前に、アヤト死亡の情報が流れた。「イスラム国」が最後まで立てこもっていたシリア東部バグズで彼女が空爆を受けて命を落としたと、投降した幹部の家族が証言し、それをいくつかの英語メディアが伝えたのである。(25)ただ、フランスの情報機関はこの情報を確認できず、信憑性に乏しいとしてフランスのメディアもほとんど後追い報道をしなかった。(26)本書の執筆時点で、彼女の行方は杳《よう》として知れない。

既視感の広場で

クアシ兄弟とアメディ・クリバリが射殺され、一連の事件が解決した翌々日にあたる二〇一五年一月十一日、フランス各都市でテロに抗議する数百万人規模の行進が催された。パリでは、百万人余りが中心部の共和国広場に集まり、バスチーユ広場まで行進した。

その先頭には、大統領のフランソワ・オランドをはじめ、ドイツ首相アンゲラ・メルケル、英首相デーヴィッド・キャメロン、イスラエル首相ベンヤミン・ネタニヤフ、パレスチナ自治政府議長マフムード・アッバスら各国首脳がずらりと並んだ。警護の都合もあり、実際に首脳らが歩いたのは約一・七キロの行程のうちの三百七十メートル、わずか六、七分に過ぎなかったが、それでも結束ぶりを内外に示すには十分だった(27)。

物議を醸した『シャルリー・エブド』の挑発的な編集方針に関しては、この集会では棚上げされた。参加者たちは、この特異なメディアの内容に踏み込んで身動きが取れなくなることを慎重に避けつつ、一般論としての「言論の自由」擁護を掲げ、テロの暴力的側面を拒否する姿勢を示した。それが、立場や国を超えた人々の結束を可能にした。

ただ、その訴えに賛同しなかった人、反発した人がいたのもまたたしかである。一部のイスラム教徒は無関心だった。また、「イスラム主義排斥」を掲げる右翼ポピュリズム政党「国民戦線」は、「社会を分断する」との理由で政府から行進への参加を拒否された。

デモの出発点となった共和国広場に私が足を運んだのは、この行進の翌日だった。広場の中心には、フランス共和国を象徴する女性像「マリアンヌ」の記念碑がそびえ立つ。その周囲を、市民が持ち寄ったペンや鉛筆が取り囲む。同時に捧げられた花束とろうそく、記念碑のあちこちに落書きされた連帯の合言葉「私はシャルリー」――。一輪の花を携えて広場に追悼に訪れる人々の姿をながめながら、「デジャヴュ（既視感）」が拭えなかった。

十三年近く前の二〇〇二年四月二十一日深夜、私はこの広場にいた。今回と同様、自由と民主社会の擁護を掲げたデモが繰り広げられていた。その直前、その日の午後八時にフランス大統領選の第一回投票の結果が明らかになり、右翼「国民戦線」党首ジャン＝マリー・ルペンが決選投票に勝ち残ったのである。これに対し、危機感を抱いた市民が「民主主義を守れ」と叫びながら、この広場に繰り出してきたのだった。(28)

いかに右翼が危険だとはいえ、それが民主主義の根幹を成す選挙の結果なのだから、本来なら「民主主義を守れ」と叫ぶのはやや奇妙だった。しかし、広場の熱気はそんな疑問をかき消した。「右翼」という敵を見いだして、フランス人は団結した。

似た光景をどこかで見た感覚の源は、間違いなくこのときの体験だった。十三年前は右翼、今回はテロリストである。敵が異なるとはいえ、「自分たちは今、戦いの最中にいる」といった市民の陶酔感は共通していただろう。

イスラム過激派も右翼も、フランスと欧州が育んできた自由、人権、民主主義、安定の価値観と現実を脅かす。その挑戦に対して団結できるのは素晴らしい。ただ、その行動は同時に、そのような危機をみすみす招いた自分たちの責任に対する言い訳にもなっている。

二〇〇二年の場合、市民の興奮は長続きしなかった。決選でルペンが敗れると、危機感は急速に薄れた。以後、ポピュリズムの脅威は去ったかのように扱われた。

その後、二〇一一年に「国民戦線」党首を引き継いだ娘マリーヌ・ルペンのもとで党が勢いを盛り返したのは、周知のとおりである。二〇一七年の大統領選でマリーヌは決選に進出し、十五年前に父が決選で獲得した五百五十万余票の倍近い一千六十万票あまりを得たのだった。その後「国民戦線」は「国民連合」と改称し、安定した支持を集めている。野党勢力としての地位は、二〇一九年現在、フランス政界でもはや揺るぎない。

反右翼の熱気がまもなくどこかに消え去ったように、反テロと「言論の自由」擁護の高揚感もさほど長続きせず、事件後は急速に醒めていった。『シャルリー・エブド』もクアシ兄弟もクリバリも、人々の話題から遠ざかった。人々は日々の生活に戻った。パリを訪れる観光客は激減したものの、大枠では以前と変わらぬ日常が戻ってきた。

それは市民にとって当然の営みだろう。弔いは、亡き人々を追悼するためであるとともに、彼らを忘れるためでもあるからである。ただ、その緊張感は残念なことに、市民からだけでなく、捜査当局、情報当局、政府、言論界からも徐々に失われていった。すでに述べたように、テロを企てるのは、きわめて限られた、狭い世界の人脈である。警戒さえ怠らなければ、そのネットワークを壊滅状態に追い込むきっかけがあったに違いない。にもかかわらず、彼らは機会を逃したのだった。

その結果、フランスは一年も経たないうちに、再び大規模テロに見舞われた。そこでは、百三十人もの人命が奪われたのである。

コラ・アペール街。右正面の白い建物の奥に
ャルリー・エブド』編集部があった。

『シャルリー・エブド』編集部のあった
アパルトマンに描かれた犠牲者らの似顔絵。

リバリに殺害された警察官
ラリッサ・ジャン＝フィリップを悼む現場の祭壇

立てこもり事件の舞台となったスーパー
「イペール・カシェール」

第二部

ヨーロッパ戦場化作戦

──パリ同時多発テロ、ブリュッセル連続爆破テロ

「イスラム国」で撮影されたアブデルアミド・アバウド

【主要人物】

◉アブデルアミド・アバウド　Abdelhamid Abaaoud
パリ同時多発テロの実行部隊のリーダー格。モロッコ系移民二世としてベルギーに生まれ、ブリュッセル近郊モレンベークで育つ。家庭は裕福だったが、若いころから犯罪に手を染めた。「イスラム国」に渡航して頭角を現し、難民の群れに交じって欧州に舞い戻った。パリ同時多発テロでは、実行部隊を統率するとともに、シャキブ・アクルー、ブライム・アブデスラムとパリ市内3カ所のカフェやレストランのテラス席を狙って銃撃を展開した。現場から姿をくらませたが、パリ郊外サンドニに潜伏中、特殊部隊の急襲を受け死亡した。

◉サラ・アブデスラム　Salah Abdeslam
アブデスラム兄弟の弟。モロッコ系移民二世のフランス人だが、ベルギーに生まれ育った。アバウドとは同じ小学校に通った幼なじみで、一緒に犯罪にかかわった。兄ブライムとともにパリ同時多発テロの準備に携わり、スタッド・ド・フランス攻撃部隊を現場に運ぶなどしたが、自爆に失敗して逃亡。翌年モレンベークで拘束され、実行犯として唯一生き残った。兄ブライムはテラス襲撃部隊に加わった後に自爆した。

◉イスマエル＝オマル・モステファイ　Ismaël Omar Mostefaï
アルジェリア系移民二世としてパリ郊外に生まれ、パリ西方シャルトルで暮らす。「イスラム国」で軍事訓練を受け、パリ同時多発テロではサミ・アミムール、フエド・モアメド＝アッガドとともに劇場バタクランを襲撃した。

◉**ビラル・アドフィ　Bilal Hadfi**

パリ同時多発テロの実行犯では最年少の20歳で、スタッド・ド・フランスでの自爆犯を統率した。

◉**モアメド・アブリニ　Mohamed Abrini**

アブデスラム兄弟の幼なじみで、パリ同時多発テロの準備にかかわった後に潜伏し、翌年のブリュッセル連続爆破テロの実行犯にもなった。ブリュッセル国際空港の現場から逃走したが、後日逮捕された。

◉**マリカ・エル＝アルード　Malika El Aroud**

モレンベークの過激派組織「サントル・イスラミック・ベルジュ（ＣＩＢ）」に出入りし、そこで知り合って結婚したアブデサタール・ダーマンとアフガニスタンのアルカイダ訓練キャンプに渡った。ダーマンがアフガン北部同盟指導者マスードを暗殺して死亡したため、「殉教者の妻」として ジハード主義者らの尊敬を集める。その後は過激思想の普及に勤しみ、その著書『光の戦士たち』はアヤト・ブメディエンヌをはじめ多くの過激派の若者に影響を与えた。モロッコ人でベルギーに帰化したが、後にベルギー国籍を剝奪された。

◉**ハリド・ゼルカニ　Khalid Zerkani**

モロッコ出身。モレンベークでイスラム過激派のリクルーターとして活動し、アバウドらを含む多くの若者をシリアに送り出した。ひげを生やし、資金を分け与えることから「ジハードのサンタクロース」と呼ばれた。

第1章　なぜフランスは見誤ったのか

偽りの単独犯

大揺れの後の余震に似て、風刺週刊紙『シャルリー・エブド』襲撃事件後のフランスとその周辺では、イスラム過激派によるテロや未遂事件が頻発した。その都度メディアは騒ぎ、観光客の足はパリからさらに遠のいた。一方で、市民は徐々に、そうした状態に慣れていった。

これらのテロはおおむね単独犯によるもので、犠牲者の数も少人数にとどまった。『シャルリー・エブド』事件に触発された過激な男たちが勝手に暴走しているようにみえた。オランド政権も、市民も、世界を揺るがす事件が再発する前兆だとは受けとめなかった。

単発テロの傾向は、『シャルリー・エブド』襲撃事件以前からすでにうかがえた。最初のものは、アルカイダを標榜するモアメド・メラーが二〇一二年、トゥールーズ近郊でユダヤ教徒の学校の教師や児童、軍人ら計七人を殺害した「メラー事件」である。第一部で振り返ったとおり、フランスがそれまで十五年あまりにわたってイスラム過激派テロを封じ込めてきた平和な時代は、ここに終わりを告げた。

二〇一四年五月二十四日、ブリュッセル中心部にあるユダヤ博物館で起きた発砲事件は、これに続く出来事だった。カラシニコフ銃で武装した男が訪問者らを襲い、イスラエル人観光客の夫婦と博物館ボランティアのフランス人、受付係のベルギー人青年の計四人を殺害した。犯人はメラーや後のクリバリと同様に、ウェアラブルカメラをヘルメットに取り付け、みずからの犯行を撮影しようとしていた。[1]

現場から逃走したアルジェリア系フランス人メディ・ネムーシュは六日後、銃を持ってマルセイユのバスセンターにいるところを拘束された。ブリュッセルは隣国ベルギーの首都だが、パリから特急で一時間二十分程度の距離に過ぎない。同じフランス語圏でもあり、フランスとの行き来は頻繁である。この事件には、半年後の『シャルリー・エブド』襲撃事件とそれに続くパリ同時多発テロを予感させる要素が詰まっていた。しかし、人々はそれに気づかなかった。

次に起きたのは、二〇一五年一月七日に起きた『シャルリー・エブド』襲撃事件である。その後も、以下のテロが続いた。

▼二〇一五年四月十九日、ヴィルジュイフ女性殺害事件

パリ南郊外ヴィルジュイフで、フィットネスクラブのインストラクターの女性の遺体が車の中で見つかった。若い男が容疑者として拘束された。男は、この街にあるサントテレーズ教会を襲撃する目的で車を奪おうとして殺害に至ったと考えられた。男は犯行の過程で自分の足を撃ってけがを負い、間抜けなことにみずから救急車を呼んでしまい、すべてが発覚した。[2] 後に、フランス在住のアルジェリア人学生シド・アフメド・グラムと判明した。

▼六月二十六日、サンカンタン＝ファラヴィエ生首事件

リヨン郊外サンカンタン＝ファラヴィエのガス工場で爆発が起き、車で乗りつけていた運送会社の運転手の男ヤシン・サリが拘束された。工場入り口のフェンスには、切り落とされた男性の生首がぶら下げられていた。男性はサリの勤め先の経営者で、サリが殺害したとみられた。現場からはイスラム過激派のものとみられる旗が見つかった。サリはアルジェリア人の父とモロッコ人の母の間に生まれたフランス人で、子ども三人の家庭を持っていたが、過激派の疑いをかけられて情報当局の監視を受けたこともあった。(3)

▼八月二十一日、タリス襲撃事件

ベルギー国内を走行していたアムステルダム発パリ行き特急「タリス」九三六四号の車内で、カラシニコフ銃と拳銃、ナイフで武装した男が乗客に向けて発砲した。二人がけがを負ったが、乗り合わせた米軍人ら三人が男を取り押さえた。この男はモロッコ人のアユーブ・ハザニと判明した。(4) 事件の模様は、クリント・イーストウッド監督で二〇一八年に公開された米映画『15時17分、パリ行き』で再現され、米軍人らを含む当時の乗客のほとんどが出演した。(5)

いずれの場合も、犯人は単独で行動しており、銃や刃物など比較的入手が容易な武器を手にしていた。いずれの事件も、計画性や準備に乏しい単発の出来事と受けとめられた。彼らを称して、

「ローンウルフ（一匹狼）」テロリストという言葉が使われた。彼らは組織に頼らず、みずからの信念と判断にもとづいて行動する。危険な存在だが、一人だとできることも限られる。大規模なテロは起こせないだろう——。そのような意識が社会で共有された。実際、『シャルリー・エブド』襲撃事件後にフランス当局は徹底的な取り締まりを展開しており、大きなテロ組織が残っているとは考えにくかったからである。

後から思えば、その見立ては完全に誤っていた。彼らの多くは、ローンウルフなどではなかったのである。

「イスラム国」のテロ設計者たち

『シャルリー・エブド』襲撃事件から数カ月を経た二〇一五年半ば、「イスラム国」は新たな大規模テロに向けて着々と準備を進めていた。

「イスラム国」の起源は、フセイン政権を崩壊させた二〇〇三年のイラク戦争にさかのぼる。戦争後のイラクで実権を握ったイスラム教シーア派勢力や米軍に対し、反発を強める旧政権の残党らがジハード主義者と合流し、ヨルダン人のアブ＝ムサブ・ザルカウィのもとで翌年、「イラク・アルカイダ機構」を立ち上げた。組織は〇六年に「イラク・イスラム国（ISI）」に発展し、ザルカウィはその年米軍に殺害されたものの、一〇年に指導者の地位に就いたアブ＝バクル・バグダディが砂漠地帯を拠点に勢力を拡大した。これは、一一年に「イラク・シリア・イスラム国（ISIS）」となり、さらに一四年からは「イスラム国」を名乗った。ただ、そのころまで組織はこの地域の覇権争いで頭がいっぱいになっており、欧州のことなどを考える余裕はなかったと思われる。

そこに「フランスを標的とする」といった異質な発想を持ち込んだのは、「イスラム国」に加わっていたアルジェリア人の一団だった[6]。一九九〇年代に「武装イスラム集団（GIA）」を組織してフランスで壮絶なテロを繰り広げた彼らは、いったん敗れた敵に対する報復戦争を挑もうとしたのである。

その中心にいたのが、アブデルナセル・ベンユセフである[7]。アルジェリアに生まれ、五歳で渡仏してパリ北郊のオルネ・スーボワで育った彼は、麻薬売買や盗みにかかわった後にジハード主義にのめり込み、二〇〇〇年に二十三歳でアフガニスタンに渡って軍事訓練を受けた。グルジア（現ジョージア）北部のパンキシ渓谷に移り、隣接するロシア・チェチェン共和国のイスラム武装勢力を支援した後、二〇〇四年にアルジェリアで拘束され、二年間を獄中で過ごした。

彼が「イスラム国」の幹部として姿を現したのは、それから十年近く経ってからである。アフガニスタン仕込みの戦闘経験者として重宝された彼は、百人を超すエリート部隊を率いる地位に就いた。後のパリ同時多発テロの実行犯は、彼の支配下にいた人物が少なくないという。イラクのシーア派政権やシリアのアサド政権でなくフランスを標的とする発想を抱いたのも、その目的を達成するためにイラクとシリア以外で作戦を遂行する部隊を創設するよう指導者バグダディに進言したのも、ベンユセフにほかならない。少なくとも、フランス情報当局はそうみている[8]。

これをもとに、テロを指揮する本部が、以下の四人の幹部によって「イスラム国」で結成された。

▼アブデルナセル・ベンユセフ
▼サミール・ヌアド
▼ブバクール・エル＝アキム
▼ウサマ・アタール

サミール・ヌアドは一九七二年アルジェに生まれたアルジェリア人で、ベンユセフの古い友人である。「武装イスラム集団」に加わり、ベンユセフと同様にアフガニスタン、グルジアと回り、「イスラム国」に合流した。パリ同時多発テロで実行犯を率いたアブデルアミド・アバウドは、ヌアドの配下にあった(9)。

ブバクール・エル＝アキムは、すでに第一部第4章で紹介したとおり「ビュット＝ショーモン筋」のメンバーであり、フランス人として「イスラム国」でもっとも高位に就いた人物である。

ウサマ・アタールも、エル＝アキムと似た軌跡をたどった。モロッコ移民二世としてブリュッセル郊外に生まれ、ベルギーで育った後、イラクに渡って戦闘員となった。二〇〇五年に現地で拘束されて禁錮二十年の判決を受け、アブグレイブ刑務所にも収容された。彼の解放交渉には、ベルギー政府や人権団体が尽力したという。しかし、こうして二〇一二年にやっと自由の身になった彼は「イスラム国」に入り、命の恩人の立場にあるはずのベルギーを標的にテロに勤しんだと考えられる。[10]

この四人をみると、ベンユセフとヌアドが四十代であり、アフガニスタンでのアルカイダ経験があるのに対し、エル＝アキムやアタールは一回り若い世代にあたる。すなわち、第一部の『シャルリー・エブド』襲撃事件でジャメル・ベガルやマリカ・エル＝アルードがクアシ兄弟やアメディ・クリバリ、アヤト・ブメディエンヌに対して過激派としての将来を託したように、ベンユセフとヌアドも次世代の有能な若者にジハードの経験とノウハウを引き継いだのである。

「イスラム国」では、この幹部四人の指揮のもと、作戦部長級の四人がテロリストを養成する任務にあたった。

▼**アブデルアミド・アバウド**　パリ同時多発テロの実行部隊の指揮官。

▼**ナジム・ラアシュラウイ**　パリ同時多発テロの準備にかかわった後、ブリュッセル連続爆破テロで自爆した。

▼**モハメド・エムワジ**　人質の残酷な処刑にかかわり、「ジハーディー・ジョン」の異名で世界に知られたクウェート生まれの英国人。英語圏のテロリスト養成の中心になった。

▼**サリム・ベンガレム**　第一部第4章で描いたとおり、シェリフ・クアシと一緒にイエメンに渡航した人物。「イスラム国」で欧州戦域司令官となった。

フランスで単発的なテロを起こした男たちは、これらの人物によって発掘され、鍛えられたのだった。

与えられていた任務

ユダヤ博物館を襲撃したメディ・ネムーシュ、特急タリスでテロを試みたアユーブ・ハザニは、実際にはいずれも「イスラム国」から欧州に送り込まれた人物だった。彼らは、パリ同時多発テロを指揮した「イスラム国」の中堅幹部アブデルアミド・アバウドから、明確にテロの任務を与えられていた。

フランス北部ルーベ出身のネムーシュは、強盗や盗みを繰り返した後、刑務所内で過激派に近づき、出所後「イスラム国」に渡航した。現地で欧州人の人質を管理する刑務官役を務めた後、事件の直前にドイツ経由でブリュッセルに到着していた。その間、アバウドとも電話で会話していたことが明らかになっている。

モロッコに生まれ、スペインやベルギーに暮らした後にシリアに渡ったハザニに至っては、後に述べるように「イスラム国」を出て難民に交じって欧州に渡る時点で、アバウドと行動をともにしていた。[11] この二人は「イスラム国」で、戦闘員として訓練を重ねた人物である。

ヴィルジュイフ女性殺害事件のシド・アフメド・グラムは、「イスラム国」のベンユセフやヌアドから事細かにコントロールされていた。教会を襲うよう彼に指示したのはアバウドだった。[12] サンカンタン＝ファラヴィエ生首事件のヤシン・サリも、過激派グループと密接な関係を持っていたと考えられる。いずれも、たんに犯行時に一人だっただけで、狼のように孤高でもなければ、自主的にテロに走ったわけでもなかった。

にもかかわらず、フランスやベルギーの当局が彼らを「ローンウルフ」と位置づけたのは、たんにその背景を把握していなかったからに過ぎない。たしかに、テロリストの側にも、組織の支援と助言を受けたとはとても思えない稚拙さが目立った。グラムのように本編のテロに入る前に捕まってしまったり、ハザニのように列車の乗客に組み伏せられたりするようでは、当局が軽くみたのも仕方なかった。

テロを実行する前に拘束されたフランス人レダ・アームの例は、テロリストの不器用ぶりを端的に示している。「イスラム国」の勧誘や訓練の実態は通常謎に包まれているが、アームの場合はフランスで裁判を受けたため、その実態が知られることになった。

パリの航空宇宙産業でコンピューター技術者として働いていたアームは、シリアの大統領アサドを倒さねば、といった義憤に駆られ、二〇一五年六月「イスラム国」支配地域に入った。「イスラム国」側からの尋問を受けた後、彼はさっそく軍事訓練に駆り出された。その指導役がアバウドだった。

「コンサートか集会の場で、集まった人々を銃撃せよ。彼らは簡単な標的だ。そこで人質を取って戦え。そして、特殊部隊が介入するのを待ち、殉教者として死ぬのだ」

アバウドはアームにそう望んだ。後のパリ同時多発テロの光景そのものである。アバウドはこのときすでに、パリでの攻撃に参加するメンバーを募り、訓練を繰り返していた。

大衆を狙うことについて、アバウドは「フランスの外交政策を変更させるためだ」と説明した。[13]

ただ、アームはシリア政府軍と戦うことしか頭になく、欧州でのテロに関心を示さなかった。アバウドは素っ気なくなり、「ここで戦うより、フランスに戻れるほうがよほど幸運なのに」と言った。(14)

テロリストは瀬踏みを続けていた

パリでパソコンをいじっていた青年アームにとって、軍事訓練は慣れない営みである。初日、カラシニコフ銃の扱い方を教えられたアームは、さっそく親指を挟んでけがを負った。

翌日、アームはグラスを撃ち抜く訓練に臨んだ。弾は空に消え、彼の拙さにあきれたアバウドは怒り狂った。

最終日の三日目は、壁に描いた的に向かって手榴弾を投げる訓練だった。十分遠くに投げられなかったアームは、爆発の破片でけがを負った。アバウドはアームを医者に連れて行った。

たかだか一週間滞在しただけで、アームは「イスラム国」から欧州に派遣されることになった。アバウドが車で、トルコ国境まで連れて行ってくれた。「ソフトターゲットを襲え」との任務を与えられた彼は、夏休みのバックパッカーになりすまし、イスタンブール、プラハなどを経由して列車でパリに戻った。

計画がばれたのは、アームとともに「イスラム国」を出てスペインに送られた若者が当局に尋問され、アームの名前を漏らしたからである。パリ同時多発テロの三カ月前にあたる八月、アームは拘束された。彼は、「イスラム国」がコンサートを標的にしていると当局に告白した。しかし、その情報は生かされることなくテロ当日を迎えたのである。

「イスラム国」は、大規模テロに向けて着々と準備を進める一方、当局の防護態勢と反応を探ろうと、単独犯によるテロを起こしていたと考えられる。その意味で、相次いだ小規模テロやアームらテロリストの拘束は、来たる大テロの前兆にほかならなかった。フランスは、それに気づかなかった。「イスラム国」の専門家として知られる米『ニューヨーク・タイムズ』紙の記者ルクミニ・カリマキは、こう結論づけている。

「パリ同時多発テロの前二年間にわたってアバウドが指揮して失敗した攻撃は、ある種の試験走行であり、暴力の新たな波を起こす中での試みだった[15]」

「今となって考えると、テロ組織が何を狙っていたか、少なくとも二〇一四年には読みとることができた。しかし、各国の当局はそれぞれのテロと『イスラム国』とのつながりを見落とすか見くびるかして、それがまるで孤立して無計画な行動であるかのように過小評価したのである[16]」

「イスラム国」とアバウドは、未熟な若者を使って様子をうかがう一方で、精鋭を温存していたのではないか。彼らがその力を発揮する場は、一連の小規模攻撃の後に待っていた。

テロ翌日の街角

二〇一五年十一月十四日、土曜日にもかかわらず、私は東京の自宅で朝七時前に起き出した。新聞社で国際社説担当の論説委員を務めていた私は、フランスやベルギーで戦後の歴史認識を取材するため、この日昼過ぎの便でパリに向かう予定だった。

寝ぼけ眼《まなこ》でテレビをつけると、定時に始まったニュースの冒頭、前夜の事件の映像が飛び込んできた。パリは再び、大規模テロの舞台となっていた。しかも、一月のテロが新聞社やユダヤ教徒のスーパーという限られた場所での出来事だったのに対し、今回の「パリ同時多発テロ」は街角そのものが襲撃現場である。最終的に百三十人に達した犠牲者の数も、前回とは比較にならない規模だった。

世界的な事件となるだろう。社論が問われることになる。しかも通常の一日二本掲載する社説の一つではなく、二本のスペースをぶち抜いた大型社説を必要とされるに違いない。最低限の情報を集めた私は、羽田に向かう車内でパソコンを開いた。空港に着いても書きつなぎ、搭乗時間直前に何とか一通り書き終えて送稿した。その社説は、同僚の修正を経て翌日の新聞に掲載された。

《非道なテロに慄然とする。無差別に多くの人命を奪った蛮行はフランスだけでなく、世界にとっての悲劇である。

被害者のほとんどは、紛争や過激思想とは無縁の、普通の市民である。犠牲者や遺族の無念さは察するにあまりある。

テロの矛先が向いているのは、フランスだけではない。明日は自国に突きつけられる問題だとの意識を肝に銘じたい。

軍などの施設と異なり、民間施設は「ソフトターゲット」と呼ばれる。攻撃に弱いとわかっていても、人の動きへの規制を強めれば、自由主義社会の原則が侵食される。テロは、自由に対する挑戦なのである。

直接の政治的な動機が何であれ、平和な文明社会に恐怖をもたらし、人々の間に亀裂をつくる意図があるのがテロの常だ。

テロがもくろむ社会の分断をみすみす許してはならない。(17)》

『シャルリー・エブド』襲撃事件のときは、ちょうどその直後にフランス出張の予定があったため、事件発生から四日後のパリを訪ねることになった。今回、同様にパリに降り立つのは、事件発生の翌日だった。偶然に過ぎないものの、年に何度も行く場所ではないだけに、めぐり合わせというものを感じないでもなかった。

到着したパリは、すでに夕闇に包まれ、元日の夜のように静まりかえっていた。マルゼルブ街からマドレーヌ、オペラへと車で回る。ふだんなら享楽を見せびらかすかのような街角のカフェは、週末にもかかわらず、軒並み灯を消している。行き交う人もほとんどいない。これがあの華の都なのか。

オペラ近くの定宿に入り、テレビをつけた。複数の現場の状況が交錯し、どこで何が起きたのか、うまく呑み込めない。実際にテロが起きた場所を訪れ、被害者と加害者が見た風景を脳裏に刻みつつ、情報を反芻《はんすう》しなければなるまい。

翌十五日、日曜日の朝、雲ひとつない空の下を、私は共和国広場から歩き始めた。

現場を歩く

パリの真ん中からやや東側に位置する共和国広場は、自由や平等、人権といったフランスの基本理念が脅かされるときに市民が集まる場所である。風刺週刊紙『シャルリー・エブド』襲撃事件の際にも追悼の場となり、人々が集まって献花や献灯をした。今回も、やはり大勢が集まっている。

事件から三十時間あまりを経たこの時点で、犠牲者は百二十九人に達していた。最終的な数は死者百三十人だったから、ほとんどの場合は病院に運ばれた時点で手遅れだったと推測できる。このほか、容疑者とみられる七人の死亡が確認されていた。

▼劇場「バタクラン」

まず、九十人という最大の犠牲者を出したコンサートホール「バタクラン」に徒歩で向かう。十九世紀半ばに建てられて東洋風の派手な外観を持つ「バタクラン」は、白い石造りの街並みが並ぶパリの街中できわめて目立つ建築物である。その名称は、オッフェンバックの喜歌劇「バ・タ・クラン」に由来し、歴史的建造物に登録されている。当夜、ここでは米国のロックバンドのコンサートが開かれていた。容疑者らはその会場に入って聴衆を次々と撃ち、続いて人質を取って立てこもった。最終的に容疑者らは死亡した。

ホールの周辺は広範囲にわたって封鎖されている。現場検証がまだ続いているのだろう。路上に設けられたあちこちの柵の周囲に、市民が持ち寄った花束が置かれ、追悼メッセージの紙が貼りつけられている。

道端に並んだ花束を目にしばらく歩くと、見覚えのある風景に行き当たった。真ん中に公園が設けられた幅六十メートルの街路、リシャール・ルノワール街である。これほど幅が広いのは、サンマルタン運河をふさいでその上を通りとしているからである。

ここは、『シャルリー・エブド』襲撃事件以来何度か訪れた場所だった。編集部を襲撃したクアシ兄弟は、車に乗ってこの通りを逃走する途中、警察官アーメド・メラベを射殺した。つまり、「バタクラン」が位置しているのは、『シャルリー・エブド』編集部のごく近くなのである。前回と今回の事件は、パリの同じ地域を舞台にしている。

「バタクラン」で実際に何が起きたのか、事件発生から一日半も経っていないこの時点で、私にはほとんど知識がなかった。ただ、その一端をうかがえる映像は前夜、目にしていた。『ルモンド』紙の記者ダニエル・プセニが撮影し、同紙のサイトにアップされた動画である[18]。

プセニは、「バタクラン」の脇のサンピエール・アメロ街に面したアパルトマンの三階に住んでいる。同紙によると、その夜彼は部屋でテレビをつけたまま仕事をしていた。突然、爆竹のような音を耳にして、彼は最初、テレビドラマの中の音だと勘違いした。窓の外を見ると、目の前にあるホールの非常口から大勢が走って出ていた。

動画は、その阿鼻叫喚《あびきようかん》の場面を記録していた。出口の周囲で倒れたまま動かない人がいる。撃たれた仲間の体を懸命に引きずりながら走り去る人がいる。「バタクラン」三階の窓から逃げようとして外にぶら下がっている女性がいる。

その後、プセニはけが人を助けようと街路に出て、窓からのぞいていたとみられるテロリストに撃たれた。弾は左腕を貫通した。救援の到着は遅く、彼が病院に担ぎ込まれたのは、アパルトマンで三時間苦痛に耐えた後だった。[19]

襲われたテラス

劇場「バタクラン」近くからリシャール・ルノワール街を北にさかのぼり、別の現場を目指した。

▼カフェとピザ店

この通りの名称は、途中からジュール・フェリー街に変わる。ここは、別の意味で見覚えのある風景である。三十年前の一九八五年、はじめてパリにきた私は、この通りのユースホステルに宿を取った。パリで迎えた最初の夜、宿の近くの中東系料理店で、やたら辛い料理を勧められるまま食べたら、さっそくお腹を壊した。以後三日間ほど、散策もできず宿のドミトリーのベッドでうめくはめになった。

その料理店は、年月を経てまだ同じ場所にあった。記憶の中ではアラブ料理だったが、改めて見ると「トルコ料理」をうたっている。店構えを変えたのかもしれないが、かつての激辛メニューはそのままである。

カフェ「ラ・ボンヌ・ビエール」は、ちょうどそのトルコ料理店の向かいに位置していた。広々とした五叉路の角にあたり、他のカフェと同様、歩道上にテラス席を設けていた。パリでは、十一月には珍しく暖かい日々が続いていたから、テラスにも多くの人がいただろう。

このカフェでは少なくとも五人が死亡した。そこから数軒先の三叉路の角にあるピザ店「カーザ・ノストラ」も襲撃を受けたが、こちらでは死者が出なかった。

「ラ・ボンヌ・ビエール」のガラスには、銃弾の穴が生々しい。店内には食器や椅子が傾いたまま残り、事件当時の様子を伝えている。男たちは百発程度を撃ったという。このカフェの隣りにあるコインランドリーも銃撃を受け、入り口のガラス戸が粉々に砕かれていた。

▼カンボジア料理店とバー

「ラ・ボンヌ・ビエール」から徒歩数分、パリ市内の大病院の一つ「サンルイ病院」の塀に面した小さな五叉路の角に、カンボジア料理を出すレストラン「プチ・カンボージュ」がある。病院のインターンたちの間で評判の店で、いつも多くの客で賑わっていたという。その向かいの角にあるバー「カリヨン」も、地元の人の憩いの場となっていた。

この一角を襲った男たちは、「ラ・ボンヌ・ビエール」と同じグループとみられた。発生時間はこちらのほうが早い。

「カリヨン」のガラスにも銃弾の穴が残る。そこに追悼のバラの花が挿されていた。両店とも、その前は市民が持ち寄った花束とろうそくで埋まっている。ここでは少なくとも十二人が死亡した。[20]

▼ビストロ「ベル・エキップ」

共和国広場に戻って地下鉄に乗り、南東に四駅のシャロンヌで降りる。この近くシャロンヌ街のビストロ「ベル・エキップ」が襲撃を受けたのは、カンボジア料理店とバー、カフェとピザ店の後である。襲撃した男たちは、無言のまま銃を撃ちまくったという。死者は、「バタクラン」をのぞくと最大となる二十人に達した。[21] この店の前にも、多くの花束が集まり、追悼の市民やメディアが集まっている。

その隣りにある日本料店「スシ・マキ」も被害を受けた。笹の模様が刷り込まれたガラスに、大きな弾痕が穴を開けている。日本料理店といっても本格的なものではなく、和食ブームに便乗して中華料理からにわか仕立てで転換した店だろう。店の一部には中華風の装飾が残っている。

▼カフェ「コントワール・ヴォルテール」

地下鉄シャロンヌ駅からヴォルテール街をさらに南東に進むと、大広場ナシオンの手前の交差点の角にカフェ「コントワール・ヴォルテール」がある。三つの現場で惨劇が繰り広げられた後、この店に一人の男が入ってきた。身につけていた自爆ベルトが爆発して本人は死亡し、客や従業員十五人ほどがけがを負った。

犠牲者が出なかったからだろう。この店の前に、他の店のような花束の山はない。それでも、いくつかの花とろうそくが供えられていた。店の前で近所のお年寄りらが立ち話をしている。一人の老人が「通りがかったら大勢の人がいたので、何かと思った。後で新聞を見たら、自爆したんだってねえ」。他のお年寄りが熱心に聴き入っている。テレビのニュース伝達力が弱いフランスで、人々が情報を入手するのは、ラジオか新聞か噂話を通じてである。

狙われた享楽の都

現場を訪ねて気づいたのだが、襲われたレストランやカフェはいずれも、交差点の角に位置している。こうした店は、多くの場合値段のわりに料理はたいしたことがないが、華やかで待ち合わせに向いていることから、いつも大勢の客で賑わっている。

曇天の下で暮らす日が多いパリの市民は、外気外光への強い憧れを抱く。何かと理由を見つけては、戸外に出ようとする。若者の間にまだ多い喫煙者もまた、全面禁煙の室内を避ける。だから、レストランやカフェも大概、テーブルと椅子を歩道に広げてつくったテラス席から埋まっていく。店を背にして座る彼らは、道行く人々を品定めしつつ、ビールやワインを片手に談笑する。通行人も、そのようなテラスの賑わいを目にして、パリにいるのだと実感する。屋内のパブが賑わうロンドンに比べ、パリが享楽的といわれるゆえんである。

そのように人々がいかにも楽しそうなことに、テロリストたちはたぶん、我慢がならなかったのだろう。

もう一つ気づいたのは、これらの店の位置関係である。コンサートホール「バタクラン」を含め、パリ北部共和国広場から東部ナシオン広場にかけてパリを斜めに横切る線上に、いずれの店も位置している。「バタクラン」が『シャルリー・エブド』に近いのはすでに述べたとおりだが、じつは、南東端の現場「コントワール・ヴォルテール」の先に、『シャルリー』事件の直後にアメディ・クリバリが立てこもったユダヤ人スーパー「イペール・カシェール」がある。さらにいうと、反対の北西端共和国広場の先にあるのは、クアシ兄弟らが育ったオーベルヴィリエ街や彼らが出入りしたモスクがある地区である。今回の事件は、何だか前回のテロ現場をなぞったような感じである。

今回の現場一帯は、北アフリカや西アフリカからの移民家庭が多い一方で、左派系知識人らが近年好んで居を構える地区ともなっている。『シャルリー・エブド』編集部があったり、『ルモンド』紙の記者が「バタクラン」の裏に住んでいたりするのは、その一例である。

この地域に足を踏み入れる観光客はあまりいない。エッフェル塔やシャンゼリゼ街などパリの観光地のほとんどは西半分に位置しているからである。フランス政治を牛耳る政治家や財界人の多くが暮らしているのも西半分である。容疑者らが本当にフランスの政策に反対するなら、なぜ西半分を狙わなかったのか。

おそらく、金持ちたちの地区まで出かけていって何か事を起こすほどの度胸は、彼らになかったのではないか。手近なところで、しかも銃という手軽な手段で起こしたのが、今回のテロだった。ただ、たとえ手段が手軽でも、甚大なる被害をもたらすことはできる。私たちが暮らすのは、原因と結果が釣り合わない非対称の現代社会である。

ひょんと死ぬるテロリスト

▼スタッド・ド・フランス

スタッド・ド・フランスは、フランス最大の多目的スタジアムである。一九九八年にはサッカーW杯の主会場となり、この年のフランス優勝の興奮とともに、国民の記憶に刻まれている。サッカーに縁がない私も、日韓でW杯が開かれた二〇〇二年に一度、ピッチの芝の育成方法を取材するために訪れたことがある。

ここで起きた三つのテロは、いずれもスタジアム場外での自爆だった。内部ではサッカーの独仏親善試合が開かれ、大統領のフランソワ・オランドも観戦していた。

最初の爆発は午後九時十九分、スタジアムのゲート「D」の道路向かいのカフェの前だった。現場近くのカフェのガラスが破れ、応急の板が張られている。路上に突き出たビニールのひさしに、まるで銃撃を受けたかのような穴がいくつも開いている。カフェのガラスも崩れており、二つにちぎれたテロリストの遺体の直撃を受けたという。

それから三分後、すぐ北のゲート「H」の近くで二度目の爆発があった。現場は跡形もなく、道路向かいのカフェの隅にいくつかの花束とろうそくが置かれている。これらの爆発の巻き添えになって一人が死亡した。

双方とも自爆であるが、テロリストの行動には謎が多い。スタジアムの出入りで人があふれる時間でなく、試合が始まって人影が薄れた際に決行したのも不可思議である。大量殺人を犯すだけの十分なモチベーションを持ちえず、爆発物の扱いにも慣れない、にわか仕立てのテロリストだったのだろうか。

もっと謎が多いのは、二度目の爆発から二十九分を置いて起きた三つ目の爆発である。スタジアムから南に高速道路をくぐり、郊外地下鉄の駅に向かう途中の、試合がないかぎり誰も通らないだろう閑散とした路上が現場である。マクドナルドの店舗がぽつんとあるが、外からのぞくと客もいない。

あたかも、被害を出すのを避けて、人のいない場所に行って自爆したような感じである。ならばなぜ、テロリストを志願したのか。あるいは最後になって怖くなったのだろうか。自分が死ぬことよりも、人を殺すことに。

そこは、今回のテロ現場ではもっとも寂しいところである。花束もろうそくも見当たらない。太平洋戦争に散った詩人竹内浩三の詩「骨のうたう」を思い出す。

《だまって
だれもいないところで
ひょんと死ぬるや(22)》

いかに大義を植えつけられようとも、愛国心に燃えていようとも、兵士はひょんと死ぬる。おそらくテロリストもそうだろう。

百三十人という犠牲者は、欧州で起きたイスラム過激派テロとして最大級の被害である。死者の人数だけをみると、二〇〇四年にマドリードで発生した列車連続爆破テロの百九十一人のほうが上回る。(23) ただ、マドリードのテロは通勤電車に爆発物を仕掛けるという比較的単純な手法だったのに対し、パリのテロの場合は自爆、レストランやバーでの銃撃、劇場への立てこもりと、複数の手法を組み合わせている。多数の人数が実行にかかわっており、きわめて周到で組織的な犯行だった。加えて、世界の観光客が集まる街で起きたこと、その街はつい十カ月前に『シャルリー・エブド』襲撃事件を経験して世界の注目を集めたばかりだったことから、衝撃は計りしれない。

実行三部隊とロジの一部隊

出来事を時系列に並べると、次のようになる。ごく短い間に集中している。

▼午後九時十九分　スタッド・ド・フランスで最初の爆発。
▼午後九時二十二分　スタッド・ド・フランスで二度目の爆発。
▼午後九時二十四分　パリ十区のバー「カリヨン」とレストラン「プチ・カンボージュ」で最初の銃撃。

▼午後九時二十六分　パリ十一区のカフェ「ラ・ボンヌ・ビエール」とピザ店「カーザ・ノストラ」で二度目の銃撃。
▼午後九時三十六分　パリ十一区のレストラン「ベル・エキップ」で三度目の銃撃。
▼午後九時四十分　パリ十一区のレストラン「コントワール・ヴォルテール」で爆発。
▼午後九時四十分過ぎ　パリ十一区の劇場「バタクラン」での殺害が始まる。
▼午後九時五十三分　スタッド・ド・フランス近くの路上で三度目の爆発。(24)

一方、現場は大きく三つに分けられる。

一、パリ北郊サンドニにある巨大スタジアム「スタッド・ド・フランス」周辺。ここで、三人が相次いで自爆した。

二、パリ市内東部の十区から十一区にかけての四カ所の街角。最初の三カ所では、銃を持った男たちがレストランやカフェのテラス席を襲い、客らを次々と銃殺した。四カ所目では、一人が自爆した。

三、ロックコンサートが開かれていたパリ東部十一区の劇場「バタクラン」を男たちが襲撃し、観客らを殺害した後に、人質を取って立てこもった。

テロリストの実行部隊は計十人で、この三つの現場に応じて三班に分かれていた。彼らは、ブリュッセルの残留部隊とも頻繁に連絡を取っていた。

一、スタッド・ド・フランスで自爆した三人は、その三人目にあたるビラル・アドフィが統率していたと考えられる。アドフィはベルギー生まれのフランス人で、当時二十歳に過ぎなかった。残る二人はシリアかイラクの出身だったとみられる。三人を車で現場に送迎したサラ・アブデスラムは、その後パリ市内で自爆に失敗して逃走し、翌年ブリュッセルで拘束された。テロ実行の容疑者として唯一生き残ることになった。

二、街角のレストランやカフェのテラス席を襲撃したのは三人で、テロ全体の指揮を執るベルギー人アブデルアミド・アバウドがみずからチームを率いた。三人ともシリアの「イスラム国」で軍事訓練を重ねていた。このうち、前述のサラの兄にあたるブライム・アブデスラムは四カ所目のカフェで自爆した。アバウドとシャキブ・アクルーの二人は現場から逃走したが、パリ北郊サンドニで五日後、特殊部隊との銃撃戦の末に二人とも死亡した。

三、「バタクラン」襲撃の三人はいずれもフランス人で、イスマエル＝オマル・モステファイが中心となり、サミ・アミムール、フエド・モアメド＝アッガドが加わっていた。三人とも「イスラム国」で訓練を受けていた。

四、ブリュッセルには、アルジェリア人のモハメド・ベルカイドを中心とする支援部隊が存在し、テラス部隊のアバウド、「バタクラン」部隊のモステファイと、二台の携帯を利用して連絡を取り合っていた。支援部隊の一人モアメド・アブリニは、アブデスラム兄弟とともにパリとの間を何度も往復し、実行部隊を受け入れる準備に携わった。アブリニはその後の捜査を逃れ、翌年ブリュッセルで連続テロを引き起こした。

次章からは、このテロで実際に何が起きたのかを追っていきたい。テロリストの正体は、そこから浮かび上がってくるはずである。

第2章　街角の戦場

テロリスト、パリ郊外に集結

「パリ同時多発テロ」は、複数の部隊が連携し合い、複数の標的を一斉に襲う作戦だった。実行の前提として、十人に達する部隊をパリ周辺に事前に待機させなければならない。その準備を、ブライムとサラのアブデスラム兄弟が担った。二人は、拠点としているブリュッセル西郊モレンベークとパリを何度も行き来しつつ、部隊の受け入れ態勢を整えた。

十一月九日、パリ東北ボビニーのジョルジュ・タラル街にある週極めの借家に、予約を依頼する電話があった。ブライム・アブデスラムという男からで、翌日から一週間の滞在を求めていた。翌十日夜、ベルギーナンバーの黒いルノー・クリオに乗ってやってきた彼は、身分証明書を見せ、七百ユーロを現金で払った。「プロジェクトがうまくいけば滞在を延長する」などと家主に話した(1)。

彼と、アブデルアミド・アバウド、シャキブ・アクルーで構成するテラス襲撃チームの出撃拠点となったのが、この借家である。おそらく自爆ベルトをここでつくったのだろう。彼らが出ていった後、テープなどが部屋に残されていた。ブライム・アブデスラムのものと思われる血の跡もあり、何かの拍子に負傷したと考えられた。

翌十一日夕、パリ南郊アルフォールヴィルのアパートメントホテルに四人の男が到着した。大きなスーツケースを抱えていた。その一人、サラ・アブデスラムは六日間の宿泊料七百八ユーロをクレジットカードで支払った。この部屋からは、イスマエル＝オマル・モステファイやサミ・アミムールの指紋が後に検出されており、「バタクラン」襲撃チームの拠点となっていたと考えられている。彼らは、ホテルのＷｉ－Ｆｉに接続して「バタクラン」のホームページを閲覧していた。(2)

十二日午前三時ごろ、ブリュッセル西郊モレンベークの防犯カメラが、ロジ部隊に属するモアメド・アブリニとアブデスラム兄弟の姿を記録した。(3) 兄弟はパリから戻ってきたと思われる。ブリュッセルとパリは三百キロあまりに過ぎず、車を飛ばせば片道三時間程度で行き来できる。

朝四時半、この三人はルノー・クリオとスペイン車のセアトに分乗してモレンベークを出発した。彼らが最初に目指したのは、ベルギー南部の都市シャルルロワである。一時間足らずで到着すると、彼らはこの街の下町に、午後四時半ごろまで滞在していた。(4) その間の行動はわからないが、この街は第一部に登場したとおり、アメディ・クリバリがおそらくカラシニコフ銃を調達したと推測できる場所である。パリ同時多発テロの犯人たちも、クリバリと同様にここで銃を手に入れた可能性は拭えない。

その後、彼らはパリに向かった。途中でフォルクスワーゲン・ポロが一台合流し、一行は計三台になった。途中のサービスエリアでの監視カメラの映像から、ポロには四人が乗っていたと判明している。「バタクラン」を襲撃するモステファイら三人と、スタッド・ド・フランスの自爆部隊を束ねるビラル・アドフィである。(5)

彼らは、兄弟が用意したボビニーの借家とアルフォールヴィルのアパートメントホテルで一夜を過ごした。

翌十三日午後六時ごろ、サラ・アブデスラムの運転するクリオがボビニーの借家を出発した。車は、パリ北郊のロワシー・シャルル・ドゴール空港に向い、ターミナル「2C」に夕方一時間ほど駐車されていた。目的は明らかになっていないが、空港で誰かを拾った可能性がある。スタッド・ド・フランスの自爆要員三人のうち、ビラル・アドフィを除く二人がこの時点で合流したのかもしれない。クリオは午後七時四十分、いったんボビニーの借家に戻った。

前日までブリュッセルからアブデスラム兄弟と行動をともにしてきたモアメド・アブリニの軌跡は、この日途絶えた。三百六十五ユーロかけてタクシーでブリュッセルに戻ったのだった。(6)

サラ・アブデスラムが運転するクリオは、午後八時二十九分に再びボビニーを出た。ビラル・アドフィら三人をスタッド・ド・フランスの近くで降ろすためだった。

午後八時三十九分、ブライム・アブデスラム、アブデルアミド・アバウド、シャキブ・アクルーのテラス襲撃部隊が、セアトに乗ってボビニーの借家を出発した。

イラクからきた自爆志願者

スタッド・ド・フランスではこの日夜、フランスとドイツのサッカー代表チームによる親善試合が開かれていた。その翌年のサッカー欧州選手権の開催国として優勝を目指すフランスにとって、二〇一四年のワールドカップの覇者ドイツとの対戦は、親善とはいえ注目の試合であり、七万二千人の観衆が集まった。スタジアムの周囲ではサポーターが三色旗を振り回して気勢を上げた。サンドイッチ屋、ホットドッグ屋も出て、周辺はお祭り騒ぎとなっていた。

午後八時四十五分、大統領のフランソワ・オランドが会場に到着した。ドイツ外相フランク＝ヴァルター・シュタインマイヤーとともに、貴賓席で観戦することになっていた。大騒ぎしていたサポーターたちも観客席に入り、午後九時に試合が始まった。

試合開始の一分後、スタジアム前広場の南東角に三人の男が近づいてきた。その一人、ビラル・アドフィは、携帯でアバウドに連絡を取っていた[7]。三人はしばらく近くの路地を回った後、九時十五分に再び広場に出た。その直前にあたる九時七分から八分にかけて、十八カ所あるスタッド・ド・フランスの入り口は、遅刻した観衆を受けつける四カ所を除いて次々に閉鎖された。試合が始まると入り口を閉ざすのが、フランスのスタジアムでの慣例である。

午後九時十九分、閉ざされたゲート「D」外の広場で、最初の爆発が起きた[8]。自爆ベルトを身につけていた男は即死した。周囲の多くの人は当初、テロとは考えず、ガス爆発だろうと思ったという[9]。

現場には、シリア人アフマド・モハンマドなる人物の旅券が残されていた。その名前の人物は、欧州を目指す難民の一群に交じってエーゲ海を渡り、十月三日にギリシャのレロス島に上陸した際に現地当局の取り調べを受けていた[10]。ただ、旅券は他人のものを流用しただけだろうと考えられた。

この人物は、実際にはアマル・ラマダン・マンスール・モハマド・サバウィというイラク人であり、その遺族に対して「イスラム国」が五千ドルの弔慰金を払っていたことが、後に明らかになった。[11] イラク北部モスルに暮らしていた彼は、「イスラム国」の応募に応じ、アフマド・モハンマドなる難民になりすましたとみられた。

最初の爆発から三分後の午後九時二十二分、数十メートルの距離を隔てたゲート「H」外で、二度目の爆発が起きた。偶然近くにいたオマルというスタジアムの警備員は、その模様を後に証言している。[12] 北アフリカ系のようにみえる二十歳ほどの青年が入り口から入ろうとした。オマルは異常を感じて、入場を阻もうとした。青年は抵抗せず、やや後ずさりすると、ダウンジャケットに手を当てた。その瞬間爆発が起き、オマルは吹き飛ばされた。その青年自身も同様に吹き飛ばされ、オマルのすぐ近くで「助けて、助けて」と叫んだ。しかし、青年の体はすでに二つに切断されており、助けようがなかった。

自爆したのはモハンマド・マフモドという男であると、後にギリシャ当局からの情報で明らかになった。彼も同様に、難民としてギリシャに入国していた。ただ、それが本名なのか、二〇一九年現在も定かではない。

双方の爆発で、巻き添えになって一人が死亡した。フランス北部ランスからサポーターを乗せてきたバスの運転手だった。パリ同時多発テロ百三十人の犠牲者の最初の一人である。爆発による負傷者は百人前後に及んだ。

なぜ爆発は場外で起きたのか

二回の爆発は、スタジアムの中にも聞こえていた。多くの観衆は試合前半の進行に熱中していたが、貴賓席にいた政治家たちの一部は、それがテロだとすぐに気づいた。

大統領のオランドは、隣りにいたドイツの外相シュタインマイヤーに軽く耳打ちすると、できるだけ目立たぬようその場を抜け出した。内相のベルナール・カズヌーヴと連絡を取ったオランドは、パリに舞い戻るべきだと即決した。一方、何としても会場のパニックは避けなければならない。二回の爆発以外に、別のテロリストが控えている恐れも拭えない。幸い、多くの観客は異変に気づいていない。

「そのまま試合を続けてください。決して観客を避難させてはなりません」(13)

治安担当者からの助言を、オランドは受け入れた。試合は何事もなかったかのように、ハーフタイムを挟んで後半の最後まで続けられた。その間、出入り口は閉ざされたままだった。大統領府（エリゼ宮）は、試合を実況している民放『TF1』に連絡を取り、そのまま放送を継続するよう依頼した。(14)

テロリストたちはなぜ、入り口の外で自爆したのか。チケットを買って会場に入り、スタジアムの真ん中で爆発を起こせば、観衆は間違いなくパニックに陥っただろう。大統領の目の前でそのような事態を引き起こせば、これほど効果的な攻撃はなかったはずである。

統率役のビラル・アドフィはベルギーに暮らしており、他二人に至っては中東からきたばかりであり、地理や状況に疎かったのは間違いない。試合が始まって閉まってしまった入り口を前に、彼らが困惑していた様子は、周囲の証言から推察できる。テロリストの一人は、自爆する前に入り口付近を行ったり来たりしていた。

パリのテレビや雑誌の記者らが同時多発テロの経緯を包括的にまとめた『十一月十三日の内幕』[15]は、スタッド・ド・フランスの近くを走る高速道路で直前に起きた交通事故が原因だと推測する。この高速道路はロワシー・シャルル・ドゴール空港とパリを結ぶ幹線道で、ふだんから交通量が多い。事故自体は大きなものでもなかったが、大渋滞は避けられない。テロリストを乗せたクリオはその混雑に巻き込まれ、試合開始に遅刻した、というのである。

一方、在仏ベルギー人の歴史家ロジェ・モーデュイの著書『モレンベーク　イスラム過激派テロの二十五年』[16]は、スタジアムの入場方法がベルギーとフランスで異なることに原因があるとみる。ビラル・アドフィが暮らすブリュッセルでは、試合が始まった後だとスタジアムに無料で入場できる。しかし、フランスでは試合開始後のスタジアムへの入場が認められない。テロリストたちはそのことを知らず、誰もチケットを買っていなかった、というのである。

いずれにせよ、テロリストたちが狙ったであろうスタジアムの大混乱は起きなかった。駆けつけた内相カズヌーヴと合流した大統領オランドは、パリ中心部の内務省地下にある作戦室を目指した。到着まで要した時間はわずか十分である。しかし、テロの現場はそのとき、もはやスタッド・ド・フランスからパリ各地に拡大していた。

テラスの惨劇

パリ東部の十区、共和国広場からビュット＝ショーモン公園に向かって上がる緩やかな斜面は、インテリ金持ちの若者たちと貧しい移民が交差する少し不思議な街角である。もともとはユダヤ人が多かった地域だが、やがて北アフリカや西アフリカ、トルコなどからの移民が流れ込み、貧しい下町になった。彼らが通うケバブ屋や民族衣装店、イスラム関係の書店などもしだいに増えた。一方で、アフリカ系やアラブ系が行き交う多民族多文化の雰囲気に魅力を感じた左派系の若者たちが、この地区に近年どっと引っ越してきた。芸術家、建築家、作家、音楽家といったクリエーティブな職に就く彼らは、心情的に労働者や貧困層との連帯を掲げる一方、実際には裕福で豊かな生活を楽しんでいる。彼らを目当てに、小洒落たブティックやビストロ、自然志向を売り物にした専門店も急増した。

裏通りの五叉路の二つの角を占めるカンボジア料理店「プチ・カンボージュ」とバー「カリヨン」も、そのような客を集める店である。どちらも狭い歩道にテラスを広げ、週末を楽しむ若いインテリたちで大賑わいだった。

スタッド・ド・フランスで最初の爆発が起きたのと同時刻にあたる午後九時十九分、この五叉路に下ってくるアリベール街を、ベルギーナンバーのセアトが一台ゆっくりと進んできた。セアトに乗っているのは、「パリ同時多発テロ」全体の指揮を執るアブデルアミド・アバウドと、ブライム・アブデスラム、シャキブ・アクルーの三人で構成されるテラス襲撃部隊である。郊外ボビニーの借家を出て以降、彼らはGPS車載端末をオンにしていたため、後に捜査当局が足取りを確認できたのだった[17]。

その二分前、アバウドはスタッド・ド・フランス部隊のビラル・アドフィと携帯で二回、五秒間と十六秒間話していた。このことから、スタッド・ド・フランスの自爆とテラス襲撃は、相互に連絡を取り合って同時発生を狙ったと考えられる[18]。

ただ、セアトはいったん五叉路を行き過ぎてそのまま下って行ったため、双方のテロは同じ時間とならなかった。この間、アバウドはブリュッセルに残ったモハメド・ベルカイドと二度、五秒間と九秒間の短い会話を携帯で交わした。九時二十分、今度はスタッド・ド・フランス襲撃部隊のアドフィからアバウドに電話がかかってきた。おそらく、最初の自爆遂行を知らせたのだろう。近くの路地を回ったセアトが五叉路に戻ってきたのは、ちょうどそのときだった[19]。

セアトは五叉路で急停車した。一人の男が車から出て、「プチ・カンボージュ」に向けて銃撃を始めた。もう一人は、向かいの「カリヨン」のテラスにいた客たちに狙いを定めた。二人は「アッラーアクバル」と叫びつつ、客の一人ひとりを冷徹に撃ち続けた。

テラスはパニックに陥った。みんな一斉に逃げ出し、その途中で斃れた。

恋人と一緒にプチ・カンボージュのテラス席にいた男性は、事件をこう振り返る。

「車から二人の男が降りて、銃を撃ちながら近づいてきました。身を守る何かをしなければならないと思って、私はとっさに、テーブルの上にあった瓶を壁に打ちつけたのです[20]」

この男性は恋人とともに一目散に走り出した。後ろに銃声を聞いたが、振り返る間もなかった。

二人とも逃げおおせたが、この現場での死者は少なくとも十二人を数えた。
テロリストが乗っていたセアトのすぐ後ろを、女性二人が乗った青いルノー・クリオがたまたま走ってきた。停車したセアトに道をふさがれて、クリオは立ち往生した。女性たちは、サッカーのフランス代表選手ラッサナ・ディアラのいとこ姉妹である。ディアラ本人はそのときちょうど、スタッド・ド・フランスの独仏親善試合に出場していた。この姉妹の一人は銃撃に巻き込まれ、犠牲となった。[21]
二分あまりの発砲を終え、セアトは現場をゆっくり離れた。

カフェ、ピザ店、ビストロ……

テラス襲撃の第一の現場となった「プチ・カンボージュ」「カリヨン」の五叉路から、第二の現場である「ラ・ボンヌ・ビエール」の五叉路までは、四百メートルほどである。車で二分とからない。フォーブール・デュ・タンプル街から五叉路を左折し、フォンテーヌ・オー・ロワに入ってすぐの三番地に九時二十六分、セアトは到着した。第一現場の惨劇に関する通報が当局に寄せられたのと同じ時刻だった。スタッド・ド・フランス前の二度の爆発情報と合わせて、事態は「同時多発テロ」の様相を帯び始めていた。

急停止したセアトから飛び出した男たちは、「ラ・ボンヌ・ビエール」のテラス席をめがけて銃撃を始めた。男たちはやはり「アッラーアクバル」と叫んだ。乱射ではなく、一人ひとりを狙って撃ったことから、少なからずの人はそれがテロでなく、狙いを定めたギャング同士の抗争だと信じた。映画の撮影だと思った客もいたという。[22] 死者は五人で、そのうち四人はテラス席の客、一人は偶然その場に歩いてきたアルジェリア出身のバイオリン奏者だった。弾丸の一部はテラス席と店を分けるガラスを撃ち抜き、店内の客もけがを負った。

テロリストの一人は、「ラ・ボンヌ・ビエール」からわずかに坂を上がった三叉路の角に位置するピザ店「カーザ・ノストラ」に向かった。その店で何が起きたかは、店内の四台の防犯カメラが記録していた。[23] 突然ガラスが割れて飛び散り、店内の客らがテーブルの下に隠れたり、二階や地下に逃げたりと、右往左往する。逃げ惑った客が外から店内に飛び込んでもくる。銃を構えたテロリストは、悠然とテラスの前を行き来している。

ただ、冷徹さを見せつけたそれまでの現場とは異なり、「カーザ・ノストラ」のテロリストは、やたら乱射をしている。そのためだろうが、派手な被害のわりに、この店では死者も重傷者も出なかった。

奇妙なのは、監視カメラに映ったテラス席の二人の女性客である。二人とも銃撃後テーブルの下にとっさに身を潜めたものの、テラス席のテーブルはごく簡素なもので、隠れたうちに入らない。テロリストは簡単に見つけ、テーブルをどけた。しかし、何もせずそのまま行ってしまう。テロリストが立ち去るのを見て、二人の女性も身を起こして逃げ出した。

テロリストは、彼女たちを簡単に殺せたはずである。女性だから撃つのをやめたのだろうか。『シャルリー・エブド』編集部を襲撃する際、シェリフ・クアシは「女性は殺さない」と言明したが、同じ意識を十一月のテロリストも持っていたのだろうか。ただ、そのとき物音に気づいた救急車がサイレンを鳴らして近くにやってきており、男はたんに、早くその場を立ち去ろうとしただけかもしれない。[24]

多様性が狙われた

テロリスト三人を乗せたセアトはこの現場を離れ、大通りのパルマンティエ街に出た。アバウドはまず、スタッド・ド・フランス周辺にいるアドフィとの通話に五十四秒間を費やし、続いてブリュッセルのベルカイドと十六秒間話した。[25] 車はそのまま、繁華街レオン・ブルム広場を通り過ぎてヴォルテール街に入った。彼らがもし、群衆を無差別に狙っていたなら、大人数が集まるレオン・ブルム広場のカフェの前を素通りしたのは不思議である。むしろ、通報される恐れの少ない裏通りの店を狙ったのだろう。

途中で右折してシャロンヌ街に入ったセアトは、フェデブル街との三叉路をいったん行き過ぎた。その角に、ビストロ「ベル・エキップ」と日本料理店「スシ・マキ」が並んでいる。おそらく、「ベル・エキップ」のテラスに客が集まっているのを見たからだろう。セアトはその先でUターンし、店の前に舞い戻ってきた。午後九時三十六分のことである。

この「ベル・エキップ」での犠牲者は二十人に達し、テラス襲撃部隊が標的とした中でもっとも甚大な被害となった。

「ベル・エキップ」の運営者グレゴリー・レーベンベルグは旅行保険仲介会社の管理財部長から飲食業に転じ、この界隈周辺で複数の店を経営していた。このシャロンヌ街九二番地にあった古いビリヤード・バーを買いとり、改修して開店させたのが、事件のわずか四カ月前である。店長には、事業面でのパートナーだったホダ・サアディを据えた。ホダはチュニジア系のイスラム教徒で、系列の店で従業員として働いていた。日々新聞を読み込んで知的な会話に強く、客たちの間で絶大なる人気を誇っていた。

レーベンベルグ自身はユダヤ系だが、妻のジャミラ・ウードはイスラム教徒で、アルジェリア独立戦争でフランス側に立った兵士「アルキ」の娘としてパリ西方ドリューの下町で生まれ育った。ホダをはじめ店のスタッフにも、常連客にもイスラム教徒や外国籍が多く、店は期せずしてこの国の多様性を体現していた。それが、近所に多い若手インテリの評価に結びついていた。

事件当夜、店のテラスでは店長ホダの三十五歳を祝うパーティーが開かれ、さまざまな国籍のさまざまな出自を持つ系列店の店員や常連客約六十人が立ったまま杯を傾けていた。ホダの姉アリマは、移住先のセネガルから駆けつけた。レーベンベルグの妻ジャミラも、その一団に加わっていた。ホダも、アリマも、ジャミラも、銃撃で命を落とした。メキシコ人のスタッフも、常連客のルーマニア人カップルも、犠牲者の中に名を連ねた。死者二十人のうち、十人はレーベンベルグの家族や顔見知りだった[26]。

この店が標的となったのは、おそらく偶然に過ぎない。ただ、ビストロのテラス席でワイングラスを片手に談笑する姿は、自由な発想、生活を楽しむゆとり、多様性への寛容な態度といった、欧州が試行と失敗を重ねつつ培ってきた理念やライフスタイルと分かちがたく結びついている。まさにそのような欧州の価値観こそを、テロリストたちは破壊したのである。

一団が「ベル・エキップ」の銃撃に要した時間は、他の現場と同様に二分程度だった。午後九時三十八分、セアトは三人を乗せて現場を離れた。

目の前に頭が

テラス襲撃の最後の現場となるカフェ「コントワール・ヴォルテール」は、「ベル・エキップ」の現場から南東に車で一分程度の場所である。三人のうちの一人、ブライム・アブデスラムが近くで車から降り、徒歩で店内に入った。ドアを荒々しく開けたため、多くの客が振り返った(27)。

午後九時四十分、そこで起きた爆発の瞬間は、店内の防犯カメラに記録されていた(28)。ブライムの顔は真っ青で、おどおどした様子である。ウィンドブレーカー姿の薄汚い格好で、酔っ払いと思った客もいたという。彼は、客で埋まったテーブルの間を中央まで進み、店員にコーヒーを注文した。その後、彼が手を顔にやり、悩むようなしぐさをした途端、火花が飛んだ。衣服が飛び散り、白煙が上がった。店員は吹き飛ばされ、周囲の客は顔を背け、逃げ出した人もいた。自爆ベルトのうち、爆発したのは背の部分だけで、威力が限られたためか死者は出なかった。

アバウドとアクルーはその前に、セアトに乗って走り去っていた。

その六分後、パリ北郊スタッド・ド・フランスで何事もないかのように続けられていた独仏親善試合は、一対〇でフランスがリードしたままハーフタイムに入った。このスタジアムの場外で起きた二度の自爆と、パリの四カ所での襲撃は、このたかだか四十数分の間に繰り広げられたのである。しかも、「パリ同時多発テロ」はまだ、始まったばかりだった。

スタジアムの場内ではWi-Fiのつながりが悪く、観客は外部のニュースにほとんど接することがなかった。一方、場外ではけが人の救護と二度の爆発の捜査、爆発物探知犬による調査が始まっていた。別の爆発物がどこにしかけられているかもわからない。危険がともなう営みである。実際、この時点でスタッド・ド・フランス襲撃部隊の最後の一人ビラル・アドフィは、まだ自爆していない。彼はそのころ、スタッド・ド・フランスの南、郊外地下鉄RERのプレーヌ駅に向かうトレミー街にいた。

高速道路の高架下に潜る寂しい道である。左手にマクドナルドの店舗を見ると、街路は信号三差路に行き当たる。それを右に曲がってコクリー街に入ってすぐ、スタジアムから見ると百メートルほど南にあたる場所で、二十九歳の女性が煙草を吸っていた。彼女はスタッド・ド・フランス場外でサッカーグッズを扱うスタンドの売り子だが、二度の爆発によって避難を余儀なくされ、マクドナルドで休憩していたのである。彼女は、それがたんなるガス爆発だと思い込んでいた。

九時五十三分、アドフィが自爆したのは、煙草を吸う彼女から十メートルほど離れた場所だった。

「爆風に吹き飛ばされ、私は地面にうつぶせになりました。すごい煙が上がって、何も見えませんでした。ふと地面を見ると、私の目の前に人の頭が転がっていたんです。私はてっきり、それが自分の弟のものだと思って、われを失って逃げ出しました[29]」

もちろんそれはアドフィの生首だった。

アドフィがなぜここで自爆したのか、謎は多い。あるいは、何かの拍子で間違って爆発した可能性も拭えない。アドフィは、もっと賑やかなところで自爆しようとして、失敗したのかもしれない。

ビラル・アドフィはモロッコ系フランス人だが、ブリュッセル近郊の団地「ヴェルサイユ」で育った。不良仲間と交遊し、就職に苦労し、この前年からイスラム教に没頭して酒も煙草もやめた。二十歳になったばかりの二〇一五年二月にシリアに渡航し、夏以降家族とも連絡を絶っていた。[30]

アドフィの自爆からちょうど一時間後にあたる午後十時五十三分、スタッド・ド・フランスでの独仏親善試合は無事終了した。二対〇でフランスが勝利を収めた。

「スタジアム場外の事故により、西南と北側の出口から出て下さい」

電光掲示板に案内が出された。爆発が起きたスタジアム東側の出入り口は閉鎖されたままだった。なかなか出られないためピッチが開放され、観客たちはぞろぞろと芝生の上に降りた。すべての観客がスタジアムを出たのは、さらに一時間近く経った午後十一時五十一分だった。[31]

自爆ベルトが示す岐路

スタッド・ド・フランスの周辺で三人、「コントワール・ヴォルテール」で一人と、自爆テロを決行したのは、ここまでだけで四人に及んでいる。これは、十カ月あまり前に起きた『シャルリー・エブド』襲撃事件にはみられなかった手法である。クアシ兄弟も、アメディ・クリバリも、銃にその力を頼っており、自爆ベルトなど用意していなかった。

「パリ同時多発テロ」でも、この自爆ベルトが注目を集めたとはいいがたい。爆発による犠牲者はスタッド・ド・フランス周辺の一人にとどまっており、このテロの主役を占める武器も、その前と同様に銃だと思われた。捜査当局も、銃の入手経路は細かに追ったものの、爆発物にはさほど関心を示さなかった。

ただ、ここでテロの手法として「自爆」が使われたことは、フランスのテロの歴史の中で重要な意味を持っていた。長年扱い得なかった爆発物をテロリストたちが再び手にしたからである。『シャルリー・エブド』襲撃事件に限らず、二〇一二年のメラー事件でも、二〇一四年から一五年にかけて頻発した小規模テロでも、使われた武器は銃か、さもなければ刃物の類いだった。前章で紹介したこの年六月の「サンカンタン＝ファラヴィエ生首事件」では爆発が起きたが、これは工場に備蓄されていた爆発物を使ったとみられ、周到に準備を重ねた爆発物テロとはいいがたい。[32]

フランスで爆発物が使われた最後の本格的なテロは、アルジェリア系テロ組織「武装イスラム集団（GIA）」がパリなどで一九九五年から九六年にかけて展開し、計十二人の死者と約三百人の負傷者を出した一連の事件にさかのぼる。[33] テロの手段がその後銃に移ったのは、爆発物の入手も製造も容易ではないからである。化学の知識がないと材料も集められないし、素人がうっかり扱うと製造中に爆発を招きかねない。九〇年代の連続爆破テロは、アルジェリア内戦で残虐の限りを尽くした「武装イスラム集団」だからこそできた芸当である。

このときのテロで爆発物を扱ったのは、アルジェリア人の過激派スマイン・アイト・アリ・ベルカセムだった。収監された彼を脱獄させようと、アメディ・クリバリやシェリフ・クアシ、ジャメル・ベガルが奔走した姿は、第一部で描いたとおりである。これは何より、ベルカセムを味方につければ爆破テロが可能になり、たんなる銃撃以上に大きな被害を与えられるからにほかならない。逆にみると、この脱獄計画に失敗したことで、クアシたちは『シャルリー・エブド』襲撃事件に銃を用いざるを得なかったのである。

「パリ同時多発テロ」で爆破テロが可能になったのは、街角の薬局で売られている原料を使って過酸化アセトン（TATP）を合成し、爆発物として使うノウハウを、「イスラム国」が持ち込んだからだった。

TATPの脅威

過酸化アセトンの原料は、マニキュア落としや頭髪の脱色剤に含まれているといわれる。入手自体はきわめて容易である。

ただ、その扱いは面倒である。少し処理を誤っただけで簡単に爆発を起こすため、研究室などでの事故も少なくないという。点火方法も難しい。アルカイダはこれを使ったテロを何度も試みたが、大部分は失敗した。「イスラム国」は、二年以上かけて手順を確立したという[34]。

「イスラム国」も、扱いには苦心したようである。フランスに送り込んだテロリストに「アッラーの名のもとに手づくり爆弾を製造する方法」と題したマニュアルを持たせたが、手順どおりに爆発物をつくって自爆する能力を、必ずしも各人が持ち合わせているわけではなかった。『シャルリー・エブド』襲撃事件やパリ同時多発テロが起きる前年の二〇一四年二月、南仏カンヌでイブライム・ブディナという男が拘束された。カンヌ出身で二〇一三年に「イスラム国」に渡航し、母国でのテロの任務を与えられて舞い戻ってきたのである。彼は、六百グラムの過酸化アセトンを詰めたソーダ缶三本を隠し持っていた。(35) ただ、爆発物の調合には成功したものの、起爆装置をつくれないでいた。缶の中にフィラメントを差し込んだものの、その後の手法を探そうと、ウェブであれこれ検索した痕跡が残っていた。

爆破テロを目指す「イスラム国」の試行錯誤は、翌年のブリュッセル連続爆破テロで結実する。そこでの手段はもはや、銃ではない。大量の過酸化アセトンを空港や地下鉄に持ち込み爆破させることで、彼らはその力を誇るに至ったのである。ただ、それはまだ先の話である。

「パリ同時多発テロ」の時点で彼らが爆発物を十分制御できていなかった様子は、「コントワール・ヴォルテール」でブライム・アブデスラムの自爆ベルトが半分の背中だけしか爆発しなかったことからもみてとれる。彼の弟、サラ・アブデスラムに至っては、自爆ベルト自体作動しなかった可能性がある。

サラ・アブデスラムは、「スタッド・ド・フランス」襲撃部隊の三人をクリオに乗せて運んだ後、パリ市内に入って徘徊を繰り返し、最終的にパリ北部十八区のアルベール・カーン広場で車を乗り捨てた。そこから少し南に下ったドゥードーヴィル街の電話ショップで携帯用ＳＩＭカードを購入し、午後十時三十一分から利用した。その間、革ジャンの下に自爆ベルトを着込んだままだった。[36]

彼はこの近辺で自爆するはずだった、との説は根強い。この翌日になるが、「イスラム国」は声明を発表し、「パリ十区、十一区、十八区、スタッド・ド・フランスでの犯行」を認めた。実際には、テラスや劇場「バタクラン」は十区と十一区に位置しており、「十八区」でテロは起きなかったが、それがサラの任務だったと考えると辻褄が合う。サラは何らかの理由で自爆を諦め、「イスラム国」側は自爆したと思い込んで、予定稿を読み上げてしまったのではないか。

自爆ベルトは当時まだ試行錯誤の途上で、完成品にはほど遠かった可能性が残る。もっとも、サラが怖じ気づいて自爆をやめたのかもしれない。拘束された後の取り調べで、彼は「自爆したくなかった」と供述した。[37]

サラはその後、パリの南側に移動した。彼の自爆ベルトは、南郊モンルージュのごみ箱の中から十日後に発見された。

サラは、パリ南郊シャティヨンからブリュッセルの友人に連絡を取り、迎えにくるよう依頼した。翌十四日午前五時四十分、車で駆けつけた友人二人の前で彼は泣きわめいた。自分が十人の攻撃部隊の一人であること、自爆ベルトが機能しなかったこと、自分は死ぬ覚悟があることを話したという。[38]また、すでに自爆ベルトを捨てているにもかかわらず、そうと知らない友人たちに「連れて帰らないと自爆する」と脅した。途中のサービスエリアで買い物をするまで、友人たちはだまされたままだった。[39]

午前九時十分、フランス北部カンブレの憲兵隊は、高速道路上で実施していた検問にさしかかった車を止めた。車には三人の男が乗っている。そのうちの一人が身分証明書として差し出した旅券にはサラ・アブデスラムとあった。憲兵隊がデータベースで調べたところ、その名前がヒットした。しかし、それはテロリストとしてでなく、ベルギーの一般犯罪の前科を示すものだった。ベルギー当局はサラについて、過激派としての情報を欧州各国に通知していなかったのである。ベルギー当局がフランス当局にその情報を伝えたのは、その日午前十時四十五分だった。そのときすでに、車は検問の通過を認められ、ベルギー方面に走り去っていた(40)。以後、彼の消息は途絶えた。再び姿を現すのは翌年三月、ベルギー捜査当局によって拘束されるときなのである。

サラの兄ブライムが自爆した十三日午後九時四十分以降、テラス襲撃部隊に続く劇場「バタクラン」襲撃部隊が行動を開始した。一カ所で九十人という犠牲者を出した未曾有の惨劇の始まりだった。

第3章　バタクランの地獄

劇場襲撃部隊の三人

パリ中心部からやや東にずれた大通りヴォルテール街に面する劇場「バタクラン」は、ひときわ目立つ東洋風の外観を持つ。一八六五年に開館して以来、劇場やカフェ、映画館などさまざまな用途に使われ、市民が気軽に立ち寄れる娯楽の場として定着した。一九六九年以降は主にコンサート会場となり、特にロック音楽の愛好家にとっては殿堂的な存在だった。

二〇一五年十一月十三日、ここでは「イーグルス・オブ・デス・メタル」の公演が予定されていた。カリフォルニア出身の男性二人を正規メンバーとして一九九八年に発足した米国のロックバンドで、「デス・メタル」と銘打つほど攻撃的でもない音楽が、若者の間で人気を博していた。

パリ南東郊外アルフォールヴィルのアパートメントホテルを午後七時四十分過ぎに出発したフォルクスワーゲン・ポロは午後八時三十一分、この劇場の前にいったん到着した。劇場内ではすでにコンサートが始まっていた。ただ、主役の登場はまだで、前座のバンドが演奏している時間だった。フォルクスワーゲン・ポロはそれから一時間あまり、劇場の周囲の街路を徘徊した(1)。

車内にいたのは、いずれもフランス国籍のイスマエル＝オマル・モステファイ、サミ・アミムール、フエド・モアメド＝アッガドの三人である。

イスマエル＝オマル・モステファイは一九八五年、パリ南郊クールクロンヌで、アルジェリア人の父親とポルトガル人の母親との間に生まれた。若いころから素行が悪く、二〇〇四年からの六年間に暴行や無免許運転などで八回つかまっている。十九歳のとき、世界遺産の大聖堂で知られるパリ西方の街シャルトルに家族で引っ越し、イスラム主義団体「タブリーグ」の活動を経て、地元のジハード主義組織に入った。イスラム強硬派だった父親も一緒に加わったという。

この組織は、フランスに不法滞在していたモロッコ人過激派アブデリラ・ジャドが主宰する十人ほどのグループである。モステファイはしだいにひげを生やし、イスラム主義者に特徴的なカミーズをまとい、二〇〇九年にはすでに治安当局からマークされる存在になっていた。一方でパン職人としての研修を受け、定職には就けないでいたものの、従姉妹と結婚して子どもをもうけた。近所では「感じのいい男」「内気で無口」として通っていたという。[2]

シャルトルの過激派指導者のもとは、パリ同時多発テロの現場から逃走したサラ・アブデスラムもしばしば訪れていた。サラとモステファイの関係がここで結ばれた可能性は拭えない。[3]

サミ・アミムールはアルジェリア系の両親のもとにパリで生まれ、北郊ドランシーの移民街で育った。両親ともに宗教とは無縁で、特に母親は世俗的な女性人権運動の闘士だったという。バカロレア（大学入学資格）を取得したものの、パリ第十三大学での学業は全うできず、パリ市交通局（RATP）に就職してバスの運転手になった。ウェブの動画を通じて過激化したといわれ、二〇一二年にはイエメンへの渡航を企んで失敗し、拘束された。[4]

モステファイとアミムールの二人は、二〇一三年から一四年にかけてシリアに滞在した。アミムールはそこで、フランスから呼び寄せた女性と結婚した。(5)

モステファイは翌年、フランスに帰国した。当局はしばらく彼を監視していたが、やがて行方を見失った。彼の危険性については、トルコやアルジェリア当局からもフランス当局に再三警告があったが、フランス側は特段の対応をしなかったという。(6) モステファイは過激派グループの中でおとなしいとみられていたことから、当局は高をくくっていたのかもしれない。本来厳密に監視すべき人物を外してしまう失敗は、第一部で描いたアメディ・クリバリに対する場合と同じである。

フエド・モアメド＝アッガドはアルジェリア系の父、モロッコ系の母のもと、フランス東部アルザス地方の北端、ドイツとの国境の街ヴィサンブールで一九九二年に生まれた。職業高校を出た後、警察と軍隊の就職試験に失敗し、配送業や飲食業、金物製造などに従事した。宗教にしだいに目覚め、二〇一三年には兄や仲間ら計十人で、人道支援を名目にシリアに渡航した。彼らは軍事訓練に勤しんだが、そのうち二人は戦闘に参加して死亡し、兄を含む七人は一四年春までに帰国した。もっとも若かったモアメド＝アッガドだけが現地に残り、フランスから呼び寄せた女性と結婚して子どもも設けた。スカイプで連絡を取っていた母親には「フランスに帰るときは、刑務所に入るためでなく、すべてを爆破するためだ。だから、あまり帰れと言わないでくれ」と話していた。(7)

「バタクラン」で主役「イーグルス・オブ・デス・メタル」が登場したのは午後八時五十一分だ

った。このころ、襲撃部隊の三人はまだ車で周囲を徘徊していた。

「復讐の時がきた」

黄色とピンクに彩られて中国かどこかの建物を思わせる「バタクラン」は、その正面の真ん中にカフェが設けられている。フォルクスワーゲン・ポロが停車したのは、正面の左端だった。車から三人のテロリストが降りてきたのは、午後九時四十五分である(8)。そのうちの二人、モステファイとアミムールは正面右端の入り口に向かい、カフェの前を横切った際、テラス席で談笑していた男性客三人に向けていきなり発砲した。落ち着いた様子で、一発ずつ狙って撃ったという。客はモロッコ人とエジプト人で、テーブルをひっくりかえして逃れようとしたが、腹部や脚に銃弾を受けた。このうちのエジプト人男性が犠牲になった。

劇場の入り口から演出家と彼の友人が煙草を吸いに出てきたのは、そのときである。二人のうち前を歩いていた友人のほうはテロリストと鉢合わせになり、銃弾三発を受けて死亡した。その後に続いていた演出家は危機を察して劇場内にとって返し、異変を知らせた(9)。

「バタクラン」の内部は二階建て構造になっている。ステージの前に平面の床が広がり、多くの観衆はここに集まる。その床をコの字型に取り囲むように、二階のバルコニー席が設けられている。

一階床席の最前列にいた聴衆の一人は、演奏をこっそり収録しようと、マイク二基を備えた録音機を設置していた。当人はテロが起きると逃げ出してしまったが、録音機は以後二時間半あまりにわたって作動し続け、内部で起きたことをすべて音で記録した。[10]

銃を構えたテロリスト二人が床に乱入したのは、「イーグルス・オブ・デス・メタル」がその持ち歌「悪魔に口づけ」を演奏していた最中である。気づいた警備員が、建物横のサンピエール・アメロ路地に面した非常口を開き、聴衆を逃がそうとした。しかし、出ようとした女性の一人が「もう一人いる」と叫んだ。非常口の外にモアメド＝アッガドが銃を手に待ち構えていたのである。聴衆がここから逃れようとするのを知ってのことだった。脱出を試みた人々は、あわてて場内に舞い戻った。その後を追ってモアメド＝アッガドも場内に入った。三人になったテロリストは、逃げ惑う人々を狙って次々と撃っていった。

観客の一部は最初、間違って鳴らされた爆竹と思ったようだ。[11]電気系統の故障、バーにある生ビールのサーバーの音と誤認した人もいた。[12]やがて、聴衆たちが次々に倒れ、会場はパニックに陥った。

会場内にいた女性からパリ消防局に通報が届いたのは、それからほどなくだった。

「バタクランが襲われているんです、バタクランが」

女性の声が泣き叫ぶ。電話を受けた交換台が応じる。

「すぐ逃げてください。あるいは、寝そべって死んだふりをしてください。死んではいけませんよ」[13]

しかし、電話の先からはやがて、あえぐ声と背後の阿鼻叫喚しか聞こえなくなった。

聴衆の多くは、二階のバルコニーに逃げ上がった。一部は保管庫に逃れた。テロリストの一人が「すべては、おまえらの大統領の過ちがもとだ」と叫ぶのを、人々は耳にした。フランスによるシリアへの軍事介入を問題にしているのだろうと、一部の人は考えた。

床に倒れた人々のうちの相当数はけがをしておらず、死んだふりをしただけだった。そのうちの幾人かは警察に連絡しようと携帯に手を伸ばし、その動きを見たテロリストに撃たれた。途中、銃声がやや離れたのに気づいた一人の男が立ち上がり、出口に向けて猛然と走り出した。民間有料テレビ『キャナル・プリュス』で音楽番組の制作に携わるジュリアンという男だった。「カロ、カロ、おまえも出ろ」。彼は、一緒にコンサートにきていた妻カロリーヌの名を叫びながら、出口から転がり出た。

彼と同様に死んだふりをしていたカロリーヌは、その声を聞いても動けないでいた。やがて、テロリストの話し声が耳に入った。「あっちからやろう。ここは後でまたくる」。彼女も決心し、ゆっくりと這い始め、途中から走り出した。[14] この夫婦と同様に、何人かは脱出に成功した。

テロリストのうちの二人は、途中からバルコニーに上がり、床にいる人々を上から狙った。いったん二階に逃げた人々は、さらに窓から逃れようとした。

無言でひたすら銃を撃っていたテロリストたちが、床に倒れている人々に向けて言葉を発したのは、九時五十四分である。「起きないと殺すぞ」「言うことを聞いたら助けてやる」などと告げ、みずからの主張をとうとうと述べた。

「シリアにいる俺たちの兄弟を、米軍やフランス軍が空爆をしている。同じことをするために、俺たちはここにきた。あんた方をここで空爆する。戦闘機は必要ない」

「オランドを大統領に選んだのはあんた方だ。あいつに感謝しろ」
「今や復讐の時がきた。これはまだ、序の口に過ぎない」[15]
その饒舌さは、ユダヤ教徒向けのスーパー「イペール・カシェール」に立てこもって人質に自説を開陳したアメディ・クリバリを思い起こさせる。彼らはみずから銃を構えてはじめて、言いたいことを言う勇気を持ちうるのである。

上級警視の活躍

劇場の周囲には、警察と救急隊が集まり始めた。このとき出動を命じられたのは「パリ警視庁探索出動部隊（BRI－PP）」である。特殊部隊の一つだが、ふだんの仕事は街のギャング団の捜査であり、国家警察組織である「国家警察特別介入部隊（RAID）」や「国家憲兵隊治安介入部隊（GIGN）」ほどにはテロ対策に慣れていない。当局のこの対応は後に問題となる。その他、無線を聞いて他の警察官もパリ各地から続々駆けつけ、正面のカフェ周辺に倒れているけが人の救護にあたった。

劇場内ではまだ銃撃が続いており、警察も救急隊も入れないでいた。ところが、その場に駆けつけた二人の警察官が、正面の入り口からするすると入っていった。特殊部隊のメンバーとは違って、二人はピストルしか持たず、ヘルメットも防弾チョッキも身につけていなかった。同僚たちは、二人の行為を無謀と感じたという。[16]

二人は、パリ夜間犯罪対策隊長の上級警視と、その運転手を務める巡査部長だった。[17] 二人はこの夜、スタッド・ド・フランスでの爆発を受けて現場に向かう途中、パリ市内で起きたテラス銃撃の無線を聞いた。「パリのほうが事態は深刻だ」と判断した二人は、途中で取って返して市内に戻った。当初、テラスの現場に向かったが、ちょうどバタクランから五百メートルほどの場所まできたときに「バタクランで銃撃」の無線が入り、もっとも近い現場に、と考えたという。[18]

バタクランの前に到着した二人の目に、カフェと入り口付近の遺体が入った。内部からは銃撃音が聞こえていた。ちょうど、十五人から三十人ほどが入り口から逃げ出してきた。一人の男性が「早く入ってくれ。妻がまだ中にいるんだ」と言った。開いたドアから一瞬、カラシニコフ銃を持ったテロリストの姿が見えた。

上級警視は無線で現場到着を知らせると、二人で内部に侵入した。午後九時五十四分のことである。

「私は外で待機しているべきだったでしょうか。しかし、中で起きていることを考えると、一人の人間として、そのまま外にいるわけにはいかなかったのです」

上級警視は後に、フランス国民議会（下院）の調査委員会が開いた聴聞会で、こう証言した。[19]

二人が中に進む途中で銃撃音は止み、沈黙が訪れた。強い証明に照らし出された床に倒れているのは、何百人にも達するように見えた。誰一人動かなかった。みんな息絶えているように思えた。

「短時間にこれほどの人をどうやって殺したのか」

この光景を目にして、上級警視の脳裏に最初に浮かんだのは、そのような思いだった。[20]二人は、無線をオフにしてさらに進んだ。

突然、テロリストの一人が視界に姿を現した。スキンヘッドの男で、二人はこの男がサミ・アミムールだと後に知ることになる。残るモステファイとモアメド＝アッガドの二人はこのとき、二階バルコニーに上がっており、アミムール一人が床に残っていた。

アミムールは一人の若者を銃で脅しつつ、後ずさりしながらやってきた。この若者は非常口から逃れようとして、アミムールに見つかってしまったのである。彼の身に危険が迫っているのは明らかだった。二人はピストルで狙撃態勢を取った。二十五メートルほど離れたテロリストに向け、上級警視が四発、巡査部長が二発発砲した。

銃弾を受けたアミムールは崩れ落ちた。その途端、爆発が起きた。アミムールの自爆ベルトが作動したのである。それがみずから爆破させたのか、何かの拍子だったのかはわからない。アミムールの頭と脚は吹き飛んだ。(21)

アミムールの爆死を知って、バルコニーにいた二人のテロリストは「アッラーアクバル」と叫んでその「殉教」を称えた。

このとき、バルコニーに逃げた聴衆の一部はトイレの中に隠れ、その天井に空いた穴から屋根裏に逃れていた。逃げきれなかった十二人がバルコニーの左手後方に追いつめられ、テロリストの銃の前に事実上の人質状態となった。

二人の警察官に対するテロリストからの銃撃が始まった。これを受けて、二人はいったん外に撤退した。テロリストがどこにいるのか定かでないうえに、自分たちの武器も明らかに見劣りがするための判断だった。外に出る際、けがをして動けないでいた聴衆の一人を彼らは引きずり出した。

「みんな爆破してしまう」

バタクランに残った二人のテロリストと、周囲を取り巻く警官隊との間では、その後も撃ち合いが断続した。午後十時九分、写真家集団マグナム・フォトに参加するパトリック・ザシュマンが騒ぎを聞いて駆けつけ、手持ちの携帯電話でその模様を動画撮影した。[22] がらんとした夜の街角に、銃声が響く。建物や駐車車両の陰に身を潜めて、警察官たちが応戦する。銃撃に危うく避難する警察官の足元で、銃弾が車のボンネットに当たって火花を散らす。戦場の光景そのものである。

階上にいた人の一部は窓から脱出を試みて、外壁にぶら下がって助けを呼んだ。サンピエール・アメロ路地に面した階下の非常口からは、銃撃を免れた人々が脱出し、逃げ出す後ろ姿をテロリストが階上の窓から狙い撃った。その様子を、路地の向かいに住む『ルモンド』紙記者ダニエル・プセニが外から動画で撮影したのは、第1章で紹介したとおりである。[23]

テロリストたちの銃撃回数はしだいに減り、午後十時二十分を最後に途絶えた。彼らの銃撃は、わずか三十数分間にバタクラン内部だけで二百三十八発に達した。モステファイが百十九発、アミムールが七十発、モアメド＝アッガドが四十九発だった。[24]

「パリ警視庁探索出動部隊」の緊急介入隊（ＦＩＲ）が現場に到着したのは、ちょうどその直前だった。医師を含めて十五人の編成である。彼らは、内部に侵入した上級警視と巡査部長から簡単な説明を受けた。この二人によって、テロリストの一人はすでに殺されていた。ただ、残りのテロリストが何人いるのか、判然としなかった。周囲で起きていたテラス襲撃事件の情報も乱れ飛び、情報は錯綜していた。

緊急介入隊長のクリストフ・モルミは、後にこう証言している。

「人質が取られているのか、爆発物がしかけられているのか、テロリストが待ち伏せしているか、その時点ではわかりませんでした。だから、内部に突入するのが最善の対策だとは考えられなかった。慎重に、手順を踏みつつ進む必要があったのです。けが人を目の前にして、すぐさま助けに入れない。苦しい選択でした[25]」

緊急介入隊は徐々に、劇場内に侵入を始めた。床に遺体が重なっている。その数が三百人から四百人に達するように、モルミには見えた。

テロリストの姿は見えなかった。逃亡したのか。

「おい、わかってるか。こっちには人質がいるんだ。そいつらを殺されたいのか」

階上からテロリストの叫ぶ声が聞こえ、まだ彼らがそこにいると判明した[26]。

五分ほど沈黙が続いた後、人質の声が聞こえた。テロリストにそう言うよう強要されたのである。

「人質になっているんです。彼らは自爆ベルトを身につけています。こちらにこないでください。彼らはみんな爆破してしまう[27]」

捜査当局の中には、二〇〇八年にインドのムンバイで起きた同時多発テロの再現となるのでは、との不安が広がっていたという。最高級のタージマハル・ホテルや駅、ユダヤ教施設などをイスラム過激派が攻撃し、人質を取って立てこもった事件である。解決までのべ四日間を要し、百七十人あまりが犠牲になったが、このような長期化はフランスが何としても避けたい事態だった。

介入

ただ、テロリストが呼びかけたことによって、彼らがバルコニーの奥にいることは明らかになった。当局は、一階に残るけが人の搬出に取りかかる決定を下した。「パリ警視庁探索出動部隊」が劇場内に展開を始めたことで、危険性は薄まったと判断したのである。(28) 時計は午後十一時四分を刻んでいた。

一階の床で射殺されたように見えた人々の中には、死んだふりをし続けた人も少なくなかった。劇場内に入った警察官がけが人を入り口まで運び、救急隊が引き受けて必要な措置を講じた。ただ、その作業は容易でなかった。倒れている人の体に爆発物がしかけられていないか、そもそもその中にテロリストが交じっていないか、誰にもわからなかったからである。結果的にそのような例は一つもなかったが、救援に携わる警察官たちは、けが人一人ひとりの身体をチェックせざるを得なかった。(29)

その後、テロリストと警察との交渉が始まったのは、テロリスト側からのアプローチがきっかけである。バルコニーから人質の一人を伝令役として送り、彼らの携帯の番号を緊急介入隊に伝えたのだった。

これを受けて、警察側がテロリストにはじめて連絡した。その役を担ったのは、「イペール・カシェール」立てこもり事件でアメディ・クリバリと折衝を重ねた「国家警察探索出動部隊」の交渉官パスカルである。[30]最初の電話は午後十一時二十七分だった。

テロリスト側が求めたのは、警察官らの劇場からの撤退だった。もちろん、受け入れられるわけがない。彼らは同時に、ニュース専門テレビ局がいるかどうかを尋ねてきた。

「自爆する場面を同時中継させるつもりではないか」

緊急介入隊長のモルミはそう疑った。[31]

二回目の電話は、十一時二十九分である。パスカルは、人質の中の女性と子どもを解放するよう求めた。テロリスト側は「そのうち、そのうち」と言うばかりだった。

「彼らが降伏するとは思えない」

パスカルはそう報告した。もはや介入しかない。この時点で、当局の方針は決まった。緊急介入隊長モルミはいったん劇場から出て、警視総監にあたるパリのプレフェ（政府委員）の承認を得た。

電話による交渉はその後も、十一時四十八分、日付が変わって午前零時五分、零時十八分と、計五回に及んだ。ただ、最後の三回は時間稼ぎに過ぎなかった。[32]その間、緊急介入隊は徐々に階上にも展開し、様子をうかがった。

最後の電話の時間にあたる午前零時十八分、銃撃戦が始まった。[33]緊急介入隊は盾を手に、テロリスト側からの銃撃を受けつつ、徐々に彼らに近づいた。階上は真っ暗である。警察側は閃光発音筒を投げ入れて周囲を照らし、テロリストを威嚇した。先頭を進む隊員の前に、黒い影が現れた。隊員はピストルを撃った。黒い影が倒れ、その瞬間爆発が起きた。自爆したのはフエド・モアメド＝アッガドだった。

この爆発で、傍らにいたイスマエル＝オマル・モステファイは大けがを負った。顔の半分をもぎ取られ、腕が穴だらけになり、手の一部も飛ばされた。それでも自爆を試みたのだろう。倒れてなお、何かを探そうとしていたところを、隊員の銃弾を受けて息絶えた(34)。

隊員の一人が腕を撃たれて負傷した。幸いなことに、その場にいた人質にけがはなかった。

これですべてのテロリストは片づけられたが、緊急介入隊には確証が持てない。まだ潜んでいるのではないか。彼らはさらに奥に進んだ。ここに隠れていた人々が「私たちも人質だ」と声を上げた。それから一時間以上を経た午前二時四十一分、彼らは全員救出された。現場の救援活動が終了したのは、午前四時二十一分だった。

なぜバタクランが狙われたのか

「パリ同時多発テロ」の犠牲者計百三十人のうち、バタクランで命を落としたのは九十人に達した。病院に搬送されたけが人は、テロの総計で六百八十四人に及んだが、このうちバタクランが二百六人を占めた。

驚くべきは、その殺害方法である。バタクランでの犠牲者計九十人のうち、複数の銃弾が死因となったと考えられるのは十二人に過ぎなかった。残る七十八人は、ただ一発の銃弾が致命傷となった。[35]テロリストは、やみくもに乱射したわけではない。一人ひとりに標的を定めて撃ったのである。つまり、その場に居合わせた不特定の人物を、しかし一人ずつ狙いつつ殺したことになる。バタクランの虐殺は、犠牲者の多さが示すその残虐性のみならず、犯人のこのような冷酷さも際立っていた。

遺体が折り重なる劇場内の惨状は、救援に入った警察官らにとっても大きな衝撃だった。「毒ガスでも使ったのかと自問した」と、緊急介入隊長のモルミは振り返る。[36]

なぜバタクランが狙われたのだろうか。

『シャルリー・エブド』襲撃事件の際、同時に標的となったスーパー「イペール・カシェール」は、明らかにユダヤ人を狙ったものだった。犯人アメディ・クリバリの言説からは、「ユダヤ人が世界を操る」といった単純な陰謀史観の影響がうかがえる。イスラム過激派にとって「ユダヤ人」が最大の敵とみなされているのは、第一部で検証したとおりである。

バタクランも、ユダヤ人とまったく関係ないわけではない。この劇場はかつて、ユダヤ系の人物が所有し、イスラエル国境警察（Magav）を支援するパーティーの会場として使われていた。これに対し、パレスチナ支持の若者たちが覆面姿で抗議に訪れ、劇場の責任者との面会を強要したこともあった。[37]二〇一〇年には、チュニジア系ベルギー人のファルーク・ベンアベスがこの劇場への攻撃を企てたとして、捜査着手にあたる予審開始通告を受けた。二年後、ベンアベスはこの事件で免訴を勝ちとったものの、イスラム過激派にかかわる他の多くの疑惑への関与が取り沙汰され、二〇一八年七月にはテロ組織関与の罪でパリ軽罪裁判所から禁錮四年の判決を言い渡された。[38]

これらのことを、事件の背景と受けとめた人は少なくなかった。

ただ、バタクランのこうした側面は決して、一般に広く知られたことではない。テロ後も、劇場とイスラエルやユダヤ人との関係を指摘する声はあまり目立たなかった。何より、バタクランを襲撃したテロリストらにも、人質に対してイスラエルやユダヤ人に関する主張を展開した形跡はうかがえない。「イスラム国」のフランス人幹部ファビアン・クランはこのテロの翌日、犯行声明を発表したが、そこでもイスラエルやユダヤ人については触れられなかった。[39]

これらの状況から、バタクランとイスラエルやユダヤ人との関係はテロリストたちにとってさほど重要でなかったか、あるいはあまり意識されていなかったと考えられる。襲撃の目的は何より、できるだけ多くの人を殺害すること自体にあったとみるのが、妥当であろう。

すでに第二部の冒頭で述べたとおり、このことは、その年一月の『シャルリー・エブド』襲撃事件と十一月「パリ同時多発テロ」との大きな違いともなっている。一月の場合、『シャルリー・エブド』編集部を襲ったクアシ兄弟は、「預言者ムハンマドを冒瀆した風刺新聞」に対する復讐の意思を随所で表明した。クアシ兄弟も、「イペール・カシェール」に立てこもったアメディ・クリバリも、ユダヤ人に対する憎悪を隠さなかった。その理屈が正当かどうかはともかく、攻撃に駆り立てられた動機は明快だった。

『シャルリー・エブド』襲撃がフランス国内で一部のインテリやイスラム教徒の支持を得た理由

も、そこにある。テロリストたちは身近でわかりやすい大義を掲げていた。そのロジックに流された人がいてもおかしくなかった。日本でも、一部の知識人や文化人がこの論理に乗せられ、「テロリストも悪いが、シャルリーも悪い」といった言説を展開した。

十一月の場合、テロリストの動機はもっと察しにくい。特定の標的を狙ったようにはみえず、誰彼かまわず殺害していると考えられた。誰を殺すかでなく、殺すこと自体が目的となっていた。その論理は、中東の戦場では通用するかもしれないが、欧州の街角に持ち込んでも賛同は得られない。「イスラム国」の戦略には、いかにも無理があった。『シャルリー・エブド』襲撃事件のときに支持の声を上げた人々も、「パリ同時多発テロ」では沈黙した。彼らは、自分たちが同情を示したイスラム過激派が次に何を引き起こすか、想像する力を欠いていたのである。

アバウドは舞い戻っていた

バタクランでのテロが一段落するまでの間、街のカフェやレストランで殺戮を繰り広げたテラス襲撃部隊のテロリストたちはどこに行ったのだろうか。

「コントワール・ヴォルテール」で自爆したブライム・アブデスラムを降ろした後、セアトに乗ったアブデルアミド・アバウドとシャキブ・アクルーはフィリップ・オーギュスト街を北上した。彼らはすでにミッションを終えており、もし逃亡するならそのまま東に走り去ってパリを出るのが常道だが、フィリップ・オーギュスト街は逆にパリの街中に戻る道である。彼らは、ペール・ラシェーズ墓地の脇を通ると、住宅街の生活道路マノヨー街に乗り入れ、行き止まりに入り込んだり一方通行を逆走したりした。道に迷ったのは明らかだった。ガンベッタ街にようやく抜けたセアトは、東に進んでパリの市域を出た。午後十時四分、パリ東郊モントルイユの中心部、地下鉄九号線クロワ・ド・ショヴォー駅近くの交差点で、彼らはセアトを乗り捨てた。カラシニコフ銃三丁と大型ナイフ三丁は車内に残したままだった。(40)

十分後、クロワ・ド・ショヴォー駅改札の監視カメラに、二人の姿が記録されていた。自動改札機の前で当惑する二人は、ちょうど出てきた客の助けを借りて改札をすり抜けた。駅員の少ないパリの地下鉄では、若者たちがよく使う手法である。無賃乗車した二人は、九号線でパリ市内に戻り、ナシオン駅で下車した。ブライム・アブデスラムが自爆した「コントワール・ヴォルテール」のすぐ近くである。午後十時二十六分を回っていた。バタクランではすでに殺戮が終わり、モステファイとモアメド＝アッガドがバルコニーで人質を取っていた時間にあたる。

アバウドはその後、ブリュッセルに残った支援部隊のモハメド・ベルカイドと三度連絡を取り、バタクランの立てこもりが終わった後までこの界隈を徘徊し、それからパリ北東郊外のオーベルヴィリエに向かい、消息を絶った。衝撃的なのは、その前に彼らが、バタクランのすぐ近くのサンタンブロワーズ街にしばらくいたことである。午前零時二十八分にはそこから携帯で電話をかけていた。(41)二人はまるで、バタクランの様子をうかがいにでも行ったかのようである。

じつは、大統領のオランドが現場にくるのを待ち構えていたのでは、との根強い推測がある。

「アバウドはたんにそこで何が起きているのかを見に行ったのかもしれないし、あるいは新たなテロを画策していたかも知れません。ただ、救急車とパトカーを見物していったい何の役に立つのか」と、フランスの元情報局員は疑問を呈する。(42) アバウドがオランドを狙っていたという仮説は、それなりに説得力がある。

『シャルリー・エブド』襲撃事件の際、オランドは周囲が止めるのも聞かずに現場に急行し、爆発物確認も終わっていない場所を歩き回った。今回も同じことをするだろう。もしその場にアバウドが遭遇すれば、フランス大統領を殺害する機会もうかがえる。たとえ成功しなくても、スタッフや護衛にけが人でも出れば政権にとって大きなダメージとなる。テロリストたちは、乗り捨てた車にカラシニコフ銃を置いてきたとはいえ、おそらく自爆ベルトはそのまま身につけていただろう。

実際、オランドはバタクランに行ったのである。

スタッド・ド・フランスでの二度の爆発後、オランドは内務省地下の作戦室に急行した。内務省幹部が現場への指令を飛ばすすぐ横で、首相のマニュエル・ヴァルス、内相のベルナール・カズヌーヴ、法相のクリスティアーヌ・トビラらを集め、約一時間にわたって対応を協議した。その後、内務省の向かいにあたる大統領府（エリゼ宮）に戻ったオランドは閣議を開き、全土に非常事態宣言を出した。オランドの目は充血し、その声から苦悩の様子がうかがえたという。(43)

問題はその後だった。オランドとカズヌーヴ、ヴァルスとトビラは、それぞれ二台の車に乗り合わせ、バタクランの前に姿を現したのである。時間はすでに、アバウドとアクルーがその場を離れて一時間ほど経っており、テロリストと大統領が鉢合わせしたわけではない。しかし、テロが続く恐れはまだ十分考えられた時であり、実際テラス襲撃の容疑者は行方不明になっているのである。関係者からは「大統領のくる場所じゃない」との声が出た。

しかし、オランドはその行動に信念を抱いていた。大統領の側近は、エリゼ宮詰めが長い『シュッドウエスト』紙論説委員ブリュノ・ディーヴに、後にこう語った。

「彼は、エリゼ宮におとなしくこもってテレビを見ているわけがない。自分の身をもって、その思いを現場で表現したかったに違いない。その意思は尊重しないと」(44)

ただ、一月に比べ事態は明らかに異なっていた。『シャルリー・エブド』襲撃事件では、被害者に寄り添い、言論の自由を掲げるオランドに、政敵らも含め多くの国民が支持を表明した。しかし、今度は二回目である。なぜ防げなかったのか。政権も当局も、批判を浴びることになった。

問われた責任

批判の急先鋒に立ったのは、前任大統領のニコラ・サルコジだった。野党の右派ドゴール派「共和派」の党首として大統領の座への返り咲きを狙う彼は、「パリ同時多発テロ」の翌日、集まった側近に話した。

「今回は、オランドが悲しむばかりでは不十分だ。借りを返してもらう」(45)

サルコジは『シャルリー・エブド』襲撃事件の際、オランドに協力する姿勢を見せた。その結果、支持を集めたのはオランドばかりで、自分には少しも光が当たらなかった。その失敗は繰り返さない。そのような意識が透けて見える態度である。前回とは異なり、テロを防げなかった政権への批判が今回は盛り上がるだろう、との見立てもあったという。

翌日、サルコジはオランドと会談した。

「俺を朝晩盗聴して、テロリストへの盗聴を忘れるとは何事か」

サルコジは皮肉たっぷりだった。彼は二〇一二年の大統領選でオランドに敗れた後、さまざまなスキャンダルに見舞われ、特にリビアの指導者カダフィから資金援助を受けていた疑惑について、この前年に司法当局の盗聴対象とされていた。これに対してオランドは反論し、いくつかのテロ計画を防いだ経緯を説明したが、サルコジは首相や法相の更迭を求める強硬姿勢に終始した。[46]彼は、その月末からパリ近郊で開催が予定されていた第二十一回気候変動枠組条約締約国会議（COP21）も中止するよう主張した。

しかし、この論法はテロリストの思う壺だっただろう。暴力に対する市民の憤激が自分たちに向かわず、政権や当局に向かえば、フランス社会の混迷の度合いが深まる。その憤激がイスラム教徒全般に転じれば、フランス社会の分断につながる。怒りの矛先を他に振り向けることこそ、彼らの狙いなのである。サルコジは、このテロをみずからの政治的野心の実現につなげようとするあまり、テロリストたちの思惑にまんまと乗せられていた。しかも、まだ社会の雰囲気が犠牲者への追悼一色の時期だっただけに、拙速さは拭えなかった。サルコジの強硬姿勢には自陣営からも疑問の声が上がった。結局、オランド政権の閣僚は辞任せず、COP21の国際会議も予定どおり開催された。

一方、テロ当日の対応の是否を問う声は、もっと地味なかたちで、しかしじわじわと噴き出してきた。

バタクランに立てこもったテロリストらと最初に対峙したのが「パリ警視庁探索出動部隊（BRI－PP）」であり、最後に突入して人質を解放したのが同部隊の「緊急介入隊（FIR）」であるのは、すでに述べたとおりである。この部隊は主にギャング捜査に携わっており、テロには必ずしも慣れていない。テロ対策部隊である「国家警察特別介入部隊（RAID）」や「国家憲兵隊治安介入部隊（GIGN）」との合同作戦を組むべきでなかったか。

実際、パリ西方ベルサイユに本部を置くGIGNはその夜午後十時二十六分に通報を受け、すぐにパリ市内に展開した。バタクラン近くの兵舎に入り、午後十一時四十五分には出動態勢を取った。ただ、それはバタクラン制圧のためでなく、次に起きるかもしれないテロに備えてのことだった。結局新たなテロは起きず、彼らは待機したまま出動しなかったのである。[47]

RAIDは午後十一時九分、パリ南西郊外ビエーヴルの本部からバタクランに到着した。このような大規模テロの場合、本来ならRAIDとGIGNにパリ警視庁の部隊も加わって「国家警察介入隊（FIPN）」の結成が宣言され、総指揮はRAIDの隊長が執るはずである。実際、『シャルリー・エブド』襲撃事件ではその翌日FIPNが発足し、次に起きた「イペール・カシェール」立てこもり事件を解決するうえで威力を発揮した。しかし、バタクランではそうならなかった。FIPNは宣言されず、パリ警視庁が単独で対応を担い、RAIDやGIGNは中心的な役割を担えなかった。[48]

その背景について、事件の検証を担った国民議会（下院）調査委員長で野党「共和派」の国民議会議員ジョルジュ・フェネシュは、組織間のライバル意識が協力を妨げたのでは、と推測する。

「パリ市は他組織へのねたみから、行動決定権を手渡そうとしなかったのではないか。それがもっとも納得のいく解釈だと、私には思える」(49)

実際には、バタクランの犠牲者は最初の銃撃時に集中しており、テロリストが人質を取って以降は、解放時も含め死者は出なかった。その意味で、パリ警視庁の対応は間違っていなかったようにもみえる。一方で、『シャルリー・エブド』襲撃から十カ月程度で大規模テロを許してしまったフランスの政権や当局の対応に何か不備があったのも間違いない。

治安当局の機能不全はこの後、逃亡したアバウドへの対応で、よりくっきりと浮かび上がる。

その経緯は第5章に譲りたい。

ッド・ド・フランス。

襲撃されたカフェ「ラ・ボンヌ・ビエール」。

襲撃されたバー「カリヨン」のガラスに開いた弾痕。

劇場「バタクラン」では90人が犠牲になった。

第4章　モレンベークの闇

失業率五十二パーセントの街

『シャルリー・エブド』襲撃事件やパリ同時多発テロの犯人たちの多くは、戦乱の地に生まれ育った人物でなく、事件の地元である欧州出身の若者である。一部はイエメンに渡航したり、「イスラム国」で軍事訓練を受けたりしたものの、成長したのは、基本的に平和で安定した欧州社会の中だった。彼らはなぜ、過激派に近づき、ジハードに目覚めたのか。私たちが文明社会に暮らす一員としてのアイデンティティーを抱き続けるのに、なぜ彼らは途中から遠くに行ってしまったのか。

パリ同時多発テロにかかわった人物らが幼少時を過ごし、あるいはその後出入りしていたのは、ベルギーの首都ブリュッセル西郊の街モレンベークである。(1) 偶然の出張で事件直後のパリに着いた私には、ブリュッセルでの仕事の予定もあった。これを機に、過激派やテロリストを生み出した空間を垣間見れないかと考えた。

モレンベークは面積六平方キロ足らずで、行政上こそ独立した自治体だが、実際は首都ブリュッセルの一部に組み込まれている。中心部の世界遺産「グラン・プラス」から徒歩でも行き来できる距離にあり、東京にたとえると山手線内のイメージである。

ここはもともと、ブリュッセル近郊の農村だった。一八三二年に街を貫くかたちで運河が通じて以降、ベルギーからフランス北部にかけて広がる世界最大規模の炭田の石炭を運ぶルートに沿うことになって、工業化と都市化が進んだ。周辺は、英国産業革命の中心地の名を冠して「リトル・マンチェスター」と呼ばれ、多くの労働者が移り住んだ。

戦後、この街を移民が大きく変えた。一九六四年にベルギーがモロッコと協定を結んで以降、モロッコ人労働者が一斉に流入した。そのほとんどは、経済的に恵まれないモロッコ東部の山岳地帯リーフ地方の出身である。民族的にはベルベル人が多い。「アラブ人」と呼ばれるのをしばしば嫌う彼らは、結束が固く、誇り高いといわれている。

当初彼らは炭鉱で働き、やがて鉄鋼業や繊維産業、建設現場などに進出した。これにともない、モレンベークの人口も急増した。一九六〇年代に六万人あまりだったのが、二〇一六年には十万人近くに達し、不法滞在を含めるとさらに増えると考えられた。

二〇一六年現在、人口の約六割はモロッコ系であり、その多くはベルギー国籍を取得している。旧産業都市のどこでも同じ傾向だが、失業率が四十一パーセントに達し、特に二十五歳以下の若者の間では五十二パーセントに及ぶ。(2)イスラム教徒が多く、市内のモスクは二十四カ所に達し、そのうち十六カ所は正規の手続きを経ていない未公認の礼拝所で、過激派の温床になっているといわれてきた。(3)

その街に足を踏み入れたのは二〇一五年十一月十八日、「パリ同時多発テロ」の五日後だった。

アブデスラム兄弟のカフェ

まず、地下鉄オスゲム駅からガン街（ヘント街）を西に歩き始める。モレンベークの北部にあたり、少し寂れた雰囲気が広がるディープな移民街の様相である。イスラム教徒向けの食材「ハラール」の看板を出した店が目立ち、行き交う女性のほとんどはスカーフやヴェールをかぶっている。

こうした女性の装いは、ここのイスラム教徒の間に根づいた伝統ではない。この街でも二十年前だとほとんど見られず、近年のイスラム主義の浸透を示す現象である。この状況を、モレンベークの副市長の一人は「スカーフをかぶれという圧力が女性に対してかけられている。そうしないと売春婦とみなされる」と批判する。(4)

ガン街から斜め左に派生するベギーヌ街に踏み入れると、アパルトマンが並ぶ住宅街の角に「レ・ベギーヌ」があった。欧州のどこの街角にもありそうなカフェである。れんが造り三階建てアパルトマンの一階に入居している。

この店は、アブデスラム兄弟が経営していた。二〇一三年の開店当初は、自爆した兄のブライム・アブデスラムが店主だった。途中から、弟で事件後逃亡したサラ・アブデスラムが書類上の店主を引き継いだ。酒だけでなく、地下で麻薬も密売することで、その筋では有名だった。この街のモロッコ系住民の故郷リーフ地方はハシシの産地として知られ、移民の人脈を通じて大量に持ち込まれていたという。

店はこの年の八月、警察の麻薬捜査キャンペーンの一環として摘発を受け、テロ直前の十一月四日には閉店に追いやられた。今、戸口は閉まったままで、周囲には警察官もやじ馬もいない。ロシアからきた二人組のテレビクルーが建物を撮影している。

窓枠には、ろうそくの燃え殻が三つ残されていた。テロリストとはいえ、亡くなったブライムを悼むために市民が持ち寄ったのだろう。

兄弟の近所での評判は、決して悪くない。ブライムは人当たりがよく、怒る姿をほとんど見せたことがなかったという。弟のサラは精力的でいつも走り回り、酒とセックスに明け暮れる遊び人だった。つきあう女性も連日のように取り換えていたという(5)。

カフェの写真を撮っていると、向かいのアパルトマンに暮らす白髪の老婦人が、窓から顔を出して話しかけてきた。兄弟を知っているという。

「ごく普通の人たちに見えたのに、どうしたのかねえ」

老婦人はここに暮らして二十九年になるという。

「昔はいい街だったのだけど、近年は治安が悪くなってねえ。警察官がいればいいのだけど、数が少ないのよ(6)」

老婦人の言葉には、増加した移民への偏見がにじんでいるように思えた。

もっとも、子ども二人を連れてカフェの前を通りかかったスカーフ姿の女性は「治安なんて全然悪くないよ」と老婦人に反論した。サナと名乗る。自身がモロッコ系で、モレンベークに住んで十一年だという。

「テロのお陰でモレンベークもすっかり有名になったね」

事件を豪快に笑い飛ばす。

「変なのが何人かいるだけなのに、みんなすっかり偏見にとらわれている。多くのイスラム教徒は、私のように欧州社会に溶け込もうとしているのに」

彼女も、アブデスラム兄弟を知っていた。

「すごく感じがいい人たちだった。もう何がどうなったのか(7)」

欧州の都市の中でも、ブリュッセルは必ずしも治安がいいといいがたく、場所によっては昼間でも歩くのがはばかられる雰囲気を持つ。それに比べると、モレンベークはごく普通の下町の印象である。低所得層が厚いものの、カフェの近くには高級住宅街もあり、危険な雰囲気には乏しい。

この街の問題はむしろ、一見普通に見えるのに過激派やテロリストが隠れているところにあるのだろう。

モレンベキスタン

アブデスラム兄弟の先祖はモロッコのリーフ地方出身だが、父親のアブデルラフマンは一九四九年、フランス領アルジェリアのオランで生まれ、その際得たフランス国籍をモロッコ帰国後も維持していた。渡仏してパリ郊外で暮らした後にモレンベークに移り、市電の運転士として働いた。兄弟がベルギーで生まれ育ったにもかかわらずフランスとモロッコの二重国籍になったのは、父親の国籍のためである。一家は、モレンベーク中心部コミュナル広場の市役所の向かいのアパルトマンで同居しており、場所柄かなり裕福な生活をしていたと考えられる。

一家は全部で五人の兄弟姉妹で、一九八四年生まれのブライムと八九年生まれのサラの間には、モアメドという兄弟がいた。モアメドは後に強盗容疑で拘束されたりしたものの、テロにかかわったとはみられていない。一時期はモレンベーク市に職員として勤務し、市長からもっとも信頼される顧問として年十万ユーロを超える高給を得ていた(8)。

ブライムは電気工としての職業訓練を受けたが、若いころから盗みや詐欺に手を染めた。他人の影響を受けやすく、精神的に脆弱で、十四歳のときに自宅に火をつけたこともあったという(9)。毎日三、四本の大麻を吸い、ビールとウォッカを暴飲した。一度結婚して二年後に離婚し、カフェを開いた後、二〇一五年一月に一度シリア渡航を試みてトルコ当局に拘束され、送還された。以後彼はシリアに行かないままテロに参加したと思われていたが、「イスラム国」は翌年、シリアのラッカでブライムが訓練を受ける動画を公開し、おそらく短期間とはいえ彼がシリアに滞在したことが明らかになった(10)。

さまざまな小犯罪にかかわった点では、弟のサラも同じである。技師として市電の車庫に勤務したが、強盗や窃盗未遂を働いて逮捕されるなどでクビになった。二〇一四年末には「シリアに渡航したい」と女友だちに漏らしていたというが、結局実現しなかった(11)。テロ直前にはイタリアやギリシャ、ドイツに頻繁に出かけた。シリアから欧州に入ったテロリストを迎えに行くなど、準備を重ねていたと考えられている。テロの数日前から、兄弟は「山に行ってスキーをする」と言い、家族の前から姿を消していた。[12]

この兄弟以外にも、パリ同時多発テロにかかわった人物の多くはこの街で暮らしていた。実行部隊の指揮官アブデルアミド・アバウド、彼とともにテラスを襲撃したシャキブ・アクルー、スタッド・ド・フランスの自爆部隊を率いたビラル・アドフィらである。それだけではない。テロ以前の小規模な攻撃にかかわった若者たちも、この街に出入りしていた。この前年にブリュッセルのユダヤ博物館で四人を射殺したフランス人過激派メディ・ネムーシュも、二〇一五年八月に特急「タリス」車内で発砲しようとして乗客に取り押さえられたモロッコ人アユーブ・ハザニも、モレンベークと関係があった。過激派モスクが野放し状態だったロンドンがかつて「ロンドニスタン」と呼ばれたように、過激派の拠点と化したこの街を一部のメディアは「モレンベキスタン」と呼んだ。[13]

ガン街に戻り、地下鉄オスゲム駅の東側に回る。ガン街は長く伸びる通りで、兄弟のカフェのある西方はやや寂れているが、東方は街の中心部に近く、買い物客で賑わう繁華街である。移民街であるのは変わりなく、ヴェール姿の女性が目立つ。

その角っこ、ガン街六〇番地に「タリス」事件の容疑者アユーブ・ハザニの家族が住んでいた。彼は襲撃の朝、ここから出てブリュッセル・ミディ駅に行き、タリスに乗ったといわれる。建物は閉鎖され、誰も住んでいないように見える。

アブデスラム兄弟が暮らしていたコミュナル広場は、そこから徒歩ですぐである。ちょうど、パリのテロ犠牲者を追悼する市民集会の準備が進んでいた。「テロリストの街」のイメージを払拭したい市の意図もあるのだろう。白人、黒人、アラブ系と、多様な人々がプラカードやろうそくを持ち寄っている。この街の文化多様性を象徴するかのようである。

モレンベークにはもともとユダヤ人が多く、戦前のガン街あたりには彼らの手工芸工房が並んで「小エルサレム」と呼ばれていた。現在はイスラム教徒が多い一方、左派系知識人も好んで住む地域となっている。インテリと移民が混在する点は、テロの現場であるパリ十一区に似ている。集会のイニシアチブを取ったのも、こうした知識人たちのようである。

集会にはブライムとサラの兄弟にあたるモアメド・アブデスラムも訪れ、追悼のろうそくを灯した。モアメドはテロリストの二兄弟から距離を置き、逃亡中のサラに対しても出頭を呼びかけていた。

アバウドが歩んだ道

広場から少し北に進むと、アヴィニール街に面して、テロ実行部隊を統率したアブデルアミド・アバウドの自宅がある。三階建ての独立家屋で、一階は事務所のようだが、その上に一家が暮らしていたのだろうか。戸口の呼び鈴にはまだ「abaaoud」と書かれたシールが貼られたままになっている。

「アバウド」という姓は、アラブ系ではない。モロッコの四割を占めるともいわれるベルベル系である。遊牧民を先祖に持つが、モロッコ南西部の保養都市アガディールに近いウラドテイマに彼の三代ほど前から定着した。アバウドの祖父は現地でまだ健在で、毎年バカンスに里帰りするアバウド一家を迎えていたという。

アバウドの父オマルは炭鉱労働者としてベルギーに渡り、続いて衣料店を経営して成功した。一家は、比較的豊かな生活をしていたとみられる。

アバウドは一九八七年四月八日、六人兄弟の長男としてブリュッセル近郊に生まれた(14)。ベルギーとモロッコの二重国籍だった。彼自身はベルベル語もアラビア語もほとんど話せず、ベルギーなまりのフランス語を母語として育った。

小学校は、オーギュスタ・マルクー校に通った。この学校は、モレンベークの中ではやや例外的に閑静で落ち着いた住宅街の中にある。緑に囲まれた赤いれんが造りの平屋校舎で、小綺麗でいかにも上品な学校である。周囲には立派な戸建て住宅が並び、落書きもなければ、ごみも落ちていない。彼はここで、サラ・アブデスラムと同窓になった。アバウドもサラも、このころは裕福な家庭のお坊ちゃんだったと推測できる。

つまり、アバウドやアブデスラム兄弟は決して、移民社会の底辺にいて辛酸を味わったわけではない。むしろ、特段の不自由もない小金持ちの道楽息子であり、恵まれた環境を生かすことなく酒や麻薬、犯罪に走った情けない男たちである。彼らが育ったモレンベークはたしかに、若者の失業率が五割を超える貧しい街だが、そうした全般的状況とテロリスト個人の道のりとは、安易には結びつけられない。イスラム教徒を中心とする欧州の移民一般が置かれた状況と、テロに走る若者たちを取り巻く環境とは、別の文脈に属する事柄である。

小学校を終えたアバウドは、ブリュッセル郊外でもっとも高級な住宅都市イクルにあるサンピエール中学校に入学した。カトリック色が強く、著名人を輩出した名門中の名門校である。しかし、彼はそこで、教師や同級生の財布を盗んで喜ぶなど悪さばかりを繰り返し、一年で退学した。以後、二〇〇二年にはじめて犯罪に手を染め、〇六年から一二年までの間には傷害、警察官侮辱、犯人隠匿、武器不法所持などの罪で、刑務所の中と外を行き来し続けた。

その行動は、小学校以来の仲間サラとしばしば一緒だった。二〇一〇年十二月には、共謀して車を盗もうとガレージに侵入してつかまり、懲役一年執行猶予五年の判決を受けた。このとき一緒につかまったサラは、それを機に技師としての仕事を失うことになった。

アバウドにイスラム過激派の兆候が見え始めたのは、二〇一二年九月に刑務所を出所したときだったという。ひげを生やすようになり、それまでの人間関係を清算した。この年、アバウドはエジプトに渡り、その足でシリアに向かった。これが、彼にとってはじめての「イスラム国」滞在となった。

彼は二〇一三年九月、いったんベルギーに戻った。その後、彼がモレンベークにいるのを、地元の警察が把握した。再び渡航するのは、二〇一四年一月である。ドイツのケルンから欧州を出てトルコに渡り、「イスラム国」に入った。この際、そのとき十三歳だった末弟のユネスを彼はこっそり連れ出し、父親の憤激を買った。ユネスはそのまま戦闘員となって「イスラム国最年少のジハード主義者」と呼ばれたが、二〇一八年に死亡が伝えられた(15)。

二度目の「イスラム国」滞在で、アバウドは欧州の若者たちの教育を担った。シリアで戦う兵士を養成するためだけでなく、欧州でテロを起こす要員を確保するためだった。宗教的知識も知性もなく、軍事専門家でもなかった彼が、たんなる一兵士から身を起こして組織内で頭角を現したのは、この任務が成功したからだと考えられる。(16) 彼は昇進を重ね、千人の兵士を配下に抱える地位に就いた、との証言もある。(17) 最終的には、欧州戦域司令官サリム・ベンガレム直下の戦術司令官として「パリ同時多発テロ」を現場で指揮することになった。

彼の残酷さは際立っていた。「イスラム国」と対峙するシリア自由軍が二〇一四年に入手した動画には、ボール代わりに生首でサッカーをするアバウドの姿が映し出されていた。(18) また、車に乗ったアバウドが「以前は水上スキー、モトクロス用四輪やバイク、バカンス用の鞄や土産物を満載したキャンピングトレーナーを牽引していた。今、俺が牽引しているものを撮影していいよ」と笑う動画も公表されている。車の後ろで引きずられているのは、紐で縛られた敵兵の遺体なのだった。(19)

「イスラム国」残酷さの論理

遺体を損傷する行為は、戦場でしばしば起きる。ベトナム戦争で米軍がベトナム兵の遺体を輸送車にくくりつけて引きずった様子は、沢田教一撮影の写真「泥まみれの死」によって広く知られた。現代では、少なくとも正規軍同士の戦争でこのような行状は厳しく戒められ、罪に問われることもある。

ただ、既存の規則や秩序に挑戦することは、「イスラム国」の大きなアイデンティティーであり、欧州の若者たちを引きつける要素ともなっている。戦争の法規をあえて逸脱すること、目を覆うばかりの残虐行為を見せびらかすことこそが、価値を持つ。アバウドの振る舞いも、その論理に沿っている。欧州社会でその法規制や道徳の枠になじめず、犯罪と愚行を繰り返していた彼は、「イスラム国」の荒廃した無法地帯でようやく、みずからに合致した価値観を見いだしたのである。彼は、その感覚を持ち帰り、欧州の地に適用した。かくして、「パリ同時多発テロ」は恐るべき残虐性、冷酷さに彩られたのである。

ただ、アバウドは欧州で一般的に「イスラム国」の下っ端とみなされていた。彼の脅威は、現実のものとしては受けとめられていなかった。

その後のアバウドの足取りには謎が多い。二〇一四年八月、アバウドはベルギー当局から国際手配されており、みずからの旅券や身分証明書だと航空機には自由に乗れないはずである。ただ、一四年後半から一五年初頭にかけて彼は欧州に舞い戻っていた。まず一四年秋、ブルガリアとギリシャの国境に面したトルコ国内の街エディルネまで到達した。一五年一月にはギリシャに入った。

『シャルリー・エブド』襲撃事件が起きた直後の二〇一五年一月十五日、ベルギー警察の特殊部隊は同国東部ヴェルヴィエのアパルトマンを急襲し、銃撃戦の末に二人を射殺、一人を拘束した。「イスラム国」につながるテロリストの拠点で、大量の銃や弾薬、過酸化アセトンを使った爆発物製造マニュアルなどが見つかった。彼らは、モレンベークの警察署襲撃かブリュッセルの空港爆破かのテロの準備をしていたといわれる。ギリシャから携帯で彼らに指示していたのがアバウドだった。[20] このとき、ギリシャ当局はアテネ市内のアバウドの居場所を突き止め、仲間を拘束したものの、アバウド本人は逮捕しそこねた[21]。

当時、欧州は深刻な難民危機に見舞われていた。それが、アバウドらに願ってもないチャンスを与えることになった。

欧州への難民や不法移民の流れは、「アラブの春」による混乱を受けて、二〇一一年から急増した。当初は、北アフリカから密航船で地中海を渡り、イタリアのランペドゥーサ島やマルタに相次いで流れ着いた。難破する船も多く、数百人単位の犠牲者がしばしば出て人道問題化した。その後、シリアの内戦が激化し、難民のメインルートも東に移動した。シリア難民の一部は、内戦を逃れてトルコからエーゲ海を渡り、バルカン半島を徒歩で北上してドイツや北欧に向かうようになった。

アバウドらテロリストたちは、この「エーゲ海ルート」の一群に紛れ込み、故郷を目指したのである。

難民に紛れて

彼らは、ギリシャからマケドニア（後の北マケドニア）、セルビアを経てハンガリーに入国した。ハンガリーの情報機関は「パリ同時多発テロとその翌年のブリュッセル連続爆破テロの容疑者のうち十人以上が、二〇一五年七月から十一月にかけて領内に滞在していた」と記している[22]。

アバウドによって最初に欧州に送り込まれたのは、ビラル・Cなるアルジェリア人だった。彼は、旅券を持たないままハンガリーまでたどり着いて地元当局に拘束され、いったん釈放されたものの、最終的にドイツ当局にテロ組織加盟容疑で逮捕された。

これに続いたのが、アバウド自身だった。アユーブ・ハザニをともなっていたとみられている。ハザニは、特急「タリス」内で発砲を試みて拘束される人物である。二人はハンガリー南部セゲド近郊からシェンゲン領域に入域し、二〇一五年八月一日にはブダペストのホテルに滞在していたことが、後に確認された。八月四日、アバウドは車で、ハザニはその翌日列車で、いずれもオーストリアに向かった。

八月二十五日には、ビラル・アドフィとシャキブ・アクルーがハンガリーに到着した。アドフィはスタッド・ド・フランス自爆部隊の統率役、アクルーはアバウドとともにパリのテラスを襲って殺戮を繰り返す人物である。二人をハンガリーまでレンタカーで引き受けに行ったのはサラ・アブデスラムだった。八月末から十月にかけて、サラはベルギーとハンガリーとを三往復し、テロリストたちを迎えた。(23)

九月に入ると、パリ同時多発テロでブリュッセルの支援部隊を率いるモハメド・ベルカイド、ブリュッセル連続爆破テロで自爆することになるナジム・ラアシュラウイがハンガリーに到着し、サラの車に乗って九日にベルギーに向かった。十七日には、バタクラン襲撃部隊のイスマエル＝オマル・モステファイ、サミ・アミムール、フエド・モアメド＝アッガドの三人が、ブダペスト東駅前でやはりサラに拾われた。サラは十月にもドイツに出かけて三人をピックアップしたが、そのうち二人は後に拘束され、一人は行方不明になった。(24)

残るのは、スタッド・ド・フランスで自爆した三人のうち、アドフィを除く二人である。イラクかシリア出身とみられるこの二人は十月三日、他の二人とともにギリシャに上陸し、クロアチアを経て欧州西部に到達したとみられている。[25]

二〇一五年は、フランスで大規模テロが相次いだ年であると同時に、難民危機がピークを迎えた年でもあった。その前年にはウクライナで民主化運動「マイダン革命」が起き、これに乗じてクリミア半島を併合して東ウクライナにも事実上侵攻したロシアと、欧州各国は対峙しなければならなかった。ギリシャの財政状況悪化に端を発する欧州債務危機も、尾を引いていた。このような複合的危機は、翌年の英国国民投票による欧州連合（ＥＵ）からの離脱決定とも相まって、欧州各国を混乱に陥れた。

アバウドらテロリストたちの欧州への浸透は、そのような情勢と無縁ではない。難民の割り振りと人道措置に気を取られた各国で、入国管理や治安対策は甘くならざるを得なかった。難民の中にテロリストが交じる危険性はしばしば指摘されたものの、ごく稀な例として十分考慮されなかった。テロの予防に取り組む前に、欧州にとって危急の課題が山積していたのである。

「ベルギーのアルカイダ」

アバウドやアブデスラム兄弟の軌跡をここまでざっと追ってきたが、そもそも彼らはなぜ、どのようにして過激派に近づいたのだろうか。モレンベークのどこに、彼らを駆り立てた要素があったのか。

たとえば、欧州一のイスラム教徒人口を抱える街はフランス南部の港町マルセイユであり、彼らのフランス社会への統合や政教分離のあり方、彼らがかかわる犯罪の多さは、この街の大きな課題となっている。ところが、マルセイユ出身で「イスラム国」に渡航したりテロリストになったりした例はほとんど報告されていない。この一例をみても、移民やイスラム教徒の数と過激派の数との間に因果関係を見いだすのは難しい。モレンベークの人口の六割がイスラム教徒であることと、この街からテロリストが続々生まれたこととも、分けて考えるのが適当であろう。

実際、フランスで「イスラム国」への渡航者の出身地をみると、パリ郊外を除くと南仏ニース、南仏の街リュネル、西部ナント近郊、南西部の村アルティガといった特定の場所に集中している。理由は比較的単純で、これらの場所に過激派の拠点があったからだと考えられる。過激派に勧誘する人物がいる場所、ジハードを語り合える仲間がいる場所で、テロリストは育まれる。逆に、いくらイスラム教徒がいても、そのようなネットワークに乏しいところで、テロリストは、そう簡単には生まれない。第三部で検証するが、誰の手も借りず一人で過激化して一人で攻撃する「ローンウルフ（一匹狼）」型テロリストは、欧州で現実にはまず存在しない。ほとんどのテロは、組織を必要とするのである。

モレンベークの問題は、そのような組織が長年にわたって活動を続けてきたことにある。それが、「ベルギーのアルカイダ」と呼ばれたイスラム教地下礼拝所「サントル・イスラミック・ベルジュ（ベルギー・イスラムセンター＝ＣＩＢ）」である。(26)

この組織は、街の南部マンチェスター街のアパルトマンの一室に置かれていた。周囲は、路上のごみが風で舞い上がるような、やや寂れた地域である。訪ねてみたが、人通りは乏しく、内部もうかがえない。この組織がもっとも活発だったのは一九九〇年代末から二〇〇〇年代初めにかけてだった。過激思想をまき散らし、若者を勧誘し、暴力を辞さない意識を植えつけて戦場に送り出した。二〇一二年に摘発、解体されて以後、活動も低調になったものの、彼らが築き上げた人脈や精神は受け継がれ、テロを支える原動力として『シャルリー・エブド』襲撃事件や「パリ同時多発テロ」に結実した。

「サントル・イスラミック・ベルジュ」を事実上運営してきたのは、バッサム・アヤシというシリア人である。彼は母国で、イスラム主義団体「ムスリム同胞団」の運動にかかわった。エジプトの同胞団などと異なり、シリアの同胞団が過激で暴力的だったのは、ジハード主義の理論家アブ＝ムサブ・スーリーがかつて所属していたのをみてもわかる。

アヤシがシリアを出国したのは、一九六〇年代とも八〇年代初めともいわれる(27)。フランスに亡命したアヤシは、地元の女性と結婚してフランス国籍を得た。南仏エクサンプロバンスで飲食店を経営して失敗した後、一九九〇年代初めにモレンベークにきて、イスラム法にもとづく統治を目指す「サントル・イスラミック・ベルジュ」の前身組織を立ち上げた。みずからは裏で精神的支柱として活動し、表にはベルギー人の改宗者を名目上の代表者として立てた。

アヤシは、人を引きつける力に長けていることで知られる。彼にインタビューした著名なテレビキャスターのマリー＝ローズ・アルメストは、その声に危うく魅了されかかったという。

「彼は私を、引き込もう、支配しよう、酔わせてしまおうと狙っていました。延々と説教を続けつつ、私の瞳をじっと見つめたままだったのです(28)」

何やら、アメディ・クリバリやシェリフ・クアシを魅了したジャメル・ベガルに通じるものがある。この人たらしぶりこそ、イスラム過激派のリクルーター（勧誘者）に求められる才能なのかもしれない。

マリカとファティマ

アヤシが主に手がけた事業は、結婚の仲介だった。組織に出入りする男女、あるいは勧誘してきた男女を紹介し、結婚させる。その中の一組、一九九九年に結婚させたのが、チュニジア人アブデサタール・ダーマンとモロッコ人のマリカ・エル＝アルードだった。[29]

夫のダーマンが二〇〇一年、アフガニスタン北部同盟の指導者マスードを暗殺し、マリカが「殉教者の妻」としてジハード主義者たちの称賛を一身に集めたのは、すでに第一部第2章で描いたとおりである。彼女の著書『光の戦士たち』やウェブを通じたプロパガンダは、アメディ・クリバリの妻アヤト・ブメディエンヌをはじめ多くの若者に影響を与えた。

マリカは、組織に出入りする前に一度結婚離婚をしており、ダーマンは二人目の夫である。彼を失った後、マリカはアヤシの紹介を受けて、チュニジア人モエズ・ガルサラウイと三度目の結婚をした。二人はスイスで「ミンバルＳＯＳ」と称するイスラム過激派ウェブサイトを運営し、イラクでの戦闘やテロに携わる若者を集め、現地に送り込む活動を支援した。[30]ミンバルとは、モスクにある説教壇のことである。

「欧州はじめての女性自爆テロリスト」といわれたミュリエル・ドゴークは、このネットワークを通じてイラクに渡った一人である。ベルギー南部シャルルロワ地方でパン屋の売り子をしていた彼女は、イスラム教に改宗し、二〇〇五年にモロッコ系の夫とともにバグダッド北方のバクバで自爆攻撃に参加して死亡した。このテロでは米兵一人がけがを負った。[31]

その後、ガルサラウイはパキスタンに渡航し、アフガン国境地帯で軍事活動に従事した。二〇一二年にユダヤ教徒の学校襲撃などの「メラー事件」を起こしたモアメド・メラーはパキスタンで軍事訓練を受けたが、その指導役がガルサラウイだった。[32] 彼はその年、パキスタンで米軍の無人機攻撃によって死亡した。すでに二番目の夫ダーマンのお陰で「殉教者の妻」の名誉を獲得していたマリカは、さらなる栄光に包まれたのである。

マリカとともに「サントル・イスラミック・ベルジュ」の活動を支え、ジハード主義の精神を広めた女性に、ファティマ・アベルカンがいる。モレンベークのテロリスト人脈にどっぷりつかり、アブデスラム兄弟らと親交を結んだ。サラ・アブデスラムが拘束されるまで隠れていたのは、ファティマの家族のもとだった。

ファティマは、マリカと多くの共通点を持っている。ともに一九六一年モロッコに生まれた。家族はリーフ地方の出身で、どちらも幼少のときに父の移民に連れ添ってベルギーにきた。三度の結婚を重ねたのも、いったん世俗的な生活になじみながらイスラム過激派への道を歩んだのも同じである。

ファティマは、自宅で旅行代理店を運営し、若者たちをシリアに送り出す役割を果たしていた。ファティマが凄まじいのは、リクルーター（勧誘者）が集めてきた街の若者たちだけでなく、みずからの子どもたちもシリアに送り込んだことである。三人の夫との間に計七人の子どもをもうけた彼女は、息子三人を戦闘員に仕立てた。長男アブデルムネイム・ラシリは二〇一三年にシリアに到着し、アルカイダ系の「ヌスラ戦線」に加わり、内部で急速に台頭したが、二〇一四年に死亡したとみられる。弟のヤシーヌ・ラシリは「イスラム国」に加わった。もう一人の息子スフィアーヌ・アリルは、「パリ同時多発テロ」のテラス襲撃部隊シャキブ・アクルーと五百回近いショートメッセージのやりとりをしていたことが確認されている。

こうした感覚は、現代人からはなかなか理解しにくい。息子を特攻隊員として送り出した母と、意識や感情で何か共通するものがあるだろうか。共同体の崩壊を食い止めようと、一家で戦う意識を持ったのか。あるいは、陰で涙を流しながら、大義のために子どもたちを見送ったのか。

ファティマは二〇一三年、みずからも当時十四歳と十六歳だった娘二人を連れてシリアに渡航した経験も持つ[33]。一家そろってジハードに邁進しているのである。

子どもを戦士に養成したのはファティマに限らない。彼女の師匠であるアヤシも息子アブデラーマンをシリアに送った。アブデラーマンは反体制イスラム組織「シャームの鷹旅団」の中で戦ったが、二〇一三年に死亡した。その後、アヤシ自身も「最年長のジハード主義者」といわれながらシリアに赴き、「シャームの鷹旅団」に合流してイスラム法裁判官を務めたが、二〇一五年には、対立する「イスラム国」によるテロに遭って、右手を失った。アヤシは二〇一八年、フランスに戻っていたところを、テロ組織協力などの容疑で逮捕された[34]。

マリカとファティマも逮捕された。ファティマは二〇一六年、ベルギー破毀院《はきいん》（最高裁）で禁錮十五年の判決が確定した。マリカは二〇一七年、ベルギーの市民権を剝奪された。

ジハードのサンタ

アヤシ、マリカ、ファティマが過激派として本格的に活動をしていたのは二〇〇〇年代までである。二〇一〇年代にその後を引き継ぎ、モレンベークでジハード主義者を養成したのは、ハリド・ゼルカニという無口なモロッコ人だった。アバウドやアブデスラム兄弟ら「パリ同時多発テロ」の人脈が形成された背景には、彼の活動があった。

ゼルカニは、ベルギーの捜査当局者から「この地を踏んだ中で最大のジハード主義リクルーター」と名指しされた人物である。(35) ひげを蓄え、勧誘した若者たちに小遣いやシリアへの渡航費を与えていたことから、「ジハードのサンタクロース」と呼ばれていた。(36) 彼は、シリアでの内戦が本格化した二〇一一年ごろから勧誘活動を始め、以後シリアやイラクに送り出した若者は五十九人に及んだ。その中には、パリ同時多発テロのアブデルアミド・アバウドやシャキブ・アクルー、後のブリュッセル連続爆破テロで自爆するナジム・ラアシュラウイが含まれている。(37) パリ同時多発テロが起きた後、ゼルカニの家からはアバウドのモロッコ旅券が見つかった。(38)

ゼルカニは一九七三年モロッコに生まれた。二〇〇二年からベルギーに暮らし、「サントル・イスラミック・ベルジュ」にも出入りしていたといわれる。フランスとベルギーのイスラム過激派に広い人脈を持っていたアルジェリア系フランス人ファリド・メルークと近い関係を結んでいた。(39)

このファリド・メルークの名をご記憶だろうか。第一部第3章で刑務所から出所したシェリフ・クアシが「フランスのビンラディン」ことジャメル・ベガルをミュラの町に訪ねたとき、一緒にサッカーに興じた男である。一九九五年にフランスで相次いだ「武装イスラム集団」によるテロにかかわり、義勇兵としてボスニア内戦に参加したこともある。『シャルリー・エブド』襲撃事件の犯人らと交流する一方で、アバウドら「パリ同時多発テロ」のメンバーともつながりを持った。仏語圏のテロ組織網の中では地味な存在だが、さまざまな経歴と系統に分かれる若者たちのお目付け役を果たした人物とみられる。

ゼルカニは、そのネットワークに組み込まれていた。

関係する人物の年齢をみると、一九六〇年代生まれのマリカやファティマ、メルーク、ジャメル・ベガルといった人物がアルカイダ世代の過激派を牽引したのに対し、八〇年代生まれのクアシ兄弟やアメディ・クリバリ、アバウドやアブデスラム兄弟がその精神を引き継ぎ、主に「イスラム国」との関係を築いた。両者の中間にいて橋渡し役を務めたのが、七〇年代生まれのゼルカニだと位置づけられる。

ゼルカニが近づいたのは、酒や麻薬におぼれ、犯罪に手を染める若者たちだった。彼らに声をかけ、ジハードの精神を説き、過激派の世界に導いた。シリアに渡航するための偽造書類を用意し、国境を越えるための現地の仲介者を紹介していた。それだけではない。彼らにさらなる犯罪を奨励し、失業保険を流用するよう勧め、資金を貯めるよう促した。(40) こうした行為はたんなるエピソードにとどまらず、犯罪組織とテロ組織との融合という現代の大きなトレンドに沿った現象の一つと考えられる。その分析は、このあと第6章で展開したい。

ゼルカニは二〇一六年、テロ組織参加などの罪で、ブリュッセル控訴院（高裁）で禁錮十五年の判決を受けた。

モレンベークを拠点とする過激派の若者たちは、ゼルカニを軸に結びついていた。フランスで長年テロ捜査に携わった予審判事のマルク・トレヴィディックは「テロの世界は結局、互いをよく知る非常に小さな集団である」と結論づけている[41]。

一方で、モレンベークのテロ人脈の中心人物はまた、それぞれ独自のグローバルなつながりも築いている。アヤシはシリアの「シャームの鷹旅団」を支援してきた。マリカは夫ダーマンとともにアフガニスタンの「アルカイダ」の訓練キャンプに参加し、その後もパキスタン・アフガン国境地帯のイスラム勢力への支援を通じて若者にその精神を引き継いだ。ファティマは、シリアの「ヌスラ戦線」や「イスラム国」に戦闘員を送った。こうした先達に対し、「イスラム国」に若者を送りつつ欧州でのテロを間接的に準備したのが、ゼルカニの役割だったといえる。

欧州と中東を複雑に結ぶいくつかのネットワークは、モレンベークで一つに交わっていた。

モレンベークを私が徘徊していたころ、パリでは事態が急変していた。「パリ同時多発テロ」の現場部隊を率いたアブデルアミド・アバウドの居場所がわかったのである。

第5章　破綻したテロ対策

サンドニの銃撃戦

パリの北隣のサンドニは、フランスの歴史を語るうえで重要な街である。カトリックのサンドニ司教座が置かれ、中心部にある壮麗なゴシック建築のサンドニ大聖堂が歴代フランス国王の墓所となってきた。クローヴィスやカール・マルテル、ルイ十四世もここに眠る。フランス革命で断頭台の露と消えたマリー＝アントワネットの遺骸の一部も埋葬されている。

ただ、現代のサンドニには、むしろイスラム教徒の街としてのイメージが定着している。この街やその周辺のセーヌ・サンドニ県の諸都市は、フランス国内でも特に移民やその子孫が多く、失業や所得格差、教育格差から治安の悪化までさまざまな社会問題を抱えてきた。サンドニの人口は年々増えて十万を超えているが、その四割近くが移民であり、移民二世、三世を含めるとその割合はずっと高くなる。大部分はアルジェリア出身のベルベル系で、イスラム教徒というものの宗教心はさほど強くない。酒や豚肉を忌避する意識も薄いという(1)。

サンドニの中心、地下鉄「サンドニ大聖堂」駅を降りると、大聖堂前広場のマーケットに集まっているのは、北アフリカ系か西アフリカ系の人々ばかりである。大聖堂の正面からまっすぐ西に伸びる中心街「共和国街」も、移民系の市民で埋まっている。その喧騒ぶりは、アルジェかカサブランカの旧市街を思い起こさせる。

共和国街をしばらく進み、右手の路地に折れたコルビヨン街二番地の四階建てのアパルトマンに、パリ同時多発テロの現場から逃亡したアブデルアミド・アバウドとシャキブ・アクルー、それにアバウドの従姉妹の女性アスナ・アイト＝ブラーセンの三人が潜伏していた。

その情報を得たフランス司法警察中央局テロ対策準局（SDAT）は、二〇一五年十一月十七日午後十時半、三人の逮捕に向けた協力を対テロ特殊部隊「国家警察特別介入部隊（RAID）」に依頼した。(2) 十八日午前零時、正式な出動要請を受けた特殊部隊は、現場周辺で配置に就いた。

作戦は慎重だった。特殊部隊は、アバウドたちとおぼしき男二人の盗聴会話をチェックし、写真とビデオを点検した。その結果、一人の男の革ジャンの膨らみ具合が少し変だとわかった。自爆ベルトを装着していると判断された。(3) 周囲はふだん、買い物客がごった返す繁華街である。彼らがその中に逃げ込んで自爆するような事態は、何としても避けなければならない。

「時間は慎重に定める必要がありました。この地区は下町で、遅くまで人が街路にいる一方、住民は朝早くから働き始めます。その結果、（介入できる）時間はきわめて限られていました」

「国家警察特別介入部隊」隊長のジャン＝ミシェル・フォヴェルグは振り返る。(4)

実際に当局が介入したのは、明け方近くになってからだった。

アバウドらは、最上階の四階にいるはずだった。午前四時十六分、三階入り口の金属製の扉を爆破して、作戦が始まった。(5) 扉は案外頑丈で、なかなか壊れなかったという。隊員は三十六人で、車輪付きの盾の陰に身を隠しつつ、いくつかの部屋に分かれた屋内にゆっくりと侵入した。奥からも発砲があり、銃撃戦は約三十分間にわたって続いた。手榴弾三発による攻撃を受けて隊員五人が負傷し、特殊部隊側も手榴弾五発で応戦した(6)。

内部からの発砲の間隔はしだいに広がり、やがて止んだ。しかし、様子を探ろうと特殊部隊が放った警察犬は、数発の銃弾を受けて即座に射殺された。テロリストたちは待ち伏せを狙っており、犬は身代わりとなったのだった(7)。さらに銃撃戦は続き、特殊部隊側からの発砲は実弾千二百発に達した(8)。

最後はある意味であっけなかった。午前五時ごろ、内部で大爆発が起きた。シャキブ・アクルーが自爆ベルトを作動させたのである。近くにいたアブデルアミド・アバウドも吹き飛ばされて死亡した。三階の床が抜け落ち、アスナ・アイト＝ブラーセンは崩れたがれきに挟まれて窒息死した。他にテロリストがいる可能性を調べたうえで、午前十一時二十六分に作戦は終了した(9)。警察官や住民に犠牲者は出なかった。

この間、建物の住民五人が一時拘束された。彼らは警察留置の後、嫌疑が晴れて釈放された。

謎の女性アスナ

その後、捜査当局はアバウドの人定にしばらく手間どった。ばらばらになった遺体が崩れた建物内に散乱して検証が難しかったせいでもあるが、アバウドが欧州の入国管理網をかいくぐってフランスにきていたとは当時信じられていなかったからでもある(10)。捜査当局はこのとき、アバウドがまだシリアに滞在し、現地からテロの指令を出している可能性を考えていた。「パリ同時多発テロ」に参加した人物の人定も進んでいなかった。[11]

死亡した二人の男以上に謎に包まれていたのは、窒息死した女性アスナ・アイト＝ブラーセンである。

現場の混乱から、アスナは当初、アクルーと同様に自爆したと考えられ、「フランス初の女性自爆テロリスト」などと報道された。[12] 実際には、彼女の遺体は寸断されておらず、アクルーの自爆による爆風と床の崩壊に巻き込まれたとの結論に至った。

アスナ・アイト＝ブラーセンは一九八九年、モロッコ系フランス人としてパリ北西隣のクリシーに生まれた。[13] 家庭に恵まれず、父親と別居した母親からは放任された。八歳から養親の家庭で育てられたが、十五歳でそこからも出奔したという。妹の証言によると、十代後半からはTシャツに短パンの姿で、ウイスキーやウォッカ、モヒートを片手にパリのバーに出入りし、ダンスホールで踊っていた。また、フランス東部クルーツヴァルドに住む父親のもとにしばしば滞在し、人生のやり直しを目指して学校に通ったり、国境を越えてドイツの飲み屋街で遊んだりしていた。軍隊に入りたいと周囲に語り、宗教的な要素をうかがわせる面はほとんどなかったという。

ところが、途中からスカーフをかぶり、礼拝をするようになった。結婚を約束したモロッコ系男性からの影響だと考えられた。結婚は結局実現しなかったが、アスナは以後、フェイスブックを通じて従兄弟のアバウドと連絡を取るようになり、彼との結婚を夢見るようになった。前章で紹介したとおり、遺体を車で牽引するなどアバウドの残虐さを示す動画がこのころすでに出回っており、それを知った彼女の妹は連絡を断つよう諭したが、アスナは聞き入れなかったという。二〇一五年八月には、その年初めに起きた『シャルリー・エブド』襲撃事件で手配されたアヤト・ブメディエンヌの写真をみずからのフェイスブックのページに掲載し、「私もまもなくシリアに行く」などと書き込んでいた。

その姿と、酒におぼれ遊び歩いていた十代のころの彼女の姿の間に、落差は大きい。彼女の人物像を、『ルモンド』紙は「ウォッカとニカブ、二つの人生」と表現した。イスラム教の世界に入る前と後とで、その振る舞いがあまりに異なっているからである。

ただ、その落差はイスラム過激派の幾人かに、ごく普通にみられる現象でもある。アブデスラム兄弟をみても、みずから経営するカフェで酒と麻薬を売りさばき、みずからも酒を飲んでどんちゃん騒ぎをする生活から、礼拝とジハードにどっぷりつかる生活へと、テロの前に移行している。アメディ・クリバリも、犯罪ばかり繰り返した前半生と、ジハード戦士として人質にイスラムを説教する後半生とで、明らかに意識が異なる。その心理とメカニズムについては、以後の章で徐々に迫りたい。

アバウド、アクルー、アスナがサンドニのこの建物にいるという情報は、当初「モロッコの情報機関がつかんだ」と報じられた[14]。モロッコ側からの連絡をもとに調べたところ、彼らの潜伏場所がわかり、作戦につながった、というのである。モロッコは大いに評価を高め、国王モハメド六世はエリゼ宮に招かれて大統領のオランドと会談した。

ところが、これは虚構だと翌年明らかになった。捜査の決め手になったのはモロッコ当局からの情報などでなく、まったく別の筋からだった。アスナと親しいフランス人女性が捜査当局に通報したのである。

その経緯をめぐるスキャンダルは、フランスの当局者がいかにテロに対して緊張感を欠いていたかを、如実に示していた。

憧れの彼はテロリスト

銃撃戦から二カ月半ほど経った二〇一六年二月四日、フランスの民営局『ラジオ・モンテカルロ（RMC）』は、ソニアと名乗るアルジェリア系フランス人女性のインタビューを放送した(15)。ソニアはアスナと親しい仲だったが、アバウドの隠れ家をアスナが用意していると知り、みずからの危険も顧みず捜査当局に協力を申し出たのである。彼女はその過程で、逃走中のアバウド本人とも会っていた。しかし、捜査当局の反応の鈍さと協力者保護の態勢に納得できなかったソニアは、ラジオでその実態を告発したのだった。

ソニアが後にラジオ局の記者とともに出版した記録『証人(16)』によると、彼女はアスナと二〇一一年に知り合った。その前年の大晦日、フランス東部メッスのディスコで開かれた年越しパーティーで、ソニアの姉妹がアスナと偶然隣り合わせたのがきっかけだった。アスナの身の上話に同情した姉妹は、行き場のない若い女性を受け入れる慈善活動に熱心だったソニアに協力を求めた。

以後、アスナはパリ郊外のソニアのもとに頻繁に出入りし始め、ソニアの子どもたちとも知り合って家族同然のつきあいをするようになった。アスナは、バーやファストフード店に勤めて生活も少し安定し、母親とも和解した。一方、他人に影響されやすく、みずからの身に迫る危機を感じとる意識に欠ける性格から、不用意に男に近づいて脅されたこともあった。

ソニアがアスナの変化に気づいたのは、二〇一五年初めだった。酒が好きで世俗的だったアスナは、急にスカーフを身につけるようになっていた。

「パリ同時多発テロ」の二日後にあたる十一月十五日、アスナはベルギー番号の携帯から連絡を受けた。アスナが喜びを隠せない表情で応じる通話の内容を、その場にいたソニアは耳にした。

「素晴らしい……満足よ……何をしたらいいか言って……車は持ってない……何とか見つけてくる……住所を教えて」

ベルギーの従兄弟が二、三日泊まる場所を探している、車で迎えに行く必要がある――。アスナはソニアにこう説明した。ソニアが同行し、ソニアの夫が運転する車で、指定されたパリ北東郊外オーベルヴィリエのベルジェリー街二番地に向かった。高速道路の高架と郊外地下鉄の線路が交わる工場地帯で、茂みの中にホームレスが暮らす場所である。

そこに現れたのは、アブデルアミド・アバウドだった。テロの当日、立てこもり事件を受けて騒然とするバタクラン界隈をしばらく徘徊したアバウドとアクルーは、その後姿を消していた。実際には、このオーベルヴィリエの茂みの中に二日間潜んでいたのである。

アスナにとって、従兄弟のアブデルアミド・アバウドは少女時代の憧れの存在だった。もっとも、実際に話したことは一度もなく、それまでフェイスブックを通じて会話しただけだった。アスナは、「アブデルアミド」と叫びながら男の胸に飛び込んだ。

アバウドはソニアに対して、率直にテロ参加を認めた。

「俺はアッラーに魂を預けた。アッラーは嘘を好まない。パリ十区のテラスをやったのは俺だ」

彼は、シリア内戦で民間人が犠牲になっていると指摘して、みずからの行為を正当化した。難民に紛れて欧州に戻ってきたこと、同様の方法でジハード戦士九十人が欧州に入ったこと、新たなテロを企てていることも告げた。

アスナは、アバウドの滞在場所を見つけたうえで迎えにくることにし、いったん引き上げた。警察に連絡するようソニアは説得したが、アスナは聞き入れなかった。

翌十一月十六日、テレビのニュースはすでに、テロの容疑者としてアバウドの名を大々的に伝えていた。ただ、彼は「イスラム国」にいて指令を出している、と考えられていた。フランス捜査当局もこのときはまだ、アバウドがフランスにきているなどとは考えなかった。

フランスを救った女性

アスナはこの日も、公共交通機関を使ってオーベルヴィリエの茂みにいるアバウドに会いに行った。その間、ソニアは警察のテロ情報窓口に連絡した。前夜アバウドに会ったこと、アスナが会いに行っていること、新たなテロ計画があること――。捜査を急かすソニアに、窓口の反応は鈍かった。「本当にアバウドなのか」「そんなはずはない」などと信用しなかった。現場に連れて行ってもいいというソニアに「そういうわけにもいかない」と気乗り薄な態度を隠さず、「後でかけ直す」と言って電話はいったん切られてしまった。

折り返しかかってきた電話に求められて、ソニアはパリ西北郊外リヴァロワ・ペレにある司法警察中央局テロ対策準局（SDAT）に呼び出された。取り調べにあたった担当者は、アバウドがフランスにいることがまだ信じられない様子だったという。しかし、アスナはすでに、アバウドらをサンドニの建物にかくまったと、ショートメッセージでソニアに伝えてきた。ソニアはその内容を、そのまま取調官に伝えた。

自宅に戻る途中、ソニアはアスナから別のショートメッセージを受けとった。

「彼らはデファンスを攻撃しようとしている」

デファンスはパリ西部のビジネス街で、フランス経済を支える中枢である。そこでのテロは、マーケットにも大きな打撃を与えるだろう。『シャルリー・エブド』襲撃事件、「パリ同時多発テロ」に続く大規模テロの第三波は、現実に迫っていた。

帰宅したソニアに対し、アスナは、習慣となっていたウォッカを飲み干しながら白状した。アスナは嘘をつけない性分である。

「彼はあんたを殺そうともしている。信用できないから、証人を残したくないから」

アバウドらのデファンス攻撃は、十九日を予定しているという。アスナはまた、同じ日にみずからも「ベルヴィルのユダヤ人街」で自爆するようアバウドに言われたとも明かした。ベルヴィルはパリ東部の下町で、アバウドらが襲撃したレストランやカフェのテラスがある場所のすぐ近くである。たしかにここは昔ユダヤ人街だったが、その後北アフリカからの移民が増え、現在は中華街になっている。アバウドが「ユダヤ人街」というのは、何十年か前のイメージをそのまま引きずっているのだろう。あるいは、アバウドがこの地区のテラスを狙ったのも、「ユダヤ人街」というアナクロな先入観を抱いていたからかもしれない。

一刻も早くアバウドを逮捕させなければ。ソニアは焦ったが、アスナがアバウドをどこにかくまったのか、わからない。捜査当局の動きは相変わらず鈍く、翌十七日にはソニアの情報をもとにアスナの尾行を試みたものの、学校に子どもを迎えに行く主婦を間違って追跡する始末だった。ソニアがアスナから、隠れ家の住所をようやく聞き出したのは、十七日の夕方だった。これが、コルビヨン街の建物である。ソニアはすぐに、警察に連絡した。すでにこの章で描いたとおり、特殊部隊が展開を始め、アバウドらは殺害された。ソニアは、次に起きたかもしれないテロからフランスを救った陰の功労者となった。彼女は同時に、身内同様に接してきた女性アスナをこの出来事で失った。

ソニアの本当の苦難は、その後に待っていた。

翌日十八日夜、自宅を訪ねてきた警察官に彼女はいきなり組み伏せられ、手錠を掛けられた。テロ組織協力の容疑で、自宅も家宅捜索された。夜中の内に連行された彼女は、テロ対策準局で取り調べを受けた。二十日夕にようやく解放されたものの、今度はテロリスト側の復讐の心配から、ホテル住まいを強いられた。その間、アバウドらの居場所を突き止めた功績はモロッコの情報機関に与えられてしまった。

警備の問題からパリ周辺に住めなくなったソニアは、家族そろって地方への転居を余儀なくされた。仕事も生活基盤も失い、しかも警察は当初約束した援助を打ち切った。さらに十一月二十六日には、ソニアが警察で取り調べに応じた内容がそのまま、右翼系の週刊紙『ヴァルール・アクチュエル』に掲載された。[17]耐えかねたソニアは、ふだんよく聴いていた『ラジオ・モンテカルロ』に連絡を取り、すべてを暴露する手段に訴えたのである。

彼女が語った一連の経緯は大きな反響を呼び、元老院（上院）でも審議の対象となった。その証言をまとめた著書『証人』で、ソニアは出来事をこう振り返っている。

「アバウドと会ったことは、私の心にトラウマとして残っている。床に就くと、彼の顔が浮かんでくる。テロを防ごうと三日間にわたって一刻を争いながら走り回ったときの恐怖感がよみがえる。アスナをどうして救えなかったのか、今も涙が出る。私もテロの被害者なのだ[18]」

テロとの戦いは、このような一市民の意識から離れてはありえない。市民の協力こそが、その防止と抑止の決め手となるからである。市民と治安当局との信頼関係は、テロ対策の前提条件にほかならない。

ソニアに対する対応は、こうした認識が警察に抜け落ちていたことを示していた。残念ながら、フランスでは市民、特に移民系の住民と警察との間で、十分な信頼関係が構築されているとはいいがたい。警察は市民を疑い、市民は警察に不信感を抱く。その結果、社会の中で感じられる怪しい動き、不穏な雰囲気が、何の対策も取られないまま放置される。それはしばしば、過激派やテロリストの活動を許すことになる。

この状態こそ、『シャルリー・エブド』襲撃事件から「パリ同時多発テロ」、サンドニ銃撃戦へと通じる二〇一五年の流れの伏線となっていた。

過激派を取り逃がす

「パリ同時多発テロ」をめぐる市民への当局の対応については、スタッド・ド・フランスでの爆発で唯一犠牲になった男性をめぐっても、問題が持ち上がった。犠牲者はバスの運転手で、ポルトガル国籍だったことから、ポルトガルの領事館が翌日遺族と連絡を取った。しかし、警察から遺族に連絡がきたのはそれから一日半後だった。それだけでも「容認しがたい」のに加え、その後も警察と連絡がつかなかったり、解剖記録の開示を求めて受け入れられなかったりで、遺族の警察不信は募ったという(19)。

テロ当日のフランス当局の動きについてはさまざまな問題点が指摘され、国民議会（下院）の調査委員会でも大きな議論になったのは、第3章で紹介したとおりである。ただ、懸念されるのは「テロ対策の態勢がどうあるべきか」といった個別の課題に限らない。ソニアやポルトガル人遺族への接し方をみるかぎり、たんにテロ対策の部門だけでなく、警察や憲兵隊などフランスの捜査当局そのものから緊張感が失われているのでは、との疑念が浮かび上がる。

テロリストが拠点としていたベルギーの当局の対応も、同様に問われるべきだろう。フランスと比べ面積で十八分の一程度、人口で六分の一程度の規模しかないベルギーでは、当局の規模自体が限られるうえ、この国特有の言語問題を抱えている。フランス語（ワロン語）とオランダ語（フラマン語）で国内が真っ二つに割れるうえ、ドイツ語母語の少数者も抱え、行政や組織も言語ごとにしばしば対立する。警察の内部でさえフランス語話者とオランダ語話者との意思疎通に問題があるといわれる。これは、ベルギー社会への移民の統合以前の問題である。ベルギーでは二〇一〇年から一一年にかけて、政権が発足できず五百四十一日間にわたって無政府状態が続いたが、その背景にあったのも両語圏の政党同士の対立だった。

こうした状況は、好意的に捉えると多様性の結果である。言語が違っても、政府がなくても、人々は大きな不安もなく生活できる。実際、欧州連合（EU）の主要機関や北大西洋条約機構（NATO）の本部を受け入れているのも、国全体に漂う「緩やかさ」「寛大さ」と無縁ではない。

しかし、その緩やかさは治安面にも影響を与えている。ベルギーは海外を対象とした情報機関を持たず、テロリスト情報の多くを他国の機関に頼ってきた。その結果、大失態を演じることになった。

二〇一〇年、イブライム・エル＝バクラウイなる男が銃を手にブリュッセルの両替所を襲撃し、警察官にもけがを負わせる事件を起こした。刑期を務めた彼は二〇一五年六月、シリアへの渡航を企てたとしてトルコ当局に拘束された。犯罪者からジハード主義者に移行した典型的な例だった。トルコ当局はベルギーに彼を強制送還することに決め、在アンカラのベルギー大使館に連絡した。

ところが、その情報が大使館の担当者の所で止まってしまったのである。七月、中継地のオランダ・スキポール空港に着いたイブライムを、ベルギー当局の誰も待ち構えていなかった。当然のことながら、入国した彼はそのまま行方をくらませた。[20]このイブライム・エル＝バクラウイこそ、その八カ月あまり後の二〇一六年三月、ブリュッセル連続爆破テロで自爆したエル＝バクラウイ兄弟の一人にほかならない。ベルギー当局がこの時点で彼を拘束していれば、事態は大きく変わっていただろうと推測できる。この失態は、テロが起きた後にトルコ大統領エルドアン自身が明らかにするまで、隠蔽されていた。

イブライム・エル＝バクラウイの場合と同様に、「パリ同時多発テロ」の容疑者たちも、ベルギー当局は監視の網から逃していた。アブデスラム兄弟については、テロ前年の二〇一四年の時点ですでに、「過激化している」との情報がもたらされていた。しかし、警察が重視せず、情報は生かされないままとなった。(21)

また、アブデスラム兄弟のうち逃亡していた弟サラは、本来だとすぐに拘束されていたはずだった。彼が行方をくらませて三日後の二〇一五年十一月十六日、潜伏した疑いのある場所をモレンベークで突き止めた警察は、現場に踏み込もうとした。しかし、ベルギーには夜間の家宅捜索を禁止する法律があり、夜明けを待っている間に逃げられたというのである。(22)

アブデスラムの指紋はモレンベーク地区外でも見つかっており、たんに潜んでいただけでなく歩き回ってもいたようだ。それでも、当局は動きをまったく把握できなかった。彼を早期に拘束し、テロのネットワーク解明を進めておけば、ブリュッセル連続爆破テロも、違った展開になっていたかもしれない。

こうした失敗を別にしても、ベルギーの警察には移民家庭の出身者が少なく、移民社会であるモレンベークとの接点も薄い。このため、住民の協力が得られないケースもあったという。

捜査をめぐる欧州各国の協力も、十分とはいえなかった。EU内では、アラビア語の固有名詞を各言語に訳す際のラテン文字表記さえまだ統一されていない。言語によって綴りが異なるため、一つの国で怪しいとされた人物が、隣りの国では不問に付されるケースもあるという。

もちろん、自由の確保や人権の重視は欧州が培ってきた価値観であり、テロを防ぐあまりこれらの面が侵害されるようでは、テロリストの思うつぼである。十分バランスを取り、コンセンサスを得ながら進める作業が欠かせない。それだけ時間もかかる。ただ、対策の遅れはそのような理由からというより、たんに硬直化した官僚主義のせいだと思えないでもない。

欧州でもっとも孤独な男

パリ同時多発テロ後に行方をくらませていたサラ・アブデスラムの動きは、翌二〇一六年三月になって突然表面化した。

彼は、犯行グループの中でも特異な位置を占めている。彼だけ一度も「イスラム国」に渡航せず、ベルギーにとどまったままだった。すなわち、少なくとも事件前は当局からの厳しい監視を受けず、それだけ自由に動き回ることができた。彼が、難民に紛れて欧州に舞い戻ったテロリストをブダペストまで迎えに行ったり、犯行に使う車や宿泊先を手配したりしたのも、そうした特性にもとづいている。[23]事件の全貌を知る男として、ベルギーとフランスの捜査当局は全力を挙げて彼の拘束を目指した。

彼については、「シリアに逃げた」「ボルドーで見かけた」「パリ郊外にいた」などと情報が飛び交っていた。実際には、彼はずっと、ブリュッセル周辺に潜んでいたのである。そう判明した

のは、偶然からだった。(24)

パリの同時多発テロから四カ月あまりを経た二〇一六年三月十五日、ブリュッセル南郊フォレストのアパルトマンの一室を、ベルギーとフランスの両当局の捜査員六人が合同で家宅捜索した。犯人グループの一人がかつて住んでいたとみられたからである。ただ、それはたんなる確認に過ぎなかった。アパルトマンは電気や水が切られており、すでに誰も住んでいないと警察は考えていた。

ところが、実際に行ってみたところ、テロリストがそこにいたのである。鉢合わせになり、銃撃戦に発展した。警察官四人がけがを負い、男たちの一人が死亡した。それがモハメド・ベルカイドだった。言うまでもなく、パリ同時多発テロでブリュッセルに陣取って支援部隊を率い、アバウドと何度も連絡を取り合っていたアルジェリア人である。

現場からは、二人の男が屋根を伝って逃亡した。その中の一人がサラ・アブデスラムだった。その場ではいったん取り逃がしたものの、残された電話の記録をたどってサラの友人に行き着いた当局は潜伏先を突き止め、十八日夕に急襲した。モレンベークの中心部、サラの自宅から数百メートルしか離れていないカトルヴァン街のアパルトマンだった。そこにいた男は銃を持っておらず、玄関先から走って逃亡しようとしたところを取り押さえられた。(25)それがサラだった。捜索予定は事前にメディアに漏れており、彼が組み伏せられ、警察車両に押し込まれる場面は、テレビで報じられた。(26)

サラは「欧州のお尋ね者ナンバーワン」といわれ、フランスとベルギーの当局がしらみつぶしに捜索していた対象だった。その彼を四カ月あまりもかくまうことができた点で、モレンベークの過激派人脈は奥が深い。もっとも、これは何もテロ組織に限ったものではなく、欧州の犯罪組織が共通して維持している闇の部分だろう。マフィアやギャングを例に挙げるまでもなく、欧州、特に南部のラテン社会には、法や制度よりも人間関係や義理を大事にする文化が息づいている。そこにいったん逃げ込めば、何カ月かはまったく外に知られないで生活できる。サラ・アブデスラムをかくまったのは、イスラム社会というより、欧州の一般的な社会なのだった。

逮捕後の四月二十七日、サラはフランスに移送され、パリ郊外フルリ＝メロジス刑務所に収監された。ここに少なからずいる過激派の囚人たちは、「バカ」「卑怯者」と侮蔑の言葉を浴びせかけて彼を迎え、自爆しなかったことを非難したという。

ベルギー出身の作家ロジェ・モーデュイは、彼の心境を察してこう記した。[27]

「サラ・アブデスラムは今日、欧州でもっとも孤独な男だ。みずからの仲間たちから見放され、他の者から罵詈雑言を浴びせられ、数メートル四方の閉ざされた空間に押し込められている」

みずからが招いた結果とはいえ、サラの屈辱はいかほどだろうか。二〇一九年現在に至るまで、調べに対して彼はほとんど口を開こうとしないという。

サラ・アブデスラムの拘束作戦は成功を収めた。しかし、これに続くテロの芽を、ベルギー当局は摘み取ることができなかった。

連続テロの衝撃

サラが拘束されて四日後にあたる三月二十二日、「ブリュッセル連続爆破テロ」が発生した。まず午前七時五十八分、ブリュッセル東郊のブリュッセル・ザヴェンテム国際空港で二回の爆発があった。より多くの被害を与えるためだろう、爆発物には釘が仕込まれていた。爆発物は三回分用意されていたが、三つ目は爆発しなかった。続いて午前九時十一分、地下鉄マルベーク駅の車内で爆発が起きた。合わせて三十二人が死亡し、三百人以上がけがを負った[28]。

犯人たちの多くはモレンベークを拠点としており、パリ同時多発テロにかかわったテロリストたちと同一のグループだった。その残党たちが、パリのテロ後の捜査によって追いつめられた末に起こした、と受けとめられた。

この大規模テロは、パリで起きた二つのテロとは異なる意味で衝撃的だった。

第一には、欧州連合（ＥＵ）のお膝元が舞台となったことである。ブリュッセルの街の西部はモレンベークなどの移民街が目立つが、東部にはビジネス街が広がっている。その中心は、ＥＵの政府にあたる欧州委員会、下院にあたる欧州議会、上院にあたる閣僚理事会などが集中する一角で、「欧州区」と呼ばれている。

地下鉄マルベーク駅は、その欧州区の真ん中にあたっており、欧州議会の最寄り駅だった。時間帯からして、多くの通勤客が乗っていたと想像できる。パリの二つのテロはいずれも、観光客やビジネスマンをほとんど見かけないパリの下町が現場だったが、ブリュッセルでテロリストは、欧州エスタブリッシュメントたちに矛先を向けたのである。

第二に、「ブリュッセルでテロは起きない」という神話が崩壊したことである。神話はひとえに、この街がモレンベークを抱えたことに起因する。ここはテロリストにとって故郷なのだから、自分たちの親戚や友人が巻き込まれる恐れのあるテロはしないだろう。そのような奇妙な安心感から、多くの人々はパリのテロを何か他人事のように受けとめていた。冷静に考えると、何の根拠もない神話である。むしろ、テロリストにとっては、親戚であれ友人であれ現世の命などどうでもいいに違いない。

同様の感覚は、一九九〇年代から二〇〇〇年代にかけてイスラム過激派の指導者らが本拠を構えて「ロンドニスタン」と呼ばれたロンドンの人々も抱いていた。[29]「ロンドンは、他の国に向けたテロリストたちの出撃拠点となっている」「みずからの住み処を攻撃する者はいない」「だから英国は安全」といった三段論法で、テロの脅威を深刻に受けとめてこなかった。その神話は、二〇〇五年に犠牲者五十二人を出したロンドンの地下鉄バス同時爆破テロで崩壊した。同じように、「モレンベキスタンの神話」もあっけなく消え去ったのである。

最後にこれは当時あまり注目されなかった側面だが、ブリュッセルのテロは、手段としての銃から爆発物への移行傾向を象徴していた。

イスラム過激派テロリストたちが爆発物「過酸化アセトン（TATP）」の扱いに苦労していたのは、第2章で述べたとおりである。これは、『シャルリー・エブド』襲撃事件では使われず、「イスラム国」が使用法をマニュアル化して「パリ同時多発テロ」で自爆ベルトとして使われたが、うまくいったりいかなかったりだった。ブライム・アブデスラムの場合は背中部分しか爆発せず、サラ・アブデスラムに至ってはうまく作動しなかったために自爆ベルトをごみ箱に捨てざるを得なかった可能性がある。このときの犠牲者の大部分は銃によるものだった。

しかし、その後の数カ月の間に、モレンベークの一団はこの爆発物を大量殺害の兵器とすることに成功したと考えられる。ブリュッセルのテロで、もはや銃は使われなかった。スーツケースなどに詰めた過酸化アセトンの爆発が、人々の命を奪ったのである。

フランス語圏以外では、たとえば二〇〇四年マドリードで起きた列車連続爆破テロ、二〇〇五年ロンドンでの同時爆破テロで、過酸化アセトンが使われている。これらの実行グループの中に、この爆発物を扱う能力を持った人物がいたことを示している。マドリードの場合、シリア人やモロッコ人で構成する実行グループの中に、戦場で経験を積んだ者がいた可能性がある。ロンドンの場合、実際に自爆したのは英国生まれの若者だが、その背後にいた協力者の中に、専門知識を持つ人物がいたのでないか。

ブリュッセルのテロは、爆発物の脅威を改めて示すことになった。ベルギー当局はこれを予想できず、テロ攻撃があるとするとパリ同時多発テロと同様に銃を使ったものだろう、と考えていた。(30)

この手法は、その後のトレンドになるのだろうか。爆破テロは、銃によるテロに比べ被害がきわめて大きい。市民にとって重大な脅威となるのは間違いない。

第6章　犯罪テロ・ネクサス

空港の惨劇

ブリュッセル東郊のオランダ語地域の街ザヴェンテムに位置するブリュッセル国際空港は、欧州連合（EU）の主要機関にもっとも近いことから「欧州の玄関口」と呼ばれることがある。もっとも、実態はヒースロー（ロンドン）やロワシー・シャルル・ドゴール（パリ）、スキポール（アムステルダム）にはるかに及ばないローカル空港である。ブリュッセルを訪れるビジネスマンのかなりの割合はパリのロワシーを利用し、空港駅からTGVに乗って二時間足らずで街中に直接降り立つ。それでも、全日空が二〇一五年秋から成田直行便を就航させるなど、ブリュッセル国際空港は重要性が増していたところだった。

二〇一六年三月二十二日早朝、ブリュッセル北郊スカルベークの国鉄駅前近く、マックス・ロース街四番地のアパルトマン前に、迎えのタクシーが到着した。ここから約七キロ東のブリュッセル国際空港まで客を運ぶ手はずだった。ただ、出発するまでには一悶着があった。客側は「小型トラックを寄越せ」と頼んだのに対し、タクシー会社は意図を十分理解せず、普通のセダン型タクシーを回したからである。客の男三人が持ってきたスーツケースは、トランクにとても入りきらない。男たちは仕方なく、荷物の一つをアパルトマンに残し、残りの三つの荷物とともに車に乗り込んだ。アパルトマンに残されたスーツケースは、事件後に警察が発見することになった。[1]

空港に到着した男たちは、空港備えつけのカートに荷物を載せ、出発ロビーに入った。

三人が並んで、カートを押しながらロビーの中を歩く姿は、監視カメラに記録された。事件後繰り返し流されたその映像で、左の二人は黒いセーターのような服装である。奇妙なことに、二人とも左手だけに黒い手袋をはめている。おそらく、起爆スイッチを隠すためだっただろう。右の男は手袋を着けず、白っぽい上着を羽織り、黒い帽子をかぶっていた。

黒手袋の二人は、十一番カウンターと二番カウンターの前に向かった。それから間もない午前七時五十八分、九秒の間隔を置いて二つの大爆発が起きた。黒手袋の二人が自爆したのである。

「外に出ろ。出口に走れ、走れ。テロだ」

ロビーの客の一人が叫んだ。[2] 人々は一斉に外に走り出した。走れない人が取り残された。最終的に、この爆発で十六人が犠牲になった。空港は閉鎖された。

三人目のテロリスト、黒い帽子の男の荷物はそのとき爆発しなかった。男は姿を消した。

現場に残されたDNAから、自爆した二人の身元は割れた。映像で真ん中の黒手袋の男は、イブライム・エル＝バクラウイだった。前章で述べたとおり、彼はトルコ当局にいったん拘束されながら、空港での引き渡しの不手際からベルギー当局が逃がしてしまった人物である。

映像で向かって左に映った若い黒手袋の男は、モロッコ系ベルギー人ナジム・ラアシュラウイだった。みずから「イスラム国」への渡航経験があり、二〇一四年にブリュッセルのユダヤ博物館で四人を射殺したメディ・ネムーシュとも親しい関係にあった。ラアシュラウイのDNAはパリ同時多発テロの関係先からも多数見つかり、準備に深くかかわっていたと目された。

自爆に失敗し、現場から逃走した黒い帽子の男は、モアメド・アブリニだと判明して指名手配された。第2章に登場したこの名前を読者はご記憶だろうか。アブデスラム兄弟らがパリ同時多発テロの準備を進める中で、二人と一緒にブリュッセルから車でパリに行き、準備を整えた後に姿を消した人物である。彼はブリュッセルに舞い戻り、これまで身を潜めつつテロの準備を進めていたのだった。アブリニはテロから二週間あまり後の四月八日、ブリュッセル西郊アンデルレヒトで拘束された。

ただ、テロはこの爆発にとどまらなかった。それから一時間あまり後、市内中心部の地下鉄マルベーク駅の車内で、同じ手法による爆発が起きたのである。

欧州議会の足元で

ブリュッセルの街中を東西に横切る地下鉄一号線は、市内交通の大動脈である。その真ん中あたりの「ブリュッセル中央駅」駅から東に向かうと、三駅目にあるのがマルベーク駅である。

マルベークは、欧州議会に行く際の地下鉄最寄り駅であり、欧州委員会や閣僚理事会も徒歩圏内にある。周囲はビジネス街で、欧州連合（EU）の関連機関や各国の代表部、ロビー活動に勤しむ企業の事務所などが立ち並ぶ。

午前九時十一分、この駅に停車していた列車の二号車で爆発が起きた。威力は凄まじく、車両のドアや窓が吹き飛び、車内は黒こげになった。乗客十六人が犠牲になった。

ブリュッセル首都圏警察の刑事ジュリアン・プリジは爆発当時、隣りのシューマン駅にいて、現場にもっとも早く駆けつけた警察官の一人だった。すべてのガラスが割れ、人々が逃げ惑う中を、ホームに降りた。そこにあったのは、阿鼻叫喚の世界ではなく、物音一つしない静寂だった。爆発が起きた車両の屋根は破れ、ドアが開いたままだった。動く力があった人はすでに逃れ、死者と重傷者だけが取り残されていた。プリジは血まみれになった若い女性を励ましたものの、彼女はまもなく意識を失った。彼はみずからの非力を感じたという。(3)

地下鉄マルベーク駅で自爆したのはカリド・エル＝バクラウイで、空港での自爆者イブライム・エル＝バクラウイの弟だった。地下鉄の現場にはもう一人、シリア系スウェーデン人のオサマ・カライエムも居合わせた。ブリュッセル近郊出身者が多いこの過激派グループの中では異例の存在である彼は、スウェーデン南部のマルメに生まれ、小犯罪に手を染めた後、二〇一四年にシリアに渡航していた。現場から逃走した彼は、空港から姿を消したモアメド・アブリニと同じ四月八日に拘束された。

空港と地下鉄の連続爆発で亡くなった計三十二人のうち半数は外国籍で、グローバル都市ブリュッセルならではだった。(4)直接のEU関係者は含まれなかったが、テロの手がEUの足元に及んだことは大きな衝撃となって広がった。「狙われたのは欧州全体だ」と、EUの首相にあたる欧州委員長のジャン＝クロード・ユンケルはコメントした。(5)

EUエリート官僚が闊歩するマルベーク駅周辺の「欧州区」は、ブリュッセル市内東部の高台に位置しており、西郊のモレンベークなどの下町とは住民の意識もライフスタイルも異なる。パリでは西半分が観光地で東半分が下町だが、ブリュッセルの場合には東西が逆である。「欧州区」の人々にとって、これまでテロやイスラム過激派の活動は下町の出来事で、自分たちとは無縁の存在だった。高台のグローバルエリートたちと下町の移民たちとの間には、強固な防護壁があるように思えた。その壁が、テロによってもろくも崩れ去った。

実際には、欧州区とモレンベークとは二キロ程度しか離れておらず、地下鉄一本で結ばれている。この標的はテロリストにとって、じつは意外に身近だったのかもしれない。

これ以前の家宅捜索で見つかった武器弾薬の多さから、残党たちが重装備であるのは半ば予想されていた。同時に、三月十八日にサラ・アブデスラムが拘束されて以後、報復テロへの懸念も取り沙汰されていた。サラがもし仲間の名前をぺらぺら供述すると、残党たちが一網打尽になりかねない。過激派側としては、その前に行動を起こす必要があった。事件後にスカルベークのアジト近くのごみ箱からイブライム・エル＝バクラウイのパソコンが見つかったが、その中に残されていた遺書には「もし何もしないでいたら、あいつの隣りの独房に入れられてしまいかねない」と書かれていた。「あいつ」がサラ・アブデスラムを指しているのはいうまでもない(6)。

実際には、彼らは英国でのテロを準備していたが、捜査の手が迫ったことから急遽、手近な場所としてブリュッセル国際空港に舞台を変更したという(7)。

ただ、ブリュッセル国際空港は、標的となりうることが以前から指摘されていた。第4章に記したとおり、その前年にベルギー東部ヴェルヴィエのアパルトマンで警察に摘発された過激派拠点でも、空港を狙ったテロを画策していたとの情報があったからである。

にもかかわらず防げなかったベルギー当局には、明らかに緊張感が欠けていた。それは、トルコ当局から連絡をもらったにもかかわらずイブライム・エル＝バクラウイの逃亡をみすみす許してしまった一件にとどまらない。前年のパリ同時多発テロの直後、ベルギーは厳戒態勢を取り、四日間にわたって地下鉄を止め、学校を閉鎖したりしてテロに備えたが、サラ拘束後はそのような対応を取らないままだった。内相のヤン・ヤンボンは「これほどの規模は予想できなかった」と釈明した。[8] しかし、空港の荷物検査を徹底し、地下鉄の警備を強化していれば、違った展開になった可能性は拭えない。

発生後まもなく、「イスラム国」が犯行声明を出した。

優等生の自爆者

事件から一カ月半ほど経った二〇一六年五月八日、私はブリュッセルに立ち寄った。

空港は再開していたものの、まだ暫定的な営業の装いだった。テロリストの突入を防止するためだろう、空港前にさまざまな障害物が置かれ、利用者の誘導経路はきわめて複雑だった。行き先を見失った旅行客が、トランクを引きずりながら右往左往している。ビルの入り口には、建物への爆発物の持ち込みを警戒して荷物検査のテントが設置された。もっとも、テントの中には検査機が一組あるだけで、多くの人はノーチェックのまま横をすり抜ける。私も、チェックされないまま空港ビルに入ってしまった。乗客が多すぎて対応できないためだろうが、治安体制にすでにほころびが生じているようにも見えた。

爆発があったチェックインカウンター付近はきれいに修復され、団体客で結構な賑わいだった。ちょっと見ただけだと、テロの痕跡はうかがえない。ただ、近くには花束と、犠牲者を悼む寄せ書きのパネルが置かれている。空港ビルを出て外側に回ると、工事の幕で覆われているものの、外壁が曲がり、照明が壊れ、表示板も落下したままだった。空港内の警戒も物々しく、銃を構えた特殊部隊の大男たちが頻繁に巡回している。

ここで自爆した二人のうちの一人、ナジム・ラアシュラウイは、当時まだ二十四歳だった。彼は、アブデルアミド・アバウドやアブデスラム兄弟ら元犯罪常習者が集まったモレンベークのグループの中で、異例の優等生だった。

一九九一年、モロッコ東部リーフ地方アジールに生まれ、ブリュッセル北郊スカルベークで育った(9)。スカルベークも移民の多い自治体だが、モレンベークに比べ住民の平均所得はやや高い。

ナジム・ラアシュラウイ一家も同様で、モロッコ系移民としては比較的裕福な家庭だったという。ナジムの弟ムラドはテコンドーに打ち込み、二〇一六年に欧州選手権で優勝した。

ナジム自身は勉学に勤しみ、カトリック系の学校に通った。気弱で、真面目で、女性に対して控えめな生徒だったという。「彼は決して、将来に希望の持てない若者ではなかった」と、教師の一人は回想する(10)。

高校を出ると、ブリュッセル自由大学の理工科に入学した。ただ、大学は途中で放棄し、以後は欧州議会で短期雇用の職員として働き、派遣社員としてブリュッセル国際空港にも勤務した。一方で、高校の最終学年あたりからイスラム主義の傾向が顕著になり、女性との握手を拒否したり、ミャンマーのイスラム教徒ロヒンギャの追放に抗議する活動にかかわったりした。二〇一三年、ベルギー人としてもっとも早い一陣として「イスラム国」に渡航したきっかけは、モレンベークのリクルーター（勧誘者）、ハリド・ゼルカニの勧誘だったという。現地では、欧州戦域司令官のサリム・ベンガレム、ブリュッセルのユダヤ博物館襲撃事件を起こすことになるメディ・ネムーシュらと親交を結び、フランス人ジャーナリストら人質の監視役を務めた。彼の豊かな知性は人質の間でも知られるようになり、論争を交わすこともあったという。人質の一人だったラジオ『ユーロップ1』記者ディディエ・フランソワはナジムについて「強い信念を抱いており、だからこそ危険な人物でもあった」と振り返る。[11]

パリ同時多発テロの支援部隊を担ったアルジェリア人モハメド・ベルカイドとともに難民の群れに交じって欧州に舞い戻り、バルカン半島を北上してブダペストまで到達したところを、ベルギーから車で迎えに着たサラ・アブデスラムに拾われていた。

犯罪とテロの融合

ナジム・ラアシュラウイのような優等生タイプは、イスラム過激派テロリストの中で珍しくない。むしろ、かつてはこのようなインテリが主流を占めていた。

虐げられた人々の立場を代弁し、信念と理論で武装しつつ、革命を目指す非合法組織の面々。

「テロリスト」にはかつて、そのようなイメージがつきまとった。実際にはどれほど「虐げられた人々」と結びついていたかは怪しいものの、東西冷戦の時代、資本主義国家で革命を目指す人々はマルクス主義を学習した。そこから暴力に走る人も、多くはインテリだった。

テロリストを支えるイデオロギーが共産主義からイスラム主義に移り、欧州や中東から左翼過激派が姿を消してイスラム過激派が跋扈《ばっこ》するようになっても、こうしたインテリ傾向はしばらく続いた。オサマ・ビンラディンやアイマン・ザワヒリらアルカイダを率いる人物の多くは、富裕層やインテリ家庭の出身である。二〇〇一年の米同時多発テロで自爆した実行犯の多くも、アラブ諸国から欧州各国への留学生を中心とした中産階級以上の若者たちだった。「テロリストに本当の労働者階級はほとんどいない」というのが、専門家の間で半ば常識として受けとめられていた(12)。

『シャルリー・エブド』襲撃事件からパリ同時多発テロ、ブリュッセル連続爆破テロへと続いた一連の出来事にかかわった人物の中にも、インテリがいないわけではない。典型的なのは、アメディ・クリバリの妻アヤト・ブメディエンヌと一緒に「イスラム国」に逃亡したベルシヌ兄弟である。兄モアメドはエリート校のアルビ＝カルモー国立高等鉱業学校に、弟のメディはパリ第七大学に入った。

ただ、いずれも学業を全うしたわけではない。特にモアメドは、地方都市で部屋に引きこもり、ウェブを通じてイスラム過激派サイトにのめり込み、学業を放棄した。インテリ出身の過激派やテロリストの多くは、本当に知識人として成長したわけではなく、モアメドと同様に途中で勉学を投げ出している。むしろ、「授業について行けなかった」「学問に関心を持てなかった」といった高等教育での挫折感が、彼らの多くを過激思想に走らせた可能性は拭えない[13]。

一方で二〇〇〇年代以降、このようなテロリストの性格に変化が生じた。銀行強盗や麻薬取引などにかかわった低所得の犯罪者がテロの世界に入り込むようになったのである。一連の事件を概観しても、アメディ・クリバリ、アブデルアミド・アバウド、アブデスラム兄弟らは、いずれもイスラム過激派としてより、犯罪者として当局に名が知られていた。

ブリュッセルのテロで自爆したエル＝バクラウイ兄弟も、強盗やカージャックに精を出していたチンピラだった。兄イブライムは強盗事件を起こした際に警察官に発砲したとして、二〇一〇年に禁錮九年の判決を受けた。事件は当時あまり話題にもならず、イブライムは一四年に釈放された。弟カリドは、自動車強奪の罪で二〇一一年に禁錮五年の判決を受け、服役した。服役前はどちらにも過激派の兆候がうかがえず、刑務所の中か、あるいは出所後に接触があったと考えられる。

これはフランス語圏に限らない。二〇一六年十二月十九日にトラックでベルリンのクリスマスマーケットに突入したアニス・アムリも、ブリュッセルのテロのちょうど一年目にあたる二〇一七年三月二十二日にロンドンの英国会議事堂周辺でテロを起こしたハリド・マスードも、同様の犯罪者崩れだった。

インテリや優等生でなく、粗野な犯罪者、酒や麻薬に身を持ち崩した若者、刑務所に出入りするならず者が、自爆テロに走る。その結果、犯罪集団とテロ組織との融合が欧州各地で進むようになった。「犯罪とテロのネクサス（絆）」と呼ばれる現象である。

この傾向に早くから注目したのは、英国のテロ専門家タマラ・マカレンコである。二〇〇〇年代前半に発表したいくつかの論文で、両者の接近を指摘した。

「一九九〇年代は、犯罪とテロのネクサスが強化された十年間として位置づけられる。伝統的に個別のものだったこの二つの現象は、国家を超えた組織犯罪の増加とテロの性格の変貌によって、運営上でも組織上でも共通する多くの面をみせるようになったのである」[14]

こうした認識は、二〇一〇年代に入るとしだいに欧州各国の専門家の間で共有されるようになり、「犯罪テロ・ネクサス」の名称が定着した。イスラム過激派に限らず、欧州の一部地域の分離独立を掲げる武装組織や麻薬売買にかかわる集団、欧州以外のテロ組織にも共通してうかがえる傾向として、欧州議会や欧州刑事警察機構（ユーロポール）も相次いで報告書を発表した。[15]

悪人こそが救われる

英キングス・カレッジ国際過激化研究センター（ICSR）の主任研究員ラジャン・バスラらは、フランスとベルギーの各十三人を含む欧州六カ国計七十九人のテロリストが持つ背景をデータベース化し、二〇一六年に報告書『犯罪者としての過去、テロリストとしての未来――欧州ジハード主義者と新たな犯罪テロ・ネクサス』としてまとめた。これによると、欧州各国からシリアやイラクに戦闘員として渡ったり渡ろうとしたりした人物のうち、ドイツからは六十六パーセントに、オランダからは六十四パーセントに、フランスからは四十八パーセントに犯罪歴があった。[16]

犯罪者がイスラム過激派に引き寄せられ、テロに手を染め、自爆までする背景には、犯罪者ならではの「贖罪意識」が作用しているという。彼らは「みずから犯してきた罪をどこかで償いたい」思いを潜在的に抱えている。ジハード主義は、その欲求に応えるのである。犯罪とテロとの間にある溝は深いようで、じつは簡単に飛び越えられる程度であり、だから多くの犯罪者がきわめて短期間のうちにテロリストに変貌するのだと、この報告書は分析する。

実際、過激派に転じた元犯罪者らの言葉の中に、償いの意識を見いだすのは難しくない。「これまで自分が犯した愚行のすべてを振り返ると、お祈りだけだととても十分とはいえない」デンマークで名の知れたギャングでありながら、シリアに渡航して反アサド政権の武装闘争に参加した男は、その意図をこう説明した。[17] 英国出身でシリアに渡った男は「一度は何かいいこと、純粋なことをしたいと思った」と証言する。オランダ出身の男は父親に対して「親父、見てくれ。俺も最後には真っ当な道を歩むんだ」と告げた。彼らは、数々の悪行を帳消しにしようとして、ムスリム同胞のためにみずからを犠牲にするというのである。

犯罪からテロへの移行の場として、大きな役割を果たしているのが刑務所である。多くの受刑者にとって、社会から切り離されて過ごす刑務所内での有り余る時間は、みずからを見つめ直し、人生の意味を考える機会となる。過激思想やジハード主義は、孤独と不安にさいなまれている彼らに、手っ取り早い指針を与えてくれる。英キングス・カレッジ国際過激化研究センターのデータベース七十九人のうち、五十七パーセントの容疑者は過激化する以前、刑務所に収監された経験を持っていた。このうちのさらに三十一パーセントは収監中に過激化していた。

「イスラム国」側にも、このような傾向を意識して活用した節がうかがえる。

バスラらによると、「イスラム国」は二〇一四年、元犯罪者に向けて結集を呼びかけるポスターをフェイスブックに投稿した。[18] 銃を背負った男が立つ場所は壁に囲まれているが、その向こうに光に満ちた世界が広がっている、という絵柄である。標語はこう訴える。

「最悪の過去を持つ人々は、時に最善の未来を創造する」

悪人こそが救われる。『歎異抄』の教えに通じる感がある。

「イスラム国」があえて犯罪者に手を差し伸べるのは、若者を更正させようとする意図にとどまらない。彼らなりの戦略的な計算にもとづいていると、専門家らは考察する。[19]

一つは、恐喝や銀行強盗で培った経験や技術を、そのままテロに生かすことができるからである。犯罪者は銃や爆発物の扱いに慣れ、しばしば独自の入手ルートを持っている。身分証明書を偽造するなどの特殊技能を持つ場合もある。警察官とやり合ってきた体験から、捜査当局の動き方や活動の限界についても熟知しており、警察の監視下で秘密裏に計画を進めたり、重圧のもとで冷静に実行したりする術も身につけている。暴力をふるってきたことから、テロ実行への抵抗感も少ない。

もう一つは、犯罪行為をそのまま続けることで、テロ組織が資金を調達できるからである。盗み、恐喝、窃盗、強盗、詐欺、模造品販売から麻薬取引まで、多岐にわたる彼らの活動は、テロ組織の財政を大いに潤している。犯罪をむしろ「イスラム教徒の義務」とみなして奨励する言説も珍しくない。モレンベークで活動したリクルーターのハリド・ゼルカニは、「不信心な者からの盗みは、アッラーが認めてくださっている」と若者たちを叱咤激励し、シリアへの旅費を稼がせていたという。[20]

犯罪者はしばしばつるみ、集団で行動する。周囲を敵に囲まれて過ごす彼らの結束力は固い。そのうちの一人をテロ組織に引き入れられれば、他の仲間たちも芋づる式にはせ参じる。かくして、モレンベークで悪事を一緒に働いていた連中は、大挙して「イスラム国」の名のもとに結集し、パリ同時多発テロやブリュッセル連続爆破テロに邁進したのである。

「過激化」再考

こう考えてくると、通常私たちが何げなく使う用語「過激化」についても、その意味をもう一度見直す必要が生じるだろう。

「過激化」は、もともと実像をつかみにくい言葉である。その人が暮らす社会によって、「過激」の概念も違う。「彼は過激だ」とレッテルを貼る相手も、たとえばスウェーデンとサウジアラビアとでは異なる。[21]

イスラム教徒の若者に関して「過激化」という言葉が一般化したのは、二〇〇五年のロンドン地下鉄爆破テロが契機だった。それ以前、テロにかかわる主流は中東のイスラム世界出身の若者であり、欧州社会とは無縁の存在だった。過激な若者と普通の若者は、違う世界に住んでいた。しかし、ロンドンのテロで英国生まれの若者たちが自爆したことにより、普通の若者もいつか過激な若者に変化するのだと、欧州の人々は認識したのである。人はこれを「過激化」と呼んだ。「過激化」の概念の普及は、ホームグロウン・テロの広がりと密接に結びついていた。「過激化」を進めるのは「宗教イデオロギー」だと、一般的には考えられた。特にロンドンは、中東諸国から亡命してきたジハード主義のイスラム指導者たちが拠点を置いていたところである。「過激な指導者が若者たちに思想を吹き込んだ」との説明は、それなりの説得力を持った。

このような通説を「知性主義に偏向した過激化の概念」と批判し、独自の調査にもとづく新解釈を打ち出したのが、デンマーク国際問題研究所主任研究員のマニ・クロンである。彼女が二〇一六年に発表した論文「過激化再検討　暴力、政治、肉体の技能」は、以後のテロ研究に刺激を与えている。(22)

それまでの研究者の主流は、「暴力を支える過激思想」を通じてテロを分析していた。しかし、彼女はデンマークのイスラム過激派と長年接し、その中心人物たちが意外に多様な出自と考え方を持っていることに気づいたという。彼らが共通の単一思想を持ち、それにもとづいて行動している、と考えるには、無理がある。そう考えた彼女は、暴力行為そのものに注目し、「暴力は時に思想に優先する」との仮説を立てた。

先にモレンベークの例でもみたように、テロに走る若者の多くはもともと犯罪組織に加わり、すでに暴力行為になじんでいる。つまり、多くの若者は「イデオロギーにもとづいて暴力行為に走る」のでなく、ある種の暴力（犯罪）から別の種類の暴力（ジハード）に移行するだけだと解釈できる。逆にみると、犯罪者のような社会の本流から外れている人々に政治的行動を促す機能を、ジハード主義が果たしている。彼らが持つ暴力の技能は、政治的根拠を与えられて花開く。それによって、彼らは「哀れな犯罪者」から「ポストモダンな英雄」へと変貌できる。後ろめたさに苛まれていた犯罪者は、もはや堂々と暴力をふるえるのである。

この理論は、「なぜ平和な欧州社会からテロリストが生まれるのか」といった疑問に答えることにもなっている。欧州社会はたしかに、暴力装置を国家が一手に握って実現させた平和な社会だが、社会から暴力が完全に排除されたわけではない。国家以外が持つ暴力の典型例は、犯罪者集団によるものである。ジハード主義は、リベラルな社会によっていったん非政治化された「国家以外の暴力」に、再び政治的意味を持たせようとする営みだといえる。それは、国家による暴力独占への挑戦ともなっている。

そう考えると、ホームグロウン・テロに走る若者たちの現象は「過激化」というより、むしろ「政治化」と位置づけられるかもしれない。「過激化は、宗教イデオロギーに導かれた個人的な営みでなく、政治化の営みとして理解しうる」とクロンは主張する[23]。

この論文は、テロリストが筋肉隆々になる謎も解き明かす。第一部第6章で描いたように、かつての師匠ファリド・ベニエトゥーに会いにきたシェリフ・クアシは、『シャルリー・エブド』襲撃を前に、体を鍛えて見違えるような姿になっていた。他の多くのジハード主義者にもみられる現象である。これは、イデオロギーから考えると不可解だが、暴力だけに注目すると比較的単純である。「コーランの研究や過激派指導者の洗脳といった知的な過程からは、暴力をどう使うかを学ぶことはできない」。つまり、暴力をふるうには、体を鍛えなければならないのである。彼らがせっせとジムに通うのは、テロを実行するための力と技術を身につけようとするからにほかならない。

もちろん、イデオロギーに何の役割もない、というわけではない。これまでみてきたケースでも、たとえば「ビュット＝ショーモン筋」の主宰者だったファリド・ベニエトゥーの場合、暴力よりもイデオロギーが大きな位置を占めていたように思われる。テロ集団にいまだ少なくないインテリは、暴力の行使に魅力を感じるよりも、思想や理念に多分に突き動かされている。クロン自身、「暴力から暴力へ」の理論は従来のイデオロギー中心の理論を否定するものでなく、むしろ補完するものだと位置づけている。

私たちは何をすべきか。過激化は一対一の対話からではなく、多くの場合、集団や社会の中で進むことから、クロンは「メタデータ」の収集分析が決め手になると考える。テロリストがどのような個人的軌跡をたどったか、過激な思想に染まっているか、といったことが問題なのではない。その人物が誰と接触し、どのネットワークに属し、どのような連絡を取り合っているか。そうした情報を集積することで、うかがいにくい組織の中枢の動きを明らかにすべきだ、と彼女は提言している。

第7章　若者はいかにしてテロリストになるのか

テロに対する二つの視点

テロはなぜ起きるのだろうか。テロを防ぐには何が必要か。

フランスの風刺週刊紙『シャルリー・エブド』襲撃事件からパリ同時多発テロ、ブリュッセル連続爆破テロについてここまでみてくると、解決には二通りのアプローチがあるようにみえる。マクロの視点によるものと、ミクロの視点によるものである。

マクロの視点とは、テロを支えるジハード主義やイスラム主義といったイデオロギーやそれを取り巻く国際情勢から、テロを読み解こうとする試みである。これを代表するのは、フランスの現代イスラム政治研究者ジル・ケペルだろう。第一部第10章で説明したとおり、彼はイスラム世界でのジハードの波を「アフガニスタンなどでの欧米寄り現地政権を倒そうとした第一世代」「米国を攻撃対象としたアルカイダなどの第二世代」「欧州を標的とする第三世代」に分類し、フランスをはじめ欧州各国で二〇一〇年代に起きているテロを第三世代の攻撃の中に位置づけた。また、彼らの活動を支えるイデオロギーとして、アブ＝ムサブ・スーリーの理論が果たした役割を強調した。

イスラム思想史と中東情勢を踏まえたケペルの理論は欧米各国の外交政策に大きな影響を与え、中東研究者の支持も厚い。

ミクロの視点はむしろ、テロリスト個人の心理や彼らを取り巻く環境に注目する。現代欧州で起きるテロの多くは、欧州で生まれ育った若者たちによるホームグロウン・テロであることから、中東よりも欧州が抱える問題点を重視すべきだとの立場を取る。この見方を代表するのが、フランス出身のイスラム地域研究者オリヴィエ・ロワである。

ロワは、社会学の手法を重視した独自の視点で出来事をながめている。その研究成果は、欧州社会が抱えるさまざまな問題に取り組む行政担当者らに多くの示唆を与えている。過激派に絡めとられた欧州の若者の脱組織や社会復帰の対策にも生かされている(1)。

ケペルの論については第一部ですでに紹介したので、本章は主に、ロワを中心とするミクロの視点を追いたい。マクロとミクロの両視点をどう評価し、どう組み合わせるかについては、終章で考察する。

オリヴィエ・ロワは、研究者として型破りの経歴を持つ。十代で国外を放浪し、アフガニスタンに流れ着いた。その後高校の教師になったものの、旧ソ連のアフガン侵攻の際は義勇兵として現地に戻り、銃を手に戦った。だから、アルカイダのメンバーたちは戦友である。戦場でイスラム過激派と議論を重ねた経験が、その後の研究を支えることになった。中央アジアや東南アジアを含めて俯瞰する彼のダイナミックな視点は、中東の枠内で調査分析に携わる場合が多いイスラム研究者の中で異彩を放つ。一方で、フランス社会の分析にも取り組み、テロリストになる若者の類型化も試みている。

彼は、イタリア・フィレンツェにある欧州大学院大学（ＥＵＩ）の教授を務めている。街の背後に位置するフィエゾーレの丘の中腹、ルネサンスの古都を見下ろす斜面の研究室に彼を訪ねたのは、ブリュッセルのテロが起きて間もない二〇一六年五月のことだった。

ロワには一度、二〇〇一年の米同時多発テロが起きてまもなく、アルカイダについてパリで話を聴いたことがある。出張に出る直前だった彼を、フランス外務省向かいの空港行きバスターミナルの待合室でつかまえ、あわただしくインタビューをしたのだった。その十五年前の出来事を彼は覚えており、「以前一度会いましたね」と言いつつ迎えてくれた。

テロリストは移民二世と改宗者

ホームグロウン・テロを起こす欧州のイスラム過激派の若者の心理を、多くの人々はつかみかねている。移民家庭の出身者が多いとはいえ、彼らは欧州に生まれ、欧州の文化文明になじみ、欧州の価値観にもとづく教育を受けてきた。なのに、ある日突然のようにひげを伸ばし、礼拝を始め、「イスラム国」に渡って戦闘員になったり、市民を標的にテロを起こしたりする。この現象をどう説明すればいいのだろうか。

「若者たちは往々にして『謎めいた存在』と思われがちです。しかし実際には、彼らに関する捜査当局やメディアの情報は多い。それを検証するかぎり、過激になる前から敬虔なイスラム教徒だった若者はまったくいません。イスラム教の布教に勤しんだ人、イスラム団体の慈善活動に従事した人も、皆無に近い。イスラム教徒への差別に抗議の声を上げもしなければ、学校での女生徒のスカーフ着用をめぐる議論に関心も持たなかったのです」

「彼らは礼拝もせず、逆に酒や麻薬におぼれ、イスラム教が禁じる食材も平気で口にしていました。たとえば、パリ同時多発テロ現場にかかわったとされるサラ・アブデスラムはその数カ月前、酒場で酔っ払ってどんちゃん騒ぎをしていたことが確認されています」

「彼らの多くはまた、自動車盗やけんかや麻薬密売といった犯罪に手を染め、刑務所生活を経験しています。つまり、ごく平凡な『荒ぶる若者』に過ぎません」

――でも、その多くはイスラム教徒の家庭の出身ですよね。

「データによると、こうした若者の六割以上が移民二世です。移民一世や三世はほとんどいない。残りは、キリスト教家庭からの改宗者が多く、全体の約二十五パーセントに達します。テロが起きたフランスやベルギーに限らず、欧州各国で同様の傾向がみられます」

「フランスを例に取ると、移民一世が信じるイスラム教は、彼らの大部分の出身地である北アフリカの農村部に根づいた共同体の文化です。しかし、一世はそれを子どもたちの世代に引き継げない。フランスで生まれ育った移民二世たちは、親たちの言語を話せず、フランス文化を吸収しているからです」

「親の宗教文化が伝わらないのは、キリスト教などからの改宗者の場合も同じです。改宗という行為そのものが、親の文化の引き継ぎを拒否する姿勢にもとづいているのですから」

――親子間の断絶ですか。

「今起きている現象は、世代間闘争です。若者たちは、自分たちを理解しない親に反抗し、自分探しの旅に出る。そこで、親のイスラム教文化とは異なる『イスラム国』の世界と出会う。その一員となることによって、荒れた人生をリセットできると考えるのです」

「彼らが魅せられるのは、『イスラム国』が振りまく英雄のイメージです。イスラム教社会の代表であるかのように戦うことで、英雄として殉教できる。そのような考えに染まった彼らは、生きることに関心を持たなくなり、死ぬことばかり考える。自爆をともなうジハードやテロは、このような個人的なニヒリズムに負っています」

逆に移民一世や移民三世の場合、親との世代との文化的なギャップが少ないため、過激派に走ることも少ないと、彼は分析した。

――親に反抗する子どもというと、今に限らず、いつの時代にもいたように思えます。

「こうした現象がはじめて顕著になったのは、中国の文化大革命でした。若者たちが親を『打倒すべき敵』と位置づけ、ちゃぶ台をひっくり返して、すべてをゼロから始めようとした。一九六〇年代以降、このように親の世代を否定する過激派現象が世界で吹き荒れました。六八年のフランスの学生運動『五月革命』、テロを展開した『ドイツ赤軍』、カンボジアで虐殺を繰り広げた『クメール・ルージュ』は、みんなそうした例です。若者による親殺しなのです」

「しかし、冷戦が崩壊し、共産主義はもはや若者を魅了しなくなりました。左翼思想は辛うじて生き残っていますが、インテリやブルジョアのたしなみに過ぎません。移民街の貧しい若者を魅了しないのです。彼らの反抗のよりどころとして、現代に唯一残ったのが、イスラム教のジハード主義です。若者たちは今、テロ組織『アルカイダ』を率いたオサマ・ビンラディン容疑者を、革命家チェ・ゲバラになぞらえます」

「過激派のイスラム化」

ロワが提唱している概念は、「過激派のイスラム化」として知られている。人々が通常問題にするのは「イスラム教徒の過激化」なのだが、彼の見方は逆である。すでに過激だった若者がイスラム教に目覚めることに問題の本質があると考える。前章で紹介したマニ・クロンの理論にも通じる考え方である。

――政治家や専門家は、イスラム教徒やイスラム社会の過激化をどう防ぐかについて論じます。

「だけど、現在起きているのは、若者たちの個人的な意識に端を発する現象です。イスラム社会が過激化したわけでも何でもない。イスラム社会が抱える問題とは全然関係ありません」

ロワの主張の根拠の一つは、過激派の中でキリスト教からの改宗者が占める多さである。彼らは、イスラム教の文化や社会とは本来無縁の環境で育ち、イスラム教徒として差別を受けた経験もないはずである。にもかかわらず過激派への道に突き進むのは、イスラム社会の動向とはまったく別のところで過激派が生まれていることを示すという。

「だいたい、欧州に『イスラム社会』などというものが存在するとは思えません。もちろんイスラム教徒は暮らしていますが、彼らが一つのコミュニティーを形成しているわけではない。フランスにもベルギーにも『イスラム社会の指導者』なんていないし、『イスラム票』『イスラム・ロビー』も見当たらないのが現実です」

――パリやブリュッセルのテロを起こした集団の拠点は、ブリュッセル郊外でイスラム教徒が多く住むモレンベークでした。ここではイスラム過激派の浸透が懸念されていますが。

「たしかに、イスラム復古主義者が運営するモスクはあります。でも、逆にみるとそれだけで、彼らがたとえば街の一部を支配してシャリア（イスラム法）を施行しているわけでもない」

「移民出身のイスラム系住民の層は、社会的に恵まれない層と、往々にして一致します。つまり、麻薬の蔓延や過剰飲酒などこのような地区が抱える問題は、イスラム教によるものではなく、社会的要因にもとづくものと考えるべきです。むしろ、マフィアの存在、地下経済の広がり、行政の無策が生んだ状況だと考えられます」

――何でもかんでも「イスラム教だから」と説明するのは間違いだという意味ですね。

「しばしば指摘されるイスラム過激派の暴力的、威圧的な態度も、何もイスラム主義に限ったものではありません。若者文化やストリート文化につきものなのです。ロサンゼルスのヒスパニック系ギャングにも、シカゴの一部の黒人集団にも、同様の傾向がうかがえます」

――イスラム過激派のテロとの戦いが世界の課題ともいわれていますが。

「『イスラム過激派の脅威』が世界のあちこちで叫ばれますが、現実とはかけ離れた、いわゆる『空想的地政学』の産物に過ぎません。中東で起きている紛争も、実際には宗教的要素が薄く、基本的に国家間の争いだと位置づけられます。その過程で、国家が国境を管理できなくなり、国内少数派をうまく扱えなくなったのが現状です。『イスラム国』問題の原因もそこにあります」

――欧米は「イスラム国」に対して空爆を続けています。

「たしかに、現地で『イスラム国』と戦う勢力への支援にはなるでしょう。ただ、その軍事行動に『テロとの戦い』などの思想的な意味づけをしてはなりません。欧米との決戦を掲げる『イスラム国』側の思うつぼです」

「シリアの紛争は、地元の事情にもとづく地域紛争です。イラクの紛争も、西アフリカのマリの紛争も、みんな固有の事情にもとづいている。それを無視して『イスラムのテロリスト』のレッテルを相手に貼るばかりならば、物事の本質を見失うことになるでしょう(2)」

カルトに似たネットワーク

これらのロワの指摘を踏まえて一連の事件を振り返ると、テロの実行役である若者たちの特性が浮かび上がってくる。

どこの世界でも、一般的に若者たちは極端に走りやすい。守るべき人生の蓄積も、養うべき家族も持たない彼らの一部は、親たちが築いた秩序に安住するのを良しとせず、みずからを捧げる対象を探す。そのような若者たちにかつて、生きがいと死にがいと、さらには他人を殺す口実まで与えてくれたのが、共産主義だった。今、ジハード主義がそれに取って代わっている。

一方で、孤独に耐えられず周囲とのつながりを探るのも、若者の特性である。かくして、友人や兄弟のつながりといったプライベートな空間が、テロリストのネットワークを形成するうえで大きな意味を持つ。

パリとブリュッセルのテロを実行したモレンベークのグループは典型例である。中心となっていたアブデルアミド・アバウドとサラ・アブデスラムは幼なじみで、同じ小学校に通った仲だった。このグループ内には、友人関係だけでなく、サラとブライムのアブデスラム兄弟をはじめとする家族関係も目立つ。友人や親族といった近しい関係を通じて過激派のネットワークが広がったと推測できる。

こうした傾向はこの集団に限らず、『シャルリー・エブド』襲撃事件の犯行にかかわった一団にもみられる。クアシ兄弟やアメディ・クリバリをロジ面で支えたのは、アメディ・クリバリの近所の友人や刑務所仲間たちのチームだった。

欧州中東現代史研究の大家で米ジョージタウン大学教授などを務めたウォルター・ラカーらは、その著書『テロの将来』で「ある人物がテロリストになるかどうかを左右すると思われる唯一の要因は、その友だちか家族にテロ組織の一員がいるかどうかだ」と分析している。[3] すなわち、テロリストや過激派のネットワークは、広く社会に理念を広めて大衆の賛同を得つつ参加者を集める方法を採ってはいない。友人や家族といった個人的なつながりをたどるかたちで広がっているのである。

彼らのネットワークは、地域社会や宗教コミュニティーと何らかかかわりを持たず、何の支援も受けていない。むしろ、新興宗教やマルチ商法に代表されるカルト集団と同様、社会から孤立した閉鎖的なネットワークを形成している。[4] 前章の「犯罪テロ・ネクサス」の例で説明したとおり、その構成員はしばしば、強盗や麻薬売買、銃器取引にかかわる犯罪集団の枠組みと重なっている。

ネットワークは、二十代から三十代前半にかけての比較的均一な年齢層によって形成されている。友人や兄弟従兄弟のつながりを通じて広がったためで、ロワが指摘する移民二世の世代にあたる。実際、クアシ兄弟もクリバリも、アブデルアミド・アバウドもアブデスラム兄弟も、みんな移民二世である。ロワはここから、若者がイスラム過激派に引き寄せられる現象を「世代間闘争」だと位置づけた。若者が過激派に走る動機は宗教的なものでなく、移民家庭内の親子の対立にあり、反抗する若者たちの連帯感が同世代を結びつける絆の役割を果たしている、との理論である。

テロリストの間にはやたら「兄弟」が多いという奇妙な現象も、若者のこれらの特性から考えると説明がつく。

『シャルリー・エブド』襲撃事件を実行したのがサイードとシェリフのクアシ兄弟であるのはいうまでもない。この兄弟はともに孤児院で過ごし、ともに過激派への道を歩み、緊密に連絡を取りながらテロに邁進し、一緒に命を落とし、その一心同体ぶりが際立っている。この事件には、アヤト・ブメディエンヌとともに「イスラム国」に逃亡したモアメドとメディのベルシヌ兄弟も登場する。

パリ同時多発テロでは、ブライムとサラのアブデスラム兄弟が大きな役割を担った。また、この兄弟と幼なじみで犯罪仲間でもあったテロの中心人物アブデルアミド・アバウドも、兄弟で過激派への道に突き進んだ例である。彼は刑務所への出入りを繰り返した後、過激派にかかわって二〇一三年にシリアに出奔するが、その際に当時まだ十三歳だった弟ユネスを連れ出した。ユネスはその後、フランス語メディアで「世界最年少のジハード主義者」と呼ばれるようになった。[5]

パリ同時多発テロの実行犯にはもう一人、兄弟で過激派への道を歩んだ人物がいる。劇場「バタクラン」を襲った三人のうちの一人フエド・モアメド＝アッガドである。彼はフランス東部アルザス地方の自宅を二〇一三年に出て「イスラム国」に向かったが、その際に兄のカリムも同行した。カリムはその翌年の帰国時に拘束され、収監された。

ブリュッセル連続爆破テロに登場するのはイブライムとカリドのエル＝バクラウイ兄弟だが、彼らだけではない。パリ同時多発テロの準備に深くかかわり、ブリュッセルの空港爆発現場からは逃走したモアメド・アブリニもその一人である。彼の九歳下の弟スレイマンは「イスラム国」に渡り、アブデルアミド・アバウドと同じ旅団に属したが、二〇一四年夏に戦死した。兄モアメドの悲しみは深かったという。彼は翌年六月、トルコに渡航しており、おそらく短期間「イスラム国」にも滞在したとみられるが、そのきっかけは弟の死だったと考えられる。[6]

一連の事件以前の二〇一二年にフランス南部トゥールーズ周辺でユダヤ系学校の教師や子どもら七人を連続して射殺したモアメド・メラーの場合、その兄アブデルカデルも過激思想を信奉しており、弟の犯行にかかわったのでないかと疑われて収監された。さらに、こうした傾向はフランスに限らない。二〇一三年に米ボストン・マラソンの会場で起きた爆弾テロを実行したのも、チェチェン出身のタメルラン・ツァルナエフ、ジョハル・ツァルナエフの兄弟だった。

テロリストはなぜ、かくも「兄弟」ばかりなのか。

テロリストはなぜ「兄弟」ばかりなのか

オリヴィエ・ロワによると、兄弟で行動することはつまり、親と決別し、世代の違いを強調することだという。「イスラム過激派テロの犯人の約三分の一は兄弟です。親世代に対抗するために力を合わせる子世代の意識の表れだと分析できます」と説明する(7)。

フランスに生まれ育ち、移民一世が保ってきた伝統的なイスラム教を引き継がなかった移民二世の若者は、実際に礼拝をした経験などほとんどない。幼少時から欧米文化につかり、酒を飲み、麻薬を試し、女の子を追いかけ回す。その熱が冷めたとき、親のものでもなく欧米のものでもない文化として、ごく一部の人が偶然接する過激思想に引きつけられる。こうして、親離れをして過激派に近づいた若者は、地域社会からも孤立し、新たに疑似的な家族をつくる。その際に、行動をともにする兄弟の存在が大きな支えになる、というのである。

精神分析学者でニース大学教授のパトリック・アモイエルも、ロワと同様に世代間ギャップを兄弟テロリストの主な要因とみなす。彼は特に、現代の若者の親にあたる世代が世俗化している点に注目し、「若者は、両親以上にイスラム教にのめり込む。父が失ったものを取り戻し、イスラム教徒としての家族のアイデンティティーを守ろうとするのでは」と推測した(8)。

アモイエルは、過激派を社会に復帰させる取り組みも続けているが、兄弟の場合には苦労するという。片方のマインドコントロールが解けそうになっても、もう片方が過激派の世界に引き戻してしまうからだ。「その結果、またゼロから始めなければならなくなる」という。

逆に過激派ネットワークに入る場合でも、兄弟の片方がもう片方を引きずり込んでいるとも考えられる。先に入ったほうが、その世界の素晴らしさを体験させたくなるのだろうか。あるいは、一人で死ぬのが怖いから、兄弟を巻き込もうとするのか。

一方、フランスの社会科学高等研究院（ＥＨＥＳＳ）研究部長のファラド・コスロカヴァールは、テロリストに兄弟が多い理由を「テロを実行する際の信頼関係が確保されるから」と考える。『フィガロ』紙のインタビューに「血はうそをつかない。兄弟なら裏切られることがない」と説明した[9]。

コスロカヴァールは、兄弟の間に存在する上下関係もテロリストとしての機能を支えているとみる。「一般的に（兄弟は）指示する者と従う者とに分かれる。それが作戦の遂行を容易にしている」と指摘する。その上下関係は、必ずしも年長年少の関係とは合致しない。弟が先導するケースは多く、アブデスラム兄弟の場合、弟のサラが兄ブライムを引き込んだと考えられる。クアシ兄弟も、弟のシェリフが活発に動き回り、兄サイードが後からついていった。この二人は子どものころから、弟の後を兄がついて走る関係だった。

移民二世の世代は、一つ上の世代の過激派たちから組織化を促され、理念や手法を引き継いだ。すなわち、モレンベークのネットワークの場合、その後見役を務めていたのは「サントル・イスラミック・ベルジュ（ＣＩＢ）」のバッサム・アヤシであり、マリカ・エル＝アルードだった。『シャルリー・エブド』襲撃事件の犯行グループの場合、ジャメル・ベガルがその役割を担っていた。

こうした人物は若者たちにとって、自信を失って息子たちを制御できない親たちに代わって、自分たちを正しい道に導いてくれる指南役として機能したと考えられる。

高い改宗者の割合

テロリストに関するこれらの特性は、オランダ議会のイニシアチブで設立された「テロ対策国際センター（ICCT、本部ハーグ）」が二〇一六年四月に公表した報告書「欧州連合（EU）内の外国人戦闘員現象　人物像、脅威、政策」のデータとも一致する点が多い。(10) この報告書は、欧州からシリアやイラクに戦闘員として渡航した若者たちについて、データを得られなかったギリシャとハンガリーを除くEU加盟国二十六カ国の情報をまとめたものである。

その概要は以下のとおりである。

▼EU各国出身の戦闘員数は三千九百二十二人から四千二百九十四人。

▼その相当部分にあたる二千八百三十八人前後はベルギー、フランス、ドイツ、英国の四カ国の出身。人口比ではベルギーがもっとも多い。

▼渡航者全体のうち、三十パーセントが再び出身国に帰国した。十四パーセントが死亡し、四十七パーセントが現地にとどまっている。

▼彼らの明確な人物像を描くのは難しいが、ほとんどが大都市圏の出身で、しかも互いに近所同士の場合が多い。女性は全体の十七パーセント、（キリスト教などからの）改宗者は六パーセントから二十三パーセントを占める。

▼しばしば友人同士の集まりを通じて、集団で短期間のうちに過激化し、シリアやイラクへの渡航を決める。

フランスからは九百人以上がシリアかイラクに渡航し、このうち二百四十六人が帰国したと、報告書は推計する。ベルギーからは四百二十人から五百十六人が渡航し、五十五人から百二十人が帰国したとみられるという。帰国者の中には、テロを企てて戻ってきた人物だけでなく、「イスラム国」に幻滅して逃げ出してきた人物も多数含まれると考えられる。

この調査結果は、キリスト教徒や世俗派からイスラム教に改宗した人々の割合の高さも示している。前述のように調査対象となった二十六カ国で六パーセントから二十三パーセントという数字が挙げられている。その最大の二十三パーセントを占める国はフランスである。この割合は、フランス出身戦闘員千百三十二人を調べたフランス内務省の調査の数値とも一致している。[11]

フランスで、イスラム教に改宗する人は年間四千人程度と考えられる。[12] ムスリム同胞団系の「フランス・イスラム組織連合（ＵＯＩＦ）」や南アジア系のタブリーグといったイスラム主義団体が布教活動を展開し、改宗が近年特に盛んになっていることを考慮すると、改宗者の累積数は数万人から十数万人とみなすのが妥当であろう。一方、イスラム教徒の総数は特定されていないものの、多くの調査を総合すると「三百万から五百万」が常識的な数である。[13]

すなわち、イスラム教徒全体に改宗者が占める割合は、多く見積もっても十パーセントを超えるとは考えにくい。この数値と比較しても、戦闘員の中で改宗者が占める「二十三パーセント」

はきわめて高い割合だといえる。

一般的に、組織への新たな加入者は、古参のメンバーよりも先鋭的になるのが常である。そうすることで、組織の一員として早く認められようとするからであり、イスラム教への改宗者においても同様の傾向がうかがえる。

二〇一五年から一六年にかけてのテロで、改宗者は目立った地位を占めていない。自爆したり射殺されたりした容疑者の多くは、移民系の家庭の出身者である。ただ、彼らの妻やテロの支援メンバーの中には、キリスト教家庭の出身でイスラム教に改宗した人物が見受けられる。たとえば、『シャルリー・エブド』襲撃事件を間接的に準備したジャメル・ベガルの妻はフランス人改宗者である。アルジェリア出身のベガルは、婚姻によってフランス国籍を得ることができたのだった。

過激派の間で改宗者の割合が高い事実は、「イスラム教徒への差別や偏見がテロを助長する」といった俗説への反証ともなりえるだろう。キリスト教家庭や世俗家庭で育った改宗者たちは、外見や習慣を理由に移民家庭出身者がしばしば受ける差別や偏見をほとんど経験していないからである。彼らが過激派に走るのは、差別や偏見といった社会的な要因よりも、個人の心理や感情がより大きく作用していると考えられる。

敗残帰還者の問題

シリアとイラクにまたがる地域を支配してきた「イスラム国」は、二〇一七年以降大きく退潮傾向を示し、七月にはイラク北部の主要都市モスルが、十月には首都と称したシリア北部ラッカが陥落して戦闘員の多くが敗走した。二〇一九年三月には、最後の拠点といわれたシリア東部のバグズがクルド人らの武装勢力によって制圧され、「イスラム国」の領土は事実上消滅した。

欧米にとって、これが勝利であったのは間違いない。一方で、「イスラム国」の崩壊は新たな悩みの種を生み出した。欧州各国から参加していたイスラム過激派の戦闘員やその家族の帰還が、現実の問題として浮上したのである。

欧州委員会移民・内務総局の政策協議の枠組み「過激化認識ネットワーク(RAN)」が二〇一七年七月にまとめた調査によると、二〇一一年から一六年の間に「イスラム国」に集まった戦闘員は百二十カ国からの四万二千人に及び、このうち欧州各国からは五千人に達している。ベルギー、フランス、ドイツ、英国からが目立つが、オーストリア、デンマーク、フィンランド、イタリア、オランダ、スペイン、スウェーデンからも少なくない。約三割が母国に帰還しており、デンマーク、スウェーデン、英国では半数近くになるという[14]。

もっとも、仮に帰還できても、欧州社会への彼らの再適応には相当な苦労が予想される。帰国後に過激思想をまき散らしたり、テロの準備にかかわったりする懸念も拭えない。法的にも政治的にも、難しい課題である。

二〇一八年の正月早々、「イスラム過激派の女性お尋ね者ナンバーワン」拘束のニュースがフランス国内を駆けめぐった[15]。「イスラム国」と対立するクルド人勢力の管理下にあるシリアの難民キャンプで、十人ほどいたフランス人の中に三十三歳の女性エミリー・コニグが含まれていると判明したからである。「イスラム国」支配地域からウェブを通じて戦闘員の勧誘を繰り返し、「イスラム国のリクルーター（勧誘者）」と呼ばれた女性だった。

フランス西部ブルターニュ地方のロリアンに生まれ、カトリックの母親に育てられたコニグは、十九歳でパリに出てアルジェリア系麻薬密売人の男性と最初の結婚をした。これを機にイスラム教に改宗し、アラビア語を学び、全身をベールで覆うようになったという。離婚後は、仏西部の中心都市ナントに拠点を置くイスラム過激派グループ「フォルサーヌ・アリザ」にかかわり、摘発されたグループを擁護する法廷闘争やフェイスブック・ページの作成に携わった。

二〇一二年、「イスラム国」入りしていた南仏出身の再婚相手を追って、二人の子どもをフランスに残したまま、トルコ経由でシリアのアレッポに入った。欧州各国からイスラム過激派の若者が渡航する現象の先駆けとなる出来事だった。一四年に夫が戦闘で死亡した後も、彼女は欧州に向けて聖戦への参加をしきりに呼びかけ、勧誘ビデオにも出演した。激しい気性とフランス社会への復讐心をむき出しにしつつ、フランスの施設や軍人の家族を攻撃するよう扇動し、自身も自爆攻撃に参加する用意があると言明していたという。

しかし、拘束された彼女は一転、フランスへの帰国を希望した。母親に連絡を取り、これまでの行為を悔い改めること、フランスの司法当局に協力すること、なども表明した。

これに対し、フランス法相のニコル・ベルベはラジオのインタビューで「必ずしも迎えには行かない」と述べ、理由をこう説明した。(16)

▼彼女らは、テロ行為を実行するためにシリアに渡航した。
▼通訳と弁護士が確保できるかぎり、現地で裁判を受ける可能性はある。
▼うまくいかない場合には、フランスの領事館や赤十字の保護を受けられる。

つまり、できれば現地で片をつけてほしい、というのである。やっかいな荷物を引き受けたくない意識が透けてみえた。コニグと同様にクルド人勢力に拘束されているフランス人の戦闘員やその家族は、三十人前後に及ぶといわれた。彼らを帰国させると、治安上どのような問題が生じるか、予想は難しい。

「イスラム国」の子どもたち

ただ、では彼らが現地で真っ当な裁判を受けられるのか。疑問は大きい。そもそも、クルドは国家として認められておらず、拘束された人々がシリアやイラクの当局の手に渡る可能性も捨てきれない。その場合、身の安全も保証されない。

一方、「イスラム国」の実態や欧州での活動の解明、テロ対策などの面からみると、コニグら元戦闘員の証言への期待もある。その場合、フランス国内で民主的な裁判を受けさせるより、現地でクルド兵や米情報機関に厳しく追及させたほうが、実のある情報を得られるのではないか。フランス当局の態度の背景には、そのような思惑があるのかもしれない。

さらに複雑なのは、現地で生まれたり育ったりした子どもたちである。米NGO「スーファン・

センター」によると、「イスラム国」の子どもの数は二〇一五年以降急増した。渡航した女性が現地で産んだと考えられるという。[17] コニグも「イスラム国」滞在中、夫との間に息子一人を、夫の死後に父親不明の双子の娘をもうけた。彼女の拘束時に二歳と一歳だったといわれる計三人の子どもの処遇も、大きな課題である。本人の行く末がどうなろうとも、子どもたちは通常、人道的見地からフランス入国を認められる。

このように「イスラム国」で生まれたり育ったりした子どもたちは、フランス系だけで四百人に及ぶ。[18] その一部は、親から離れて帰国した後、家族や養親に預けられたり、施設で保護されたりした。親が取り戻しにきかねないため、保護先の住所は極秘だという。

子どもたちには、健康上の不安があるほか、どんな教育や体験を現地で受けてきたのかにも懸念が残る。年長者だと、戦闘に参加したかもしれない。基本的に彼らは被害者だが、そうとばかりともいえない。いずれにせよ、欧州社会への適応には時間がかかりそうである。

「イスラム国」に渡った若者の多くは現実に幻滅し、渡航を後悔しているという。とはいえ、帰国後に欧州で復讐のテロを企てる人物が出てこないとも限らない。コニグ自身の改悛の言葉も、簡単に真に受けるわけにはいかない。

欧州各国が待ち望んだ「イスラム国」の崩壊は、テロ対策の新たな局面の到来を意味していた。

サラ・アブデスラムが兄とともに経営していた
モレンベークのカフェ。

モレンベークの中心部。
多くの女性はスカーフをかぶっている。

サンドニのアバウド潜伏現場。

過激派の拠点
「サントル・イスラミック・ベルジュ」が入るビル

爆破テロが起きた地下鉄マルベーク駅に
掲げられた追悼の寄せ書き。

第三部

ローンウルフの幻想

――ニース・トラック暴走テロ

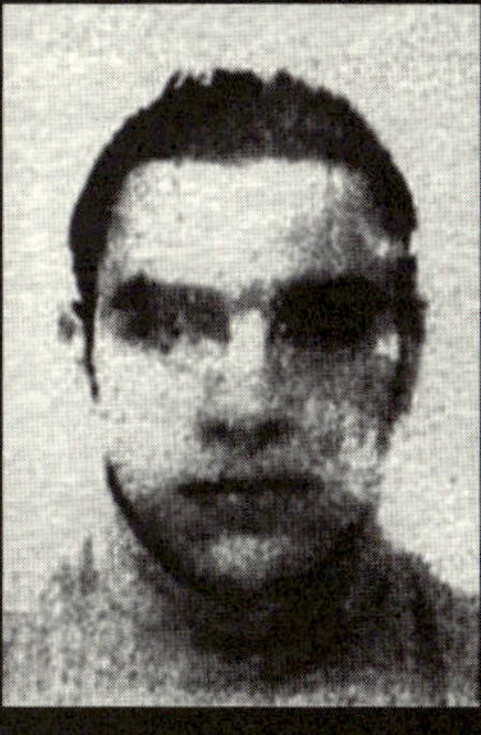

モハメド・ラフウェジ=ブフレル

第1章　遊歩道の無差別殺人

犠牲者八十六人

世界中からセレブや大金持ちが集まる南フランスの保養地ニースには、七キロにわたる散歩道「プロムナード・デ・ザングレ（英国人の遊歩道）」が、湾曲した海岸に面して設けられている。十九世紀に英国人避寒者らが整備を始めたことに由来する名で、沿道には高級ホテルやカジノ、カフェ、大邸宅跡が立ち並ぶ。欧州でもっとも華やかな街路といわれ、地元では世界遺産への登録を目指す運動も起きている。

二〇一八年四月末に訪ねた街は、地中海を越えてアフリカ大陸から吹きつける強風にさらされていた。この遊歩道を、ランヴァル財団子ども病院前の一四七番地からカジノ横の一一番地まで歩く。片道約二キロあり、一時間かけて往復すると軽く汗ばんだ。すれ違う人々はすでに初夏のいでたちで、そぞろ歩きを楽しみ、ジョギングに汗を流し、道端のベンチで語り合う。静かで平和な光景だった。

二〇一六年七月十四日夜、この二キロを、十九トンの大型トラックが数分で駆け抜けた。フランス革命記念日の花火大会の見物に集まっていた人々は次々となぎ倒された。八十六人が犠牲になり、約四百五十人が負傷した。史上最大級の殺人といわれたこの事件で、トラックを運転していた当時三十一歳のチュニジア人モハメド・ラフウェジ＝ブフレルは、警官隊との銃撃戦の末に射殺された。過激派組織「イスラム国」が犯行声明を出した。

この事件が起きたのは、ブリュッセルのテロから四カ月足らずのことである。二〇一五年から一六年にかけて、『シャルリー・エブド』襲撃事件、パリ同時多発テロ、ブリュッセル連続爆破テロと続いたテロの波が、モレンベークのネットワーク壊滅によって一段落したかのようにみえただけに、人々が受けた衝撃もひときわだった。

私が訪れたのはそれから二年近く経ったころで、悲劇の痕跡はもはやあまりうかがえない。遊歩道は車止めや柵で守られ、一見安全に見える。

「でも、これは全部事件の後に設置されたのです。以前は何もありませんでした。だから、車が進入できたのです」

ヴァンサン＝グザヴィエ・モルヴァンが説明してくれる。『AFP通信』や『フィガロ』紙の通信員を務める地元のジャーナリストである。(1)

彼の案内で、事件の追悼モニュメントを訪ねた。遊歩道の途中に、百年あまり前の豪華別荘を利用したニース市立マセナ美術館がある。その塀の外側に、プラスチック製のパネルを市が取りつけている。八十六人の全犠牲者の氏名をハートの形に並べたデザインである。

「ここに、アラブ風の名前が見えるでしょう」

モルヴァンが指さすハートの一部に、「オルファァ・カファァレル」というアラビア語らしき名前がある。

「カファレルは、ブフレルの妻の姓です。この女性は、じつは犯人の妻の従姉妹なのです」

無差別殺人は、被害者を選ばない。その中に、容疑者自身の親戚も含まれていたというのである。人口約三十万余のニースの市民の多くは、この事件に巻き込まれた家族や親戚、友人を持っている。ブフレルも例外ではない。死者八十六人、負傷者約四百五十人という被害は、それほど甚大である。

モルヴァンは事件後、犯行の背景を追う取材を続け、『遊歩道の殺人者』と題するルポルタージュを翌年出版した。[2] 二〇一九年現在、この事件の背景を掘り下げた書籍として唯一信頼に足るものである。[3] そこに描かれたブフレルの実像は、『シャルリー・エブド』襲撃事件やパリ同時多発テロの犯人像と、いくつかの面で異なる。後者の多くが移民二世であるのに対し、ブフレルは幼少期から学生までをチュニジアで過ごしており、フランスにきたのは成年になってからだった。何より、集団で役割を分担して恐怖を演出した他のテロと異なり、ニースのトラック暴走テロの場合は実行したのがブフレル一人であり、一見して「ローンウルフ（一匹狼）」型テロリストの様相を呈している。

一方で、比較的裕福な環境で育った点、犯罪にかかわっていた点、事件前に綿密に準備を重ねていた点など、ブフレルには他のテロリストとの共通点も見いだせる。モルヴァン自身、ブフレルを「ローンウルフ」と位置づけることには懐疑的であり、イスラム過激派組織につながる人々の支援があったと推測している。

謎が多いブフレルの実像を、モルヴァンや他の資料の助けを借りつつ探ってみたい。

家庭内暴力

フランスの滞在許可証に記載されているブフレルの正式な姓名は「モハメド＝サルメン・ラフウェジ＝ブフレル」である。

一九八五年一月三日、チュニジア第三の都市スースに近いムサケンに生まれた。長男だったが、上に姉がおり、七人の女きょうだい、二人の男きょうだいという大家族だった。父モンドヘルは大規模農業を営む地元の名士で、ベルギーへの留学経験もあった。ムスリム同胞団系のイスラム政党「アンナハダ」の党員で、イスラム主義を弾圧したジン・アビディン・ベンアリ独裁政権下で一時投獄されたこともあった。

「モハメド」はアラブ世界で多すぎる名前であるため、ブフレルはふだん「サルメン」と呼ばれていた。身長が百八十センチある美男子で、学校の成績も優秀だった。同級生の間でも、親切で穏やか、知性的な男として通っていた。

一方で、何か障害にぶつかると攻撃的になる傾向がみられたという。象徴的なのは、ブフレルが十九歳のときの逸話である。荒れ狂った彼は、自宅のドアや窓ガラスを壊し、両親を家から締め出した。父はブフレルを、スースの著名な精神科医のもとに連れて行った。医師の前で、ブフレルは一転して小声、単調で感情のない話し方に終始したという。医師はブフレルに抗精神病薬のハロペリドールを処方した。

その医師は事件後、ブフレルについて「彼は、家族の中で居場所を見つけられないでいた」と証言している。(4)

ブフレルは後に、父を「うすのろ」、母を「あばずれ」と呼び、父母に対して憎悪に近い感情をしばしば顕わにしていた。その傾向は年を重ねるごとに強まっていったという。家庭内に大きなストレスを抱えていたのだろう。彼は結婚後、みずからの家庭内でも暴力を振るうようになるが、その遠因は親に対する感情にあったのかもしれない。

ブフレルは二〇〇六年、母方の従姉妹にあたる同い年の女性ハジェル・カファレルと結婚した。彼女もムサケン出身だが、子どものころから南仏ニースで育ち、フランスとの二重国籍を持っていた。ニースには一万人以上のチュニジア人が暮らし、移民としては市内で最大のコミュニティーを形成しているが、ハジェルを含めその多くはムサケンの出身である。この結婚によって、ブフレルはフランスの滞在許可証を得た。

二人の間には三人の子どもが生まれたが、家庭はしだいに崩壊していった。その状況を示す司法記録がある。

ブフレルは生前、ハジェルとの離婚訴訟を含め、計五件の告訴や裁判などの司法事案を抱えていた。事件から一年あまり経った二〇一七年十月、ニース大審裁判所(地裁)はこれら五件の司法記録を離婚訴訟に一本化した。

その内容を報じたニュース専門局『LCI』によると、ブフレルに対する司法事案の最初は二〇一〇年にさかのぼる。[5]彼は当時、女性会員らに攻撃的な態度を示したことを理由に、ニースのスポーツクラブから除名された。これを逆恨みし、クラブの監視係を務める市職員に対して「おまえも家族も、のどをかき切ってやる。みんな殺してやる」と脅迫したことで、この職員から告訴されたのである。警察署にあてた文書で、職員は「この男には精神的不安定さを示す挙動があり、多くの問題を起こしている。経験上の知見から、将来危険な行動に走る可能性がある」と指摘した。しかし、ブフレル本人は容疑を否定し、警察官からの警告だけで終わった。

それから三カ月も経たないうちに、ブフレルの自宅に警察官が踏み込む騒ぎが起きた。彼から何度も殴られた、という妻ハジェルの訴えにもとづいていた。ブフレルはシラを切り、刑事仲裁の結果「再び暴力を振るわない」と約束した。これが二つ目の事案である。

しかし、家庭内暴力はその後も続いていたという。二〇一四年、妻はついにブフレルを警察に告訴した。彼女の訴えによると、早朝寝室に入ってきたブフレルが大笑いをしながらグラスのワインをかけたうえ、彼女の体の上に小便をした。その夜、妻に「寝室を見たら驚くぜ」と言い、そこに大便を見つけてあわてる彼女を嘲笑した。妻に対して「俺が戻ってきてもそこにいたら、おまえも娘も殺してやる」と脅したともいう。

夫婦の間には当時娘が二人いたが、ブフレルは彼女たちを「くそったれ」と呼び、邪険に扱った。子どもが持つ熊のぬいぐるみにナイフを突き立てたりもした。妻は、ぬいぐるみの携帯写真を警察に示して「夫はいつも、私や子どもたちを脅す。一緒にいると危ない」と訴えた。これを受けて警察はブフレルに出頭を命じたが、彼は応じようとしなかった。

異常な性欲

二〇一六年一月、妻との関係はとうとう離婚訴訟に発展した。これが四つ目の事案だが、五つ目の事案は同じ月の末に起きた。トラック運転手として働いていたブフレルは、狭い路上に車を駐車したまま、荷下ろしをしていた。ブロックされて動けなくなった後続の車の男が、ブフレルに荷物をどけるよう要請した。ブフレルはいきなり、男に対して釘の刺さった板で殴りかかったという。ブフレルは「脅すつもりだったのに、手が動いてしまった」と弁明した。三月二十四日、ニース軽罪裁判所で執行猶予付き禁錮六カ月の判決を受けた。

六月十七日、ブフレルは突然、警察に連絡をしてきた。二十日に出頭した彼は、妻から出されていた告訴内容を一括して否定した。調書を取られた彼は、そのまま釈放された。それが、テロの一カ月足らず前のことだった。

ブフレルの凶暴性や異常さは、こうした司法事案に発展したものに限らない。彼の周囲は、トラブルにあふれていた。

『遊歩道の殺人者』によると、ブフレルはセックスの際にも暴力的傾向が強く、妻の首を絞める癖があった。妻が逃げ出すまで何度も性交を強要し、それでも収まらずラブドールを購入したと、周囲に公言していた。三人目の子どもは離婚交渉が本格化した二〇一五年夏に生まれたが、無理やりセックスをした結果だと考えられるという。

異常な性欲は、渡仏する以前からみられたという。チュニジアにいたころは山羊や雌牛を性欲のはけ口に使っていたと、ブフレルはしばしば周囲に語っていた。それを耳にした人は大笑いをしたが、彼自身は恥じることもなく真顔だったという。

ふだんの奇行も多く、レストランで店員に自分の性器をさらす騒ぎを起こし、勤めていた運送会社を解雇されたことがあった。勤務先の同僚女性にいきなり「トイレにいってセックスしないか」と持ちかけて顰蹙を買ったこともある。売春宿にも頻繁に出入りし、一千二百ユーロの給与を「二、三日で使ってしまう」と豪語した。スポーツクラブやプールで出会う女性にしきりに声をかけ、「動くものなら何でも口説く男」といわれていた。自分より二十歳以上年上の女性が好みだったという。(6)

ブフレルは「ハイチ出身の独身男ジャバン・バンシュコン」と名乗り、フェイスブックに登録していた。米紙『ニューヨーク・タイムズ』は、このバンシュコンなる男と交流のあったパトリシアという五十五歳の女性へのインタビューを掲載した。(7) 彼女は、サルサのクラブでバンシュコンと知り合い、二年間ほど踊りのパートナーを務めていた。

「その男は床上手だと自称し、自分の魅力に自信満々でした」

パトリシアはこう振り返った。

彼女の目に、彼は金をあまり持っていないように見えた。二人で外出する際、飲み物代はいつもパトリシアが払った。ただ、彼女は当時、その男を本当に「バンシュコン」だと思い込んでいた。大量殺人犯のブフレルと同一人物だと後に知って、大いに動揺したという。

ブフレルは当時、大酒を飲み、豚肉を食い、モスクに足も踏み入れず、イスラム教に関心を示す様子もまったく見せなかったという。

周囲の目に、ブフレルの姿が一変したのは、事件の直前だった。フランスでテロ捜査の総指揮を執るパリ共和国検事フランソワ・モランの記者会見によると、ブフレルは七月一日から犯行前日の十三日まで、コーランの詠唱や宗教歌のビデオをほぼ毎日見ていた。このころにはひげを生やすようにもなっていた(8)。

ブフレルの義兄で近所に住むハムディ・ザガルも、ブフレルが車の中でコーランの詠唱を聴くようになったと証言している。ザガルは事件の二日前、ブフレルと一緒に冷蔵庫を買いに行ったが、それを自宅に設置する作業の際に音楽を流そうとして、ブフレルから「それは罪悪だ」と説教されたという(9)。

こうしたエピソードから、ブフレルは「放蕩を重ねていたのに、凶行直前に敬虔になった」との認識が広がった。内相のベルナール・カズヌーヴは記者会見で「周囲の証言から得られる一義的な情報として、犯人は急速に過激化したとみられる」と話した(10)。

綿密な犯行準備

ただ、周囲には「突然の変化」にみえても、じつはとっくに変化していて、その姿を隠していただけかもしれない。少なくとも、ブフレルの場合は「放蕩生活から一転してイスラムに目覚め、短期間のうちに過激になった」というほど単純ではないようだ。

「イスラムに目覚めた」と思われるずっと以前から入念にテロを準備していた節が、彼にはうかがえる。

共和国検事のモランによると、ブフレルが射殺された後、彼の携帯は電源が入ったまま運転席に残されていた。[11] その内容の解析から、彼はちょうど一年前にあたる二〇一五年七月十四日と十五日にもプロムナード・デ・ザングレを訪れ、花火大会に集まった群衆を写真に撮っていたことがわかった。十五日には、現場に居合わせたニース市長クリスティアン・エストロジと記念撮影までした。その二日後に同じ通りで開かれたコンサートにも足を運び、翌年一月にはこの通りを往復するジョギング大会に姿を見せた。

これらの情報から、ブフレルは少なくとも一年前から下見をしつつ犯行場所を探っていたと、捜査当局はみている。

ブフレルの携帯には、二〇一六年一月一日付地元紙『ニース・マタン』の記事のコピーもあった。[12] その前日未明、開店したばかりのレストランのテラス席に車がわざと突っ込み、犬が一匹死亡した、という出来事に関するものだった。ブフレルはこの記事をトラックテロの参考にした可能性があると、モルヴァンは考える。[13]

ブフレルの父は、農場経営のため大型トラックを頻繁に操っていた。ブフレルはその姿を、幼少時代から父に連れられて座った助手席で見ていた。フランスに渡ってからも、彼はトラックの運転手を生業にしていた。トラックは常に彼の生活の一部だった。人生の最後をその車中で迎える発想は、彼にとってそれほど意表をついたものでもなかったに違いない。

一方で、ブフレルは残酷な動画や写真もウェブで漁っていた。彼は事件の数カ月前、人質を斬首するシーンを含んだ残酷な動画を友人に見せた。友人は驚いたが、ブフレルは「こういうのには慣れている」と平然としていた[14]。事件後、彼のパソコンからは遺体写真や「イスラム国」に関する情報なども見つかった。

また、彼は決して単独でテロを起こしたわけでなく、多くの支援者がいたとの情報も、事件後浮上した。

第二部第1章でみたとおり、欧州のイスラム過激派テロは、たとえそれが小規模でも、本当の一匹狼によるものは少ない。多くの場合、テロリストは緩やかなネットワークの一翼を担い、他の過激派仲間と頻繁に連絡を取り合っている。彼らは、単独犯としてジハードを完遂するほどの技術も度胸も備えていない。仲間から励まされ、支援を受けながら、何とか一人前のジハード主義者となって、テロに及ぶ。

同様に、ブフレルの周囲にも、彼の犯行を支えたと疑われる怪しげな連中がうごめいている。彼らのうちの五人は事件後の七月二十一日に摘発され、捜査着手にあたる予審開始決定を受けた。その一人、チュニジア人のショクリ・シャフルードという男は、ブフレルの「指導役」だったのでは、と捜査当局から名指しされた。事件の三カ月あまり前、シャフルードはブフレルに、フェイスブックを通じて以下のメッセージをアラビア語で送っていた。

「トラックに荷を積め。二千トンの鉄を載せよ。ブレーキを外せ。俺は仲間たちとそれを見ている[15]」

これが犯行の指示ではと疑われた。

ルンペンテロリスト

チュニジア系フランス人のラムジ・アレファは、ブフレルに短銃を手渡した疑惑が持たれた。ブフレルはトラックで群衆を轢《ひ》き殺した後、射殺される前に警察と撃ち合いを演じたが、これに使われた短銃である。しかも、ブフレルは犯行の数分前、アレファの携帯に「さっき通りかかったマルソー街一六番地の携帯屋前でおまえを見つけられなかった。一昨日もらったピストルはすごくいい、と伝えたかったんだ」とのショートメッセージを送っていた。(16)

こうみていくと、シャフルードが操り、アレファが武器を調達し、ブフレルが実行する、といったテロ組織の構造が浮かび上がりそうに見える。

しかし、シャフルードもアレファも、関与を否定した。

シャフルードはこのメッセージについて「サルメン（ブフレル）は何かを考えていた。なぜだかわからないが、私は一杯食わされた」と述べているという。アレファについては、その知人が「短銃を五百ユーロで仕入れて一千二百ユーロで売りさばいただけ」と話している。(17) 銃の売買はもちろん違法だが、犯罪集団やギャングの間ではごく普通で、それ自体がテロと直接結びつくわけではない。これは『シャルリー・エブド』襲撃事件の協力者にもいえることだが、武器を調達した人物は、その銃がテロのために使われるのだと必ずしも認識していなかったかもしれない。

つまり、彼らは、ブフレルのテロを支えた過激派集団ではなく、ブフレルにだまされて共犯者に仕立てられたのではないか。そのような逆の仮説も成り立ちうる。

ブフレルは、男たちの連絡先一覧を撮影し、また彼らと一緒にトラックの前で記念撮影も繰り返し、いずれも携帯に保存していた。これからテロを起こそうという集団の態度としては無防備すぎて、いかにもわざとらしい。プロのテロリストになりきれないブフレルやその取り巻きの甘さと受けとめられないでもないが、むしろ、ブフレルが単独行動をあたかも集団によるものとみせかけたとも考えられる。

こうみてくると、「ブフレルがこれら周囲の男に感化されてイスラム教に傾倒し、テロに突き進んだ」と決めつけるには早すぎる。ブフレルが一人ですべて準備し、周囲を罠にはめようとした可能性も、捨てきれない。

一方で、彼が単独で本当にこれだけのテロを起こせるだろうか。

マルクスがその著書『ルイ・ボナパルトのブリュメール十八日』で革命意識の薄い労働者を「ルンペンプロレタリアート」と呼んだのになぞらえ、『フィガロ』紙はブフレルを「ルンペンテロリスト」と名づけた。[18] シェリフ・クアシやアブデルアミド・アバウドと異なり、アルカイダや「イスラム国」の支配地域に一度も足を踏み入れず、そのメンバーと実際に会った形跡もうかがえない。ジハード主義の本流に接することなくジハードを実行した様子を、こう表現したのである。ただ、『シャルリー・エブド』襲撃事件とパリ同時多発テロの間にいくつか起きた失敗テロに比べ、この事件の被害はあまりに大きい。逆にみると大成功を収めたテロである。「ルンペンテロリスト」ごときに、本当に遂行できたのだろうか。

ブフレルの周辺では、何かと辻褄が合わない話が多い。ブフレルも含めて誰かが、あるいはみんなが嘘をついているのだろう。実際、欧州のテロリストの多くは犯罪者崩れであり、嘘をついても平気である。現代のテロの周囲には、何が本当なのか判然としないフェイクまみれの世界が広がっている。

暴走するトラック

二〇一六年七月四日、ブフレルはニースの隣町サンロラン・デュヴァールに行き、一千六百ユーロの保証金を払って十九トンの大型トラックを予約した。十一日に車を引き取ると、十四日の犯行までプロムナード・デ・ザングレを何度も訪ねて写真を撮り、海岸通りをトラックで走ったりもした。捜査当局は、ブフレルが障害物や迂回路を確認していたとみている。

事件前日の十三日朝六時五十六分には、プロムナード・デ・ザングレの一角にこのトラックが停車しているのを、監視カメラが確認している。ブフレルと思われる男は三分ほど外に出た後に再び運転席に戻り、トラックを発進させた。

遊歩道の途中には、土台をコンクリートで固めた鉄製の頑丈なパーゴラ（藤棚）が設けられている。イベントの際に屋根を掛けて売店やスペースとして使うためである。トラックはこのパーゴラに近づき、下をくぐり抜けようとしたが、大きすぎて無理だった。諦めたトラックは、遊歩道を出て走り去った。(19)

これは明らかに、翌日の犯行のシミュレーションだっただろう。パーゴラは遊歩道全体を覆っており、ここをくぐり抜けられないと先に進めない。実際、トラックは翌日、パーゴラの直近まで遊歩道の人々をなぎ倒した後、これを避けて車道に出て、さらに先に進むのである。

翌十四日、まだ欧州の夏の日が暮れきらない午後七時二十五分、ブフレルはトラックに乗らないで再びこの場所を訪れ、パーゴラを背景にセルフィーを撮った。背景にはそぞろ歩きの人々が写り、大規模テロの前とは思えないほのぼのとした写真である。男前のブフレルは、やや微笑みかけた普通の表情で、まもなく犯行に至る気負いはうかがえない[20]。

それからわずか二時間あまり後、ブフレルは自転車に乗り、ニース東部の町外れに駐車していたトラックを取りに行った。ブフレルがこの車を発進させたのは午後九時三十四分である[21]。市内を走り抜けたトラックは午後十時四十五分ごろ、街の西側にあたるプロムナード・デ・ザングレ一四七番地のランヴァル財団子ども病院前から遊歩道に入った[22]。トラックはそのまま東に向かい、時に蛇行しつつ、集まった人々を次々となぎ倒し、逃げ惑う人々を襲った。周囲はパニックに陥った。一キロあまり先のパーゴラまでくると、ブフレルはトラックを車道に戻した。もっとも、周辺の車道はこの日、歩行者天国となっており、そこでも多くの市民が犠牲になった。

その先には、世界のセレブが集まる最高級の「ホテル・ネグレスコ」がある。その前にいた警察官三人にブフレルは銃撃を浴びせかけた。警察官側も応戦し、トラックの後を追った。トラックはさらに三百メートル近く進み、カジノやホテルが入った一一番地の複合施設「地中海宮殿」前で停まった。ブフレルは、追いかけてきた警察官に射殺された。時刻は午後十時五十三分になっていた。

運転席からは短銃一丁のほか、短銃やカラシニコフ銃のモデルガンが見つかった。同様に運転席に残された運転免許証やクレジットカードから、犯人はブフレルであるとすぐに判明した。[23]事件から二日後の十六日、「イスラム国」が犯行声明を出した。[24]ニースのトラック暴走は、『シャルリー・エブド』襲撃事件やパリ同時多発テロに続くイスラム過激派大規模テロと位置づけられた。

誰がテロへと導いたのか

先行する二つの大規模テロと違って、ブフレルの場合、少なくとも直接実行にかかわったのは本人一人である。クアシ兄弟やアブデルアミド・アバウドのように何年もかけてジハード主義への道を歩んだわけでもなく、イエメンやシリアで軍事訓練を受けたわけでもない。犯行の時がくるまで、神など信じず放蕩を重ねていたようにみえる。その心境の変化は、常人には理解しがたい。

その背景に、他の多くの犯罪者と同様の「贖罪意識」があったと、ニースの著名な精神分析学者パトリック・アモイエルは指摘する。チュニジアでイスラム教徒として育ったブフレルは、その後不信心な生活を送るようになっていたものの、最後に罪の意識にさいなまれ、天国に召される手段として「殉教」に活路を見いだした、というのである。

アモイエルは、モロッコの国際情報誌『ロプセルヴァトゥール』のインタビューに応えてこう分析した。

「テロは、政治的な成果を得るために民間人を標的にする。その点で、アルカイダや『イスラム国』は明らかにテロリストだといえる。ただ、一部の人は政治的成果を求めるのではなく、個人的な罪を消し去ろうとしてテロ行為に手を染める[25]」

犯罪者がある意味で精神的に脆弱な面を抱えており、リクルーター（勧誘者）からの誘いの言葉や過激思想を受け入れやすいのは、刑務所で過激派に勧誘されるケースが少なくないことからもうかがえる。ブフレルの場合も同様の精神状態だったのではないか、というのである。

では、誰が彼にジハードへの道をささやいたのか。

事件の背景解明は難航した。ブフレルとイスラム過激派との間に何らかのつながりがあったのは間違いないが、彼やその仲間たちが「イスラム国」やアルカイダと直接連絡を取った形跡はなかなか見つからなかった。事件前、ブフレルは傷害事件などで警察から要注意人物とみなされていたものの、テロや過激派に関する捜査の対象となったことは一度もなかった。

ブフレルとの関係を疑われたのは、たとえば、サハラ砂漠を拠点とする武装組織「イスラム・マグレブ諸国のアルカイダ（ＡＱＩＭ）」の幹部を経て分派の「覆面旅団」を率いたモフタル・ベルモフタルである。彼を首謀者とするグループは二〇一三年、アルジェリア南東部イナメナスの天然ガス関連施設を襲い、プラント大手「日揮」の社員ら日本人十人を含む四十人を殺害した。ブフレルは、自分のパソコンにこのベルモフタルの写真を保存していた[26]。

ニースを拠点にしていたセネガル系フランス人の過激派オマル・オムセン（本名オマル・ディアビ）とのつながりも取り沙汰された。オムセンはフランス国内でもっとも有名なリクルーターで、多くの若者をジハード主義に引き込み、「イスラム国」に戦闘員として送り出した。

ただ、いずれの関係も想像の域を出なかった。噂はそのうち消えた。[27]

このテロは、その一カ月あまり前に米フロリダ州オーランドで起きた乱射事件との類似点がしばしば指摘されている。二〇一六年六月十二日、ゲイが集まるナイトクラブで男が自動小銃を乱射した後に立てこもり、四十九人が犠牲になった出来事である。犯人のアフガニスタン系米国人オマル・マティーンは射殺され、当時米史上最悪の犯罪といわれた。マティーンは、事件途中に電話で「イスラム国」への忠誠を誓っていたが、ブフレル同様に以前は世俗的な男とみなされていた。ブフレル自身、この事件に関心を示し、彼のパソコンには情報を収集した形跡があった。

マティーンの場合も、イスラム過激派と直に接触した形跡は当初うかがえなかった。少なくとも事件後しばらく、彼は過激な思想を、ウェブを通じて吸収したのだと考えられた。[28]

彼らはつまり、単独で過激化して行動を起こす「ローンウルフ（一匹狼）」型テロリストだったのだろうか。

第2章　「一匹狼」の虚実

「解放」から「破壊」へ

これまで折に触れ言及したように、『シャルリー・エブド』襲撃事件からパリ同時多発テロ、ブリュッセル連続爆破テロに至る流れを振り返ると、そこには緩やかながらはっきりとした変化がうかがえる。

二〇一五年一月に起きた『シャルリー・エブド』襲撃事件で、主犯であるクアシ兄弟の目的は明確だった。預言者ムハンマドを風刺画で侮辱したメディアに対する復讐であり、その背後にはふだんから虐げられてきたイスラム教徒を「解放」するという名目があった。

これに呼応してユダヤ教徒のスーパー「イペール・カシェール」に立てこもったアメディ・クリバリも、だからこそ人質を盾にしつつ、シリアやマリの紛争へのフランスの介入を非難したのである。彼らの論理は独りよがりに過ぎなかったものの、一部ながらイスラム教徒や左翼インテリの支持を受けたのは、彼らの描いたストーリーが受け入れられたからにほかならない。

こうした「解放」の論理は、それまで何十年にもわたって主に左翼テロリストが唱えてきた伝統を基本的に踏襲していた。一九七〇年代にあさま山荘事件や山岳ベース事件で日本のテレビの画面を派手に賑わせた「連合赤軍」、イタリアの元首相モロの誘拐殺害事件で世界を震撼させたイタリアの「赤い旅団」、その後八〇年代にフランス国内で暗殺を繰り広げた「アクシオン・ディレクト」といった左翼テロ集団はいずれも、暴力を用いてでも虐げられた人々を解放すべきであるといったストーリーを掲げていた。それが彼らの大義名分であり、長年の鍛錬と準備をいとわず暴力行使に向けて邁進する意思を支えていた。

しかし、パリ同時多発テロになると「解放」のお題目が薄らいでしまった。犯人たちは、何を要求するわけでもなかった。たんに市民を殺害し、街の秩序を破壊すること自体が目的と化したのである。劇場「バタクラン」でテロリストたちはたしかに講釈を垂れたが、それは殺戮を終えての言い訳に過ぎなかった。

かつて予審判事としてテロ対策に深くかかわり、後にはフランスの国民議会（下院）議員としてパリ同時多発テロの検証を担う調査委員会の委員長を務めたジョルジュ・フェネシュは、パリ同時多発テロをこう位置づける。

「たしかに八〇年代以降、フランスはすでに（イスラム過激派とは）異なるテロとも向き合っていた。ただ、彼らのモチベーションは周知のことだった。『五月革命』後の革命を求めるトロツキストや毛沢東主義者、イスラエル・パレスチナ紛争、バスクやブルターニュやコルシカ島やアンティーユやアルメニアでの（地域ナショナリズムの）勃興……。これらの主張を顕わにしていた」[1]

「しかし今日、われわれの街の中枢、さらに遠くサンテティエンヌ・デュ・ルヴレのような奥底の村まで攻撃するようになったテロは、私たちを完全に破壊する以外の何物も求めなくなった」[2]

ニースのトラック暴走テロは、こうした流れの延長線上にある行為である。犯人ブフレルは、テロを通じて何の要求をするわけでもなく、何を解放しようとしたわけでもなかった。できるだけ多くの市民をトラックで轢き殺すこと自体を狙ったのであり、だから犠牲者の中にみずからの親戚が含まれようが平気だったのである。まさに目的は「破壊」だった。

パリ同時多発テロと異なるのは、ブフレルがそれを一人で実行したことだった。サラ・アブデスラムが自爆に失敗するなど稚拙さも目に付くモレンベークの「犯罪テロ・ネクサス」集団に比べ、ブフレルのほうがよほど沈着冷静である。

これは、シリア出身の政治思想家アブ＝ムサブ・スーリーが思い描いた「第三世代ジハード」テロリストの姿そのものではないか。欧州社会の中から自発的にジハードに目覚め、誰の助けも借りず欧米への攻撃に立ち上がる。もはや、アルカイダや「イスラム国」があれこれ指示したり軍事訓練を施したりする必要はないのである。「ローンウルフ（一匹狼）」の名にふさわしいテロリストにみえる。

ただ、ローンウルフ・テロリストの定義や実態については、まだあやふやな部分が少なくない。ブフレルをそう位置づける前に、ローンウルフとは何かを整理すべきだろう。

ユナボマーとブレイヴィク

「ローンウルフ」型テロリストは、米国で発展した概念である。レーガン政権下の米連邦捜査局（FBI）が用語を定着させたといわれる。(3) その典型例としてしばしば引用されるのが、全米を揺るがせた「ユナボマー」事件だった。

一九七八年から九五年までの十七年間近く、数日から数年の間隔で計十六回、大学や航空会社などに爆発物が小包で送りつけられた。この間三人が死亡し、二十人あまりがけがを負った。大学（University）の語頭UNと航空会社（Airline）の語頭Aを合わせた「ユナ」が捜査用語として使われたことから、「ユナボマー」の名称が定着した。

犯人のセオドア・カジンスキーは一九九五年、産業化や科学技術を批判する主張を主要紙に掲載させたが、その行為をきっかけに身元が割れ拘束された。彼は知能指数（IQ）が百六十七あり、十六歳でハーバード大学に入学し、ミシガン大学で数学の博士号を取得し、カリフォルニア大学バークレー校の数学のアシスタント・プロフェッサー（助教授）に最年少の二十五歳で就任した。しかし、二年後に大学を離れてモンタナ州の田舎に引きこもり、山小屋で自活をするようになった。逮捕後、司法取引の結果、終身刑を受けて服役した。彼は「もっとも先鋭的なローンウルフ・テロリスト」とみなされている。(4)

二〇一一年にノルウェーで起きた連続テロ事件の犯人アンネシュ・ブレイヴィクも、ローンウルフ型テロリストといわれることが多い。

右翼的主張を掲げたブレイヴィクは、首都オスロの政府庁舎を爆破したうえ、近郊の島で開かれていた労働党の集会参加者に向けて銃撃を繰り返した。犠牲者は七十七人に達し、八十六人が亡くなったブフレルのニース・トラック暴走テロが起きるまでは「単独犯による史上最悪の殺人」といわれた。(5) その残忍さ、人命を尊重する意識の決定的な欠如、あまりに自分勝手な態度は、ブフレルの犯行と重なる面がうかがえる。

犯行の参考にするため、ブレイヴィクはアルカイダのほかアイルランド共和軍（ＩＲＡ）や「バスク祖国と自由（ＥＴＡ）」、一九九五年に米オクラホマシティー連邦政府ビル爆破事件を起こしたティモシー・マクベイ、といったテロ組織やテロリストの手法を研究していたという。

カジンスキーやブレイヴィクは、世の中の常識から大いにずれているものの、明確な政治的主張を掲げていたことから、テロリストとしての必要条件を満たしている。組織に頼らず、独自の論理を組み立て、犯行も一人で計画し一人で実行したことから、ローンウルフとみなされたのだった。ブレイヴィクの事件後、米大統領オバマは「われわれが現在特に懸念しているリスクはローンウルフ・テロリストである。最近ノルウェーで起きたような、武器一つで大量殺戮を実行できる人物だ」と述べた(6)。

一方で、ユナボマーやブレイヴィクの政治的主張はあまりに独善的であり、一般の意識からかけ離れていた。彼らが打ち上げた理念に対する賛同も広がらなかった。それなりの知的な蓄積と多くの思想家の関与があるジハード主義や左翼暴力革命主義に比べ、底の浅さは否定できない。ユナボマーやブレイヴィクが結局ローンウルフとして行動したのは、賛同者を得られず、そうせざるを得なかったからともいえる。

また、一人だと攻撃の範囲や規模も限られる。彼らが市民を標的とした理由の一つはそこにあるだろう。多数の人数と大規模な組織の支援なしに、政治指導者や軍事施設を攻撃するのは難しい。

ローンウルフ誕生への五段階

社会学者でメルボルンのヴィクトリア大学教授ラモン・スパイジの調査によると、「ローンウルフ」型とみなせるテロは近年増加しているという。一九七〇年代に二十二件だった米国では、二〇〇〇年代に三十二件となった。欧州各国やロシア（ソ連）、カナダ、オーストラリアなど十四カ国でも、八件から四十一件へと五倍以上になった。(7) この中には、一九九六年のアトランタ五輪開催中に会場近くで爆破事件を起こして二人を死亡させた反中絶主義者エリック・ルドルフ、二〇〇九年に米テキサス州フォートフッド陸軍基地で銃を乱射して兵士ら十三人を射殺したイスラム過激派の軍医ニダル・ハサンらも含まれる。

組織の一員であるテロリストと比較して、ローンウルフは一般的に年齢が高く、学歴は低く、精神的な病気を抱える傾向が強いという。

ローンウルフはどのようにして誕生するのか。スパイジとインディアナ州立大学教授マーク・ハムは、一九四〇年から二〇一六年途中までの間に全米で起きた百二十三例を分析し、テロに至る過程を分析した。彼らの著書『ローンウルフ・テロの時代』によると、何か一つのきっかけによると考えられるものは少なく、多くの場合はいくつかの要因が重なり合っていた。

このうちの百六例は、以下の五つの段階を経るパターンに当てはまっていた。(8)

一、個人的不満と政治的不満

ローンウルフ型テロリストは多くの場合、個人的な恨みと、社会に広がっている政治的宗教的不満を融合させ、独自のイデオロギーを組み立てる。

二、テロリストや過激派グループへの憧れ

すべてのローンウルフは、過去のテロリストや過激派グループの中にみずからのモデルを見いだして崇拝していた。対象にのめり込めばのめり込むほど、その人物の意識は現実社会から乖離する。現代では、この過程は多くの場合ウェブを通じて進み、ネット・ナチスやサイバー・ジハード主義者を生み出す。

三、イネーブラーの存在

二〇〇一年の米同時多発テロ以前の五十七パーセント、それ以後の七十パーセントのローンウルフは、直接的または間接的なイネーブラー（後援者）を持っていた。直接的なイネーブラーの代表的な例は、犯人のために武器や犯行用機器の部品、薬剤などを用意する人物である。彼らは多くの場合、それがテロに使われるとは十分認識していない。間接的なイネーブラーは、ローンウルフに犯行への動機や勇気を与えてくれる人物で、歴史上の人物である場合が少なくない。具体的には、ヒトラーやアルカイダのオサマ・ビンラディン、米国出身で「アラビア半島のアルカ

イダ」の幹部となったアンワル・アウラキ、米オクラホマシティー連邦政府ビル爆破事件のティモシー・マクベイらがその役割を果たしている。

四、主張の吹聴

多くのローンウルフは、みずからのイデオロギーや主張、犯行への意思を公に表明したがる。米フロリダ州オーランド乱射事件のオマル・マティーンは、殺人をする意思を繰り返し表明していた。この傾向は捜査当局にとって、テロを事前に防ぐまたとない機会ともなっている。

五、実行への引き金となる出来事

米同時多発テロ以前の八十四パーセント、以後の七十一パーセントのローンウルフには、犯行のきっかけと考えられる出来事があった。特に目立つのは女性との関係で、妻や女友だちとの間のトラブルが引き金の役目を果たしていた。二〇一三年にボストン・マラソンの会場で爆破テロを起こしたタメルラン・ツァルナエフの場合、テロに先行してガールフレンドへの暴行を働いて逮捕されていた。(9) 妻が逃げ出したり離婚を切り出したりすることを機に男がテロに走った例もあった。

こうしてローンウルフは犯行に至る。いったんテロが起きると、模倣する者が現れる。こうして、五段階のプロセスは再び振り出しに戻り、循環パターンとして新たなテロリストを生み出していく。

このパターンは通常、ゆっくりと徐々に進む。テロリストはしばしば「急速に過激化した」といわれがちだが、スパイジとハムはこれを否定し、「彼らは瞬時に変化して過激化するわけではない」と結論づけている。

これらの要素のいくつかは、ブフレルにも当てはまる。彼には、銃を用意したイネーブラーもいた。妻との間で離婚訴訟も抱えていた。

未熟で杜撰なテロリスト

一方、これらの例をみると、ローンウルフは周囲や社会と、意外につながりを保っていることがわかる。イネーブラーからはさまざまな支援を受けている。社会に向けてみずからの主張を発信しようともしている。誰の助けも借りず信念にもとづいて目的を遂行する「一匹狼」の名のイメージとはやや異なる。(10)

つまり、ローンウルフはさほど、ローン(一匹)ではないのである。ローンでない以上、ウルフ(狼)と呼ぶのも大げさである。

このような意識は、研究者の間でも近年広がっている。その代表は、オランダ・ライデン大学治安グローバル問題研究所助教バルト・シュルマンの研究チームである。二〇一七年に発表した論文「ローンウルフの終焉」で「『ローンウルフ』という類型論は根本的に見直す必要がある」と主張し、これに代わる用語として「ローンアクター・テロ(孤立要素を持つテロ)」を挙げた。(11)

シュルマンらは、一九七八年から二〇一五年まで欧州と北米で起きた単独行動のテロ五十五例を再検証した。[12]その結果、ユナボマーやブレイヴィクのケースは典型例でなく、むしろ例外的だった。多くの単独行動テロリストの場合、イデオロギー的に過激化してテロを計画準備するまで、むしろ周囲との社会的な関係が大きな作用を果たしていた。

「孤立性は個人が生来備えている性質などでなく、社会での営みの結果生じる性質であり、その人物の性格や世渡りのうまさまずさによって生み出されたり強化されたりする。いくつかの例で、彼らは極度に自信過剰であり、計画に協力してくれそうな人物を『たいして役に立ちそうにない』と侮蔑し、孤立性をさらに強めていく。幾人かは、社会環境が大きく変化したことによって結果的に一人になったに過ぎない」[13]

実際、単独行動に走ったテロリストのいくつかの例は、グループを構成しようとしたものの賛同者が集まらなかったためだった。

実際には、彼らの多くは過激派グループと断続的ながら関係を築いていた。六十二パーセントは過激派組織やテロ組織と接触を持っており、三十一パーセントは実際にそのような組織のメンバーだった。[14]テロを起こす際に組織から離れて一人で行動したに過ぎない場合もあった。

その一例としてシュルマンらが挙げるのは、しばしばローンウルフの典型例として言及されるモロッコ系オランダ人モハメド・ブイェリである。すでに第一部第7章で紹介した事件であるが、ブイェリは二〇〇四年、イスラム教下での女性抑圧をテーマにした作品を発表したオランダの映画監督テオ・ファン＝ゴッホを殺害し、終身刑を受けた。単独で犯行を計画し実行したようにみられているが、実際にはオランダを中心に欧州各地に影響力を持つイスラム過激派テロ組織「ホフスタッド・ネットワーク」と深いつながりを持っていた。

同時に、彼らの多くは技術的にも精神的にも未熟で杜撰な面を抱えていた。そもそも、多くの場合はテロ計画を内に秘めたるものとせず、外部にぺらぺらとしゃべっていた。単独行動のテロリストの八十六パーセントはみずからの信念を他人に漏らし、五十八パーセントは暴力に走る意図をほのめかしていた。武器を隠そうとする意識も薄く、大部分は自宅にそのまま置いており、細工をしていたのは二十四パーセントに過ぎなかった。偽名を使うといった工夫もほとんどなかった。

シュルマンらは「大部分の単独行動者は、『ローンウルフ』という言葉が示すような高度な能力の保持者でもなければ、えり抜きの工作員でもない」と述べている。[15]

「ローンウルフは存在しない」

同様の傾向は、フランスのイスラム過激派に特化した研究からも浮かび上がっている。

テロの専門家でフランス国際関係研究所（Ｉｆｒｉ）出版部長兼学術機関紙『対外政策』編集長のマルク・エケルは、二〇〇四年から一七年までフランス国内でジハード主義者として有罪判決を受けた百三十七人の判決内容を分析し、その結果を論文「テロの百三十七形態　法廷に立つフランスのジハード主義者」として発表した。[16] そこには実名さえ記されていないものの、シェリフ・クアシやアメディ・クリバリ、ジャメル・ベガルといった本書の主人公たちも含まれている。

裁判記録が事実上公開されていないフランスで判決を入手するには困難がともなうだけに、これは大変な労作である。そこから見えてきた過激派の実像は、定説を覆すものが少なくない。

▼百三十七人の内訳は、男性百三十一人、女性六人。ただ、実際の過激派は女性の割合がもっと多いと思われる。平均年齢は二十六歳。四割が貧困地域の出身で、総じて学歴は低かった。平均月給は約千ユーロ（十三万円程度）。二十六パーセントはキリスト教などからの改宗者だった。暴力事件や盗みなどで有罪になった経験がある者は五十人にのぼった。イスラム教に関しては、全般的にきわめて乏しい知識しか持っていなかった。

▼単独で過激化しテロを起こすローンウルフ型テロリストが増えているといわれてきたが、実際には一つの例もなかった。

▼テロリストは「短期間で過激化する」との報道が少なくないが、実際にはほとんどの場合、過激化するまでに数カ月から数年といった一定の期間を要していた。

つまり、ローンウルフ型テロリストは存在しないという結論である。実際には、多くのジハード主義者は独りぼっちでなく、互いに以前から顔見知りであり、中学校の同級生だったり同じサッカークラブのメンバーだったりした。団地の同じ棟に住んでいたり、同じ家族の一員だったりのケースもあった。

論文発表から間もない二〇一八年四月末、筆者のエケルにパリで会う機会があった。ローンウルフに関する疑問を投げかけてみた(17)。

——これまで欧米でいくつか起きている小規模のテロでは、ウェブを通じて一人で過激思想を吸収し、銃や大型トラックなど比較的入手しやすい武器を使って民間人を標的に起こすケースが少なくない、と報道されてきました。しかし、単独犯と思われた人物がじつは、さまざまなかたちでアルカイダや「イスラム国」などに結びつくネットワークとかかわっていた実態を、論文は浮き彫りにしています。ローンウルフは結局、幻想の産物だったのでしょうか。

「私が裁判記録で調べた百三十七人のうち、『ローンウルフ』と呼べる人は一人もいませんでした。むしろ、テロを起こすうえでは、『グループ』としての活動がきわめて重要な鍵となっていました。幼なじみの友だち、あるいは兄弟や家族で一緒に過激になっていったとか、ウェブを通じて親しくなった者同士でテロ実行を呼びかけるといったケースです」

「ナイフでも暴走する車でも凶器となる時代ですから、技術的には一人でテロを起こせます。つまり、『ローンウルフ』型テロは理論上存在してもおかしくありません。実際、最後の行動を一人で起こしたケースはしばしばみられます。では、人は一人で過激化するのか。それは、きわめてまれにしかないといえます」

「ニースのトラック暴走テロについては、まだ捜査も裁判も進んでいないので、推移を見守る必要があります。一見、単独で実行したテロのようですが、これまでのテロでも、当初は単独で起こしたと考えられても、捜査が進むにつれて準備段階での協力者が判明したり、過激なイデオロギーを抱くに至るうえで他の人とのつながりが浮かび上がったりしています」

ブフレルの場合も、周囲にまだ謎は多い。早急にローンウルフと断じるわけにはいかないようである。

タキーヤ

――テロリストに関しては、これまで「急に過激になった」「直前まで普通の生活だった」などといわれる例がしばしば伝えられてきました。しかし、調査結果はこれも否定し、比較的長期間の過程を経て過激化していると結論づけています。

「過激化に要した期間を統計化しようと試みたのですが、難しすぎて諦めました。過激になったかどうかは主観的な判断なので、データ化できないのです。ただ、よく『突然過激になった』話が伝えられますが、実際の裁判例では、そのようなケースはありませんでした。通常は少なくとも三カ月かかり、何年も要した場合もありました。それなのに、なぜ彼らは『突然過激化した』とみえるのか」

「考えられる理由の一つは、過激になる前の生活習慣を彼らがなかなかやめられないことです。ジハード主義者となった後も、酒場に繰り出したり、麻薬を吸ったりしてしまうので、周囲からは過激化していないようにみえる。彼らはそういう生活をしつつ、『これはタキーヤ（迫害されて信仰を隠すこと）だ。ジハードのためには仕方ない』と自分に言い訳するのです。もう一つ考え得る理由は、彼らが本当にタキーヤを実践している可能性です」

エケルによると、一つだけ「短期間で過激化」したといえないこともない例が二〇一五年にあったという。それは、恋愛の三角関係がからんだ奇妙な物語だった。フランスの男性Aがジハード戦士となってシリアに渡り、十カ月間暮らすうちに、かつての交際相手の女性Bをフランスから呼び寄せようと考えた。女性はそのつもりになったものの、そこに彼女に思いを寄せる別の男性Cが現れた。この男性Cは一カ月の間にイスラム教に改宗し、彼女と一緒にシリアに行くと決めた。男性Cのケースはたしかに、短い間に形式上のジハード主義者となっているのだが、これをはたして「短期間で過激化した」と呼べるかどうか。

ちなみに、この話にはオチがある。女性Bと男性Cはシリア行きの準備を進め、男性が女性を空港まで送っていったのだが、そこで彼らは考えを変え、コルシカ島に夏休みに行くことにしたのだという。エケルは苦笑する。

「私は法廷でその話を聴いて、耳を疑いましたよ。でも実話です。男性Cは結局、女性Bの心を射止めて一緒になり、二人とも裁判で軽い罰を受けて、その後店員と市役所の受付係としてフランスで働いています。二人ともシリアに行くどころか、もはやイスラム教徒でさえなくなった。一年半で前の状態に戻ったのだから、この例は『過激化』といえないかもしれませんね。男性Aはシリアに滞在したため、禁錮何年かの重い罰を受けました」

――一人でテロリストになるのも、短期間で過激化するのも難しい。つまり、そう簡単には、人はテロリストにはなれない、ということですね。

「ジハード主義者の中には逆に、世代を超えて長年にわたって活動を続けている人物が少なくありません。彼らは、刑務所に収監されてもそこから出所しても、同じ運動を続けている。手の施しようがないのが実情です」

――その典型例は「フランスのオサマ・ビンラディン」と呼ばれたアルジェリア系フランス人ジャメル・ベガルですね。

「ジャメル・ベガルが収監されているフランス西部の刑務所の教誨師と先日話をしました。彼によると、ベガルは少なくとも表面的に過激な様子がみられないものの、イスラム教の知識にもとづいた強固なイデオロギーを備え、出会う人々を引きつけ影響を与えるカリスマ性は相変わらずだそうです。『シャルリー・エブド』襲撃事件の容疑者のように魅せられてしまう人はいるでしょう。他の人々から彼を隔離しておく必要がありますが、それができるかどうか。彼はまもなく刑期を終えて出所します[18]」

ウィキペディア流テロの時代

――イスラム過激派の活動は、かつての左翼の赤軍派活動や「アクシオン・ディレクト」がそうだったように、歴史の中で一過性の動きとして終わるのでしょうか。それとも、ある程度の大きな流れとなって今後も続いていくものなのでしょうか。

「オサマ・ビンラディンが殺害されて、これでテロは終わりだと言った人は、研究者の中にもいました。でも全然終わらなかった。テロが拡散しただけでした」

「アルカイダが勢力を失って、テロの世界で起きたのは『脱中心化』でした。小さな集団がそれぞれの範囲でテロを企てる。私はかつて、これを『ウィキペディア流アルカイダ』と名づけたことがあります。編集長が記事を発注するブリタニカ百科事典のような組織でなく、編集者なしで各人が勝手に書き込む手法でテロを展開するようになったのです。その後、シリア情勢の悪化にともなってヌスラ戦線や『イスラム国』が台頭し、テロリストの組織が再編された。組織化されたテロと拡散されたテロのハイブリッド型となっているのが現在です」

「ジハード主義は、アルカイダの活動だけをみてもすでに三十年になります。第一世代の精神は次の世代に伝えられ、すでに第三、第四世代が育っている。イデオロギーもウェブでどんどん広がっている。国際政治の状況にともなって多少の伸縮はありますが、根絶はできないでしょう。そこが、一世代で終わってしまった左翼過激派『アクシオン・ディレクト』などとは違うところです。規模も、左翼運動が十人程度だったのに対し、ジハード主義者はシリアやイラクの紛争で千三百人の戦闘員を集めており、大衆運動になりつつあります」

――今後どのような対策が必要ですか。

「テロは、国家存亡にかかわるような脅威ではありません。ほとんどのテロは、避けることが可能です。テロに抵抗できるだけの強靭さを、社会が備えなければなりません。その対策を進めるうえで、一番の問題は若者の過激化です。民主主義の理念など理解しようとしない若者の精神を制御するのは難しい。危険人物のリストアップが十分できていないこと、刑務所内に過激派予備軍が大勢いること、ウェブで過激思想が拡散していることも、大きな不安です」

「『イスラム国』などが狙うのは、フランス社会をイスラム教徒とそれ以外とに分断することです。

その罠に陥らないよう気をつけなければなりません。イスラム教徒全体が被害者意識を抱くようになるなら、彼らの思うつぼです。対策は、あくまで過激派だけに焦点を当てて進める必要があります」

ニース・トラック暴走テロは、その行為だけに目を向けると、愚かな人物が引き起こした無差別殺人にみえる。この事件の四カ月足らず前、ドイツの格安航空会社ジャーマンウィングスのエアバス機がフランス南部の山中に墜落し、日本人を含む乗客百五十人が死亡した。当初は通常の航空機事故にみえたが、捜査が進むにつれ、副操縦士アンドレアス・ルビッツが乗客乗員を道連れにわざと墜落させた自殺だったと判明した。ブフレルもこのルビッツと同様に、多数の人々を巻き添えにすること自体を目的にした殺人鬼だったと、多くの人が考えた。

ただ、ブフレルとルビッツが決定的に違うのは、その政治性である。ブフレルの行動は、アルカイダや「イスラム国」が描いたイスラム教徒解放の壮大なストーリーに組み込まれている。それが正しいか過ちであるかは別にして、ある種の普遍性を持つ政治的イデオロギーに沿って、彼はみずからの役割を演じたと考えられる。だからこそ、社会はブフレルをテロリストとみなしたのである。

一方、ルビッツの行為は個人的な意識や妄想にもとづいており、自己の欲望をゆがんだ形で実現させたに過ぎない。二〇〇八年に東京・秋葉原でトラックを暴走させたうえに通行人を刺して七人を殺害した加藤智大、二〇一九年七月に京都のアニメーション制作スタジオに放火して三十五人の命を奪った青葉真司、といった人物と同じように、身勝手な犯罪者の地位にとどまっている。

無差別殺人とテロでは、対応も防止策もさまざまな面で異なる。無差別殺人は個人の犯罪の域を出ず、真似する人は出てきても、社会の大きな流れをつくるには至らない。テロの場合、個人の意識や感情だけでなく、国際情勢やグローバル世界のトレンド、各国の外交政策と結びついた出来事であり、政治的な視点を踏まえた分析が欠かせない。ブフレルの場合も同様だろう。

テロは、世界の動きの中、歴史の流れの中で、その軽重を測られるべき存在である。そうしてはじめて、その影響力は戦争や革命、外交交渉などに遠く及ばないことも、浮かび上がってくるのではないだろうか。

ニースのトラック暴走テロの追悼碑の前で。ヴァンサン＝グザヴィエ・モルヴァン。

プロムナード・デ・ザングレの147番地前。
トラックはここから遊歩道に侵入した。

事件後、海岸通りに設置された車止め。

終章　汝がテロの深淵を覗くとき、深淵もまた汝を覗いている

テロリストとカルト

結局、人はいかにしてテロリストになるのだろうか。

『シャルリー・エブド』襲撃事件のクアシ兄弟、ユダヤ教徒のスーパー「イペール・カシェール」に立てこもったアメディ・クリバリ、パリ同時多発テロのアブデルアミド・アバウドやアブデスラム兄弟、彼らを含むブリュッセル西郊モレンベーク出身の過激派の若者ら本編の主人公たちの多くは、欧州で生まれ育ち、欧州の教育を受けた男たちである。過激派やテロリストとあるときまで無縁だった彼らは、何かの出来事をきっかけに突然ジハードに目覚めたわけではない。ゆっくりと、時間をかけて、多くの場合は一人ではなく集団の力を借りつつ、イスラム過激派に変貌したと考えられる。

その中には、カルト集団に引き込まれる若者たちと重なる過程を経る人がいる。特に、過激派の末端にいるリクルーター（勧誘者）が使う手法は、オウム真理教に典型的な宗教カルト、マル

チ商法などの経済カルト、自己啓発セミナーに代表される教育カルトの振る舞いと似通っている。心理学で「マインドコントロール」と呼ばれる技術である。同じ傾向を持つ人々への共感、相手に対する自制心、報酬に対する感謝の意識など、多くの人々に共通する心理につけ込んで、特定の考えや行動に人を導いていく。

多くの場合、狙う対象は悩みを抱える人々、家族の不幸などで落ち込んでいる人々である。「洗脳」が暴力や薬物を使って服従を強いるのに対し、マインドコントロールは緩やかに、長期にわたる過程を経て、対象者を心理的に追い込んでいく。いったんコントロール下に置かれると、そこから抜け出すには多大な困難がともなう。オウム真理教が地下鉄サリン事件を起こしてなお、形を変えて存続しているのもそのためである。

マインドコントロールを解く「脱カルト」の取り組みは、家族や友人に心理学者や法曹関係者らも協力する作業である。フランス政府は、若者たちがイスラム過激派の論理に染まるのを防いだり、足を踏み入れた若者を引き戻したりする活動も、この「脱カルト」の取り組みの一環と位置づけている。その調査分析には、首相直属の機関「セクト系偏向対策警戒省庁間横断本部（MIVILUDES）」があたる。(1) 第一部第6章で紹介した「イスラム系セクト偏向防止センター（CPDSI）」の主宰者ドゥニア・ブザールの活動も、同様の目的での活動である。

イスラム過激派を「カルト」と位置づけ、勧誘防止やメンバーの奪回を目指す試みは、特にイスラム過激派に走った若者の家族の期待と支持を集めている。

絡めとる側

ただ、フランス一国に限っても千人単位で「イスラム国」に渡航した現実を前にすると、過激派へのリクルートを受ける若者たちにカルト対策の手法で働きかけても、とても追いつかない。過激派に絡めとられる側でなく、絡めとる過激派そのものの側に手を入れないかぎり、テロの防止はおぼつかない。

絡めとる側の実像は、これまでの検証でかなり明確に浮かび上がっただろう。絡めとられる若者たちの顔ぶれは時代とともに変化するが、絡めとる側の顔ぶれは時代が変われど全然変わっていない。社会から孤立し、何年もの雌伏に耐えてジハードの信念を失わないごく少数の人物が、その理念とノウハウを脈々と伝えている。

それは、『シャルリー・エブド』襲撃事件の犯人たちを感化したジャメル・ベガルであり、ベルギーのモレンベークを拠点にしていた「サントル・イスラミック・ベルジュ（CIB）」であり、そこに出入りしていた「殉教者の妻」マリカ・エル＝アルードである。彼らは、二〇〇一年の米同時多発テロ当時からテロ組織の黒幕として名前が知られ、その後相も変わらず過激思想をまき散らし、若者を勧誘し続けた。彼らは、欧州に暮らす北アフリカからの移民やイスラム教徒の中に時に紛れ、移民やイスラム教徒を取り巻く社会環境を巧みに利用しているが、かといって移民やイスラム教徒の社会から生まれ出てきたわけではない。

彼らの活動は、基本的に周囲の環境からは孤立している。だからこそ、移民やイスラム教とはとんど関係ないフランス中部の死火山の街ミュラでさえ、ジャメル・ベガルはシェリフ・クアシやアメディ・クリバリに過激思想を伝授できたのである。

彼らの活動をしっかりと封じ込めておけば、『シャルリー・エブド』襲撃事件もパリ同時多発テロ、ブリュッセル連続爆破テロも防げた可能性が拭えない。たしかに、フランスやベルギーの当局は彼らを摘発したものの、その前後の対応は穴だらけだった。だから、ジャメル・ベガルは刑務所の独房で窓に向かってささやき続けることでシェリフやクリバリといった後継者を育てることができた。マリカも、検挙されるまでウェブや著書を通じて過激思想をまき散らしたのである。

こうした人物の背景には、アルカイダや「イスラム国」といったグローバルなジハード組織が控えている。一連の大規模テロの多くは、欧州の地元にいる人物たちと中東に本拠を置く組織とのハイブリッド作戦によって遂行された。シェリフ・クアシがイエメンの「アラビア半島のアルカイダ」で訓練を受けなければ、アブデルアミド・アバウドが「イスラム国」から難民の群れに交じって欧州に舞い戻ってこなかったら、これらのテロは計画どおりに進まなかった。

したがって、『シャルリー・エブド』襲撃事件やパリ同時多発テロを「ホームグロウン・テロ」と呼ぶのは、ある意味で正確さを欠いているかもしれない。クアシ兄弟やアバウド自身はホームグロウンの性格を持つものの、彼らが単独でテロをなしとげたわけではない。技術の面からも理念の面からも、アルカイダや「イスラム国」の後押しは不可欠だった。

逆にみると、テロ対策のいくつかの鍵もここにある。一つは、ホームグロウン・テロリストやリクルーター、ベガルのような筋金入りの過激派といった欧州の一団と、中東に本拠を置く一団とのつながりを、出入国や情報を管理することによって断ち切ることである。もう一つは、アルカイダや「イスラム国」の活動そのものを封じ込めることにほかならない。

二〇一七年から一八年にかけて、「イスラム国」は軍事的に大きく後退し、事実上壊滅状態に追い込まれた。周辺国への組織の拡散や、欧州から来た戦闘員の帰国など、懸念は依然残る。とはいえ、テロを企画実行する組織としての脅威は遠のいたといえるだろう。

イスラム過激派の三層

こうしてみていくと、イスラム過激派は大きく分けて以下の三つの層から構成され、それぞれが複雑に絡み合いつつ、欧州で大規模テロを実現させてきた。

一、末端でテロを実行するホームグロウンの若者たち
二、彼らを勧誘し動機を与えるリクルーターや筋金入りの過激派たち
三、その背後に控えるアルカイダや「イスラム国」などのグローバルなジハード集団

「一」の末端の若者たちだけでもテロができないわけではないものの、多くの場合、それは小規模な攻撃や未遂事件にとどまる。「二」の過激派たちとじっくり語り合って信念を固め、場合によってはシリアやイエメンに渡航して「三」のもとで軍事訓練を受けてこそ、影響力を持つテロ

が可能になる。
「一」の末端の若者たちに関しては、カルト対策の手法や知識をもとにテロリスト個人に働きかける手法が有効だろう。一方、「二」から「三」へと目を向けると、もはや国際政治の文脈を考慮することなしに、対応は難しい。テロ対策がカルト対策や若者の社会統合政策といった個別の事業に還元しきれないのは、このためである。テロは戦争と同様に、暴力で政治を左右しようとする試みであり、基本的にはグローバルな政治の一部である。

この三つの層を結びつける役割を果たしてきたのが、ジハード主義、イスラム過激思想といったイデオロギーと考えられる。第三世代のジハード理論を打ち立てたアブ＝ムサブ・スーリーは、その理論家の一人にほかならない。

もちろん、クアシ兄弟やアバウドら末端のテロリストはイデオロギーなどに無頓着で、その内容などまったく知らないままだろう。彼らがイスラム過激派に流れるのも、理念や思想に魅せられたというより、暴力のはけ口を求めている可能性が高いのは、第二部第6章で詳述したとおりである。一方で、イデオロギーは、運動体のメンバー全員の知識を必要とするわけではない。その役割はむしろ、運動の方向性を築くことにある。社会主義の理念のもとにデモに参加した労働者がマルクスなど読んでいなかったのと同様に、テロリスト一人ひとりがコーランやスーリーの著作を読む必要はない。イデオロギーは、状況に応じて解釈され、咀嚼され、それぞれのもとに届く。

ただ、イスラム過激派は組織面でもイデオロギー面でも、欧米の国家と対等に戦える存在にはなり得ない。

軍事面の劣勢は、いうまでもない。本書の冒頭に述べたとおり、欧米諸国とイスラム過激派内とで、人の値段に違いがあるのはたしかである。人命が軽い過激派は自爆覚悟の攻撃を多用し、それが欧米社会に衝撃を与える場合も少なくない。とはいえ、それによって欧米国家の枠組みが揺らいだり、制度や社会のあり方そのものへの信頼が損なわれたりするには、ほど遠い。遭遇した人やその関係者にとってテロは耐えがたい出来事だが、そうでない大多数の市民の日常生活が脅かされるわけではない。

イデオロギー面でのジハード主義やイスラム過激思想も、欧米諸国に定着したリベラル・デモクラシーや自由主義に比べ、さらには社会主義やファシズムと比較しても、包括面、体系面で大きく見劣りがする。それなりの規範と世界観を備え、ジハードを推し進める指導者のよりどころとなってはいるものの、その硬直性は拭えず、将来展望や自己刷新能力にも欠ける。たんなる懐古趣味と借り物の発想を都合よくつぎはぎしたものにとどまり、その価値も一般の市民に共有されるには至っていない。

イスラム過激派のテロは、欧米国家で基本的に犯罪として扱われている。治安問題であって、安全保障の問題ではない。対策の中心になるのも、軍隊ではなく警察である。それは、国家にとってその程度の脅威に過ぎないからだといえる。組織の面からも、イデオロギーの面からも、イスラム過激派が欧米の価値観を揺るがす存在だとはいいがたい。

米上院議員で元大統領候補だったジョン・マケインが、亡くなる前年の二〇一七年に豪州テレビのインタビューで語った言葉は、こうした現実を的確に表現していた。『『イスラム国』は恐るべきことをやってのけるかもしれない。しかし、民主主義の根幹を破壊しようとしているのはロシアだ。米国の選挙結果を変えようとした(2)」

ロシアのプーチン政権は二〇一六年の米大統領選にプロパガンダやサイバー攻撃を駆使して介入し、トランプ当選を結果的に手助けしたといわれる。米国にとっての真の脅威は、テロではなくこうしたことだと、マケインは主張したのである。

欧州は米国に比べ、「イスラム国」の脅威をより受けやすい地理にあるとはいえ、基本的な状況は同じであろう。テロは、対応を間違えなければ、国家存亡の脅威などにはなり得ない。問題は、対応を間違えたらどうなるか。

右翼との類似性

欧米諸国との正面衝突だととても相手にならないイスラム過激派は、社会に亀裂を生じさせようと狙う。市民の犠牲者をあえて増やすことによって挑発し、イスラム教徒に対する反発を引き起こそうとする。社会が、イスラム教徒とそうでない人々とに分裂する。混乱が深まる中、イスラム教徒を扇動し、対立をあおることで、自分たちの主導権を確立する。それが彼らの戦略である。

幸いなことに、欧州の社会にはまだ、そのような分裂は起きていない。多くの人々は、一般のイスラム教徒と過激派とを混同するほどには、冷静さを失っていない。ただ、彼らの挑発に呼応して緊張を高める動きがまったくないともいいきれない。火種は、テロそのものよりも、テロを受ける社会の内部にくすぶっている。

私が南仏ニースを訪ね、トラック暴走テロの現場を訪れたのは、二〇一八年四月三十日のことである。その翌日にあたる五月一日、ニース市内の会議場で政治集会が催されると聞き、顔を出してみた。右翼「国民戦線（その後「国民連合」に改称）」が主催する「国家の祭典」である。

「国民戦線」の党首マリーヌ・ルペンはその前年、大統領選で第一回投票を勝ち抜き、大いに気を吐いた。ただ、最終的に決選でエマニュエル・マクロンに大敗して以降、党は支持者離れに悩むようになった。劣勢を立て直そうと、欧州各国の右翼勢力にルペンが声をかけて企画したのが、この「国家の祭典」である。その直前のイタリア総選挙で躍進して後に内相に就任した「同盟（元「北部同盟」）」の書記長マッテオ・サルヴィーニ、オランダ第二党の「自由党」を率いるヘルト・ウィルダースら欧州の大物右翼指導者を招くと宣伝し、集会は「ポピュリスト・サミット」の様相を示していた。

会場を訪れてみると、サルヴィーニ、ウィルダースともにそれぞれの国内事情を理由に土壇場で欠席を決めており、やや看板倒れの集会となっていた。それでも、ベルギー、ギリシャ、ブルガリア、オーストリア、ポーランド、チェコから右翼政党の代表者が集まり、次々に演台にのぼって結束を示した。各国の自国中心主義者同士が国際的に協力する——。自己矛盾を起こしかねない妙な状況ではあるが、欧州の右翼同士の連携は、近年とみに盛んである。

参加政党の多くは欧州議会を舞台に活動しているため、その主張もEU批判が中心だったが、欧州の右翼ポピュリズムの十八番である移民排斥の訴えも忘れられてはいない。欧州右翼は近年、あからさまな差別や偏見に結びつく言動を極力控えている。移民を攻撃する際も、人種差別を連想させる言葉を避け、糾弾の対象を「イスラム主義」「テロリスト」に絞る。イスラム主義はかつてのいわゆる「イスラム原理主義」で、欧州内部にイスラム教徒のコミュニティーをつくって社会を分断する試みだと受けとめられている。

参加者の一人、その前年から自国の右派右翼連立政権に参加して意気が揚がる「オーストリア自由党」の事務局長ハラルド・ヴィリムスキが展開した演説は、そのような傾向を象徴するものだった。

「『シャルリー・エブド』襲撃事件、パリ同時多発テロ、一年前のニースのテロを思い出します。欧州議会の私たちの会派は、以前からその危険性を指摘してきました。私たちの運動は、欧州への大量移民に、欧州大陸のイスラム化に、反対してきました。すでに、イスラム主義に対抗する効果的な施策も導入しています」

右翼が批判するイスラム過激派やイスラム主義は、テロのような暴力をともなうものに限らない。移民やその子孫の間で近年、イスラム教への回帰の傾向が強まっていることに対して、彼らが抱く危機感は強い。イスラム教の価値観を、欧州が培ってきた文明に対する挑戦だと位置づけ、排除を訴える。

その論理は、私がその前日に歩いた遊歩道の記憶と共鳴する。これは、イスラム過激派と正反対にある主張のようでいて、実際には、同じ硬貨の表と裏ではないか。

欧州で、大部分のイスラム教徒は民主主義や表現の自由、人権擁護の原則を当然のものとして受けとめ、社会の一員として暮らしている。イスラム過激派はその社会を分断し、イスラム教徒とそうでない人々との間に壁をつくろうと試みる。じつは右翼ポピュリズムも同様に、イスラム教の脅威をあおることで、社会の内部を敵と味方に分裂させようとしてはいないか。

メモを忍ばせたのは誰だ

イスラム主義やイスラム過激派と右翼ポピュリズムやナショナリズムは、百八十度異なる立場にあるにもかかわらず、分断社会を希求する点できわめて似通った将来像を描いている。すなわち、多様な人々が共存し協力し合う社会ではなく、敵と味方に分かれて戦う社会である。その物語は、自分たちが勝利を収め、敵を完全に排除して終わる――。

ロジックの面でも、両者に共通する面は多い。イスラム主義も右翼も、反グローバル化の立場を鮮明にする。ともに伝統や道徳を重視し、みずからのコミュニティーの消滅に強い危機感を抱いている。外部に向けても内部に対しても曖昧さを許さず、物事に白黒をつけたがる。陰謀論を容易に信じ込み、しばしば過去へのノスタルジーに浸る。

右翼もイスラム主義も、その内部には穏健派と急進派がある。民主主義の枠内で理想を実現しようとする勢力と、暴力をいとわない勢力とが、共存している。右翼の場合、フランス「国民連合」やオーストリア自由党、イタリアの「同盟」といったポピュリスト政党は、一般的に暴力を拒否する姿勢を貫いている。ただ、そのような組織と一部重なるかたちで、暴力をいとわないネオナチ的な人物や組織がうごめく。右翼によるテロは、イスラム過激派によるものほど目立たないものの、きわめて警戒すべき対象である。

イスラム主義の場合も、穏健といわれる「ムスリム同胞団」系の団体があり、その先にサラフィー主義の急進派、さらにはアルカイダや「イスラム国」のようなジハード主義組織が活動する。このような認識は、私の個人的な見解にとどまらない。専門家の間でもしだいに定着しつつある。

イスラム主義と右翼との具体的な類似性を報告し、学問的な検証も加えた書物が、二〇一七年に英国で出版された。ジュリア・エブナー著『憤激　イスラム主義と右翼過激派の邪悪な連関』である。(3) ドイツ語訳、イタリア語訳が相次いで出されたことからも、評価の高さがうかがえる。

著者ジュリア・エブナーはオーストリア出身の女性で、一九九一年生まれの若手である。ロンドンをベースに、イスラム過激派に対抗する市民団体「クイリアム」で二年間活動した後、シンクタンク「戦略対話研究所（ＩＳＤ）」の主任研究員に就任した。『ガーディアン』『インディペンデント』といった英有力紙にもしばしば寄稿している。

同書の冒頭に描かれた彼女の体験エピソードは、右翼ポピュリズムとイスラム主義との共通性を端的に示している。

二〇一六年十一月五日土曜日の朝、彼女は英中部テルフォードで開かれた極右団体「イングランド防衛同盟（ＥＤＬ）」の屋外集会を取材した。イスラム教徒排斥を掲げ、英国内でももっとも急進的な団体である。「自由主義や寛容は通用しない。もはや戦争だ」「過激派と戦うには過激派であらねばならない」。そう主張する人々の声に、彼女は耳を傾けた。

同じ日の夜、彼女はロンドンに移動し、イスラム国家再興やイスラム法（シャリア）施行を目指す団体「ヒズブ・タフリール」の室内集会を訪ねた。「イスラム教徒差別の言説が欧州を覆っている」「民主主義はマイノリティーの権利を守らない」などという参加者の主張を聴いた。

問題は、その翌朝である。彼女は自分のバッグの中に、誰かが差し入れたメモを見つけたという。

「心せよ。最終戦争が近づいている」

前日出会った誰かが、敵に対する警戒を彼女に呼びかけたのである。ただ、そのメモを右翼が朝に忍び込ませたのか、イスラム過激派が夜に忍び込ませたのか、結局わからない。それほど、両者の言説は似通っていた。

「ＥＤＬとヒズブ・タフリールのレトリックや手法は、多くの面できわめて類似しています。どちらも、相手に対する憎悪を顕わにする。どちらも、自分たちの集団アイデンティティーや尊厳が脅かされていると感じている。どちらも相手を、女性への敬意を欠くと批判する一方で、どちらのイデオロギーの中心にも、女性蔑視の意識と時代遅れの男女観が居座っている。どちらの集団も、将来を黙示録的に受けとめ、すべてを振り出しに戻せると考えています」

同書で彼女はこう説明している。

単純明快な論理の魅力

極右とイスラム過激派はしばしば、同じ文献から言葉を引用する。ソーシャルメディアのハッシュタグでも、同じ語彙が頻繁に使われる。その結果、期せずして両者の情報が混同されることもあるという。

そもそも、ジハード主義を提唱したエジプトの思想家サイード・クトゥブは、フランスの外科医アレクシス・カレルから大きな影響を受けていた。カレルはノーベル生理学・医学賞受賞者だが、対独協力のヴィシー政権と密接な関係を持ち、ナチス流の優生学の有効性を主張した人物である。極右とイスラム過激派は、その源流から理念を共有していたのだという。

両者は、似ているだけではない。衝突し、勢力を競い合うことは、互いに相乗効果をもたらしている。片方の勢力が伸長すると、もう片方の支持者も増える。

「どちらも相手を悪者扱いし、自分たちを被害者とみなすことで、みずからの利益を生み出しています。悪者には被害者が、被害者には悪者が必要です」

フランスではその結果、「イスラム国」に合流した過激派活動家オマル・ディアビが、二〇一七年の大統領選で右翼マリーヌ・ルペンへの投票を呼びかける、というおかしな出来事も起きた。両者は、奇妙なかたちで依存し合っているのである。

欧州では今、両極端の勢力が拡大するとともに、過激化している。右翼ポピュリズムの側では、フランスやドイツでその理念を掲げる政党が伸長する一方、差別事件やヘイトスピーチも相次ぐ。

イスラム主義の側でも、移民やその子孫の間でムスリム同胞団系などの運動が浸透する一方、過激派によるテロが続く。

このような現象は、何から生まれたのだろうか。

エブナーは、背景の一つに現代人のアイデンティティー危機があると考える。先進国の社会は、多様な社会である。さまざまな民族や宗教、理念、価値観が共存する。そこに、かつて共同体を束ねたような共通のアイデンティティーは見つけにくい。それでも、教育に恵まれ、将来の展望が開けた人々は、混沌とした世界を泳ぎきる自信と能力を持つだろう。

そうでない人はどうするか。既成秩序にもとづくストーリーの枠では理解しがたいポピュリズムの台頭、頻発するテロ、難民危機といった現象を前にして、何かの指標を欲する。彼らの目に、たとえば「イスラム教徒か非イスラム教徒か」などといった単純明快な説明は、魅力的に映る。

そこに、単純で過激な発想にもとづくストーリーの浸透する余地が生じる。ひとたびそのようなストーリーに絡めとられると、これまで安定した社会を支えてきた複雑な価値観が、急速に色あせる。

「たとえ世界の過半数が引力の存在を信じなくなっても、リンゴは依然として木から落ち続けます。でも、民主主義や法制度、表現の自由といったものは、ひとたび人々がその存在を信じなくなると崩壊するでしょう」

現在の平和と繁栄を支える理念は、意外に脆弱だ、というのである。

「右翼もイスラム主義者も、人心操作にきわめて長けています。だから、彼らがつくったストーリーを私たちは容易に信じ込み、彼らが描いた架空の世界秩序にもとづく規則に沿って行動してしまいます」

彼らが語るのは、ハッピーエンドのストーリーである。最終戦争の末に敵は絶滅し、自分たちだけの均一な世界が実現される。そこにあるのは、みんながただ一つの言語、一つの象徴、一つの習慣を保持する世界……。もはや、テロなど起きる余地はない。

集会で叫ばれ、ウェブを通じてばらまかれるこうしたストーリーの根底には、二者択一の発想が流れている。どちらの側でも、本来距離があるはずの「過激派」と「穏健派」が、このようなストーリーを通じて結びつく。「穏健派」がしばしば、暴力の行使を否定しながらも、「過激派」の行為にシンパシーを示すのは、両者の間でストーリーを共有しているからだと、エブナーは言う。

多様性のストーリーを描けるか

右翼とイスラム主義の対立が互いの勢力の張り合いにとどまっているなら傍観できるが、いつエスカレートして周囲を巻き込まないとも限らない。善悪二元論のぶつかり合いの果てには、戦争やジェノサイドさえ待っているかもしれない。

エブナーは、特に右翼に対して市民の警戒心が薄いことに、懸念を示す。現代の右翼イデオロギーは、伝統的な排外主義の思想に、グローバル化や難民危機、イスラム過激派テロといった現代的な課題を巧みに取り込んでいる。それだけ主張もさまざまで、対応も難しい。しかも、反イスラムや排外主義にもとづくテロは、イスラム過激派のテロよりもじつはずっと多い。同書によると、二〇一二年から一六年途中までの間、イスラム過激派によるテロは欧米で八十四件起きたのに対し、右翼テロは百三十件に達していた。にもかかわらず、右翼テロはしばしば「精神的に危機に陥った個人の行為」と受けとめられ、軽くみられがちだという。

実際、欧州各国で暴力的な右翼が活発化している現象について、治安関係者の懸念は強い。英情報局保安部（MI5）長官のアンドリュー・パーカーは「人種差別イデオロギーが次第に顕著になっている。暴力テロという戦術を採る傾向も強めている」と述べる。[4] フランスを拠点に活動してきた若手極右団体「アイデンティティー世代」（本部リヨン）が各国に支部を設けて汎欧州組織化しているのをはじめ、各国の暴力的な右翼人脈が連携する例もうかがえる。[5]

こうした状況に、私たちはどう対応すればいいか。エブナーは、従来の社会が理念として抱いてきた啓蒙主義を再活性化させ、民主主義を強化するべきだと考える。白と黒の二色にとどまらない、カラフルで多様な社会のストーリーを描けるかどうかに、将来がかかっているという。

イスラム過激派のテロは将来、歴史の中でどのような意味を持つだろうか。進展するグローバル化の流れに抗して伝統重視、共同体擁護、多様性批判といった立場を取るのがイスラム主義とすると、その先鋭的な部分で暴力を用いているのがジハード主義、イスラム過激派にほかならない。つまり、イスラム主義はポピュリズムと同じ「反グローバル化勢力」であり、「イスラム国」の台頭も「アラブの春」というグローバル化運動の反作用の側面が拭えない。

通常、これらは時代の流れを反転させようとする動きであり、歴史の中で大きな地位を与えられない。長い目でみれば、いずれ淘汰されると見込める存在である。ただ、ナチス・ドイツの例を挙げるまでもなく、そのような勢力が時に、暴力を有効に使い、歴史の流れを狂わしてしまい得る。既存の秩序に正面から挑戦するのでなく、秩序の根幹にある理念や制度を内側から掘り崩すきっかけをつくるからである。(6) こうした勢力やイデオロギーに対しては、毅然とした揺るぎない姿勢が欠かせない。

民主主義や表現の自由、人権の尊重、法の支配など、欧州市民社会は長年をかけて、人々を統合する独自の価値観と制度を築き上げてきた。過激派やテロリストはこれにつけ込み、これを利用する。テロと対峙する人々は、ともすればその挑発に乗せられ、せっかくの遺産をかなぐり捨ててテロリストと同じ土俵に上がり、同じ論理で対抗する。右翼ポピュリズムの過剰反応は、その典型例である。こうして、欧州が蓄積してきた遺産は、テロリストによってだけでなく、みずからの足元から蝕まれる。

過激派を退治しても、それによってわれわれの基本となる理念が損なわれるようでは、テロに対する敗北となるだろう。挑発に乗らず、民主社会としての矜持を保つ姿勢が求められる。

怪物と戦う過程では、みずからが怪物と化さぬよう心する必要がある。テロの深淵を覗くとき、深淵もまた私たちを覗き込んでいる。深淵に引きずり込まれないよう、決して警戒を怠ってはならない。その緊張感こそが、文明社会の求心力をこれまで保ち、平和、安定と民主主義を世界にもたらしてきたのである。

終わりに

私たちは、テロのない社会を築くことができるだろうか。

テロの根絶は、単一の価値観が支配する「千年王国」でも到来しないかぎり難しい。それはそれで、きっと不気味な世界に違いない。しかし、テロのことなど日々考えず、安心して暮らせる程度の社会は、たぶん実現可能だろう。一九九五年の地下鉄サリン事件以降、国内での大規模なテロを被っていない日本は、その一例にほかならない。本書の冒頭でも述べたとおり、テロはきわめて珍しい、ふだん起こり得ない出来事であり、入念な対策を講じればかなりの割合で防ぐこともできる。

第二次世界大戦後、欧州多くの国は紛争解決手段として「戦争」という暴力を手放した。同様に、多くの人や組織が「テロ」という表現手段を放棄する社会も、いつか到来し得ると信じたい。

一方で、その道のりは、平坦ではない。欧州の主要部分から戦乱の火が消えたといっても、ひとたび欧米以外に目を向けると、中東、アジア、アフリカ、中南米で紛争は続き、そのいくつかには欧州や米国自身がかかわっている。世界は、欧州だけ、米国だけで完結しないグローバルな連関の中にある。イスラム過激派のテロも同様に、欧米のホームグロウン的な要素と、アルカイダや「イスラム国」といったグローバルなジハード組織とが結びつきつつ、火種を引き継いできた。テロなき社会に至るまでには、これからも曲折が待ち受けているだろう。

本書がここで描いたのは、十五年あまりにわたってテロを封じ込めてきたにもかかわらず、その反攻を受けて炎上したフランスの例である。その細部を検証する作業は、とらえようによると傷口を広げることであり、関係者には耐えられないかもしれない。ただ、平和で安定した、多様な社会は、このような失敗に学んでこそ築くことができる。多数の犠牲者を前に苦悩し、今後を模索するフランスの姿は、私たちに多くの教訓をもたらすだろう。本書がその一助となれば光栄である。

本書が生まれる一つのきっかけは、二〇〇五年に出版した拙著『自爆テロリストの正体』（新潮新書）だった。同書では、二〇〇一年の米同時多発テロにかかわる欧州の動きを中心に報告したが、その主人公の一人がジャメル・ベガルである。逮捕後の彼の自宅周辺で聞き込みをしたり、組織の一員の家を訪ねて家族からけんもほろろに追い返されたりと、当時の取材の記憶は今も鮮明に残る。

『シャルリー・エブド』襲撃事件が起きて間もなく、ベガルの名を再び目にしたときに抱いたのは、遠くに行ったはずの旧友と街角でぱったり出会ったかのような気分だった。おまえ、まだいたのか。その驚きが、彼にまつわる物語を再び構成する伏線となっている。彼こそが、本書の真の主人公かもしれない。

二〇〇〇年代初めにいったん活動を封じ込められたはずのベガルが、なぜ堂々とよみがえり、テロリストの後継者を養成し、念願だったテロを成功させたのか。その謎を問いつめると、私たちが生きる現代社会の闇と矛盾が、おのずから浮かび上がってくるに違いない。

アルカイダや「イスラム国」は、日本にとって依然遠い存在である。ただ、だからといって日本も決して聖域ではない。二〇〇一年の九・一一米同時多発テロ、一三年のアルジェリア人質事件、一六年のダッカ・レストラン襲撃事件と、大規模テロで多数の日本人が犠牲になるケースはしばしば起きている。日本から若者が「イスラム国」に渡航しようとしたり、日本に長年滞在して国籍まで得た人物が「イスラム国」に参加したり、といったニュースも伝えられた。

すでに見てきたように、テロを起こすには、何万人ものイスラム社会など必要ない。信念を抱く一人のリクルーターと一握りの実行チームで十分である。だから、イスラム過激派よるものか右翼によるものかは問わず、日本での大規模テロの可能性は、決してゼロではない。その芽を摘むためのヒントが、フランスの先例に潜んでいる。

本書はすべて書き下ろしだが、その内容の一部は、いくつかのかたちですでに世に問うている。『シャルリー・エブド』襲撃事件から間もない二〇一五年三月四日、クアシ兄弟やアメディ・クリバリら犯人の軌跡を整理する必要性を感じて「テロリストの誕生」と題する検証をウェブ国際情報誌『フォーサイト』に連載した。これは、当初三回ぐらいで終わるつもりが、内木場重人編集長の支えもあって結局半年あまり二十二回に及び、結果的に本書の第一部の台本となった。

第一部で紹介したフランスのイスラム政治研究者ジル・ケペルのインタビューは、東京大学の池内恵教授の薦めで季刊『アステイオン』に掲載された。その過程で、池内教授からさまざまな指導を受けられたのは、本書を構成するうえで得がたい経験となった。

第二部で描いたフランスのイスラム地域研究者オリヴィエ・ロワのインタビューと欧州出身「イスラム国」戦闘員の実情に関する記述は、日本エネルギー経済研究所中東研究センターの保坂修司研究理事の誘いで参加した「中東・中央アジア構造変動研究会」での報告にもとづいている。ここで、保坂氏をはじめとする中東やイスラム世界の専門家と意見を交換できたのは、大いに有益だった。その内容は後に、山内昌之編『中東とISの地政学』にまとめられた。

東京外国語大学の渡邊啓貴名誉教授、フェリス女学院大学の上原良子教授をはじめとするフランス研究者の方々からは、多くの知識と見識をいただいた。両教授に声をかけていただき、近く刊行されるフランス政治論集でテロ一般に関する短文を執筆する機会も得た。北海道大学の吉田徹、鈴木一人両教授をはじめとする政治研究者、立正大学の西田公昭教授、九州大学（現福岡大学）の縄田健悟講師をはじめとする心理学やカルト問題の専門家からの指導と示唆も貴重なものとなった。

通常だと入手が難しいフランスの裁判記録にアクセスできたのは、フランス国際関係研究所のマルク・エケル出版部長の協力と助言のお陰である。フランスの取材先と連絡を取るうえでは『ロピニオン』紙アジア部長クロード・ルブラン氏の助けを借りた。当時の朝日新聞パリ支局長青田秀樹氏と支局ジャーナリストのソフィー・デュピュイさんをはじめ、筆者が勤務する朝日新聞の同僚たちからも支援と刺激をいただいた。北海道大学の遠藤乾教授からは、本書の原稿全般に対して詳細で的確な指摘と評価をいただいた。

本書は当初、『フォーサイト』の連載をもとにテロ入門書としての形態を目指したが、途中で思い直し、仏語圏で近年起きたテロの背景と意味を包括的に検証する記録として書き下ろすべきだと考えた。フランス国内でもそのような書物が見当たらず、もっとも求められるものだと信じたからである。もちろん、本書の参考引用文献リストにあるように、一連のテロを扱った書物はフランスで数多く出版されている。ただ、そのほとんどはテロの一つの側面を切りとったり、特定の部分に焦点をあてたりしたものである。事件の総体はフランス人にとってまだ生々しく、冷静に見つめることをためらわせる。むしろ、筆者のようにフランスとは基本的に無縁で、しかし関心を持ち続けている人物に描けるものがあると思えた。

しかし、そのような方向転換は、もう一度資料を読み込み、関係者に取材する営みを、みずからに強いることになった。本書が出るまで、『シャルリー・エブド』襲撃事件から五年近くがかかったのは、そのためである。この間、作家江波戸哲夫さんの励ましと、写真家岡村啓嗣さんの支援がなかったら、企ては途中で挫折していただろう。いずれも深く御礼申し上げたい。また、この間の休日は執筆のために消え、迷惑をかけた家族に詫びたい。

本書は、ジャーナリストの著作としてはやや異例の形式を取っている。直接取材したデータだけでなく、現地のメディア、裁判記録、議会記録、研究論文、専門書といった資料を多用しているからである。最初から意図したわけではなく、全体像を描くにはその営みが不可欠だと、取材を進める途中で気づいたからだった。資料の選別には細心の注意を払った。メディアの報道からの引用は信頼できる媒体に限り、他のメディアとのクロスチェックを試みた。したがって、注や引用参考文献に挙げた資料は全体のごく一部に過ぎない。特に重視した報道記事や論文の筆者には面会取材をし、背景を説明してもらった。

本書の編集は、二〇〇五年に出した私の最初の単著である『ポピュリズムに蝕まれるフランス』と同じく、草思社の碇高明編集長にお願いできた。二〇一九年八月、私は勤務先の転勤で渡英したため、その作業は途中から任せっきりになってしまった。恐縮することしきりである。

本文中の敬称はすべて略した。一部の人物に対しては姓でなく名を記しているが、家族関係を整理したり、現地の報道での呼称に合わせたりしたためである。固有名詞の表記は原則として、その土地の発音に依拠した。たとえば、移民一世の場合には出身国のアラビア語やベルベル語の発音を踏襲したが、二世の場合にはフランス語の読み方に従った。ただ、欧米での報道で定着した表記がある場合はそのまま使うなど、必ずしも厳密なルールにもとづいているわけではない。「イスラーム」「クルアーン」といったアラビア語話者に多い表記は避け、平易さを心がけた。

本書のタイトル『テロリストの誕生』は、イスラム過激派テロについてはじめて取材した二〇〇〇年代初めから温めてきた案だった。十数年を経て実現したその内容は、「誕生」にとどまらず、「テロリストの末路」にまで及んだが、ご容赦いただけたらと思う。

表紙に掲げたフランス語タイトル「On ne naît pas terroriste: on le devient（人はテロリストに生まれない、テロリストになるのだ）」はもちろん、シモン・ド・ボーヴォワールの代表作『第二の性』の一節「On ne naît pas femme: on le devient（人は女に生まれない、女になるのだ）」からの借用である。フランスではきわめて似た書名の本が二〇一九年に出されたが、当仏語タイトルが決まった後のことであり、両者の間に関係はまったくない。

本書のゲラを抱えた二〇一九年七月十三日、飛行機の乗り継ぎのためパリで数時間を過ごす機会があり、久々に現場の一部を訪ねた。夏の陽気のもと、リシャール・ルノワール街の公園では家族連れや地元の人々が憩い、自転車をこぎ、ペタンクに興じている。その六二番地、警察官アーメド・メラベがクアシ兄弟に射殺された場所にある分電盤には、メラベの似顔絵が落書きされていた。公園の向かいにあたる劇場バタクランの入り口脇には、九十人に達した犠牲者を追悼するプレートが新たに取り付けられている。

『シャルリー・エブド』編集部があったニコラ・アペール街は、そこから徒歩ですぐだった。週末の街路は人影まばらで、しかし私以外にも、現場を訪ねてきただろう何人かが、編集部の建物の壁に描かれた犠牲者の肖像画に見入っている。四年半を経て、事件はいまだに、人々の記憶から抜け落ちていない。

この日は折しも、ニース・トラック暴走テロ三周年の前日だった。手にした『フィガロ』紙には、ニースでの取材で世話になったヴァンサン＝グザヴィエ・モルヴァン記者の記事が掲載されていた（"Les enfans encore largement traumatisés", *Le Figaro*, 2019.07.13.）。事件に遭遇した子どもたち三百六十五人のうち、半分以上の二百八人がいまだに、トラウマから抜けきれないでいる。しかも、七歳以下の場合、より深刻な精神的影響を受けているという。彼の記事は、事件の区切りがいまだほど遠い現実を物語っていた。

テロは、その政治目的を達する可能性が低い一方で、社会に対してはきわめて甚大で長引く被害を及ぼす行為である。その愚かさとむなしさを、しっかりと胸に刻み込みたい。その営みこそが、次のテロを封じ込めることにつながるだろう。

一連のテロの犠牲者に本書を捧げるとともに、今なおけがや後遺症と闘う人々、惨劇の記憶を抱えながら生きる人々に思いをはせつつ、この報告の結びとしたい。

二〇一九年九月　英国の欧州連合離脱期限が迫るロンドンで

2016年7月14日	ニース・トラック暴走テロ
南仏ニースの海岸通りの散歩道「プロムナード・デ・ザングレ」を19トントラックが暴走し、轢かれるなどで86人が犠牲になった。運転していたチュニジア人のモハメド・ラフウェジ＝ブフレルは、警官隊との銃撃戦の末に射殺された。「イスラム国」が犯行声明を出した。	
2016年12月19日	ベルリン・クリスマスマーケット突入テロ
買い物客でにぎわうベルリンのクリスマスマーケットにトラックが突入し、12人が死亡した。チュニジア人の犯人は4日後、逃亡先のイタリア北部ミラノ郊外で射殺された。犯人が「イスラム国」に忠誠を誓う動画が公開された。	
2017年3月22日	ロンドン・ウェストミンスター襲撃テロ
ロンドン中心部のウェストミンスター橋で乗用車が複数の通行人をはねた。運転していた男は続いて、隣接する国会議事堂（ウェストミンスター宮殿）敷地内に入り、警察官1人を刺殺。男はその場で射殺された。計5人が死亡、約50人が負傷した。犯人は改宗者の英国人で、「イスラム国」が犯行声明を出した。	
2017年5月22日	マンチェスター・コンサート会場自爆テロ
英中部マンチェスターのイベント会場「マンチェスター・アリーナ」のエントランス・ロビー付近で、米歌手アリアナ・グランデのコンサートが終了した直後に爆発があり、22人が死亡，120人が負傷した。リビア系英国人の男による自爆とみられ、「イスラム国」が犯行声明を出した。	
2017年6月3日	ロンドン橋襲撃テロ
ロンドン中心部のロンドン橋で，パキスタン系英国人ら3人が車で歩行者の列に突入した後，付近のレストランやバーにいた客を刃物で襲撃した。8人が死亡、約50人が負傷し、実行犯3人は警察官に射殺された。「イスラム国」が犯行声明を出した。	
2017年8月17日〜18日	バルセロナ乗用車突入テロ
スペイン北東部バルセロナ中心部の繁華街に乗用車が突入し、計14人が死亡，130人以上が負傷した。犯人は逃走中、警察官に射殺された。この前後にはスペイン国内でテロが相次ぎ、「イスラム国」が犯行声明を出した。	
2019年4月21日	スリランカ同時爆破テロ
スリランカ最大都市コロンボなど3都市で、礼拝のために多数の人が集まっていたキリスト教の教会や高級ホテルなど8カ所で爆発があり、日本人1人を含む250人以上が死亡した。「イスラム国」に忠誠を誓う地元過激派組織ナショナル・タウヒード・ジャマート（NTJ）による自爆テロとみられた。	

2015年1月7日～9日	『シャルリー・エブド』襲撃事件／「イペール・カシェール」立てこもり事件
パリの風刺週刊紙『シャルリー・エブド』編集部が襲撃され、風刺画家や記者ら10人が死亡。続いて、ユダヤ教徒向けのスーパー「イペール・カシェール」で人質立てこもり事件があった。一連の事件で17人が犠牲になった。	
2015年3月18日	チュニジア国立バルド博物館襲撃事件
チュニスにある国立バルド博物館を武装集団が襲撃し、観光客らを人質に取って立てこもった。治安部隊が犯人を射殺したが、その過程で日本人観光客3人を含む22人が死亡した。	
2015年11月13日	パリ同時多発テロ
パリ郊外のスタジアム「スタッド・ド・フランス」自爆攻撃に続き、パリのレストランのテラスや劇場「バタクラン」が相次いで襲撃された。130人が犠牲になった。ブリュッセル近郊モレンベークを拠点とする犯人グループは、「イスラム国」で訓練を受けていた。	
2015年12月2日	米カリフォルニア州サンバーナディノ銃乱射事件
米カリフォルニア州サンバーナディノの福祉施設内で銃乱射事件があり、14人が死亡、十数人が負傷した。容疑者はパキスタン系の施設職員で、夫婦で逃走中に警察との銃撃戦で死亡した。夫はイスラム過激派と接触していたとみられた。	
2016年3月22日	ブリュッセル連続爆破テロ
ブリュッセル国際空港とブリュッセル市内の地下鉄駅で相次いで爆発があり、32人が死亡、多数が負傷した。パリ同時多発テロ犯行グループの残党が追いつめられて自爆したとみられ、犯人らは「イスラム国」に滞在した経験があった。	
2016年6月12日	米フロリダ州銃乱射事件
同性愛者が集まる米フロリダ州オーランドのナイトクラブで男が銃を発砲し、49人が死亡した。アフガニスタン系のオマル・マティーンによる犯行で、「イスラム国」への忠誠を誓うと表明し、警察との銃撃戦の末に死亡した。	
2016年7月1日～2日	ダッカ・レストラン襲撃事件
バングラデシュの首都ダッカの高級住宅街にあるレストランを武装集団が襲撃し、客を人質に取って立てこもった。日本人の援助関係者7人を含む22人が死亡、多数が負傷した。「イスラム国」が犯行声明を出した。実際には、地元過激派バングラデシュ・ムジャヒディン集団（JMB）の犯行だとみられる。	

2004年9月9日	豪州大使館爆弾テロ
ジャカルタのオーストラリア大使館前で車載爆弾が自爆し、少なくとも8人が犠牲になった。ジェマー・イスラミアの分派の犯行とみられた。	
2005年7月7日	ロンドン地下鉄同時爆破テロ
通勤ラッシュのさなかだったロンドンの地下鉄3カ所でほぼ同時に爆発があり、続いて走行中のバス1台も爆破された。計52人が死亡し、日本人を含む多数がけがを負った。英国中部リーズ近郊のパキスタン系移民過程の出身2世の青年らによる自爆攻撃だった。実行犯の1人は、パキスタンに渡航してアルカイダの訓練を受けたと考えられた。	
2005年10月1日	バリ島爆弾テロ（第2次）
インドネシア・バリ島の飲食店3か所でほぼ同時に自爆攻撃があり、日本人1人を含む20人が死亡、約90人が負傷した。ジェマー・イスラミア内のグループの犯行とみられた。	
2008年11月26日～29日	ムンバイ同時多発テロ
インド・ムンバイのタージマハル・ホテルをはじめ駅やレストランなどを武装集団が襲撃し、人質を取って立てこもった。銃撃戦で、日本人1人を含む166人が死亡、多数が負傷した。パキスタンに拠点を置くイスラム過激派ラシュカレトイバが犯行にかかわったとみられた。	
2013年1月16日～19日	アルジェリア人質事件
アルジェリア南東部イナメナスの天然ガス関連施設をイスラム武装戦力が占拠し、人質を取って立てこもった。軍が制圧したが、日揮社員ら日本人10人を含む多数の外国人駐在員が死亡した。	
2013年4月15日	米ボストンマラソン爆弾テロ
ボストンマラソンのゴール近くの観客エリアで連続爆発があり、3人が死亡、多数が負傷した。チェチェン出身のツァルナエフ兄弟が容疑者として画像を公開され、兄は銃撃戦の末に死亡、弟は拘束された。	
2014年12月16日	パキスタン・ペシャワル学校襲撃事件
パキスタン北西部のペシャワルで、軍の運営する学校が武装集団に襲われ、児童や生徒ら140人以上が犠牲になった。過激派パキスタン・タリバーン運動（TTP）が犯行声明を出した。	

9.11以降のイスラム過激派による大規模テロ年表

2001年9月11日	米国同時多発テロ
米国で航空機4機がハイジャックされ、ニューヨークの世界貿易センタービル2棟に2機、ワシントンの米国防総省に1機が突入、1機は墜落した。日本人24人を含む約3000人が死亡。米ブッシュ政権はアルカイダの犯行と断定した。	
2002年10月12日	**バリ島爆弾テロ（第1次）**
インドネシア・バリ島の繁華街などで連続爆発があり、外国人専用ディスコが炎上、日本人2人を含む200人以上が死亡した。イスラム過激派組織ジェマー・イスラミア（JI）の幹部らが拘束された。	
2002年10月23日〜26日	**モスクワ劇場占拠事件**
ロシアのチェチェン共和国独立を掲げる数十人のグループが、ミュージカルを上演中だったモスクワのドブロフカ劇場を襲撃し、800人あまりの観客を人質に取って立てこもった。ロシア特殊部隊が突入して犯人全員を射殺したが、その際に特殊ガスを使用したことなどから人質120人以上が死亡した。	
2003年3月16日	**カサブランカ連続爆破テロ**
カサブランカ中心部のレストランやホテルなど5カ所で連続爆発があり、45人が死亡した。イスラム過激派サラフィーヤ・ジハーディアにかかわる地元青年らの自爆攻撃とみられた。	
2003年8月19日	**バグダッド国連現地本部事務所爆破事件**
イラク・バグダッドの国連現地本部事務所で爆弾テロがあり、国連事務総長特別代表セルジオ・デメロを含む22人が死亡した。イスラム過激派の関与が疑われた。	
2004年3月11日	**マドリード列車同時爆破テロ**
マドリードのアトーチャ駅到着便などスペイン国鉄の電車4本で相次いで爆発があり、191人が死亡、千数百人がけがを負い、欧州でのイスラム過激派テロとしては最大規模の被害となった。政府は当初、武装組織「バスク自由と祖国（ETA）」の犯行を主張したが、アルカイダ系グループが摘発されたことから政府の情報隠蔽が問題視され、3日後の総選挙での与党敗北と政権交代につながった。	
2004年9月1日〜3日	**ベスラン学校占拠事件**
ロシア南部北オセチア共和国のベスランで、チェチェン独立派武装勢力が学校を占拠し、児童生徒ら1000人あまりを人質に取った。特殊部隊との銃撃戦で、子どもらを含む300人以上が死亡した。	

松本光弘. 2008.『グローバル・ジハード』、講談社
松本光弘. 2015.『イスラム聖戦テロの脅威　日本はジハード主義と闘えるのか』、講談社
宮坂直史. 2004.『日本はテロを防げるか』、筑摩書房
宮坂直史.2013.07.「敵は内部にもいる——全方位のテロ対策を」、『治安フォーラム』223号
宮坂直史.2015.「テロの潮流と日本の対策」、遠藤乾責任編集『グローバル・コモンズ　シリーズ日本の安全保障 8』、岩波書店
宮坂直史.2015.04.「日本に対するテロの脅威——「イスラム国」の対日認識、対日テロのシナリオとその対策」、『インテリジェンス・レポート』79号
森千香子. 2015.01.「過激派の根茎を涵養するイスラームバッシング——「パリ新聞社襲撃事件」を考える」、『中東研究』522号
山内昌之編. 2017.『中東とISの地政学　イスラーム、アメリカ、ロシアから読む21世紀』、朝日新聞出版
吉田徹. 2015.01.20.「移民、宗教、風刺——フランス・テロ事件を構成するもの」、*SYNODOS*、http://synodos.jp/international/12408
渡邊啓貴. 2015.『現代フランス　「栄光の時代」の終焉、欧州への活路』、岩波書店

Van Ostaeyen, Pieter. 2016.06. " Belgian Radical Networks and the Road to the Brussels Atacks", *CTCSENTINEL,* The Combating Terrorism Center at West Point

Van Vlierden, Guy. 2015.11-12. "Profile: Paris Attack Ringleader Abdelhamid Abaaoud", *CTCSENTINEL,* The Combating Terrorism Center at West Point

Walker, Christopher. and Ludwig, Jessica. 2017.11.16, The Meaning of Sharp Power : How Authoritarian States Project Influence, *foreignaffairs.com,* https://www.foreignaffairs.com/articles/china/2017-11-16/meaning-sharp-power（クリストファー・ウォーカー、ジェシカ・ルドウィッグ「民主国家を脅かす権威主義国家のシャープパワー ―― 中ロによる情報操作の目的は何か『フォーリン・アフェアーズ・リポート』フォーリン・アフェアーズ・ジャパン、2017年12月）

Weiss, Michael. and Hassan, Hassan. 2015. *ISIS: Inside the Army of Terror,* Updated Edition, Regan Arts.（マイケル・ワイス／ハサン・ハサン、山形浩生訳『イスラム国　グローバル・ジハード「国家」の進化と拡大』亜紀書房、2018年）

Zineb (El Rhazoui, Zineb), 2016. *13,* Ring

Zineb (El Rhazoui, Zineb), 2017. *Détruire le fascisme islamique,* Ring

池内恵. 2013.12.「一匹狼（ローン・ウルフ）型ジハードの思想・理論的背景」、『警察学論集』第66巻12号

池内恵. 2014.「「指導者なきジハード」の戦略と組織」、『戦略研究』14号

池内恵. 2014.03.「近代ジハード論の系譜学」、『国際政治』175号

池内恵. 2015.『イスラーム国の衝撃』、文藝春秋

池内恵. 2015.05.「グローバル・ジハード時代の国際秩序」、『公研』53(5)

池内恵. 2017.07.「中東と動揺する世界」、『国際開発ジャーナル』728号

浦中千佳央. 2017.01.「危急事態法下のフランス：テロ対策の新展開」、『産大法学』50巻1・2号

国末憲人. 2005-1.『自爆テロリストの正体』、新潮社

国末憲人. 2005-2.『ポピュリズムに蝕まれるフランス』、草思社

国末憲人. 2007.『イラク戦争の深淵』、草思社

国末憲人. 2016.05.26.「現代イスラム政治研究者ジル・ケペルに聞く欧州ホームグロウンテロの背景」、『アステイオン』84号

国末憲人. 2017.『ポピュリズムと欧州動乱』、講談社

高岡豊. 2015.01.「「イスラーム国」とシステムとしての外国人戦闘員潜入」、『中東研究』522号

高岡豊. 2019.「イスラーム過激派の系譜――アフガニスタンから「イスラーム国」まで――」、高岡豊／溝渕正季編著『「アラブの春」以後のイスラーム主義運動』、ミネルヴァ書房

テロ対策を考える会編著、宮坂直史責任編集. 2006.『テロ対策入門　偏在する危機への対処法』、亜紀書房

平野千果子. 2015.10.「シャルリ・エブド襲撃事件とフランス」、『歴史学研究』936号

保坂修司. 2017.『ジハード主義　アルカイダからイスラーム国へ』、岩波書店

保坂修司. 2018.03-04.「「ジハード主義」とIS後の世界」、『外交』Vol.48

松本光弘. 2006.「アルカイダの論理と心理」、『季刊現代警察』112号

アンソニー・J・マーセラ編、釘原直樹監訳『テロリズムを理解する　社会心理学からのアプローチ』ナカニシヤ出版、2008年）
Moos, Oliver. 2016. "Le jihad s'habille en Prada : Une analyse des conversions jihadistes en Europe", *Cahiers de l'Institut Religioscope Numéro 14,* Institut Religioscope, Fribourg
Morvan, Vincent-Xavier. 2017. *LE TUEUR de la Promnade,* Héliopoles
Moubayed, Sami. 2015. *Under the Black Flag: At the Frontier of the New Jihad,* I.B.Tauris（サーミー・ムバイヤド、高尾賢一郎＋福永浩一訳『イスラーム国の黒旗のもとに　新たなるジハード主義の展開と深層』青土社、2016年）
Mozaffari, Mehdi. 2017. *Islamsm : A New Totalitarianism,* Lynne Rienner（メフディ・モザッファリ、鹿島正裕訳『イスラム主義　新たな全体主義』風行社、2018年）
Nasr, Wassim. 2016. *État islamique, le fait accompli,* Plon
Nouzille, Vincent. 2017. *Erreurs fatales: Comment nos présidents ont failli face au terrorisme,* Fayard
Pelletier, Éric. et Pontaut, Jean-Marie. 2012. *Affaire Merah l'Enquête,* Michel Lafon
Pontaut, Jean-Marie. et Epstein, Marc. 2002. *Ils ont assassiné Massoud : Révélations sur l'internationale terroriste,* Robert Laffont
Roy, Olivier. 1992. *L'Echec de l'Islam politique,* Seuil
Roy, Olivier. 2002. *L'islam mondialisé,* Seuil
Roy, Olivier. 2015. *La peur de l'islam,* l'aube Le Monde
Roy, Olivier. 2016. *Le Djihad et la mort,* Le Seuil（オリヴィエ・ロワ、辻由美訳『ジハードと死』新評論、2019年）
van Ruymbeke, Laurence. et d'Ansembourg, Thomas. *Buruxelles : 22 mars 2016,* Renaissace du Livre
Sageman, Marc, 2008, *Leaderless Jihad,* University of Pennsylvania Press
Sageman, Marc, 2017, *Misunderstanding Terrorism,* University of Pennsylvania Press
Sayare, Scott. 2016.01. "The ultimate terrorist factory : Are French prisons incubating extremism?", *Harper's Magazine,* Harper's Magazine Foundation
Schuurman, Bart. Lindekilde, Lasse. Malthaner, Stefan. O'Connor, Francis. Gill, Paul. Bouhana, Noémie. 2017-1. "End of the Lone Wolf: The Typology that Should Not Have Been", *Studies in Conflict & Terrorism,* DOI: 10.1080/1057610X.2017.1419554
Schuurman, Bart. Bakker, Edwin. Gill, Paul, Bouhana, Noémie. 2017-2, "Lone Actor Terrorist Attack Planning and Preparation: A Data-Driven Analysis", *Journal of Forensic Science,* American Academy of Forensic Science
Sonia, avec Andrieux, Claire. 2016, *Témoin,* Robert Laffont
Spaaij, Ramón. 2012. *Understanding Lone Wolf Terrorism,* Springer
Suc, Matthieu. 2016, *Femmes de djihadistes,* Fayard
Suc, Matthieu. 2018, *Les Espions de la terreur,* Harper Collins
Sur, Serge. 2015.9-10. "Comment peut-on être jihadiste ?", *Les nouveaux espaces du jihadisme : menaces et réactions, Questions internationales,* N° 75, La documentation française
Val, Philippe, 2015. C'était Charlie, Grasset
Varvelli, Arturo, edited. 2016. *Jihadist Hotbeds : Understanding local radicalization processes,* Epoké

川一年、竹島博之訳『ヴェール論争　リベラリズムの試練』法政大学出版局、2015年）
Joppke, Christian. 2017. *Is multiculturalism dead?* , polity
Kepel, Gilles. 1987. *Les banlieues de l'Islam : Naissance d ' une religion en France,* Seuil
Kepel, Gilles. 2000. *Jihad : Expansion et déclin de l'islamisme,* Gallimard（ジル・ケペル著、丸岡高弘訳『ジハード　イスラム主義の発展と衰退』産業図書、2006年）
Kepel, Gilles. 2002. *Chronique d'une guerre d'Orient,* Gallimard（ジル・ケペル著、池内恵訳『中東戦記——ポスト9.11時代への政治的ガイド』講談社、2011年）
Kepel, Gilles. 2004. *Fitna : Guerre au coeur de l'islam,* Gallimard（ジル・ケペル著、早良哲夫訳『ジハードとフィトナ』NTT出版、2005年）
Kepel, Gilles. 2008. *Terreur et martyre,* Flammarion（ジル・ケペル著、丸岡高弘訳『テロと殉教——「文明の衝突」をこえて』産業図書、2010年）
Kepel, Gilles. 2012. *Quatre-vingt-treize,* Gallimard
Kepel, Gilles. 2014. *Passion française: Les voix des cités,* Gallimard
Kepel, Gilles. avec Jardin, Antoine. 2015. *Terreur dans l'Hexagone: Genèse du djihad français,* Gallimard（ジル・ケペル著、義江真木子訳『グローバル・ジハードのパラダイム　パリを襲ったテロの起源』新評論、2017年）
Kepel, Gilles. 2016. *La Fracture, Gallimard,* France Culture
Kepel, Gilles. 2018. *Sortir du chaos,* Gallimard
Khosrokhavar, Farhad. 2004. *L'Islam dans les prisons,* Balland
Khosrokhavar, Farhad. 2014. *Radicalisation,* Éditions de la Maison des sciences de l'homme（ファラッド・コスロカヴァール著、池村俊郎、山田寛訳『世界はなぜ過激化するのか？——歴史・現在・未来』藤原書店、2016年）
Krueger, Alan B. 2018. *What makes a terrorist : 10th Anniversary Edition,* Princeton University Press
Lamfalussy, Christophe. et Martin, Jean-Pierre. 2017. *Molenbeek-sur-djihad: document,* Grasset
Lançon, Philippe. 2018. *Le lambeau,* Gallimard
Langlois, Matthieu. Avec la collaboration de Ploquin, Frédéric. 2016. *Médecin du RAID,* Albin Michel
Laqueur, Walter. and Wall, Christopher. 2018. *The Future of Terrorism,* Thomas Dunne Books. St. Martin's Press
Lia, Brynjar. 2014. *Architect of Global Jihad: The Life of Al-Qaeda Strategist Abu Mus'ab Al-Suri,* Oxford University Press
Laurence, Jonathan. and Vaïsse, Justin. 2006. *Integrating Islam : Political and Religious Challenges in Contemporary France,* Brookings Institution Press
Makarenko, Tamara. 2004. " The Crime–Terror Continuum: Tracing the Interplay between Transnational Organised Crime and Terrorism", *Global Crime. Vol. 6, No. 1,* Routledge
Magro, Marc. Avec la collaboration de Magro, Caroline. 2017. *Soigner : Nice, 14 juillet 2016,* FIRST
Maudhuy, Roger. 2016. *Molenbeek : Vingt-cinq ans d'attentats islamistes,* Michalon
Merah, Abdelghani. 2012. *Mon frère, ce terroriste: un homme dénonce l'islamisme,* Calmann-Lévy
Edited by Moghaddam, Fathali M. and Marsella, Anthony j. 2003. *Understanding Terrorism: Psychosocial Roots, Consequences, and Interventions,* American Psychological Association（ファザーリ・M・モハダム、

Cerdan, Daniel. 2016. *Assauts,* Ring

Charb (Charbonnier, Stéphane). 2015. *Lettre aux escrocs de l'islamophobie qui font le jeu des racistes,* Les Echappés

Charlie Hebdo, 2014, *Dégage Marine !,* Les Echappés

Charlie Hebdo, 2015, *Tout est pardonné,* Les Echappés

Crone, Manni. 2016. "Radicalization revisited : violence, politics and the skills of the body", *International Affairs Volume 92, Number 3,* The Royal Institute of International Affairs, London

Cruickshank, Paul and Hage Ali, Mohannad. 2007. "Abu Musab Al Suri: Architect of the New Al Qaeda", *Studies in Conflict & Terrorism,* Taylor & Francis Group

Décugis,Jean-Michel. Malye, François. Vincent, Jérôme. 2016. *Les Coulisses du 13 novembre,* Plon

Dive, Bruno. 2016. *Au cœur du pouvoir,* Plon

Drai, Yohann. Taubman, Michel. 2015. *Hyper caché,* Édition du moment

Ebner, Julia. 2017. *The Rage: The Vicious Circle of Islamist and Far Right Extremism,* I.B.Tauris

El Aroud, Malika. 2004. *Les soldats de lumière,* La Lanterne Editions

Faubergue, Jean-Michel. 2017. *Le RAID : comment manager une unité d'élite,* Mareuil Éditions

Faubergue, Jean-Michel. en collaboration avec de Juglart, Caroline. 2017. *Patron du RAID,* Mareuil Éditions

Faubergue, Jean-Michel. 2019. *La sécurité des Français,* Michel Lafon

Fenech, Georges. 2017. *Bataclan-L'enquête vérité,* Uppr

Filiu, Jean-Pierre. 2016. "The French Veterans of Globalized Jihad", *IEMed. Mediterranean Yearbook 2016,* European Institute of the Mediterranean

Fraihi, Hind. 2016. *En immersion à Molenbeek,* La Différence

Gartenstein-Ross, Daveed, 2016.06.23, and Gartenstein-Ross, Daveed, 2016.09.14, "Radicalization in the U.S. and the Rise of Terrorism', Congressional Testimony, House Committee on Oversight and Government Reform, Subcommittee on National Security, Subcommittee on Government Operations, Foundation for Defense of Democracies". https://oversight.house.gov/wp-content/uploads/2016/09/Gartenstein-Ross-Statement-Radicalization-9-14.pdf

Hamm , Mark S. and Spaaij, Ramón, 2017, *The Age of Lone Wolf Terrorism,* Columbia University Press

Hecker, Marc. et Tenenbaum, Elie, 2017.01. "France vs. Jihadism: The Republic in a New Age of Terror", *Notes de l'Ifri,* Ifri

Hecker, Marc. 2017.09. "Le djihadisme en procès", *La Revue des Deux Mondes,* la Société de la Revue des Deux Mondes

Hecker, Marc. 2018.04. "137 nuances de terrorisme. Les djihadistes de France face à la justice", *Focus stratégique,* n° 79, Ifri

Houellebecq, Michel. 2015. *Soumission,* Flammarion（ミシェル・ウエルベック著、大塚桃訳『服従』河出書房新社、2015年）

Joppke, Christian. 2009. *Veil : Mirror f Identity,* polity（クリスチャン・ヨプケ著、遠藤乾、佐藤崇子、井口保宏、宮井健志訳『軽いシティズンシップ』岩波書店、2013年）

Joppke, Christian. 2010. *Citizenship and immigration,* polity（クリスチャン・ヨプケ著、伊藤豊、長谷

参考引用文献

（ここでは書籍、学術論文、長文論考に限った。新聞雑誌記事や公文書、裁判記録などは注に記した）

Armesto, Marie-Rose, 2002, *Son mari a tué Massoud,* Balland

Baouz, Karim, 2016. *Plongée au coeur de la fabrique djihadiste,* First

Baroche, Christophe. et Thiéry, Danielle. 2016. *Le souffleur : Dans l'ombre des négociateurs du RAID,* Mareuil Éditions

Barrett, Richard. 2017.10. BEYOND THE CALIPHATE: Foreign Fighters and the Threat of Returnees, The Soufan Center

Barruel, Olivier. 2018. *La Bombe humaine,* Ring

Basra, Rajan. Neumann, Peter R. Brunner, Claudia. 2016. *Criminal Pasts, Terrorist Futures: European Jihadists and the New Crime-Terror Nexus,* ICSR. http://icsr.info/wp-content/uploads/2016/10/Criminal-Pasts-Terrorist-Futures.pdf

Basra, Rajan. and Neumann, Peter R. 2017.10. "Crime as Jihad: Developments in the Crime-Terror Nexus in Europe", *CTCSENTINEL,* OCTOBER 2017, VOLUME 10, ISSUE 9, Combating Terrorism Center at West Point

Bigo, Didier. hiver 1991-92. "Les attentats de 1986 en France : un cas de violence transnationale et ses implications", *Cultures et conflits,* n° 4,

Bonde, Bent Nørby. 2007. "How 12 Cartoons of the Prophet Mohammed were Brought to Trigger an International Conflict", *Nordicom Review,* 28

Bourget, Jacques Marie. 2015.05.18-1. "Les confessions du "Ben Laden français" (I)", *Mondafrique,* http://mondafrique.com/les-confessions-du-ben-laden-francais-i/

Bourget, Jacques Marie. 2015.05.18-2. "Les confessions du Ben Laden français (II): "L'islam avarié de Tareq Ramadan"", *Mondafrique,* https://mondafrique.com/les-confessions-du-ben-laden-francais-ii-lislam-avarie-de-tareq-ramadan/

Bouzar, Dounia. 2015, *Comment sortir de l'emprise « djihadiste »?,* Editions de l'Atelier（ドゥニア・ブザール著、児玉しおり訳『家族をテロリストにしないために　イスラム系セクト感化防止センターの証言』白水社、2017年）

Bouzar, Dounia. Benyettou, Farid. 2017. *Mon djihad : Itinéraire d'un repenti,* Editions Autrement

Bouzar, Dounia. Caupenne, Christophe. Valsan, Sulayman. Avec l'aide de l'équipe du C.P.D.S.I., des familles et des partenaires, 2014.11. *La métamorphose opérée chez le jeune par les nouveaux discours terrorists,* Rapport CPDSI

Brisard, Jean-Charles. et Jackson, Kévin 2016.11-12. " The Islamic State's External Operations and the French-Belgian Nexus", *CTCSENTINEL,* The Combating Terrorism Center at West Point

Burk, Jason. 2015. *The New Threat,* The New Press（ジェイソン・バーク著、木村一浩訳『21世紀のイスラム過激派　アルカイダからイスラム国まで』白水社、2016年）

Caillet, Roman. et Puchot, Pierre. 2017. *« Le combat vous a été prescrit »,* Stock

Casoni, Dianne et Brunet, Louis, 2005. *Comprendre l'acte terroriste,* Presses de l'Université du Québec

(6) 池内(2013) およびHamm and Spaaij(2017)

(7) Spaaij(2012)

(8) *Hamm and Spaaij, op.cit.*

(9) タメルラン・ツァルナエフは、弟のジョハルとともに犯行に及んだと考えられている。その面では単独犯と言いがたいが、弟に対する影響力が強かったといわれ、しばしば「ローンウルフ」型のテロリストとして扱われる。

(10) *Hamm and Spaaij, op.cit.* もこの状況を認識しており、ローンウルフという用語が「賛美と受けとめられる」「一人でいることを美化しかねない」と指摘している。それでもあえて「ローンウルフ」の用語を使ったことについては、捜査関係者やメディアなどで一般化していること、その特殊性に対する注意を喚起できることなどを理由とした。

(11) Schuurman et al.(2017-1)

(12) Schuurman et al.(2017-2)

(13) Schuurman et al.(2017-1)

(14) Schuurman et al.(2017-2)

(15) Schuurman et al.(2017-1)

(16) Hecker(2018.04)

(17) マルク・エケルMarc Heckerへの2018年4月27日のインタビューによる。

(18) ジャメル・ベガルは2018年7月16日に出所し、本人の希望にもとづいて母国アルジェリアに即日送還された。

終章

(1) 第2部第7章注(3)参照。

(2) " Vladimir Putin a bigger threat than Islamic State, John McCain says", ABC News, 2017.05.29. https://www.abc.net.au/news/2017-05-29/putin-a-bigger-threat-than-islamic-state-mccain-says/8570158

(3) Ebner(2017)

(4) "Hate spreads from the fringe", *Financial Times*, 2019.05.09.

(5) *Ibid.*

(6) 池内(2017.07)

(12) "Il fonce volontairement sur la terrasse d'un restaurant", *nice-matin*, 2016.01.01.
(13) *Morvan, op.cit.*
(14) モランの7月18日の記者会見による。"Conf. de presse du 18 Juillet 2016 du procureur de la République de Paris, F. Molins", 2016.07.18. https://www.youtube.com/watch?v=lT7sYZBr5-U
(15) モラン記者会見 2016.07.21.
(16) *Morvan, op.cit.*
(17) *Ibid.*
(18) "Attentat de Nice : le terroriste avait soigneusement planifié son acte", *Le Figaro.fr,* 2016.07.18. http://www.lefigaro.fr/actualite-france/2016/07/17/01016-20160717ARTFIG00214-attentat-de-nice-le-terroriste-avait-soigneusement-planifie-son-acte.php
(19) "Attentat de Nice: le terroriste a pu procéder à onze repérages", *Mediapart,* 2016.12.23.
(20) *Ibid.*
(21) モラン記者会見 2016.07.15.
(22) "Comment tenir", *Le Point,* 2016.07.21. メディアによっては多少異なる時刻も伝えられている。
(23) モラン記者会見 2016.07.15.
(24) モラン記者会見 2016.07.18.
(25) "Lahouaiej-Bouhlel, le tueur de Nice, est-il fou ou terroriste ? L'analyse de Patrick Amoyel, psychanalyste niçois spécialisé dans l'interculturel", *L'observateur du maroc et d'afrique,* 2016.07.20.
(26) モラン記者会見 2016.07.18.
(27) *Morvan, op.cit.*
(28) Byman, Daniel. "Omar Mateen, Lone-Wolf Terrorist", *Slate,* 2016.06.12. http://www.slate.com/articles/news_and_politics/foreigners/2016/06/lone_wolf_terrorists_like_omar_mateen_present_a_different_kind_of_threat.html

第2章
(1) サンテティエンヌ・デュ・ルヴレSaint-Étienne-du-Rouvrayは、フランス北部ルーアン近郊の自治体。ニース・トラック暴走テロの直後に当たる2016年7月26日、ミサが終わった直後のサンテティエンヌ教会にイスラム過激派2人が侵入し、神父を殺害し、信者を人質にとって立てこもった。犯人は警官隊に射殺され、「イスラム国」が犯行声明を出した。フランス人の生活に身近な教会内でのテロであり、国内では大きな衝撃を持って受けとめられた。
(2) Fenech(2017)
(3) Hamm and Spaaij(2017)
(4) *Ibid.*
(5)「史上最悪の殺人」はウェブなどで騒がれているに過ぎず、犠牲者の数がこれより多い事件は、実際には他にもある。たとえば、2015年に150人の犠牲者を出したドイツの格安航空会社ジャーマン・ウイングス9525便墜落事件は、ドイツ人の副操縦士アンドレアス・ルビッツが乗客乗員を道連れにした自殺だと断定されたが、政治的な意図に乏しいことからテロとは見なされていない。また、直接手を下したわけではないにしても、ヒトラー、スターリン、毛沢東といった指導者は、政治的な意図にもとづき、数百万人から数千万人単位の殺害に関係したとする見方が根強い。

Awareness Network, 2017.07. https://ec.europa.eu/home-affairs/sites/homeaffairs/files/ran_br_a4_m10_en.pdf

(15) " Emilie König, portrait d'une djihadiste française arrêtée en Syrie", *parismatch.com,* 2018.01.02. https://www.parismatch.com/Actu/International/Emilie-Koenig-portrait-d-une-djihadiste-francaise-arretee-en-Syrie-1430687

" De Forsane Alizza à Daech, la dérive d'Émilie König, recruteuse de djihadistes", *lexpress.fr,* 2018.01.02. https://www.lexpress.fr/actualite/societe/fait-divers/de-forsane-alizza-a-daech-la-derive-d-emilie-konig-recruteuse-de-djihadistes_1972897.html

(16) " Djihadistes français en Syrie : la France n'ira "pas nécessairement les chercher"", *europe1.fr,* 2018.01.05. http://www.europe1.fr/societe/djihadistes-francais-en-syrie-la-france-nira-pas-necessairement-les-chercher-3537809

(17) Barrett(2017.10)

(18) "Cas Emilie König : voici l'accompagnement prévu pour les enfants de djihadistes français rapatriés", *Marianne.net,* 2018.01.04. https://www.marianne.net/societe/cas-emilie-konig-voici-l-accompagnement-prevu-pour-les-enfants-de-djihadistes-francais

第三部　ローンウルフの幻想――ニース・トラック暴走テロ

第1章

(1) ヴァンサン＝グザヴィエ・モルヴァンVincent-Xavier Morvan への2018年4月30日のインタビューによる。

(2) Morvan(2017)

(3) これとは別に、地元の自称作家が出版した Schoedler, Alexandre. 2017. *Nice, l'attentat : La contre-enquête,* Au Pays Rêvé が存在するが、データの信頼性は乏しいとみられる。テロの被害者に焦点を当てたものとしてはMagro(2017)がある。

(4) *Morvan, op.cit.*

(5) "INFO LCI - Attentat de Nice : comment la police et la justice du quotidien sont passées à côté de Mohamed Lahouaiej-Bouhlel", *lci.fr,* 2018.01.19. https://www.lci.fr/faits-divers/info-lci-attentat-de-nice-comment-la-police-et-la-justice-du-quotidien-sont-passees-a-cote-de-mohamed-lahouaiej-bouhlel-2075793.html

(6) *Morvan, op.cit.*

(7) "Killer in Nice Long Drawn to Violence", *The New York Times,* 2016.07.25.

(8) フランソワ・モランFrançois Molinsの2016年7月16日と7月21日の記者会見映像による。"Le procureur François Molins donne une conférence de presse à Nice (Direct du 15.07.16)", 2016.07.15. https://www.youtube.com/watch?v=a5rFMLW6Tt0 および""M. Lahouaeiej-Bouhlel semble avoir mûri son projet criminel plusieurs mois avant" (F. Molins)", 2016.07.21. https://www.youtube.com/watch?v=uSO9gnGPOu8

(9) *Morvan, op.cit.*

(10) "Mohamed Lahouaiej Bouhlel, un terroriste pas si atypique", *Mediapart,* 2016.07.19.

(11) モラン記者会見 2016.07.21.

(22) Crone(2016)
(23) *Ibid.*

第7章

(1) ジル・ケペルの研究がマクロの視点に特化しているわけではなく、パリ郊外のイスラム教徒に関する調査など、ミクロの視点に関する論考も少なくない。同時に、オリヴィエ・ロワOlivier Royの研究にも中東イスラム世界から中央アジアにかけての国際情勢を視野に入れたものが少なからずある。ここでは便宜的に、両者がそれぞれ特に力を入れている分野を抽出し、分類した。なお、この2人は見解をめぐって対立することが多く、特に一連のテロをめぐってはフランスの各メディアで激しい論争を繰り広げた。詳しくは "Olivier Roy et Gilles Kepel, querelle française sur le jihadisme", *Liberation.fr,* 2016.04.14. https://www.liberation.fr/debats/2016/04/14/olivier-roy-et-gilles-kepel-querelle-francaise-sur-le-jihadisme_1446226 など。
(2) オリヴィエ・ロワへの2016年5月5日のインタビューによる。その一部は6月11日付朝日新聞朝刊オピニオン面「過激派のイスラム化」に掲載された。
(3) Laqueur and Wall(2018)
(4) イスラム過激派やテロ組織に対するカルト対策面からのアプローチは、フランスが公的な取り組みとして力を入れてきた。その中心となってきたのは、首相直属機関の「セクト対策省庁間横断本部」(MILS=Mission interministérielle de lutte contre les sectes) と、その後継組織である「セクト系偏向対策警戒省庁間横断本部」(MIVILUDES=Mission interministérielle de vigilance et de lutte contre les dérives sectaires) である。活動は以下のMIVILUDESのサイトで概観できる。http://www.derives-sectes.gouv.fr/
(5) 第二部第4章注(15)参照
(6) "Mohamed Abrini, du braquage au jihad", *liberation.fr,* 2016.04.08. http://www.liberation.fr/france/2016/04/08/mohamed-abrini-du-braquage-au-jihad_1445009
(7) Roy, Olivier. "Le djihadisme est une révolte nihiliste", *Le Monde*, 2015.11.25.
(8) "Merah, Kouachi, Abdeslam... Le djihad est souvent une affaire de fratrie", *Le Figaro.fr,* 2016.03.24. http://www.lefigaro.fr/actualite-france/2016/03/23/01016-20160323ARTFIG00265-merah-kouachi-abdeslam-le-djihad-est-souvent-une-affaire-de-fratrie.php
(9) *Ibid.*
(10) International Centre for Counter-Terrorism, The Hague (ICCT), *The Foreign Fighters Phenomenon in the European Union:Profiles, Threats & Policies,* ICCT Research Paper, 2016.04.01. https://icct.nl/wp-content/uploads/2016/03/ICCT-Report_Foreign-Fighters-Phenomenon-in-the-EU_1-April-2016_including-AnnexesLinks.pdf
(11) "Pourquoi y a-t-il tant de convertis parmi les djihadistes français de l'Etat islamique?", *L'Express,* 2014.12.20.
(12) "Islam:qui sont les nouveaux convertis ?", *lexpress.fr,* 2013.07.31. http://www.lexpress.fr/actualite/societe/enquete/islam-qui-sont-les-nouveaux-convertis_1270385.html
(13) 第一部第2章注(1)参照
(14) "RAN MANUAL Responses to returnees: Foreign terrorist fighters and their families", *Radicalisation*

(27) Maudhuy(2016)
(28) CHAMBRE DES REPRÉSENTANTS DE BELGIQUE., DOC 54 1752/001. 11 avril 2016. PROPOSITION visant à instituer une commission d'enquête parlementaire chargée d'examiner les circonstances qui ont conduit aux attentats terroristes du 22 mars 2016 dans l'aéroport de Bruxelles-National et dans la station de métro Maelbeek à Bruxelles, y compris l'évolution et la gestion de la lutte contre le radicalisme et la menace terroriste (déposée par M. Peter De Roover, Mme Laurette Onkelinx, MM. Denis Ducarme, Servais Verherstraeten et Patrick Dewael, Mme Meryame Kitir, MM. Jean-Marc Nollet et Kristof Calvo et Mme Catherine Fonck)
(29) 国末(2005-1)
(30) "La surveillance belge en question", *Le Monde*, 2016.03.24.

第6章

(1) "Les 73 minutes qui ont ébranlé Bruxelles", *Libération*, 2016.03.24.
(2) van Ruymbeke et d'Ansembourg(2017)
(3) " Les attentats de Bruxelles, Témoignages, Julien Prizzi", *Police Bruxelles CAPITALE Ixelles*, https://www.polbru.be/rapport2016/?Les_attentats_de_Bruxelles___T%C3%A9moignages___Julien_Prizzi
(4) ブリュッセル連続爆破テロの犠牲者に関する情報はきわめて限られるが、Le Monde とLa Libre Belgiqueの両紙が協力してまとめた以下のサイトがもっとも充実している。LE MÉMORIAL AUX VICTIMES DES ATTENTATS DE BRUXELLES, *Le Monde.fr*, https://www.lemonde.fr/grands-formats/visuel/2016/04/28/le-memorial-aux-victimes-des-attentats-de-bruxelles_4910218_4497053.html
(5) "L'Union européenne attaquée au cœur", *Le Monde*, 2016.03.24.
(6) "Verviers, Paris, Bruxelles : l'empreinte du groupe Abaaoud", *Le Monde*, 2016.03.25.
(7) Suc(2018)
(8) "La surveillance belge en question", *Le Monde*, 2016.03.24.
(9) Lamfalussy et Martin(2017)
(10) Maudhuy(2016)
(11) "Najim Laachraoui, maillon essentiel des attentats", *Le Monde*, 2016.03.24.
(12) 国末(2005-1)
(13) *Ibid.*
(14) Makarenko(2004)
(15) West Sands Advisory LLP, Project lead: Makarenko, Tamara. 2012. "Europe's Crime-Terror Nexus: Links between terrorist and organized crime groups in the European Union, Study", the European Parliament's Committee on Civil Liberties, Justice and Home Affairs
(16) Basra, Neumann, Brunner(2016)
(17) *Ibid.*
(18) Basra, Neumann(2017.10)
(19) Basra, Neumann, Brunner(2016)
(20) "Jihadi mentor mingled crime with religion ", *The New York Times*, 2016.04.12
(21) Moos(2016)

いては5000発という数字が多数報道されたが、Fauvergueは国民議会の聴聞会で、これは装備の弾薬数全体の数だと答えている。*Audition, à huis clos, de M. Jean-Michel Fauvergue, op.cit.*

(9) *Questionnaire à l'attention de M. Jean-Michel FAUVERGUE Chef du RAID, op.cit.*

(10) "Confusion après l'assaut de Saint-Denis", *Le Monde*, 2015.11.20.

(11) "Un commando « jusq'au-boutiste »", *Le Figaro*, 2015.11.19.

(12) "Un Femme kamikaze : une première sur le sol français", *Le Figaro*, 2015.11.19.

(13) アスナ・アイト＝ブラーセンについては "Hasna Aït Boulahcen, entre vodka et niqab", *Le Monde*, 2015.11.22. および "La kamikaze présumée s'était rapidement raicalisée", *Le Figaro*, 2015.11.20. および "Attentats de Paris : Hasna, complice des tueurs, racontée par sa soeur", *Le Parisien.fr*, 2016.03.10. http://www.leparisien.fr/faits-divers/attentats-de-paris-hasna-complice-des-tueurs-racontee-par-sa-soeur-10-03-2016-5614095.php

(14) "Mohammed VI reçu par François Hollande après l'aide du Maroc pour trouver Abaaoud", *jeuneafrique.com*, 2015.11.19. http://www.jeuneafrique.com/280160/politique/mohammed-vi-recu-francois-hollande-apres-laide-maroc-trouver-abaaoud/

(15) "Sonia, l'héroïne des attentats", *BFMTV.*, 2016.02.04. https://www.bfmtv.com/mediaplayer/video/sonia-l-heroine-des-attentats-749736.html および "DOCUMENT RMC – Le témoignage de Sonia, celle qui a dénoncé Abaaoud", *BFM avec RMC*, 2016.02.04. https://rmc.bfmtv.com/emission/document-rmc-l-essentiel-du-tacmoignage-de-sonia-celle-qui-a-dacnoncac-abaaoud-948869.html

(16) Sonia(2016)

(17) この週刊紙Valeurs Actuellesは、元大統領サルコジの顧問を務めた右翼系コンサルタントのパトリック・ビュイソンPatrick Buissonから影響を受け、右派と右翼との仲介役を務めるメディアとして知られる。ソニアの取り調べ内容を掲載したことは「証人を危険にさらす行為」と見なされ、2016年６月に罰金2000ユーロ（500ユーロの猶予付き）の処分を受けた。"Attentats de Paris. PV d'audition publié, Valeurs Actuelles condamné", *ouest-france.fr*, 2016.06.14. https://www.ouest-france.fr/attentats-paris/attentats-de-paris-pv-daudition-publie-valeurs-actuelles-condamne-4297867

(18) Sonia(2016)

(19) "Attentats : les victimes dénoncent les ratés des services de l'État", *Le Figaro.fr*, 2016.02.15. http://www.lefigaro.fr/actualite-france/2016/02/15/01016-20160215ARTFIG00348-attentats-les-victimes-pointent-les-rates-des-services-de-l-etat.php

(20) Lamfalussy et Martin(2017)

(21) *Ibid.*

(22) "Sur la trace des autres menbres du réseau", *Le Monde*, 2016.03.26.

(23) "Salah Abdeslam, de l'ombre aux lumières", *Libération*, 2016.03.21.

(24) "Comment Salah Abdeslam a été débusqué", *Le Monde*, 2016.03.20.

(25) "VIDÉO. Des images inédites de l'arrestation de Salah Abdeslam", *Le HuffPost*, 2016.03.21. https://www.huffingtonpost.fr/2016/03/21/video-arrestation-salah-abdeslam_n_9514738.html

(26) " VIDEO. Arrestation de Salah Abdeslam : les images de l'interpellation", *franceinfo*, 2016.03.18. https://www.francetvinfo.fr/faits-divers/terrorisme/attaques-du-13-novembre-a-paris/arrestation-de-salah-abdeslam/arrestation-de-salah-abdeslam-la-video-de-l-interpellation_1365563.html

(21) Suc(2018)

(22) "Comment les terrorists se sont infiltrés en Europe", *Le Monde,* 2016.11.13.

(23) *Ibid.* およびBrisard et Kévin(2016.11-12)

(24) *Le Monde, op.cit.*

(25) "13-Novembre : une histoire européenne", *Le Monde,* 2016.11.13.

(26) CIBの初期の活動についてはArmesto(2002) およびPontaut et Epstein(2002) および国末(2005-1) および*Lamfalussy et Martin, op.cit.*

(27) *Lamfalussy et Martin, op.cit.* は1982年としているが、1960年代とする資料も多い。

(28) *Armesto, op.cit.*

(29) *Ibid.* ただし、AyachiはArmestoのインタビューに対し、結婚にかかわったことを否定した。Armestoはそれを「虚偽だ」と記している。

(30) "Les liens du sang", *Le Monde,* 2015.12.24.

(31) " THE STRUGGLE FOR IRAQ: BOMBER; Raised Catholic in Belgium, She Died a Muslim Bomber", *The New York Times,* 2005.12.06.

(32) *Caillet et Puchot, op.cit.*

(33) " Khalid Zerkani : l'inquiétant "Papa Noel", le plus gros recruteur de djihadistes belges", *nouvelobs,* 2016.02.19. https://www.nouvelobs.com/societe/20160219.OBS4949/khalid-zerkani-l-inquietant-papa-noel-le-plus-gros-recruteur-de-djihadistes-belges.html

(34) " Un vétéran du djihad de 71 ans arrêté en France", *Le Monde.fr,* 2018.04.04. https://www.lemonde.fr/international/article/2018/04/04/un-veteran-du-djihad-de-71-ans-arrete-en-france_5280673_3210.html

(35) "La filière Zerkani ; ATTENTATS", *Marianne,* 2016.03.25.

(36) Pieter Van Ostaeyen(2016)

(37) Varvelli(2016)

(38) *Marianne, op.cit.*

(39) "Quand Abaaoud et Kriket partaient faire le djihad en Syrie", *Le Figaro,* 2016.03.26.

(40) "Un commando belge sous l'emprise du prédicateur Khalid Zerkani", *Le Monde,* 2016.11.13.

(41) *Le Figaro, op.cit.*

第5章

(1) "Le communautarisme façon Saint-Denis", *Le Figaro,* 2015.11.24.

(2) Questionnaire à l'attention de M. Jean-Michel FAUVERGUE Chef du RAID, *RAPPORT FAIT AU NOM DE LA COMMISSION D'ENQUÊTE, N° 3922 op.cit.*

(3) *RAPPORT FAIT AU NOM DE LA COMMISSION D'ENQUÊTE, N° 3922 op.cit.*

(4) "« Ce fut d'une telle violence qu'un mur porteur a bougé »", *Le Parisien,* 2015.11.19.

(5) なお、午前4時15分説、20分説もある。*RAPPORT FAIT AU NOM DE LA COMMISSION D'ENQUÊTE, N° 3922 op.cit.*

(6) *Ibid.*

(7) *Le Parisien,op.cit.*

(8) *RAPPORT FAIT AU NOM DE LA COMMISSION D'ENQUÊTE, N° 3922 op.cit.* 発砲した弾薬につ

第4章

(1) Molenbeekは通常、ブリュッセルの多くの市民の母語であるフランス語で「モランベーク」と発音され、地元でもこの呼び名が定着している。ただ、その市名は、オランダ語で「モレンベーク」と発音されたこの地の村の名に名前に由来しており、日本でも英語呼称の影響からかオランダ語表記を採用したメディアが多いため、ここではオランダ語表記「モレンベーク」を採用した。街の正式名称はフランス語でMolenbeek-Saint-Jeanモランベーク・サンジャン。

(2) Lamfalussy et Martin(2017)

(3) "A Molenbeek, un plan contre la radicalisation", *Le Monde*, 2015.12.20.

(4) *Lamfalussy et Martin, op.cit.*

(5) "Un ami du terroriste belge: « Il est dingue, Salah »", *ouest-france.fr*, 2015.11.19. https://www.ouest-france.fr/leditiondusoir/data/622/reader/reader.html?t=1447953377679#!preferred/1/package/622/pub/623/page/5

(6) 2015年11月18日の取材による。

(7) *Ibid.*

(8) "Salah Abdeslam, d'un vol raté à Limelette au carnage de Paris (PORTRAIT)", *La Libre.be*, 2016.03.19. http://www.lalibre.be/actu/belgique/salah-abdeslam-d-un-vol-rate-a-limelette-au-carnage-de-paris-portrait-56ec6ee335708ea2d3aedee6

(9) "Les Abdeslam, frère de sang", *Le Monde*, 2015.11.24.

(10) "Ce que révèle la vidéo des attentats diffusée par l'EI", *7sur7*, 2016.01.25. https://www.7sur7.be/7s7/fr/35522/Attaques-en-serie-a-Paris/article/detail/2595685/2016/01/25/Ce-que-revele-la-video-des-attentats-diffusee-par-l-EI.dhtml

(11) *Lamfalussy et Martin, op.cit.*

(12) *Le Monde, op.cit.*

(13) "A Molenbeek, « il est facile d'échapper à la police»", *Le Monde*, 2015 11.19. および" Au cœur du Molenbeekistan", *Le Figaro*, 2015.11.18.

(14) アバウドに関してはLamfalussy et Martin(2017) およびZenib(2016) およびVan Vlierden (2015.11-12) および"Ce que les Belges savaient d'Abaaoud", *Le Monde*, 2015.11.21. および"Attentats: Omar Abaaoud, "Abdelhamid, mon fils, a ruiné nos vies"", *H24info*, 2015.11.17. https://www.h24info.ma/monde/attentats-omar-abaaoud-abdelhamid-mon-fils-a-ruine-nos-vies/ など。

(15) "Le petit frère d'Abaaoud, Younès, donné pour mort en zone irako-syrienne", *L'Express.fr*, 2018.01.24. https://www.lexpress.fr/actualite/societe/le-petit-frere-d-abaaoud-younes-donne-pour-mort-en-zone-irako-syrienne_1979066.html

(16) Caillet et Puchot(2017)

(17) *Lamfalussy et Martin, op.cit.*

(18) *Ibid.*

(19) "L'homme derrière les attentats de Paris", *parismatch.com*, 2015.11.19. https://www.parismatch.com/Actu/International/Abou-Omar-Soussi-l-homme-le-plus-recherche-de-Belgique-692552 この動画部分にはショッキングな映像が含まれている。

(20) Van Vlierden(2015.11-12) および*Lamfalussy et Martin, op.cit.*

(30) "Le récit minute par minute de l'assaut au Bataclan", *nouvelobs.com,* 2015.11.22. https://www.nouvelobs.com/attentats-terroristes-a-paris/20151122.OBS9975/exclusif-le-recit-minute-par-minute-de-l-assaut-au-bataclan.html

(31) *RAPPORT FAIT AU NOM DE LA COMMISSION D'ENQUÊTE, N° 3922, op.cit.*

(32) *Ibid.*

(33) *LA CHRONOLOGIE DES ATTAQUES DU 13 NOVEMBRE 2015, op.cit.* なお、*Décugis et al., op.cit.* は0時19分としている。

(34) *Décugis et al., op.cit.*

(35) *Ibid.*

(36) *Ibid.*

(37) 2008年当時の様子を記録した動画は以下で視聴できる。"Bataclan:les images des menaces des djihadistes", *Le Point.fr,* 2015.11.17. http://www.lepoint.fr/societe/bataclan-les-images-des-menaces-des-djihadistes-17-11-2015-1982319_23.php

(38) Fenech(2017) および "Qui est Farouk Ben Abbes, dont le nom figure dans plusieurs dossiers terroristes?", *Le Monde.fr,* 2018.07.04. https://www.lemonde.fr/societe/article/2018/07/04/qui-est-farouk-ben-abbes-dont-le-nom-figure-dans-plusieurs-dossiers-terroristes_5325945_3224.html

(39)「イスラム国」のフランス語犯行声明は、以下のサイトに録音が保存されている。https://ia801308.us.archive.org/28/items/CommuniqueAudio/communique%20audio.mp3　なお、犯行声明の主ファビアン・クランFabien Clainは仏南部トゥールーズ出身のイスラム教改宗者で、トゥールーズ南方アルティガ村に拠点を置いたイスラム過激派グループに加わり、ファルーク・ベンアベスや「メラー事件」のモアメド・メラーとも親交を結んでいた。2015年3月に「イスラム国」に渡航し、欧州戦域司令官サリム・ベンガレムのもとで広報役やフランス人戦闘員のまとめ役を務めていたとみられる。

(40) *Décugis et al., op.cit.*

(41) *Ibid.* および "Les quatre jours d'errance d'Abaaoud", *Le Monde,* 2015.11.26.

(42) Maudhuy(2016)

(43) Dive(2016)

(44) *Ibid.*

(45) *Ibid.*

(46) *Ibid.*

(47) Audition, à huis clos, du général Denis Favier, directeur général de la gendarmerie nationale, du colonel Hubert Bonneau, commandant le groupe d'intervention de la gendarmerie nationale (GIGN), et du colonel Armando de Oliveira, commandant la région de gendarmerie de Picardie et le groupement de gendarmerie départementale de la Somme : Compte rendu de l'audition, à huis clos, du mercredi 9 mars 2016, *RAPPORT FAIT AU NOM DE LA COMMISSION D'ENQUÊTE, N° 3922, op.cit.*

(48) Audition, à huis clos, de M. Jean-Michel Fauvergue, chef du RAID (Recherche Assistance Intervention Dissuasion), et de M. Éric Heip, son adjoint : Compte rendu de l'audition, à huis clos, du mercredi 9 mars 2016, *RAPPORT FAIT AU NOM DE LA COMMISSION D'ENQUÊTE, N° 3922 op.cit.*

(49) Fenech(2017)

第3章

(1) Décugis et al.(2016)

(2) "Comment la DGSI a raté Ismaël Mostefaï, l'un des kamikazes du Bataclan", *Mediapart*, 2015.11.22.

(3) "Le parcours et la traque de Salah Abdeslam, terroriste du 13-Novembre", *Mediapart*, 2016.03.22.

(4) " Ce que l'on sait sur les terroristes", *Mediapart*, 2015.11.19.

(5) *Ibid.*

(6) "Comment la DGSI a raté Ismaël Mostefaï, l'un des kamikazes du Bataclan", *Mediapart*, 2015.11.22.

(7) "«Si je rentre en France, c'est pour tout exploser»", *Le Monde*, 2015.12.11.

(8) *Décugis et al., op.cit.* なお、テロリストたちがバタクランに入ったのを「午後9時40分過ぎ」とする情報もある。*RAPPORT FAIT AU NOM DE LA COMMISSION D'ENQUÊTE, N° 3922, op.cit.*

(9) *Décugis et al., op.cit.*

(10) *Ibid.*

(11) "Au Bataclan, « Du sang partout, des cadavres »", *Le Monde*, 2015.11.15.

(12) "« Je t'aime. On ne doit pas mourir »", *Le Monde*, 2015.11.29.

(13) *Décugis et al., op.cit.*

(14) *Le Monde, op.cit.*

(15) *Décugis et al., op.cit.*

(16) *Ibid.*

(17) Audition, à huis clos, du commissaire divisionnaire X et du brigadier Z, son chauffeur (jeudi 17 mars 2016), *RAPPORT FAIT AU NOM DE LA COMMISSION D'ENQUÊTE, N° 3922, op.cit.* なお、2人の警察官に対するフランス国民議会調査委員会の聴聞は、治安問題を理由に非公開で実施された。その内容を記した上記の委員会報告は、2人を幹部警察官X、巡査部長Zと表現している。Décugis et al.(2016)は、2人をギヨーム・C，グレゴリー・Dと伝えている。

(18) *RAPPORT FAIT AU NOM DE LA COMMISSION D'ENQUÊTE, N° 3922, op.cit.*

(19) *Ibid.*

(20) *Ibid.*

(21) *Ibid.*

(22) "Terrifying Footage of Paris Firefight Caught on Video", *Time.com,* 2015.11.14. http://time.com/4113157/paris-attack-bataclan-firefight-video/

(23) 第二部第1章注（18）参照

(24) *Décugis et al., op.cit.*

(25) Audition, à huis clos, de M. Christophe Molmy, chef de la brigade de recherche et d'intervention de la préfecture de police de Paris, et de M. Marc Thoraval, chef de la brigade criminelle de la direction régionale de la police judiciaire (DRPJ) de Paris:Compte rendu de l'audition, à huis clos, du jeudi 10 mars 2016, *RAPPORT FAIT AU NOM DE LA COMMISSION D'ENQUÊTE, N° 3922, op.cit.*

(26) *Décugis et al., op.cit.*

(27) *Ibid.*

(28) *RAPPORT FAIT AU NOM DE LA COMMISSION D'ENQUÊTE, N° 3922, op.cit.*

(29) *Décugis et al., op.cit.*

Presse, 2017.01.18.
(12) Zineb(2016)
(13) *Décugis et al., op.cit.*
(14) Dive(2016)
(15) *Décugis et al., op.cit.*
(16) Maudhuy(2016)
(17) *Décugis et al., op.cit.*
(18) *Ibid.*
(19) *Ibid.*
(20) "« Le bruit des chargeurs qui se vident et qu'ils réarment sans fin»", *L'OBS Numéro spécial,* 2015.11.13.
(21) " Attentats de Paris : la cousine de Lassana Diarra tuée rue Bichat", *leparisien.fr,* 2015.11.15. http://www.leparisien.fr/faits-divers/attentats-de-paris-la-cousine-de-lassana-diarra-tuee-rue-bichat-15-11-2015-5278839.php
(22) *Décugis et al., op.cit.*
(23) 動画は英紙*Daily Mail*のサイトに掲載された。以下のサイトで視聴できる。"La vidéo de la fusillade au restaurant Casa Nostra à Paris", https://www.dailymotion.com/video/x3eji9r　フランスの複数のメディアは、*Daily Mail*が動画入手と引き換えにピザ店の店主に５万ユーロを払った、と報じた。店主は、動画に映る客５人から訴えられた。パリ軽罪裁判所は2017年、店主に対して１万ユーロの罰金を支払うよう命じる判決を言い渡した。
(24) *Décugis et al., op.cit.*
(25) *Ibid.*
(26) "Sur la terrasse chauffée de La Belle Equipe, coup de champagne à la main, leur joie de vivre rayonne... ", *Paris Match,* 2015.11.26. およびReibenberg(2016)
(27) *Décugis et al., op.cit.*
(28) 動画から切り出した写真は、フランスの民放M6で放映された。その映像は以下で視聴できる。" Inédit : M6 diffuse l'explosion de Brahim Abdeslam au comptoir Voltaire", https://www.dailymotion.com/video/x46wpgy
(29) *Le Monde, op.cit.*
(30) Lamfalussy et Martin(2017)
(31) *RAPPORT FAIT AU NOM DE LA COMMISSION D'ENQUÊTE, N° 3922, op.cit.*
(32) "Attentat en Isère: le suspect interpellé avait été fiche", *Mediapart,* 2015.06.26.
(33) この際の一連のテロはガスボンベを爆発させたものだった。
(34) "Long Before Brussels, ISIS Sent Terror Operatives to Europe", *The New York Times,* 2016.03.29.
(35) *Ibid.*
(36) *Décugis et al., op.cit.*
(37) Suc(2018)
(38) *Ibid.*
(39) *Décugis et al., op.cit.*
(40) *Lamfalussy et Martin, op.cit.*

(18) "Vidéo : pendant le carnage au Bataclan, la fuite des victimes", *Le Monde.fr,* 2015.11.14. https://www.lemonde.fr/attaques-a-paris/video/2015/11/14/images-de-la-fusillade-au-bataclan_4809661_4809495.html

(19) Fenech(2017)

(20) LE MÉMORIAL DU « MONDE » AUX VICTIMES DES ATTENTATS DU 13-NOVEMBRE, *Le Monde.fr,* https://www.lemonde.fr/attaques-a-paris/visuel/2015/11/25/enmemoire_4817200_4809495.html なお、パリ同時多発テロの犠牲者総数は130人で確定しているが、それぞれの場所別の犠牲者数は諸説ある。被災場所不明の犠牲者が複数いるからであると思われる。ここでは、Le Monde紙電子版の上記まとめを基本とし、他の資料で補った。

(21) Reibenberg(2016)

(22) 竹内浩三「骨のうたう」、竹内浩三著、小林察編『戦死やあわれ』岩波書店、2003年

(23) マドリード列車連続爆破テロが起きたのはスペイン総選挙の直前で、当時の右派アスナール政権は国内北東部バスク地方の独立を掲げる武装組織「バスク祖国と自由」による犯行説をしきりに流布した。イスラム過激派の犯行となると中東政策が選挙の争点に浮上しかねないと懸念したからだといわれた。アスナール政権はその前年に起きたイラク戦争で世論の反対にもかかわらず米ブッシュ政権を支持し、イラクに出兵もしていた。しかし、捜査の進展によってイスラム過激派が相次いで逮捕される事態になり、政権への支持は急落。与党圧倒的優勢の下馬評が覆されて左派野党の社会労働党が勝利する政変に結びついた。新たに発足したサパテロ社会労働党政権はスペイン軍のイラクからの撤兵を表明し、テロリストは「スペインの政策変更」という目的をある意味で達成した。当時の経緯については国末(2007)。犯行グループの背景については国末(2005-1)。ここには、犯行グループの首謀者として有罪判決を受けたアブダダことイマド=エディン・バラカトの妻マリサ・マルティンへの2度のインタビュー内容を収録している。

(24) LA CHRONOLOGIE DES ATTAQUES DU 13 NOVEMBRE 2015, *RAPPORT FAIT AU NOM DE LA COMMISSION D'ENQUÊTE relative aux moyens mis en œuvre par l'État pour lutter contre le terrorisme depuis le 7 janvier 2015, N° 3922,* ASSEMBLÉE NATIONALE, Enregistré à la Présidence de l'Assemblée nationale le 5 juillet 2016.

第2章

(1) Décugis et al.(2016)

(2) *Ibid.*

(3) "Des attaques coordonnée depuis la Belgique", *Le Monde,* 2015.12.31.

(4) *Ibid.*

(5) *Ibid.*

(6) Suc(2018)

(7) Décugis et al.(2016)

(8) *LA CHRONOLOGIE DES ATTAQUES DU 13 NOVEMBRE 2015, op.cit.*

(9) *Ibid.*

(10) *Ibid.*

(11) "Attentats du 13 Novembre : un deuxième kamikaze du Stade de France identifié", *Agence France*

tuée en Syrie ?", *liberation.fr/checknews,* 2019.03.13. https://www.liberation.fr/checknews/2019/03/13/hayat-boumeddiene-veuve-du-terroriste-de-l-hyper-casher-a-t-elle-ete-tuee-en-syrie_1714514

(27) Dive(2016)

(28) 国末(2005-2)

第二部　ヨーロッパ戦場化作戦――パリ同時多発テロ、ブリュッセル連続爆破テロ

第１章

(1) "Le suspect de la fusillade au Musée juif de Bruxelles confondu par une vidéo", *Mediapart,* 2014.06.01.

(2) "Un projet d'attentat contre des églises déjoué fortuitement à Paris", *Le Monde,* 2015.04.23. 第一部第8章注(7)で記したとおり、アメディ・クリバリもこのヴィルジュイフVillejuifでテロ未遂を起こしている。イスラム過激派には、直訳で「ユダヤ人の街」を意味するこの街を標的とする傾向がみられる。実際には、この地名はユダヤ人と何の関係もない。

(3) "Attentat en Isère:le suspect interpellé avait été fiche", *Mediapart,* 2015.06.26. なお、ヤシン・サリは収監先の刑務所でこの年12月に自殺した。"Attentat à Saint-Quentin-Fallavier: Yassin Sahli s'est suicidé en prison", *francebleu.fr,* 2015.12.23. https://www.francebleu.fr/infos/faits-divers-justice/attentat-saint-quentin-fallavier-yassin-sahli-s-est-suicide-en-prison-1450856178

(4) "Un attentat sanglant évité dans le Thalys", *Le Monde,* 2015.08.23. および "Itinéraire d'un routard de l'islam radical", *Le Monde,* 2015.08.25.

(5) Director : Clint Eastwood, 2018. *"The 15:17 to Paris",* Production Co : Warner Bros.（クリント・イーストウッド監督『15時17分、パリ行き』、ワーナー・ブラザース映画）

(6) Suc(2018)

(7) アブデルナセル・ベンユセフAbdelnasser Benyoucefについては、"Un vétéran du djihad a inspiré le terroriste de Villejuif", *Le Parisien,* 2016.11.17. および "Le terroriste algérien Abdelnasser Benyoucef présenté comme "cadre" de Daech en Syrie", *algerie1.com,* 2016.11.17. https://www.algerie1.com/actualite/le-terroriste-algerien-abdelnasser-benyoucef-presente-comme-cadre-de-daech-en-syrie

(8) *Suc, op.cit.*

(9) "Un cerveau des attentats européens tué en Syrie", *Mediapart,* 2017.05.09. "Un des commanditaires de l'attentat avorté contre une église de Villejuif tué en Syrie", *BFMTV,* 2017.05.05. https://www.bfmtv.com/police-justice/un-des-commanditaires-de-l-attentat-avorte-contre-une-eglise-a-villejuif-tue-en-syrie-1157837.html

(10) "La difficile traque des commanditaires du 13-Novembre", *Mediapart,* 2016.11.13. および *Suc, op.cit.*

(11) "Long Before Brussels, ISIS Sent Terror Operatives to Europe", *The New York Times,* 2016.03.29. および"Sur la piste d' "Hamza le sniper"", *Le Monde,* 2017.11.11

(12) *The New York Times, op.cit.*

(13) Caillet et Puchot(2017)

(14) *The New York Times, op.cit.*

(15) "Paris Attackers Refined Tactics to Inflict Harm", *The New York Times,* 2016.03.20.

(16) *The New York Times,* 2016.03.09.

(17) 朝日新聞2015年11月15日付朝刊

(7) ""C'est trop trop bien" : Hayat Boumeddiene, la veuve d'Amedy Coulibaly s'est bien rendue en Syrie", *LCI*, 2017.01.11. https://www.lci.fr/justice/c-est-trop-trop-bien-hayat-boumeddiene-la-veuve-d-amedy-coulibaly-se-trouve-bien-en-syrie-2021225.html

(8) "Hyper Cacher: la veuve d'Amedy Coulibaly confirme dans des écoutes être en Syrie", *Mediapart*, 2017.01.11.

(9) "Quand Boumeddiene croisait Ramazanova dans un hôtel d'Istanbul", *nouvelobs.com*, 2015.01.17. https://www.nouvelobs.com/charlie-hebdo/20150117.OBS0178/quand-boumeddiene-croisait-ramazanova-dans-un-hotel-d-istanbul.html および "Istanbul bomber 'widow of Norwegian jihadist'", *The Local Norway*, 2015.01.17. https://www.thelocal.no/20150117/istanbul-bomber-was-teen-widow-of-norwegian-jihadist

(10) "Djihad féminin: état des lieux de la menace", *Le Monde*, 2018.05.08.

(11) *Le Monde, op.cit.*

(12) *Mediapart, op.cit.*

(13) "New video message from Amedy Coulibaly: "Soldier of the Caliphate"", *Jihadology*, 2015.01.10. https://jihadology.net/2015/01/10/new-video-message-from-amedy-coulibaly-soldier-of-the-caliphate/

(14) "ISIS magazine:Terrorist widow is in Syria", *CNN International Edition+*, https://edition.cnn.com/videos/us/2015/02/12/lead-dnt-tapper-isis-hayat-boumeddiene.cnn 動画そのもののフランス語名は "Faites exploser la France"。同名の動画はいくつかのバージョンが「イスラム国」によってアップされており、第1弾は『シャルリー・エブド』襲撃事件が起きる直前の2014年12月に公表された。アヤトが出演したとみられる動画はこれに続くものと考えられる。

(15) *Ibid.*

(16) "Interview de l'épouse de notre frère Aboû Basîr 'Abdoullâh Al-Ifriqî (qu'Allâh l'accepte)", *DAR AL-ISLAM NUMERO2 "Qu'Allah maudisse la France"*, 2015.02. Le Centre Médiatique Al-Hayat

(17) "Un magazine de l'EI publie une interview présumée d'Hayat Boumeddiene", *nouvelobs.com*, 2015.02.12. https://www.nouvelobs.com/charlie-hebdo/20150212.OBS2327/un-magazine-de-l-ei-publie-une-interview-presumee-d-hayat-boumeddiene.html

(18) マティユー・シューク Matthieu Sucへの2018年4月27日のインタビューによる。

(19) Bouzar(2015)

(20) Lamfalussy et Martin(2017)

(21) ""Charlie" La justice sur les traces du commanditaire ", *Le Monde*, 2015.11.08.

(22) "Attentats en France:Hayat Boumeddiene a pris contact avec sa famille", *RTL*, 2015.04.28. http://www.rtl.fr/actu/debats-societe/attentats-en-france-hayat-boumeddiene-a-pris-contact-avec-sa-famille-7777495019 および *Mediapart, op.cit.*

(23) *Mediapart, op.cit.*

(24) "Les frères Belhoucine seraient morts en Syrie", *Le Parisien*, 2016.02.

(25) "Prominent French jihadis killed in IS-held area in Syria ", *The Associated Press*, 2019.03.05.

(26) "Hayat Boumeddiene tuée en Syrie? Les services de renseignement restent prudents", *lejdd.fr*, 2019.03.23. https://www.lejdd.fr/Societe/hayat-boumeddiene-tuee-en-syrie-les-services-de-renseignement-restent-prudents-3879236 および "Hayat Boumeddiene, veuve du terroriste de l'Hyper Casher, a-t-elle été

第10章

(1) "Le héros de la prise d'otages de Vincennes raconte comment il a sauvé des otages", *BFMTV*, 2015.01.10. https://www.youtube.com/watch?v=fq_FgSkoiS0

(2) Drai(2015)

(3) "Remarks by the President at the Summit on Countering Violent Extremism | February 19, 2015", *The White House, Office of the Press Secretary*, 2015.02.19. https://obamawhitehouse.archives.gov/the-press-office/2015/02/19/remarks-president-summit-countering-violent-extremism-february-19-2015

(4) 同様にパレスチナ人とイスラム教徒とのアイデンティティーも異なる。パレスチナ人には、イスラム教徒だけでなく、多数のキリスト教徒も含まれる。

(5)「イペール・カシェール」は一般的に敬虔なユダヤ教徒、宗教を意識しながら日々暮らす人々のための店であることから、本書も「ユダヤ教徒のスーパー」と表現した。フランスに暮らすユダヤ人やユダヤ系の多くは、そのような宗教世界とは無縁であり、戒律を気にすることなく生活を営んでいる。

(6) "Les rouages de la machine complotiste", *Libération*, 2015.01.21.

(7) Schuurman. et al.(2018)

(8) Gilles Kepel, "The limits of third-generation jihad", *The International New York Times*, 2015.02.17

(9) ジル・ケペルGilles Kepelへの2015年9月3日のインタビューによる。

(10) Kepel(1987)

(11) Kepel(2000)

(12) スーリーについてはLia(2014), Cruickshank and Hage Ali (2007). スーリーの論文『グローバルなイスラム抵抗への呼びかけ』は、さまざまなバージョンがウェブで出回っているが、安全性に疑問が残るサイトのものが少なくないと思われる。Lia(2014)には英訳の抜粋が掲載されている。

(13) Lia(2014)

(14) Kepel avec Jardin(2015)

(15) Kepel(2014)

(16) Laqueur and Wall(2018)

第11章

(1) "Comment la compagne de Coulibaly a fui la France", *Le Monde*, 2015.02.25.

(2) "Tras los pasos de Coulibaly en Madrid", *Conecta 5 Telecinco*, https://www.telecinco.es/blogs/luzdeluna/Amedi_Coulibaly-Hayat_Boumeddiene-terroristas_Espana-yihadistas_Espana-EI_Francia-Terroristas_franceses_6_2016615006.html

(3) "Paris attacks: Hayat Boumeddiene shown on CCTV at Istanbul airport", *Guardian News*, 2015.01.12.

(4) "Hayat ne supportait pas le calme d'Amedy. C'est elle qui pétait les plombs", *Paris Match*, 2015.01.29.

(5) " Inside the £40-a-night Turkish hotel room Paris rampage terror wife fled to – and it has Eiffel Tower on the wall", *Mail Online*, 2015.01.14. https://www.dailymail.co.uk/news/article-2909510/Inside-40-night-Turkish-hotel-room-Paris-rampage-terror-wife-fled-Eiffel-Tower-wall.html

(6) "La compagne de Coulibaly aurait accouché", *Le Point.fr*, 2015.06.19. http://www.lepoint.fr/societe/la-compagne-de-coulibaly-aurait-accouche-19-06-2015-1938346_23.php

2015.01.16. http://www.bfmtv.com/mediaplayer/video/attentat-a-l-hyper-cacher-coulibaly-etait-presque-gentil-explique-un-ex-otage-390359.html

(15) *Libération, op.cit.*

(16) *Ibid.*

(17) *Ibid.*

(18) *Ibid.*

(19) *Etchegoin et al., op.cit.* および "Comment BFMTV a pu s'entretenir avec les terroristes", *BFMTV,* 2015.01.11. http://www.bfmtv.com/societe/comment-bfmtv-a-pu-s-entretenir-avec-les-terroristes-856692.html　なお、メディアには知らされていなかったが、捜査当局はクリバリが破壊する前の店のビデオカメラ映像を入手しており、少なくとも2人が死亡していると考えていた。Fauvergue(2019)

(20) "Attentats de janvier 2015 : qui sont les 14 suspects pour qui le parquet veut un procès ?", *L'OBS,* 2018.12.21.

(21) Suc(2018)

(22) この言葉はクリバリ独自のものでなく、「メラー事件」のモアメド・メラーの発言の受け売りだと考えられる。もとは、オサマ・ビンラディンが米CNNインタビューに応じた際に使った表現だといわれる。Fauvergue(2019). 後述のオリヴィス・ロワは「彼らはみな同じことを言う」と指摘している。Roy(2016)

(23) "DOCUMENT RTL – Quand Coulibaly essaye de se justifier devant ses otages à l'épicerie casher", *RTL,* 2015.01.10. http://www.rtl.fr/actu/justice-faits-divers/document-rtl-quand-coulibaly-essaye-de-se-justifier-devant-ses-otages-a-l-epicerie-casher-7776161788

(24) *Liberation.fr, op.cit.*

(25) Dive(2016)

(26) Fauvergue(2017) およびFauvergue(2019). 1回目の交渉はBRI、2回目と3回目の交渉はRAIDの担当官が務めた。

(27) "Le double assaut vu par les forces de l'ordre", *Le Monde,* 2015.01.17. および*Etchegoin et al., op.cit.*

(28) *Ibid.*

(29) *Libération, op.cit.*

(30) Cerdan(2016)

(31) "« Zarma, c'est la guerre ! » : de Paris à Dammartin, trois jours de cavale", *Le Monde,* 2015.02.18.

(32) *Ibid.*

(33) "Assault Paris Attenta 9/01/2015- Multi-camera", *WHBBE,* 2015.01.10. https://www.youtube.com/watch?v=oKCngJCAovk

(34) *Le Monde, op.cit.*

(35) Fauvergue(2017)

(36) *Libération, op.cit.*

(37) "Prise d'otages du supermarché casher à Paris : "C'était l'enfer, un cauchemar"", *france24.com,* 2015.01.12. https://www.france24.com/fr/20150112-prise-otages-supermarche-hyper-casher-amedy-coulibaly-cauchemar-temoignages-lassana-bathily

(38) *Libération, op.cit.*

(25) "Coulibaly avait repéré les lieux", *Le Monde*, 2015.01.18.
(26) "Dans le huis clos de l'Hyper Cacher de Vincennes", *Le Monde*, 2015.01.18.
(27) Suc(2016)
(28) "Otages dans l'Hyper Cacher. Le récit des heures les plus longues de leur vie", *Paris Match*, 2015.01.20.
(29) "«On va mourir, d'accord, mais qu'il vienne nous chercher»", *Libération*, 2015.06.08.
(30) Drai(2015)
(31) *Le Monde, op.cit.*
(32) *Ibid.*
(33) " Témoignage de Rudy Hadad, caché 5 heures durant, dans la chambre froide de l'Hypercacher ", *Arutz 2,* 2015.01.10. https://www.youtube.com/watch?v=2TfFs6r05wA
(34) *Drai, op.cit.*
(35) *Ibid.*

第9章

(1) "Ils étaient dans l'Hyper Cacher", *Libération*, 2015.06.08.『リベラシオン』紙の呼びかけに応じた人質4人のうち、1人は当日来られなかったため翌日電話で取材を受けた。4人の一部は匿名。なお、当日の地下室での状況を再現したものとしては、人質の1人ヨアン・ドレYohann Draiがジャーナリストの協力で出版した書籍Drai(2015)、人質3人の証言を元に現場を再構成した映像 " Paris terreur - Les otages de l'Hyper Cacher: Une vue à 360 degrés WDR", 2018.01.08. https://www.youtube.com/watch?v=owO7m4FaOMg などがある。それぞれの記憶にはずれがあり、ここでは主に『リベラシオン』に依拠して状況を再現し、必要に応じて他の情報から補完した。
(2) *Paris Match, op.cit.*
(3) "Dans le huis clos de l'Hyper Cacher de Vincennes", *Le Monde*, 2015.01.18.
(4) Etchegoin et al. (2016)
(5) *Le Monde, op.cit.*
(6) "Attaque du supermarché Hyper Cacher : un otage raconte l'horreur", *liberation.fr,* 2015.01.11. https://www.liberation.fr/societe/2015/01/11/hyper-casher-de-vincennes-soudain-j-ai-entendu-une-tres-forte-detonation_1178435
(7) *Paris Match, op.cit.*
(8) "Le héros de la prise d'otages de Vincennes raconte comment il a sauvé des otages", 2015.01.10. https://www.youtube.com/watch?v=fq_FgSkoiS0
(9) *Libération, op.cit.* このときの状況は、証言者によって大きく異なる。Drai(2015)は、最後にたしかめにきたのがスーパーの男性従業員だったと記している。
(10) *Libération, op.cit.*
(11) *Le Monde, op.cit.*
(12) *liberation.fr, op.cit.*
(13) *Ibid.*
(14) "Attentat à l'Hyper Cacher: Coulibaly "était presque gentil", explique un ex-otage", *BFMTV,*

lejdd.fr/Societe/Attentats-de-Paris-l-homme-qui-s-est-battu-avec-Coulibaly-a-Montrouge-temoigne-726872
(6) "L'école juive de Montrouge émue par la mort de Clarissa", *la1ere.francetvinfo.fr,* 2015.01.12. https://la1ere.francetvinfo.fr/2015/01/12/l-ecole-juive-de-montrouge-emue-par-la-mort-de-clarissa-221132.html
(7) *Le Monde,op.cit.* パリ南郊のヴィルジュイフVillejuifは、直訳すると「ユダヤ人の街」だが、実際にはユダヤ人と関係なく、ユダヤ人街があった歴史もない。古代の名称の音が当てはめられただけだと考えられる。しかし、クリバリはここがユダヤ人に関係あると信じていた節がうかがわれ、親しくしていた男がこの街の出身だと分かった途端に口を利かなくなった、などのエピソードが伝えられている。この街でテロを起こしたのも、その名称が理由だったと推測できる。
(8) Etchegoin et al.(2016)
(9) *Ibid.* および "« Zarma, c'est la guerre ! » : de Paris à Dammartin, trois jours de cavale", *Le Monde,* 2015.02.18.
(10) "«J'ai vécu un moment incroyable» : le face à face du gérant de l'imprimerie avec les frères Kouachi", *Le Figaro Online,* 2015.01.10. http://www.lefigaro.fr/actualite-france/2015/01/10/01016-20150110ARTFIG00123-dammartin-en-goele-le-gerant-raconte-son-face-a-face-avec-les-freres-kouachi.php
(11) *Le Monde, op.cit.*
(12) Suc(2016)
(13) *Le Monde, op.cit.*
(14) "Seul avec les frères Kouachi", *L'Express*, 2015.09.16.
(15) Suc(2016). 表に出て撃たれたのがサイードだとする報道もある。
(16) *Le Figaro Online, op.cit.*
(17) "Le récit de Lilian Lepère, caché sous un évier pour échapper aux frères Kouachi", *Le Monde.fr,* 2015.01.13. https://www.lemonde.fr/societe/article/2015/01/13/le-recit-de-lilian-lepere-cache-sous-un-evier-pour-echapper-aux-freres-kouachi_4554789_3224.html
(18) Dive(2016)
(19) "Attentats: ce que les terroristes ont dit à BFMTV", http://www.bfmtv.com/societe/bfmtv-a-ete-en-contact-avec-les-terroristes-856576.html "Prises d'otages: BFMTV en contact avec les terroristes", 2015.01.10. https://www.youtube.com/watch?v=mAoDxACTe4M 以上はBFMTVの番組のサイトだが、ここで引用されているインタビューはごく一部に過ぎない。より多くの部分を収録した録音は以下にある（ただし、表題が「シェリフ・クアシと警察との対話」とあるのは誤り）。 "Discussion Chérif Kouachi et la Police", 2015.01.09. https://www.youtube.com/watch?v=EALkjWzZSoU
(20) *Ibid.*
(21) "Les terroristes avaient revendiqué dès 10 heures leurs attaques sur BFM-TV", *Le Monde.fr,* 2015.01.11. http://www.lemonde.fr/societe/article/2015/01/09/eux-charlie-hebdo-moi-les-policiers-le-temoignage-des-terroristes-sur-bfm-tv_4552997_3224.html
(22) Dive(2016)
(23) *Le Monde, op.sit.*
(24) "Comment la compagne de Coulibaly a fui la France", *Le Monde,* 2015.02.25.

(29) *Ibid.*

(30) "Doutes sur la sécurité du chef de l'Etat", *Le Monde*, 2015.05.27.

(31) *Dive, op.cit.*

(32) "Charlie Hebdo : une jeune femme entendue par les policiers", *ledauphine.com,* 2015.01.08. https://www.ledauphine.com/isere-sud/2015/01/08/charlie-hebdo-une-jeune-femme-entendue-par-les-policiers-de-grenoble

(33) "Les fausses plaques de la C3 des frères Kouachi", *autoplus.fr,* 2015.01.19. https://news.autoplus.fr/plaque-immatriculation-usurpation-de-plaque-doublette-PV-enquete-1490544.html 偽造書類でナンバープレートが簡単に入手できる問題は、調査報道で知られる自動車専門誌『オート・プリュス』が以前から指摘していた。同誌は2013年、おとり取材を実施し、みずから偽造した書類をもとに何と大統領専用車と同じ番号のナンバープレートを取得することに成功し、そのルポを掲載していた。にもかかわらず、フランスの運輸当局はその後対策を採っていなかった。"Le scandale des fausses plaques d'immatriculation : Trop faciles à obtenir", *autoplus.fr,* 2013.03.04. https://video.autoplus.fr/Fausses-plaques--plaque-d%27immatriculation--usurpation-de-plaque--ministre-interieur-1490460.html

(34) Etchegoin et al.(2016)

(35) *Ibid.* および *Dive, op.cit.*

(36) *RAPPORT FAIT AU NOM DE LA COMMISSION D'ENQUÊTE, N° 3922, op.cit.*

(37) "Charlie Hebdo : Mourad, le lycéen beau-frère de Chérif Kouachi, «sidéré»", *leparisien.fr,* 2015.01.10. http://www.leparisien.fr/faits-divers/charlie-hebdo-le-recit-de-mourad-le-lyceen-beau-frere-de-cherif-kouassi-apres-sa-garde-a-vue-10-01-2015-4435913.php

(38) "Le "cauchemar" de Mourad Hamyd", *parismatch.com,* https://www.parismatch.com/Actu/Societe/Le-cauchemar-de-Mourad-Hamyd-le-beau-frere-de-Cherif-Kouachi-687054　なお、ムラド・ハミドはこの後、バカロレア（大学入学資格）を取得した後、2016年7月にトルコで拘束された。シリアに渡航しようとしたといわれ、過激派としてフランス当局の監視を受けていたことも明らかになった。"Mourad Hamyd, le beau-frère de Chérif Kouachi, arrêté en Turquie", *parismatch.com,* 2016.08.07. https://www.parismatch.com/Actu/International/Mourad-Hamyd-le-beau-frere-de-Cherif-Kouachi-arrete-en-Turquie-1032928

第8章

(1) "L'explosion de Villejuif et les tirs de Fontenay-aux-Roses attribués à Coulibaly", *Le Monde,* 2015.11.08.

(2) "Le héro qui a affronté Coulibaly", *Le Parisien,* 2015.10.23.

(3) "Montrouge: pas de lien "à ce stade" avec Charlie Hebdo (Cazeneuve)", *Le Figaro Online,* 2015.01.08. http://www.lefigaro.fr/flash-actu/2015/01/08/97001-20150108FILWWW00307-montrouge-pas-de-lien-a-ce-stade-avec-charlie-hebdo-cazeneuve.php

(4) "Policière tuée à Montrouge : "Je me suis dit pourvu que ce ne soit pas ma petite Clarissa"", *lci.fr,* 2015.01.10. https://www.lci.fr/societe/policiere-tuee-a-montrouge-je-me-suis-dit-pourvu-que-ce-ne-soit-pas-ma-petite-clarissa-1519685.html

(5) "L'homme qui s'est battu avec Coulibaly à Montrouge témoigne", *lejdd.fr,* 2015.04.07. https://www.

(4) Kepel(2008)

(5) COUR D'APPEL DE PARIS, 11e chambre, section A, Arrêt du 12 mars 2008, Sur appel d'un jugement du Tribunal de grande instance de Paris, 17e chambre du 22 mars 2007 (P0621308076).

(6) Mahomet débordé par les intégristes, *Charlie Hebdo*, N° 712, 2006.02.08.

(7) "Caricatures : les organisations musulmanes hésitent à lancer des poursuites systématiques", *Le Monde*, 2007.02.08.

(8) *COUR D'APPEL DE PARIS, 11e chambre, section A, Arrêt du 12 mars 2008, op.cit.* および"Le jugement de l'affaire Charlie Hebdo", *Journal d'un avocat*, 2007.03.22. http://www.maitre-eolas.fr/post/2007/03/22/580-le-jugement-de-l-affaire-charlie-hebdo

(9) 当時の『シャルリー・エブド』編集部で2007年3月22日に開かれた記者会見による。

(10) CHARIA HEBDO, *Charlie Hebdo*, N° 1011, 2011.11.02.

(11) "Je n'ai pas l'impression d'égorger quelqu'un avec un feutre", *Le Monde*, 2012.09.21.

(12) Les prédictions du mage Houellebecq, *Charlie Hebdo*, N° 1177, 2015.01.07.

(13) Houellebecq(2015)

(14) Réalisation : Danièle Thompson, 2006. "*Fauteuils d'orchestre*", Productrice : Christine Gozlan (ダニエル・トンプソン監督『モンテーニュ通りのカフェ』、配給：ユーロスペース)

(15) Kleinmann, Philippe et Vinson, Sigolène. 2007. *Bistouri blues*, Masque

(16) 以下のシゴレーヌ・ヴァンソンSigolène Vinsonの証言については "« C'est Charlie, venez vite, ils sont tous morts »", *Le Monde*. 2015.01.14. 現場の状況については "«Vous allez payer car vous avez insulté le Prophète»", *Le Monde*, 2015.01.09.

(17) Lançon(2018)

(18) *Le Monde, op.cit.*

(19) Suc(2016)

(20) マティユー・シュークMatthieu Sucへの2018年4月27日のインタビューによる。

(21) "VIDEOS. Attentat à Charlie Hebdo : l'urgentiste Patrick Pelloux bouleversé", *leparisien.fr*, 2015.01.08. http://www.leparisien.fr/charlie-hebdo/videos-attentat-a-charlie-hebdo-l-urgentiste-patrick-pelloux-bouleverse-08-01-2015-4429201.php

(22) LA CHRONOLOGIE DES ATTAQUES DES 7, 8 ET 9 JANVIER 2015, *RAPPORT FAIT AU NOM DE LA COMMISSION D'ENQUÊTE , N° 3922, op.cit.*

(23) "Une vidéo montre les frères Kouachi après l'attentat contre Charlie Hebdo", *CNEWS*, 2015.01.13. https://www.youtube.com/watch?v=kjV9c6uVT80

(24) *Ibid.*

(25) " AP Exclusive: Witness to Paris Officer's Death Regrets Video", *Wochit News*, 2015.01.11. https://www.youtube.com/watch?v=OVVV6EkoXBY

(26) "VIDÉO. Attaque de Charlie Hebdo : les images prises par différents témoins", *huffingtonpost.fr*, 2015.01.07. https://www.huffingtonpost.fr/2015/01/07/video-attaque-charlie-hebdo-temoins_n_6428802.html

(27) "L'itinéraire exemplaire d'Ahmed Merabet, fils d'immigrés", *Paris Match*, 2015.01.20.

(28) Dive(2016)

(26) "La fabrique d'un terroriste", *Le Monde*, 2015.01.16.

第6章

(1) Bouzar et Benyettou(2017)

(2) "Farid Benyettou, prédicateur du djihad devenu infirmier à La Pitié", *Le Figaro*, 2015.01.14.

(3) *Bouzar et Benyettou, op.cit.*

(4) メラー事件についてはMerah(2012) および Pelletier et Pontaut(2012) など。Merah(2012) の著者アブデルガニ・メラーはモアメド・メラーの兄で、ユダヤ系の女性と結婚したために、ジハード主義に染まった家族から「背教者」と非難された。彼は事件後、弟の行動を批判し、宗教過激派の台頭を防ぐ活動に勤しんでいる。

(5) "Du bikini au niqab, la dérive sanglante d'un couple emporté par le djihad", *Paris Match*, 2015.01.20.

(6) "L'ancien mentor des Kouachi est officiellement infirmier", *Le Point.fr*, 2015.03.25. https://www.lepoint.fr/societe/l-ancien-mentor-des-kouachi-est-officiellement-infirmier-25-03-2015-1915819_23.php

(7) Réalisation : Marie-Castille Mention-Schaar, 2016. "*Le ciel attendra*", Producteur : Marie-Castille Mention-Schaar（マリー＝カスティーユ・マンシオン＝シャール監督『ヘヴン・ウィル・ウェイト』、第29回東京国際映画祭上映作品）

(8) *Bouzar et Benyettou, op.cit.*

(9) "Le plaidoyer de Patrick Pelloux et Zineb El Rhazoui pour une meilleure déradicalisation", *Le Figaro Online*, 2016.10.24. http://www.lefigaro.fr/actualite-france/2016/10/24/01016-20161024ARTFIG00322-le-plaidoyer-de-patrick-pelloux-et-zineb-el-rhazoui-pour-une-meilleure-deradicalisation.php

(10) *Tribunal de Grande Instance de Paris, op.cit.*

(11) Hecker(2016)

(12) マルク・エケルMarc Heckerへの2018年4月27日のインタビューによる。

(13) クアシ兄弟の当日襲撃までの行動については "Une heure avant « Charlie », le dernier SMS", *Le Monde*, 2015.02.18. およびSuc(2016) および Etchegoin et al. (2016)

(14) AVANT-PROPOS DE M. GEORGES FENECH, PRÉSIDENT DE LA COMMISSION D'ENQUÊTE, *RAPPORT FAIT AU NOM DE LA COMMISSION D'ENQUÊTE, N° 3922, op.cit.*

(15) "Ce que l'on sait d'Hayat Boumeddiene, la compagne d'Amedy Coulibaly", *Le Monde.fr*, 2015.01.19. https://www.lemonde.fr/societe/article/2015/01/10/ce-que-l-on-sait-d-hayat-boummedienne-la-compagne-d-amedy-coulibaly_4553096_3224.html

(16) *Le Monde, op.cit.*

(17) *Etchegoin et al., op.cit.*

(18) *Suc, op.cit.*

(19) *Etchegoin et al., op.cit.*

第7章

(1) http://www.harakiri-choron.com/

(2) "BAL TRAGIQUE A COLOMBEY : 1 MORT", *L'Hebdo Hara-Kiri*, N° 94, 1970.11.16

(3) "« Charlie Hebdo », 22 ans de procès en tous genres", *Le Monde*, 2015.01.09.

(5) "Mohamed Belhoucine, itinéraire d'un cyber-djihadiste", *Agence France presse*, 2014.06.25.

(6) *Ibid.*

(7) Suc(2016)

(8) M. Belhoucine : Précisions de l'Ecole des Mines d'Albi, Monde des Grandes Ecoles, 2015.01.14. http://www.mondedesgrandesecoles.fr/m-belhoucine-precisions-de-lecole-des-mines-dalbi/

(9) "Une filière afghane a aidé Hayat Boumeddiene à quitter la France", *Le Monde*, 2015.01.14. この記事は、他にも2人が、パリのモスクで出会った可能性、ギリシャやモロッコなどの旅先で出会った可能性を排除していない。

(10) *L'OBS, op.cit.*

(11) 国末(2005-1) およびオリヴィエ・ロワOlivier Royへの2001年11月14日のインタビューによる。

(12) 犯罪テロ・ネクサスについてはBasra and Neumann(2016) およびMakarenko(2004)など。第二部第6章参照。

(13) "Une gendarmette et un complice de Coulibaly s'aimaient d'amour tendre", *Le Canard enchaîné*, 2015.02.04

(14) "La galaxie des complices d'Amedy Coulibaly", *liberation.fr,* 2015.06.07. https://www.liberation.fr/societe/2015/06/07/la-galaxie-des-complices-d-amedy-coulibaly_1324922

(15) メタン・カラシュラルMetin Karasularについては、Neetin Karasularと表記する報道も少なくない。フランス語とオランダ語の表記が異なるからと思われる。

(16) *liberation.fr, op.cit.*

(17) "Attentats de janvier 2015 : qui sont les 14 suspects pour qui le parquet veut un procès?", *L'OBS,* 2018.12.21.

(18) "Attentats de Paris, la piste des armes slovaques", *Euronews,* 2015.02.18. http://fr.euronews.com/2015/02/18/attentats-de-paris-la-piste-des-armes-slovaques-

(19) "Il est temps pour l'Union d'agir plus vigoureusement contre la violence liée aux armes", Commission européenne, Communiqué de presse, 2013.10.21.

(20) "Le facho vendait des armes aux islamos ; Truand et militant", *Marianne,* 2015.05.15. および "Confessions d'un «fantôme»", *liberation.fr,* 2001.06.06. https://www.liberation.fr/societe/2001/06/06/confessions-d-un-fantome_367082

(21) "Trafic d'armes présumé de Claude Hermant: la piste Coulibaly se confirme", *lavoixdunord.fr,* 2015.05.03. http://www.lavoixdunord.fr/archive/recup/region/trafic-d-armes-presume-de-claude-hermant-la-piste-ia0b0n2806501

(22) "Attentats de Paris: l'enquête dévoile les mystères de Coulibaly", *lepoint.fr,* 2015.03.15. https://www.lepoint.fr/societe/attentats-de-paris-l-enquete-devoile-les-mysteres-de-coulibaly-15-03-2015-1912863_23.php

(23) " La galaxie des complices d'Amedy Coulibaly", *liberation.fr,* 2015.06.07. https://www.liberation.fr/societe/2015/06/07/la-galaxie-des-complices-d-amedy-coulibaly_1324922

(24) "Dix jours avant, par hasard, la police contrôlait et lâchait Coulibaly", *Le Canard enchaîné,* 2015.01.21.

(25) "Comment Hayat Boumeddiene, la compagne de Coulibaly, a fui la France", *Le Monde*, 2015.02.25.

(19) *Baouz, op.cit.*

(20) *Suc, op.cit.*

(21) "Comment les services ont raté les terroristes", *Mediapart*, 2015.1.26.

(22) *Suc, op.cit.*

(23) *nouvelobs.com, op.cit.*

(24) *Gartenstein-Ross, op.cit.*

(25) "Salim Benghalem, voyou ordinaire devenu geôlier de l'EI ", *Le Monde*, 2015.09.26.

(26) "Le djihadiste français Peter Cherif arrêté", *Le Monde*, 2018.12.22.

(27) *Baouz,op.cit.* 著者バウーズはペテル・シェリフの家族とも交友を保っていた。

(28) "Ce que l'on sait de la cavale du terroriste Peter Cherif", *Le Monde.fr*, 2019.01.04. https://www.lemonde.fr/police-justice/article/2019/01/03/ce-que-l-on-sait-de-la-cavale-du-terroriste-peter-cherif_5404901_1653578.html

(29) *Le Monde, op.cit.*

(30) "“Charlie Hebdo” salue l'interpellation de Peter Cherif", *lexpress.fr*, 2018.12.24. https://www.lexpress.fr/actualite/societe/justice/charlie-hebdo-salue-l-interpellation-de-peter-cherif_2054721.html

(31) *Baouz, op.cit.*

(32) エル＝アキムの名前ブバクールBoubakeurについて、Baouz(2016)をはじめ一部のメディアはブバケールBoubakerと表記している。ここでは、裁判記録　Tribunal de Grande Instance de Paris, 14eme chambre/2, N° d'affaire : 0424739024, Jugement du : 14 MAI 2008, 9 heures, n° : 1の表記に従った。

(33) "Au coeur des services secrets de Daech", *L'Express*, 2016.12.14.

(34) ブバクール・エル＝アキムの軌跡に関してはBaouz(2016)およびSuc(2018)および"Boubakeur el-Hakim, vie et mort d'un émir français", *Mediapart*, 2017.01.04. および *Tribunal de Grande Instance de Paris, op.cit.*

(35) 国末(2007)

(36) *Tribunal de Grande Instance de Paris, op.cit.*

(37) *Baouz, op.cit.*

(38) "INTERVIEW WITH ABŪ MUQĀTIL AT-TŪNUSĪ", *DĀBIQ ISSUE 8*, 2015.03.30.

第5章

(1) Audition, à huis clos, de M. René Bailly, directeur du renseignement à la préfecture de police de Paris (DRPP) (jeudi 26 mai 2016), RAPPORT FAIT AU NOM DE LA COMMISSION D'ENQUÊTE relative aux moyens mis en œuvre par l'État pour lutter contre le terrorisme depuis le 7 janvier 2015, N° 3922, ASSEMBLÉE NATIONALE, Enregistré à la Présidence de l'Assemblée nationale le 5 juillet 2016.

(2) LA FRANCE EXPOSÉE À UNE MENACE SANS PRÉCÉDENT, *RAPPORT FAIT AU NOM DE LA COMMISSION D'ENQUÊTE, N° 3922, op.cit.*

(3) "Attentats de janvier 2015 : qui sont les 14 suspects pour qui le parquet veut un procès ?", *L'OBS*, 2018.12.21.

(4) "Ses complices de l'ombre", *L'OBS*, 2015.01.22.

(23) *Le Monde, op.cit.*
(24) "Farid Melouk, proche d'Abaaoud et de Chérif Kouachi", *La Libre.be*, 2016.03.17. http://www.lalibre.be/actu/belgique/farid-melouk-proche-d-abaaoud-et-de-cherif-kouachi-56e9ae1d35702a22d57040a8
(25) *Le Monde, op.cit.*
(26) *Ibid.*
(27) " From Scared Amateur to Paris Slaughterer ", *The New York Times*, 2015.01.18.
(28) " French Police Say Suspect in Attack Evolved From Petty Criminal to Terrorist", *The New York Times*, 2015.01.11.
(29) "Chérif et Saïd Kouachi, des djihadistes aguerris", *Le Monde*, 2015.01.10.
(30) "Récit La traque d'une fratrie de djihadistes", *Le Monde*, 2015.01.09.

第4章
(1) "Attentat à Charlie Hebdo : Saïd Kouachi a été employé deux ans à la mairie de Paris", *Le Parisien*, 2015.01.10.
(2) Suc(2016)
(3) *Ibid.*
(4) "« On ne tue pas pour un dessin, il a pensé qu'à sa gueule, Chérif »", *Le Monde*, 2015.02.21
(5) *Suc, op.cit.* ただし、Sucはサイードがゲームのツールを利用して弟シェリフと連絡を取りあっていた可能性もあると考える。2018年4月27日のSucへのインタビューによる。
(6) *Suc, op.cit.*
(7) "A Reims, «je n'aurais jamais cru...»", *liberation.fr*, 2015.01.08. https://www.liberation.fr/societe/2015/01/08/a-reims-je-n-aurais-jamais-cru_1176252
(8) "Chérif et Saïd Kouachi, deux fanatiques unis jusqu'au bout dans un voyage sans issue", *Paris Match*, 2015.01.12.
(9) Hamm and Spaaij(2017)
(10) "2 suspects in Paris attack were on US no-fly list", *Associated Press Online*, 2015.01.08.
(11) *Suc, op.cit.*
(12) ただ、フランス捜査当局はサイードのイエメン渡航の可能性を完全に排除しておらず、シェリフとともに渡航した可能性も依然考えているという。マティユー・シュークMatthieu Sucへの2018年4月27日のインタビューによる。
(13) *Suc, op.cit.*
(14) *Ibid.*
(15) "Qui est Salim Benghalem, djihadiste français parmi les plus dangereux ?", *nouvelobs.com*, 2015.01.12. https://www.nouvelobs.com/societe/20151201.OBS0471/qui-est-salim-benghalem-djihadiste-francais-parmi-les-plus-dangereux.html およびGartenstein-Ross(2016).
(16) Baouz(2016)
(17) カリム・バウーズKarim Baouzへの2016年5月9日のインタビューによる。
(18) "« Un char a tiré, mon bras a été arraché »", *Le Parisien*, 2016.10.02.

(47) *La Cour européenne des droits de l'homme, op.cit.*

(48) *Ibid.*

(49) *Libération, op.cit.*

第3章

(1) " « Il n'avait pas une tête de terroriste »", *La Montagne*, 2015.01.10.

(2) "Djamel Beghal, client pas comme les autres d'un hôtel du Cantal", *Le Figaro*, 2015.01.13.

(3) L'année auvergnate de Djamel Beghal, *Le Monde*, 2015.03.03.

(4) *Le Figaro, op.cit.*

(5) *La Montagne, op.cit.*

(6) サキナはしかし、弟ジャメル・ベガルとジハード主義を共有しているわけではなく、過激派の一員とも見なされてはいない。Sayare(2016)によると、サキナが弟の誕生日を祝ったことに対し、弟は「誕生日は不信心者の儀式だ。あんたは恐れも恥も知らず、アッラーに刃向かい、アッラーの敵を喜ばしている」ととがめた。サキナは応じた。「無知でごめん。ただ、私が不信心かどうか、裁くのはアッラーだ。あんたじゃない」

(7) *Le Monde, op.cit.*

(8) *Le Figaro, op.cit.*

(9) "Amedy Coulibaly et son mentor Djamel Beghal auraient été voisins de cellule en 2005", *liberation.fr*, 2015.01.16.

(10) "Du Bikini au niqab, la dérive sanglante d'un couple emporté par le djihad", *Paris Match*, 2015.01.20.

(11) 6枚の写真は以下のサイトで公開されている。Les photos de Coulibaly et de sa compagne, arbalète à la main, *Le Monde.fr*, 2015.01.09. http://www.lemonde.fr/societe/portfolio/2015/01/09/les-selfies-de-coulibaly-et-de-sa-compagne-arbalete-a-la-main_4552904_3224.html

(12) 欧州の若手イスラム教徒の一部の間では、アルカイダについて理想化し敬意を抱く傾向がうかがえ、アルカイダ側もこれを利用している。米テロ専門家マーク・セージマンは「アルカイダの中枢に加わることは、エリート・カレッジに入学するようなものである。ハーバード大学がそうであるように、アルカイダはみずから人集めをする必要がなかった」と述べる。Sageman(2008)

(13) Crone(2016)

(14) " Amedy Coulibaly, de la délinquance au terrorisme", *Le Monde*, 2015.01.11.

(15) たとえばHamm and Spaaij(2017) およびHecker(2018) など。

(16) "Femmes de djihadistes : ces aides de camp de l'ombre", *marianne.net*, 2015.11.18. https://www.marianne.net/societe/femmes-de-djihadistes-ces-aides-de-camp-de-lombre

(17) "Des pionniers du djihadisme français", *Le Monde*, 2015.10.11.

(18) *Le Monde, op.cit.*

(19) "Saïd et Chérif Kouachi : programmés pour tuer", *L'OBS*, 2015.01.14.

(20) "Amedy Coulibaly et son mentor Djamel Beghal auraient été voisins de cellule en 2005", *liberation.fr*, 2015.01.16.

(21) "Récit La traque d'une fratrie de djihadistes", *Le Monde*, 2015.01.09.

(22) *Le Montagne.fr, op.cit.*

(20) "Coulibaly, un voyou devenu jihadiste", *Libération*, 2015.01.28.

(21) *Libération, op.cit.*

(22) "C'est une première en France. Des détenus ont tourné clandestinement des vidéos sur leur conditions de détention. "Le Monde" a pu vissionner ces 2h30 d'images, qui devraient donner lieu à un documentaire ; Fleury-Mérogis filmée de l'intérieur", *Le Monde*, 2008.12.19.

(23) "En 2007, Coulibaly apprenti reporter à Fleury-Mérogis", *Le Figaro*, 2015.01.14.

(24) Bellazaar, Karim et Dawson, Sidi Omar Forbes. 2009. *Reality Taule : "au delà des barreaux"*, Icetream

(25) *Le Figaro, op.cit.*

(26) アヤト・ブメディエンヌの生い立ちについては、主に "Hyper Cacher:la veuve d'Amedy Coulibaly confirme dans des écoutes être en Syrie", *Mediapart*, 2017.01.11. および "Hayat Boumeddiene : La fugitive", *L'OBS*, 2015.01.22. および "Comment Hayat Boumeddiene, la compagne de Coulibaly, a fui la France", *Le Monde*, 2015.02.25. にもとづく。

(27) "Le destin monstrueux d'un couple ordinaire", *Paris Match*, 2015.01.29.

(28) *Mediapart, op.cit.*

(29) "Hayat ne supportait pas le calme d'Amedy. C'est elle qui pétait les plombs", *Paris Match*, 2015.01.29.

(30) *L'OBS, op.cit.*

(31) *Mediapart, op.cit.*

(32) "Amedi, 27 ans, rencontre Sarkozy cet après-midi", *Le Parisien*, 2009.07.15.

(33) "Femmes de djihadistes", *Le Monde*, 2015.01.29.

(34) *Paris Match, op.cit.*

(35) *Le Monde, op.cit.*

(36) *L'OBS, op.cit.*

(37) El-Aroud(2004)

(38) マリカ・エル=アルードについては El-Aroud(2004) および Armesto(2002) および国末(2005-1).

(39) マリー=ローズ・アルメスト Marie-Rose Armesto への2002年9月4日のインタビューによる。ベルギー民放テレビの著名なキャスターだった Armesto は、未知のマリカからの依頼を受け、彼女が米英攻撃下のアフガニスタンからベルギーに帰国するための手助けをした。これをきっかけに、マリカへの長時間インタビューを実現させ、その概要を Armesto(2002) にまとめた。

(40) アルメストも同様の見方をしていた。2002年9月4日のインタビューおよび国末(2005-1)。

(41) "Sur la piste des réseaux invisibles", *Le Point*, 2015.01.16

(42) "Hyper Cacher: la veuve d'Amedy Coulibaly confirme dans des écoutes être en Syrie", *Mediapart*, 2017.01.11.

(43) *Ibid.*

(44) Sageman(2008). 初めは公開の場で対話を始め、理解が進むと非公開の場の議論に招くのが、チャットを通じた過激派の勧誘の常道だという。

(45) 第3部で検証するとおり、一般的な「ローンウルフ」型テロリストについては、その存在自体を否定する説が強まりつつある。

(46) Hamm and Spaaij(2017). この傾向はイスラム過激派に限らず、たとえばネオナチ集団に於けるヒトラーも同様の役割を果たしている。

500万とする結果が主流を占める。

(2) Khosrokhavar(2004).

(3) マルセル・デュルドンMarcel Duredonへの2002年1月18日のインタビューによる。一部は国末(2005-1)。

(4) "Huis clos à Fleury-Mérogis", *Le Monde*, 2018.03.03.

(5) ベガルの経歴についてはBourget (2015.05.18-1,2) およびSayare(2016.01) および国末(2005-1)など。ベガルを支援する情報としては以下のものがあるが、過激派のサイトである可能性が残る。As-Sabirun Project, HELP THE FORGOTTEN MUSLIMS BEHIND BARS, Biographie de Djamel Beghal. https://web.archive.org/web/20130605025620/http://www.assabirun.com/the-stories-of-as-sabirun/djamel-beghal/

(6) Sayare(2016.01)

(7) タリク・ラマダンTariq Ramadanは、「ムスリム同胞団」の創始者ハサン・アルバンナーを祖父に持ち、家族が移住したスイスで生まれ育った。男前で弁が立ち、若手イスラム教徒の間で絶大なる人気を得て、フランス各地で講演に招かれていた。学問的な業績には乏しいものの、英オックスフォード大学教授の地位を得て各国政府の顧問を務め、フランスで政治家に転身するのでは、とも取り沙汰された。著者は2016年9月15日、来日したラマダンと会見し、彼が語るイスラム主義の危うさを2016年10月21日付の『朝日新聞』インタビュー記事「イスラムと欧米」および国末(2017)で指摘した。ラマダンは2018年、強姦容疑で逮捕され、その後経歴を詐称していたことも明らかになった。

(8) "« Frère » Djamel Beghal, mentor en terrorisme", *Le Monde*, 2015.01.30.

(9) 2002年1月3日の付近住民へのインタビューにもとづく。国末(2005-1)。

(10) 当時の内相シャルル・パスクワの発言による。国末(2005-1)。

(11) Nesser(2015)

(12) ベガル側の主張については、妻シルヴィーへのインタビュー参照。"Cageprisoners: Interview de Sylvie Beghal, épouse de Djamel Beghal", *freemyfamily*, 2011.07.17. https://freemyfamily.wordpress.com/2011/07/17/cageprisoners-interview-de-sylvie-beghal-epouse-de-djamel-beghal-2/ なお、このサイトは人権団体の体裁を取っているものの、実際は過激派によって運営されている可能性がある。

(13) La Cour européenne des droits de l'homme, CINQUIÈME SECTION DÉCISION SUR LA RECEVABILITÉ de la requête no 27778/09 présentée par Djamel BEGHAL contre la France.

(14) "Amedy Coulibaly et son mentor Djamel Beghal auraient été voisins de cellule en 2005", liberation.fr, 2015.01.16. https://www.liberation.fr/societe/2015/01/16/amedy-coulibaly-et-son-mentor-djamel-beghal-auraient-ete-voisins-de-cellule-en-2005_1181425

(15) アメディ・クリバリの生い立ちについては、主にSuc(2016) およびEtchegoin et al. (2016) および "La fabrique d'un terroriste", *Le Monde*, 2015.01.16. および "Amedy Coulibaly, une personnalité « immature et psychopathique »", *Libération*, 2015.01.10. にもとづく。

(16) Etchegoin et al. (2016) およびEloïse Lebourgへの2015年9月11日のインタビューによる。

(17) *libération.fr, op.cit.*

(18) *Ibid.*

(19) *Ibid.* およびSuc(2016)

ど。スカーフ問題についてはJoppke(2009)など。
(7) Bigo(1991-92)
(8) *Lebourg, op.cit.*
(9) クアシ兄弟のトレニャック時代については、主に"Une jeunesse corrézienne sans histoires", *La Montagne*, 2015.01.09. または"Les frères Kouachi : une jeunesse française", *Le Monde*, 2015.02.13. にもとづく。
(10) *Le Monde, op.cit.*
(11) カリム・バウーズKarim Baouzへの2016年5月9日のインタビューによる。
(12) *Le Monde, op.cit.*
(13) Eloïse Lebourgへの2015年9月11日のインタビューによる。
(14) *Le Monde, op.cit.*
(15) *Lebourg, op.cit.*
(16) *Lebourg, op.cit.*
(17) *Le Monde, op.cit.*
(18) 当時のシェリフを撮影した短編映画の一部とスタッフの回想は、フランスのテレビ局France3が製作した番組"Attentats, les visages de la terreur"に収録されている。その一部は以下で視聴できる。https://www.youtube.com/watch?v=fB4XfJqQ2xE
(19) "La longue dérive de Saïd et Chérif Kouachi", *lejdd.fr* 2015.01.11. https://www.lejdd.fr/Societe/La-longue-derive-de-Said-et-Cherif-Kouachi-711648 およびSuc(2016)
(20) Sageman(2017)
(21) Kepel(2012)
(22) このグループは、捜査関係者から「Filière des Buttes-Chaumont」と呼ばれた。Filièreは麻薬密売網の捜査などで使われる「筋」「ルート」を意味するフランス語であり、ここでは「筋」と訳した。実態は「集団」「ネットワーク」といった意味合いが強い。
(23) Bouzar et Benyettou(2017)
(24) Tribunal de Grande Instance de Paris, 14eme chambre/2, N° d'affaire : 0424739024, Jugement du : 14 MAI 2008, 9 heures, n° : 1
(25) *Ibid.*
(26) *Ibid.*
(27) Bouzar et Benyettou(2017)
(28) *Tribunal de Grande Instance de Paris, op.cit.*
(29) *Ibid.*
(30) *Ibid.* および"Le djihade irakien des jeunes du 19e", *Le Monde*, 2008.03.27.
(31) Khosrokhavar(2014)
(32) Bouzar et Benyettou(2017)

第2章

(1) Laurence and Vaïsse(2006)は、1989年から2004年にかけてフランスで実施されたイスラム教徒人口の調査や推計13件をまとめている。これによると、最少で250万、最大で600万で、300万から

【注】

はじめに

(1) Krueger(2018)

(2) パリ同時多発テロの犠牲者数は130人が定着しているが、フランスの予審判事は2019年6月、劇場バタクランから無傷で脱出したものの2年後に自殺したGuillaume Valletteギョーム・ヴァレットをテロ犠牲者として認定すると遺族に連絡した。彼を含めると131人になる。

(3) "Un an après les attentats, le tourisme à la peine", *Le Figaro.fr*, 2016.11.05. http://www.lefigaro.fr/flash-eco/2016/11/05/97002-20161105FILWWW00032-un-an-apres-les-attentats-le-tourisme-a-la-peine.php

序章

(1) アフガニスタンのアルカイダのフランス語圏出身者の間では、アルジェリア系フランス人ジャメル・ベガルと、チュニジア人でベルギーの過激派組織「サントル・イスラミック・ベルジュ（ＣＩＢ）」に出入りしていたアブデサタール・ダーマンが覇権を争っていた。第２章参照。Armesto(2002)

(2) Walker and Ludwig(2017)

(3) 北海道大学教授の遠藤乾は、国際社会での振る舞い様をもとに、中国を「切り下げのエンパイア」と呼んだ。遠藤乾、大芝亮、中山俊宏、宮城大蔵、古城佳子司会. 2018.01-02.「座談会　国際秩序は揺らいでいるのか」日本国際問題研究所『国際問題』No.668

(4) Sageman(2008)

(5) *Ibid.*

第一部　テロリストの誕生――『シャルリー・エブド』襲撃事件

第１章

(1) Baromètre des violations de la liberté de la presse, Reporters sans frontières, https://rsf.org/fr/barometre

(2) 実際には、客として来訪中に事件に巻き込まれて死亡したミシェル・ルノーも本業はジャーナリストである。したがって、この年フランスで殺害されたジャーナリストは、正確には9人になる。

(3) Lebourg, Eloïse. "L'enfance misérable des frères Kouachi", *Reporterre*, 2015.01.15. https://reporterre.net/L-enfance-miserable-des-freres およびLebourg, Eloïse. "Retour sur les frères Kouachi. La vie dans un quartier abandonné", *Reporterre*, 2015.05.09. https://reporterre.net/Retour-sur-les-freres-Kouachi-La. およびエロイーズ・ルブールEloïse Lebourgへの2015年9月11日のインタビューによる。

(4) *Ibid.*

(5) "Mes frères ne peuvent pas dire qu'ils en sont arrivés là parce qu'ils étaient orphelins", *marianne.net*, 2015.03.05. https://www.marianne.net/societe/mes-freres-ne-peuvent-pas-dire-quils-en-sont-arrives-la-parce-quils-etaient-orphelins

(6) フランス国内のイスラム教徒の団体は、モロッコ系が中心となった「フランス・イスラム組織連合（UOIF)」、アルジェリア系が組織する穏健派団体「パリ大モスク」など、主に出身国別に分かれており、激しい主導権争いを繰り広げた。UOIFについてはTernisien(2002)、Kepelの諸著作な

著者略歴――――
国末憲人　くにすえ・のりと

朝日新聞ヨーロッパ総局長。1963年岡山県生まれ。1985年大阪大学卒。1987年パリ第2大学新聞研究所を中退し、朝日新聞社に入社。パリ支局員、パリ支局長、論説委員、GLOBE編集長などを経て現職。著書に『ポピュリズムに蝕まれるフランス』『イラク戦争の深淵』『巨大「実験国家」EUは生き残れるのか？』（以上、草思社）、『自爆テロリストの正体』『サルコジ』『ミシュラン　三つ星と世界戦略』（以上、新潮社）、『ユネスコ「無形文化遺産」』（平凡社）、『ポピュリズム化する世界』（プレジデント社）、『ポピュリズムと欧州動乱』（講談社）などがある。

テロリストの誕生
イスラム過激派テロの虚像と実像

2019年10月24日　第1刷発行

著　者　国末憲人
装幀者　鈴木正道（Suzuki Design）

発行者　藤田　博
発行所　株式会社 草思社
〒160-0022　東京都新宿区新宿1-10-1
電話　営業 03（4580）7676　編集 03（4580）7680
本文組版　有限会社 一企画
本文印刷　株式会社 三陽社
付物印刷　株式会社 暁印刷
製本所　加藤製本 株式会社

ISBN978-4-7942-2420-0 Printed in Japan　検印省略

部扉頁写真　Alamy／PPS通信社